Paco de Lucía. El primer flamenco ilustrado

MANUEL ALONSO ESCACENA

Paco de Lucía
El primer flamenco ilustrado

Ǫ
ALMUZARA

© Manuel Alonso Escacena, 2023
© Editorial Almuzara, s.l., 2023

Primera edición: noviembre de 2023

Editorial Almuzara • Colección Historia
Director editorial: Antonio Cuesta
Editora: Rosa García Perea
Maquetación: Miguel Andréu

www.editorialalmuzara.com
pedidos@almuzaralibros.com - info@almuzaralibros.com

Editorial Almuzara
Parque Logístico de Córdoba. Ctra. Palma del Río, km 4
C/8, Nave L2, n° 3. 14005 - Córdoba

Imprime: Romanyà Valls
ISBN: 978-84-11318-90-7
Depósito: CO-1706-2023
Hecho e impreso en España - *Made and printed in Spain*

A Casilda Varela,
oficial de máquinas del navío.

A mi hijo Jaime, no le gusta el
flamenco, dice, pero desde los 12 años,
se mete en la ducha con la música
de Paco de Lucía y desde fuera le
escuchamos tararear «Vámonos».

Índice

NOTAS DEL AUTOR

La numeración de los vídeos en las notas al pie, corresponde solo a una cuestión de orden del archivo personal del autor. A continuación de su número, se ofrecen datos para localizarlos en Internet (no se deben introducir las comillas en los buscadores). Si las referencias que ofrecemos son largas para escribirlas, recomendamos dictar con voz dichas referencias en lugar de teclear. Si algún video no estuviese accesible, pueden escribir a altamar64@gmail.com y se les facilitará su localización. Los dígitos separados por dos puntos indican hora, minuto y segundo, donde localizar en el vídeo, lo que se cita en este texto. Asimismo, hay tres documentales que recomendamos ver, antes o después de leer este libro: 1) *Paco de Lucía. La búsqueda*, citado como video nº 213; 2) *Paco de Lucía-Francisco Sánchez* (año 2003) citado como vídeo nº 122, localizable en el buscador de YouTube introduciendo «francisco sánchez, paco de lucía english subtitles»; y 3) *Paco de Lucía Light and Shade*, citado como vídeo nº 2 y localizable en el buscador de Google introduciendo «paco de lucia light and shade daily motion» o en YouTube «Paco de lucia luz y sombra». Si los ven antes, la lectura del libro será más amena y mas fácil.

Las referencias a artículos de prensa y entrevistas están referenciadas con un numero entre paréntesis (N) con objeto de que puedan localizarse en la bibliografía del final. También si algún artículo interesa, y el lector no lo localiza, podrá solicitarse al correo electrónico ofrecido.

AGRADECIMIENTOS

Es un clásico empezar una obra por los agradecimientos, pero lo hago porque estoy realmente agradecido y los clásicos están para disfrutarlos y hacer uso de ellos. No he recibido más que acogimiento y generosidad de todas las personas que entrevisté para este trabajo, sin conocer de antemano a ninguna de ellas.

Yo soy un desconocido en el mundo de las letras y del flamenco e irrelevante para ellos, personas muy destacadas y ocupadas, que a veces están cansadas de que les aborden continuamente. Les movió a atenderme su propia calidad humana y la potencia del impacto que nuestro personaje dejó en ellos mismos cuando lo trataron. Todos tenían ganas de hablar de Paco de Lucía.

Mi primer agradecimiento es para Casilda Varela su primera mujer, por su generosidad y por ser la primera persona a la que entrevisté en serio y me ayudó a tirar del hilo. Lucía Palma Sánchez, su hija, también contribuyó a ilustrar este relato con dulzura y amabilidad; ambas recibieron con cariño a mi hija Isabel en Mirasierra una tarde de invierno, grata para las tres.

Jorge Pardo —flautista que acompañó a Paco en su primer grupo— fue la primera parada que me recomendó Casilda. Magnánimo en el tiempo y en los contenidos; próvido y sincero sin caer en la adulación.

Rafael Riqueni paraba en el bar de abajo de mi despacho, no le hizo falta más que la indicación de su sobrina Ángela, que trabajaba allí, para compartir varios cafés hablando de su maestro.

Ricardo Pachón fue, a sus ochenta y tres años, la voz ilustrada y enciclopédica. Impagable. Me ayudó con el contexto, el ambiente donde Paco se movía en Madrid, en su relación con Camarón y con la faceta de Paco en el estudio de grabación.

La gracia y la locuacidad de «el Gómez de Jerez» y lo enjundioso de sus anécdotas no se pagan con un agradecimiento, de modo que le daremos las gracias y un tinto donde él quiera y cuando quiera. Seguro que lo acepta para seguir charlando juntos. Yo encantado de acompañarle, por lo buena persona que es. Quedamos hechos amigos.

A José María Bandera lo conocí en el simposio de Sevilla en 2014 y lo llamé en agosto de 2020, «vente para acá mañana porque pasado me voy para Madrid y hablamos». No se puede pedir más.

Diego del Morao —gracias a la intermediación de Fernando, su mánager—me permitió entrar en su camerino en dos actuaciones, en Sevilla y en Huelva, y me regaló un juego de cuerdas y muchas cosas de Paco que salían a cada dos por tres.

Manolo Nieto Zaldívar, reputado director de fotografía, e integrante de la «Banda del Tio Pringue», el núcleo duro de los amigos de Paco, me llevó a su primo Emilio de Diego, guitarrista y compañero de Paco en las giras de Gades; mi agradecimiento por la generosidad de Manolo, en la cesión de imágenes, y a los dos por las aportaciones que me regalaron.

A través de mi tío Antonio Burgos y de Carmen, la mujer de Curro Romero, intentamos una entrevista con Curro. Ella me pidió que esperase un tiempo por cuestiones familiares. Quiso, pero no pudo ser y hasta me llamó para explicar los motivos de índole doméstica absolutamente comprensibles y no tenía siquiera por qué haberlo hecho. Lo mismo sucedió con Jesús Quintero, fue imposible por razones de salud. Les agradecí mucho la deferencia de haberlo considerado.

Este agradecimiento también lo extiendo a otras personas que pudiendo, no han deseado participar, pero que nos han atendido exquisitamente.

Lo de Matilde Coral con Paco no era admiración, era amor de madre. La conocí en el Simposio y después nos veíamos por Triana. No tuve que pedirle su teléfono para quedar y hablar. Salió de ella. Ando pendiente de visitarla en el asilo de la calle Avenida de Coria, colindante al almacén de aceites de la casa donde yo me crie. Con las normas de la Covid-19 no me lo permitían, pero lo haré cuando sus hijas me digan que es oportuno para ella.

Paco Cepero, Tomatito, Victoriano Mera, Dani de Morón, Ramón Sánchez hijo, Carles Benavent, Juan Manuel Cañizares y todo aquel al que me acerqué en los cafés del Simposio de 2014, dedicaron su tiempo y sus anécdotas —aunque solo fuese una— y les guardo la más amplia gratitud.

Estos artistas descomunales, han aceptado que les entrevistase, sin conocerme de nada, siendo un simple aficionado y no para hablar de ellos lo que —dicho sea de paso— me daba cierto pudor, porque parecía falta de interés por sus personas. Me han regalado, no solo cosas de Paco de Lucía, sino también su honestidad, educación, formalidad y maestría. Va por ellos, mi agradecimiento de todo corazón.

Mi hijo Jaime cada vez que pillaba un vídeo o un detalle en internet, venía derecho: «Papá, ¿esto te viene bien para tu libro?». «Mi padre está escribiendo un libro de Paco de Lucía ¿sabes? —decía a los que venían a casa». Eso motiva. El mejor aplauso es el de los tuyos. Mi hija Isabel aportaba calorcito también, aprendiéndose al piano *Entre dos aguas* para tocarla conmigo a la guitarra. Y Concha, mi mujer, no emitió una sola queja por las horas que le dediqué a este asunto, al contrario, creaba el ambiente idóneo para que lo pudiese concretar.

Juan José Téllez el mayor recopilador de datos de la vida del maestro, me brindó su obra *Paco de Lucía en vivo*, agotada en las librerías en un formato digital que me ha facilitado enormemente la localización de datos y fechas. Siempre que lo he citado he añadido notas con las referencias oportunas y cuando lo he abordado personalmente, ha estado disponible para responder con prontitud. Organizó un simposio en Sevilla con una gran profesionalidad y le guardo un sentido agradecimiento.

Termino agradeciendo por último a Ziggurat films, Lucía Sánchez (hija de Paco de Lucía) Máximo Moreno y Manuel Nieto Zaldívar, la generosidad en la cesión de imágenes; a mi amigo Julián sus correcciones y su paciencia y a Rosa García, la editora de Almuzara, su trato exquisito y el placer de haberla conocido.

Conocer y disfrutar de estas personas que me han ayudado, es más satisfactorio que escribir. Nada proporciona más placer que el trato humano.

1. FUENTES

Yo siempre estoy muy abierto, en general, a una crítica. Cuando veo una crítica mala, me interesa ver qué dice, qué me puede aportar. Yepes[1] me ponía como los trapos, pero en ningún momento me decía, por qué yo había hecho tan mal lo que él decía que yo había hecho mal. Lo hace mal por esto. Me quedé con la sensación de que era una valoración personal, largar por largar, simplemente.[2]

Si no eres clásico y si no has nacido en ese ambiente, automáticamente te rechazan. Toques lo que toques, no se paran a oírte; primero te rechazan.[3]

Paco de Lucía

¿Como cuando se te rompe una media y te dicen en mitad de la calle, tienes una carrera?, bueno pues no me lo digas; pues esto igual.

Casilda Varela

Paco de Lucía falleció el 24 de febrero de 2014, y tocaba Bienal de Flamenco en Sevilla. *Su pueblo*, como él decía, se la dedicó a Paco

---

1   Narciso Yepes, guitarrista clásico
2   Téllez, pág. 6
3   «Sol Alameda», *El País,* Op. cit. (11) y «Paco de Lucía: "He llegado a ver fantasmas por las esquinas mientras componía"», *ABC de Sevilla*, Cultura. 24 de noviembre de 2003, cit. (70)
      Lo mismo pensamos: Si es no, dígame porque no. Habrá críticas a este trabajo que aceptaremos encantados. Las que sean como estas, no serán ni siquiera consideradas.

en ese año[4]. En el marco de las actividades paralelas de esa XVIII Bienal de Flamenco, se incluyó el Simposio *Paco de Lucía, Fuente y Caudal* [5], en septiembre de 2014. Un encuentro diseñado y perfectamente organizado por su comisario, Juan José Téllez,

Del lunes 22 al viernes 26 de septiembre y de 10.00 a 14.00 horas, limpié la agenda del despacho por las mañanas —lo pagaba bien por las tardes y las noches— y tuve ocasión de profundizar como un minero, saciando mi curiosidad. Los ponentes invitados al Simposio, todos ellos cercanos, amables, afectados por la muerte de Paco, nos dispensaban a los que acudimos —no muchos y tal vez por eso— la más educada atención. El público solíamos conformarlo, por un lado, unos pocos aficionados como yo y, por otro, allegados de Paco de Lucía: Casilda Varela y sus hijos; Gabriela Canseco y los suyos; sobrinos, parientes, amigos de Paco como Victoriano Mera[6] y personas que le habían tratado muy cercanamente.

En las pausas de media hora o tres cuartos, se servía un café con un breve desayuno y al final de la jornada se formaban corrillos, donde confluían público y ponentes, se acordaban citas, almuerzos, etc. Se convivía, en definitiva. Eran los momentos más cercanos para conversar y cambiar impresiones.

Saludé y di un breve pésame a las dos esposas. Gabriela —sonrisa triste en rostro hierático y ausente— muy afligida; y Casilda, más equidistante.

Salí de allí con el embrión de este ensayo en la cabeza y muchos de los datos e información vertidos en él, proceden de mis notas en directo de ese encuentro.

Con posterioridad —a través de José María Bandera, sobrino de Paco de Lucía— conseguí la dirección de Casilda Varela. Le escribí

---

4   Así llamaba Paco a Sevilla, «mi pueblo». *El País,* Cultura, 1989, «Paco de Lucía no actuó junto a Plácido Domingo y Julio Iglesias porque «sentí ofendida mi cultura»». Ignacio Sáenz de Tejada. cit. (5)

5   Puede consultarse el *Programa del Simposio,* cit. (4), donde constan los ponentes y las fechas de desarrollo, al que la organización se ajustó milimétricamente.

6   Al día siguiente de la sesión en la que participó Victoriano, hube de salir a atender una llamada urgente y me lo encontré en los pasillos preocupado por dos cosas. La primera, sus emolumentos de la sesión del día anterior del Simposio. Lo segundo: Tres cartones de Winston que le había traído a uno desde Gibraltar, por encargo «[…] y el gachó ahora no está aquí, para darme la guita. ¿Usted los quiere?».

una nota, me dio su correo y su teléfono, y el 23 de marzo de 2016, en Semana Santa, nos vimos en Cádiz. En el Hotel Puerta de Tierra, charlamos durante más de tres horas de lo que se me antojó preguntar, y ahí empezó todo. Después no hemos dejado de tener contacto, nos hemos visto o cenado en alguna ocasión. Siempre receptiva y amable. Tan elegante, que nunca demoraba una respuesta, sabiendo que había alguien esperándola. Casilda es inteligentísima, tiene rayos X en la mente y te radiografía al instante las intenciones. La he visto quitarse a un tonto de encima con la facilidad con que se espanta a una mosca. Tal vez esa libertad le permitió sincerarse con un perfecto desconocido como yo. Sabe discernir los temas, habla de lo que quiere y silencia lo que le apetece. Sabe de flamenco, es culta, con un equilibrio mental y una capacidad de expresión excelentes. Me indicó las fuentes válidas y las que no lo eran y lo que cada uno podía aportar, para centrarme y no perderme en mi objetivo. Descarté así a contadores de historias baratos, que además ponen la mano para contarte cuatro patrañas, como si uno fuera un guiri o un friki. Me enseñó el Paco genial y también a rebuscar en su humanidad, para completar un estudio objetivo y completo del personaje sin caer en la hagiografía. No todo lo que me contó fue hermoso, ni incluyo todo lo que me contó. Algunos relatos fueron crudos y tuvo el valor de hacerlo con emoción. Está de vuelta de tantas cosas y sabe tanto desde su posición, que resulta inevitablemente fiable en lo que relata. Si les apetece conocerla un poco, vean una entrevista muy reciente. Esta guapísima.[7]

Como el azar es caprichoso, antes de empezar a localizarlo me encontré a Jorge Pardo en un AVE tardío, volviendo de Madrid, a la 1.00 de la madrugada, de unas agotadoras reuniones de un Expediente de Regulación de Empleo: teléfonos, tal día toco en Sevilla, allí nos vemos. Y así fue. Actuaba en Sevilla en mayo de 2016 y fui al Hotel Al Ándalus donde se hospedaba Jorge y mientras comíamos algo, charlamos varias horas. Me describió a un Paco de Lucía por el que sentía fascinación y a otro carnal y humano, ya más normal. No se cansaba de relatar anécdotas y definir situacio-

---

7   Vídeo nº 152, 00:17:21 a 00:20:17. Se puede consultar en Google señalando en el buscador «rtva a la carta el legado de paco de lucia».

nes con una descriptiva pictórica. Cuando le llevé a la estación a coger un autobús —con su pinta de chamán indio— para ir a ver a unos amigos en las playas de Cádiz, se despidió y me pidió tacto —como todos— porque «te he hablado de una persona a quien quise mucho desde hacía treinta y cinco años, hasta última hora».

A través de su hija Helena, a la que conocí en el Simposio (y cuando el tiempo y las circunstancias me lo iban permitiendo…), acabé concertando una cita con Ricardo Pachón, productor de discos de Paco y Camarón, y en su casa del barrio de Nervión, nos sentamos a la sombra, apetecible en el mayo de Sevilla. Era una casa que albergaba un tesoro, una enorme biblioteca y fonoteca, llena de recuerdos entrañables de toda una vida de productor musical y junto a una pequeña alberca en el patio —para sus nietos— echamos la mañana de conversación.

También durante el verano de ese año, en Rota y Bolonia, en las casas de cada uno de ellos, hice lo mismo con «el Gómez de Jerez» —cantaor de atrás en su día, del ballet de Antonio Gades— y con José María Bandera. Cuando el tiempo me permitió dedicarme a retomar la labor llame a José María. «José María soy Manuel, no sé si… ¡Claro que me acuerdo!… ¿Dónde estás José María?… Yo en Bolonia… Pues yo en Rota… Pues ya estas tardando Manuel». Con la duna de Bolonia a nuestros pies y el estrecho de Gibraltar delante de nuestros ojos, le pedí después de tres horas de charla y risa que me firmase mi guitarra y creo que también gané un amigo.

Paco Cepero me recibió en Jerez meses después, en noviembre de 2020 y no tengo palabras para describir lo entrañable que fue ese encuentro. Le envié un correo a través de su página web y a los dos días tenía una llamada perdida en mi teléfono y al responderla sonó su bellísimo ceceo jerezano «¿De Paco? Yo «encantao». «Ezo era la mejón perzona que tu pué conocé. Cuando tú quieras. Dame una semana que termine una grabación que estoy acabando y te vienes para acá el tiempo que tú necesites». En su casa de Jerez disfruté. Adoraba a Paco; no sé si valoré más lo que me contó o el privilegio de tratarle. Con el pedazo de figura que es Cepero. ¿Se puede ser más elegante y considerado con un desconocido? Todos los que he citado, son grandes señores, con una educación exquisita.

Con Paco Cepero en su casa. Foto: MAE

Con Matilde Coral hablé largo rato en el simposio y más adelante, en la larguísima espera de una consulta médica en Triana donde coincidimos, terminó de contarme sus vivencias. Le pedí más ayuda después y me atendía por teléfono cada vez que la llamaba. «¿De Paco? Cuando tú quieras, mi vida, apunta mi número. ¡Ay, mi Paquito! ¡Qué lástima Dios mío que se nos haya ido! ¡Qué bueno era! ¡La mejor persona y más noble que puedes tu conocer! Pues ese era mi Paco». Y de ahí hilvanaba —igual de bien que mueve sus manos cuando baila— sus vivencias con él en Estados Unidos cuando era un crío. He visto derramar lágrimas a alguna de estas personas hablando de Paco.

Ya bastante avanzada la obra, recibí la aportación de Lucía, hija del maestro y de Casilda. Hablamos en varias ocasiones y mantuvimos una larga entrevista en Madrid, almorzando hasta las seis de la tarde, en un gracioso restaurante tailandés en la calle Arturo Soria. Se había leído «de pe a pa» el borrador que le envié y me dio directrices muy útiles en materia de propiedad intelectual. Recibí de ella con gusto, críticas muy intensas pero muy fundamentadas, a determinadas expresiones y contenidos de la primera versión, que me ayudaron a enfocar esta obra con mejor perspectiva. Una mujer sencilla y listísima, como su padre y su madre. Ella está centrada en conservar y transmitir el legado de su padre con el decoro que merece. Con la misma dignidad que él defendió para su obra y exigió para el flamenco en vida.

Con Lucía Sánchez Varela en Madrid. Foto: MAE

Lucía y su madre, Casilda, me insistieron en que visitase y entrevistase a Manolo Nieto. Manuel Nieto Zaldívar, fue director de fotografía del documental «Paco de Lucia-Francisco Sánchez» y sobre todo un gran amigo de Paco y una de las personas mas educadas, correctas y formales que me he encontrado en mi vida. Con él y su primo Emilio de Diego, compartimos un almuerzo en la sierra de Segovia y después del cochinillo, tuvimos una larga sobremesa plagada de historias y relatos impagables. Por las mejillas de ambos, rodaban lágrimas a veces, recordando a su entrañable amigo, y había que pausar el relato para que pudiesen recomponerse.

Con Manolo Nieto Zaldívar. Foto: MAE

De estas entrevistas, relacionadas en la bibliografía, he obtenido la mejor información para escribir. No han sido charlas apresuradas ni por teléfono. Las que se ofrecieron así las rechacé. Todas han sido conversaciones sosegadas, cara a cara y tomando notas en mi cuaderno. Y sinceramente, creo que los entrevistados, por ser quienes son, componen un grupo de personas de primer nivel para conocer a Paco de Lucía.

Reconozco, sin embargo, que carezco de entrevistas personales que aporten información sobre la última época de nuestro guitarrista: de su segundo matrimonio y del segundo grupo y que las realizadas se centran más en el Paco hasta los cincuenta años y su primer grupo. Hemos tratado de entrevistar a músicos y familiares que trataron a nuestro artista en la segunda etapa, pero no lo hemos conseguido y por ello, tal vez el reflejo de la primera sea más intenso y completo. En algún caso de familiares, incluso enviando un borrador del texto, y se nos ha respondido simplemente «que no interesa», sin explicar por qué. Desde luego, respetamos de modo absoluto el derecho a la privacidad, están en su derecho y nada que objetar.

Hay que decir al respecto que, eso de que, cuando pides entrevistar a alguien para documentarte para un trabajo como este, todo el mundo se pone a tu disposición, solo pasa en las películas. Unos lo hacen y otros no, y cuesta mucho suplicar que te atiendan. Y en el mundo del flamenco, poseído por el «qué dirán de mí si digo esto», los recelos son muy abundantes. Los que no desearon que los entrevistásemos cuentan con nuestro respeto más absoluto, faltaría más. Los peores son los que no se definen y te hacen perder tiempo; o los que critican lo que haces, pero no te dicen por qué[8]. Dicho lo cual, pese a todo, me considero muy afortunado por el trato recibido, sinceramente.

De estas fuentes y de las obras de Donn Pohren, Félix Grande, Paco Sevilla (traducida por mi del inglés) y Téllez, estudiadas todas al detalle,[9] así como de un archivo de más de setenta artículos de prensa, entrevistas y más de trescientos vídeos recopilados por mí

---

8   De ambos hubo. En un hospital sevillano me topé con uno de los primeros. Me facilitó su teléfono y en noviembre de 2018 le pedí una cita y comenzamos a hablar por WhatsApp. Siempre decía que sí, pero sin concretar cuando vernos. Estuvimos dos años así. No tenía ninguna obligación de acceder, pero hubiese agradecido sinceridad desde el principio para poder organizar mis ritmos y no perder un tiempo valioso para mí. Le echaré de menos, porque es una persona que se expresa muy bien, toca excelentemente la guitarra y pasó mucho tiempo con Paco de Lucía. De los de las críticas crípticas, también hubo como digo: «No me gusta lo que escribes y está fuera de lugar» —me dijo alguno— «¿Podría decirme por qué?»... —les preguntaba—. Hasta hoy. Ha sido una pena porque pertenecen ambos a una época de la que tengo muy pocas fuentes directas.

9   Muy de agradecer fue que, conociendo mi proyecto, J. J. Téllez me facilitó en formato Word, de sus archivos particulares, el manuscrito de Paco de Lucía en vivo, (2015), agotado en todas partes y sin perspectivas de reedición y que, gracias a él, hoy conservo como fuente. Y el formato Word me ha facilitado muchísimo, buscar términos o fechas en el atlas de Téllez, que tiene detrás un enorme trabajo recopilatorio, que yo he aprovechado. También fue Téllez quien me informó de la existencia de una biografía de Paco de Lucia, («Paco de Lucia a new tradition...» citada en la bibliografía) publicada en inglés inédita en España. La busqué hasta dar con ella y la traduje, y fue una aportación enorme de datos desconocidos de su vida.

de diversas procedencias, extraje los datos fácticos que dan sostén a estas líneas y que incluyo en las notas a pie y en la bibliografía citada al final[10].

Finalmente, la novela publicada por Casilda Sánchez Varela[11], que relata la vida de un escritor y su pareja, también se ha tomado como fuente indirecta para extraer mis conclusiones. Cuando aún no se había publicado, una Casilda (madre) orgullosa, me reveló que la novela estaba en preparación y que su hija escribía de maravilla. Y que mucho de lo que en esa historia se dice, es referido a Paco y a ella. Casilda hija es más evasiva en cuanto a pronunciarse sobre si la novela está basada en sus padres. Yo creo —y es solo mi opinión— que en esa novela (que relata la vida de un escritor gaditano y una chica bien con la que se casa), hay muchísimo más de Paco y Casilda de lo que ambas dicen[12]. Los paralelismos coincidentes entre el escritor y el guitarrista son abundantes. Las editoriales de la novela son las discográficas, y son ambas las que en ficción y realidad organizan la boda de ambos en una ciudad europea; los libros son los discos, levantarse a las cinco para escribir, es para tocar, y leer el novelista, el último fragmento escrito a su esposa, es tocarle Paco a Casilda lo último compuesto. Por no hablar de los paisajes de Cádiz, que fueron el marco del noviazgo de ambos. Si he ido más allá, me habré equivocado y si no, habré acertado. Pero creo que mi intuición no va desencaminada.

Sin duda habrá en nuestro trabajo conclusiones no compartidas por el lector, es lógico y deseable; por otro lado, también dejaremos alguna premisa al aire, para que el lector pueda sacar las suyas.

---

10   Algunas declaraciones no están apoyadas con una nota a pie específica porque proceden de entrevistas y en algunos casos me solicitaron no aparecer como autores de la información. Así se ha respetado. Esto debilita el rigor de lo que se escribe, pero es obligado. Toda la información —podemos asegurarlo— procede de las fuentes y bibliografía. Quien decida desconfiar de una cita no apoyada, puede hacerlo, es muy dueño. A mí —también he de decirlo— me importa muy poco.

11   *Te espero en la última esquina del Otoño.* Casilda Sánchez Varela. Espasa (2017)

12   Así lo piensa Lucía también.

2. LA RAZÓN DE ESTE ENSAYO

Así, pues, mi propósito no es enseñar aquí el método que cada cual debe seguir para conducir bien su corazón, sino solamente mostrar de qué manera he tratado yo de conducir el mío.

R. Descartes. *El discurso del método*

Soy abogado, nací en 1964 y el martes 25 de febrero de 2014, conduciendo por Sevilla hacia los juzgados a celebrar una vista, la radio soltó de pronto, que había fallecido Paco de Lucía. Tuve que parar. No podía asimilarlo. *¿Paco de Lucía? ¡No!*

Para mí, Paco de Lucía era eterno.

Detuve el impacto momentáneamente para celebrar el juicio concentrado y al terminar, quitándome la toga, la noticia volvió a golpearme como un martillo. Cuando busqué en Internet, había ya un hervidero. La ofuscación tornó en soledad fría. En pena sorda, tristeza espesa, desolación amarga. No esperar ya nunca más su siguiente disco. Cada vez que muere un ser querido, nos visita la pura esencia de la pérdida que nos dice que la orfandad no tiene reparo: ha muerto. Los que mueren no vuelven. No podemos disfrutar más de ellos. Lo que no hayas hecho hasta ahora, ya no lo puedes hacer.

El féretro de Paco de Lucía llegó a España el 28 de febrero (día de Andalucía), en un vuelo comercial desde Méjico —con escala Newark— lleno de dificultades.

SS. AA. RR. los Príncipes de Asturias, hoy ya reyes, visitaron la capilla ardiente instalada en el Auditorio Nacional de Música de Madrid, para ofrecer sus condolencias a la familia.

Recuerdo un comentario (de los que escriben los lectores en las noticias de los diarios digitales) que me resultó llamativo —y emotivo—, y decía así:

> «Soy pintor y estaba en el tajo pintando un sótano, escuché la muerte de Paco por los auriculares y le escribí a mi mujer: "Niña, he oído lo de Paco, me he puesto malo, me voy para casa, tengo una pena enorme; me voy a acostar". Y me acosté».

Inmediatamente empaticé: «[...] este pobre está como yo, [...] fijo que es de Cái».

La esquela familiar, redactada con toda probabilidad por su hija Casilda, repara precisamente en esto: el dolor y el desconsuelo de los que le querían sin conocerle. Como este pintor. Como yo mismo.

COMUNICADO DE LA FAMILIA 'DE LUCÍA'

Miércoles, 26 de febrero de 2014

A petición de la familia 'De Lucía' les hacemos llegar estas palabras:

"Miércoles 26 de febrero de 2014... el dolor ya tiene fecha para nuestra familia. Anoche se nos fue el padre, el hermano, el tío, el amigo y se nos fue el genio Paco de Lucía. No hay consuelo para los que le queremos y le conocemos pero sabemos que para los que le quieren sin conocerle tampoco. Por eso, queremos compartir con todos ustedes un abrazo y una lágrima pero también nuestra convicción de que Paco vivió como quiso y murió jugando con sus hijos al lado del mar. La vida nos lo prestó unos maravillosos años en los que llenó este mundo de belleza y ahora se lo lleva... Gracias por tanto... y buen viaje amado nuestro."

La asistencia de los Príncipes —tratándose de un premio Príncipe de Asturias en 2004, entregado por el propio D. Felipe— no me sorprendió. Tampoco me sorprendió la afluencia al pésame de politiquillos que suelen acudir a estas cosas (como las gaviotas rondan a los pesqueros), en busca de una foto que les viene bien a sus imágenes. Personajillos que él tanto detestaba y que no sirvieron para hacer bien su trabajo, repatriándolo rápido (cosa en la que tuvo que emplearse la familia, con ayuda de Luis Cobos y Alejandro Sanz). Ni siquiera sirvieron para brindarle como capilla, el Teatro

Real que solicitó su familia —y que Paco merecía— en lugar del Auditorio Nacional.

> «Fue una pesadilla. No había vuelo directo a España hasta pasados tres días. El Gobierno no respondió, podía habernos mandado un avión; cada quince minutos surgían nuevas opciones, que si el avión de Julio Iglesias, que si el seguro... Al final, fue Luis Cobos quien nos ayudó. La capilla ardiente en Madrid fue una especie de circo mediático, aunque me emocionaron los testimonios de la gente».[13]

Paco conectaba con un espectro enorme, que abarcaba desde S. M. el Rey, hasta un sencillo pintor de brocha, pasando por el presidente de Abengoa, que lo ponía como ejemplo en alguna ocasión[14]. Aquello de las emociones sin fronteras. Contemplar una obra de arte genial, sea un aria, un cuadro o una falseta, puede erizar los pelos de cualquier ser humano sin distinción cultural.

Yo toco la guitarra de oído desde los once años, solo a nivel de sencillísimo aficionado. Pero conozco la técnica. Sé cómo se toca bien, aunque yo no pueda ya tocar bien. Hasta febrero de 2014, para mí —como para todo el que ha cogido una guitarra— Paco de Lucía era *solo* un guitarrista estratosférico y un músico genial. Un *primus inter pares*, un innovador brutal, cuya música, sus arreglos, sus variaciones y su limpieza al tocar, destacaban enormemente en calidad sobre lo que hacía el resto de los artistas de su género. Un talento único, tanto en el flamenco —al que soy aficionado desde niño— como en los estilos de fusión por los que transitaba.

Caí en la cuenta entonces que había seguido los pasos de un artista, cuyos discos tengo, comprados uno a uno, en su respectiva fecha de salida, pero no sabía casi nada de la persona, ni siquiera su

13   Entrevista a Gabriela Canseco, su segunda esposa. «Memoria de una ausencia» *EL PAÍS Semanal*, 2015. Op. cit. (1)

14   «Tenemos que quitarnos de encima el hechizo de los tópicos de siempre» Felipe Benjumea en *ABC de Sevilla*, 26 de junio de 2010 Op. cit. (2): «Y [Felipe Benjumea] recordó al guitarrista Paco de Lucía, quien cuando le preguntaron por el secreto de su éxito respondió: «Llevo desde niño practicando todos los días una media de catorce horas y a eso, en mi tierra, le llaman duende»».

verdadero nombre: Francisco Sánchez Gómez. Yo era uno de esos que se hubiesen acercado a su hijo Curro a confesarle la de información que ignoraba a cerca de su padre, por los cuales él hizo su maravillosa película[15]. Cuando yo tenía diez o doce años, mi padre, de quien heredé la afición a la guitarra, tenía puesto en el casete de su Renault 12, música de Camarón y Paco de Lucía a todas horas. Él —que tocaba bien para acompañar— se destrozaba la cabeza. «¿Cómo se puede tocar así? Eso no es posible —decía— lo harán los ingenieros de sonido acelerando la reproducción, seguro». O como decía Luis Landero:

> «¿Cómo es posible que alguien pueda tocar así, que pueda haber tanta música y tanta originalidad en una guitarra? Quiero decir... Todo es caudal de música nunca oída ni imaginada... Todo eso, ¿de dónde sale... dónde estaba enterrado ese tesoro? [...] No sé cómo explicar lo que sentí. Ante todo, a mi aquello me parecía irreal. No es que me quedase maravillado... sino que, yendo más allá, sencillamente, yo no me creía lo que estaba escuchando.».[16]

A mi me pasaba eso. Pero a mi padre, sin embargo, le gusta el estilo de guitarristas de golpe y compás, austeros como el toque de Morón, o como su querido Cepero, de buen pulgar, mucho compás y fuerte rasgueo, más que las florituras de Paco, que le parece perfecto, pero técnico en exceso y frío. Sin pellizco. Mi padre tiene más de ochenta años y es aficionado al flamenco anterior al tiempo de Paco de Lucía. Pero yo le veía que no paraba de rebobinar el cassete, para escuchar los «punteaos» de *Entre dos Aguas*.

---

15   Así lo refiere el propio Curro Sánchez en el libro que acompaña a su documental *Paco de Lucía La búsqueda*, cit. (1) Pág. 1

16   *Ídem* Luis Landero en cit. (60). Tambien Emilio de Diego (guitarrista profesional) me contaba que al escuchar a Paco, llamo a su constructor de guitarras y le dijo: «a ver si me haces una guitarra buena como la de Paco, las que me haces a mi tienen menos notas»

Mi padre, descamisado en 1976. Cepero le gusta mucho,
pero ¿qué guitarrista le llamaría la atención de joven?

A mi hijo Jaime, de dieciséis años, que escucha música de lata y
reggaetón en su móvil, desde los diez años le gustan las rumbas y
los tangos de Paco. *Papá, es flipante como se comunican Jorge Pardo
y Paco de Lucía en Altamar.*[17] Cuando entrevisté a Jorge Pardo,
Jaime, siendo un niño, quiso venir al Lope de Vega a conocerlo al
ensayo antes de tocar y a hacerse una foto con él.

Jaime Alonso en 2016 con Jorge Pardo. Foto: MAE.

---

17   Una de las versiones más exóticas de Entre dos Aguas en su versión «Altamar»
      la podemos ver localizable en el buscador de YouTube introduciendo «Paco de
      Lucía - Entre dos aguas 1986».

El arco de edades de los aficionados a la música de Paco de Lucía abarca desde mi padre hasta Jaime. Es absoluto.

A mí me encanta oír hablar a Cepero y su toque me gusta muchísimo, pero Paco me fascinaba ya desde mi juventud, desde la primera nota hasta la última. Con doce o catorce años, yo sabía ya acompañar *Entre dos Aguas*, lo cual no es gran mérito porque se hace con tres acordes y medio que aprendí viendo un día a Ramón de Algeciras en la tele, pero adentrarse en la melodía, ¡amigo!, eso ya era otra cosa. Era imposible abarcarla y sin embargo cabía en un acompañamiento muy simple: ¡fascinante!

La genialidad consiste en hacer que lo excelso parezca fácil, que esa ejecución tan compleja técnicamente, salga fluida y sencilla. He copiado o sacado falsetas de oído o de vista de muchos guitarristas aficionados y profesionales. Jamás he conseguido tocar entera y a compás una sola parte de una falseta de Paco. Siempre era igual: localizaba alguna que parecía asequible, la grababa en vídeo VHS y decía… *¡huy que fácil, ésta va a ser!* ¿Fácil? Sí, fácil... Me la ponía por delante, conseguía dar con él las dos primeras notas y ¡zás! volvía a pasar. Paco se me escapaba, me quedaba con la mano parada, me embobaba con lo que veía y prefería disfrutar viéndolo a él que seguir esforzándome. Total —pensaba— esto es *pa ná*.

En aquellos tiempos, sin YouTube y sin saber siquiera el nombre de las notas, había que esperar mucho para que algún amigo de la familia, en alguna fiesta, una feria o un Rocío, tocase lo que querías aprender, te echase cuenta (¡no seas pesado niño…!) y te enseñase dos acordes, o robárselos por tu cuenta. Reconozco también que no hay nada más *jartible* que un niño encoñado con la guitarra, como yo lo estaba entonces a todas horas. Otra fuente de aprendizaje era la televisión, poner a grabar el vídeo para copiar algo, si al dichoso realizador, no le daba por cambiar el plano al público en lo mejor de la falseta.

Por tanto, ya desde mi juventud, ese guitarrista serio de los pelos largos, que tocaba con la cabeza para detrás y cara de místico, para mí tenía una identidad clara. Paco de Lucía era un nombre, una figura muy presente en mi vida juvenil. Y no era frío. Todo lo contrario. Para mí era la versión viva y audible de la fascinación, de la hermosa armonía, del «pellizco» en la composición, del absoluto compás, pasando de la potencia a la suavidad, sin perder el ritmo. Muchos lo saben y para los que no, tenemos pruebas. [18]

Un nombre y una figura; pero cuando murió, no sabía casi nada de la persona, más allá de cuatro cosas borrosas y mal ubicadas. Que se fue a Méjico, porque aquí no le reconocían suficientemente; que tocaba con un hermano, Ramón; que tenía otro hermano que cantaba; y poco o nada más. Haciendo mucha memoria, podía llegar a que su mujer se llamaba Casilda. Recuerdo que una vez me pregunté: ¿Quién sería esa señora de los tanguillos de *Siroco*? Si Paco no suele tocar por tanguillos[19].

Solo me interesaba el guitarrista y su música, que conocía bastante bien —¡creía yo…!—. Su vida personal no estaba aireada, todo lo contrario, encriptada. Y pude haber sabido algo de ella hace tiempo.

En el año 1994 acudí a uno de los actos de presentación del libro de J. J. Téllez, *Paco de Lucía, retrato de familia con guitarra.* El autor tuvo la gentileza de dedicarme la obra, pero cuando la ojeé vi que se trataba de un biopic y yo iba buscando aprender algo de su música para tocar. Una de dos, o no la leí completa, o la leí sin interés y

---

18   Para ver compás, véase el vídeo nº 150 del minuto 0:08:00 al 0:09:00 localizable en el buscador de YouTube introduciendo «paco de lucia buleria alla paco!». Cuando pasa, de toque de rasgueo potente y fuerte que venía ejecutando, al trémolo suave del inicio de sus bulerías *Río de la Miel* descolocando al público, que pensó que ahí quedaba la cosa. Pero es que además, en el interregno de las dos intensidades, ¡se seca el sudor! y no se va en el trayecto, ni una décima de segundo de compás, se seca el sudor a compás. Y para pellizco, me pincha la barriga la nota que da Paco en el vídeo nº 124, localizable en el buscador de YouTube introduciendo «paco de lucia tanguillos casilda». En los tanguillos de «Casilda» en el Teatro Lope de Vega de Sevilla, justo en 0:01:10 a 0:01:11 en ese segundo, da un agudo punzante, que para mí, es pellizco puro. Mejor les recomendaría verlos completos. ¡Para qué privarse de un dulce!

19   Antes de grabar *Siroco*, Paco de Lucía grabó con Camarón *Calle Real.* El primer tema, el «Romance del Amargo», va por tanguillos de Cádiz, sugerencia de Ricardo Pachón a Paco, quien mostraba reticencias, porque los tanguillos son un palo menor, o vulgar, poco flamencos. Tal vez Casilda no sepa que fue Ricardo Pachón (él mismo me lo contó) quien convenció a Paco de Lucía de lo válido de este toque. Toque, que tanto le pega, a una pieza que, como hemos visto, Paco acabó dedicándole a ella, tan ligada familiarmente a Cádiz. El padre de Casilda, el general Varela, además de ser de San Fernando, tenía casa en Cádiz, que Casilda habita aún y cuyos jardines fueron cedidos a la ciudad, que los bautizó como «Jardines de Varela».

no se me quedó nada. Yo no estaba entonces en eso. Estaba en su música y acudía a todos los conciertos que daba en Sevilla. Hasta con prismáticos, para ver si le pillaba algo. Ingenuo de mí...

El primero que recuerdo y muy vagamente, fue en la Plaza de España de Sevilla, allá por el año 1975, un escenario sencillo, como de verbena casi. Sillas de tijera de madera y no más de doscientas personas allí. Se vistió en unos camerinos improvisados, en lo que era, y es hoy, la Inspección Provincial de Trabajo. Mis padres y unas tías mías me llevaron para que arraigase la afición a la guitarra a mis once años. Después le vi, en otro concierto en Sevilla, en el Teatro Lope de Vega, en alguna Bienal, en el Alcázar, en las actuaciones en torno a la Expo 92 y en posteriores citas en el Teatro Maestranza[20].

El caso es que cuando falleció, al golpearme tan fuerte la noticia por la radio, e inundarme un vacío tan inmenso, empecé a preguntarme cosas.

¿Compondría él toda su música? ¿Estaba casado aún? ¿Tuvo hijos? ¿Seguiría en Méjico? ¿Estaría forrado de dinero o será un flamenco tarambana más, que lo despilfarró todo?

Empecé a investigar. E investigando comencé a descubrir y descubriendo a sorprenderme. El pasmo iba creciendo. Y una de las más gratas sorpresas —más bien un bofetón de impacto— me la proporcionó el documental de Michael Meert: *Paco de Lucía Light and Shade*[21]. Un trabajo soberbio; intimista, perfectamente elaborado, filmado en plano corto y una de las ocasiones en las que Paco se expresa con más franqueza y con mucha serenidad. Fue la primera vez que lo escuché pronunciar más de un monosílabo. Despliega una personalidad cautivadora y excepcional, que me sorprendió y me atrapó. Habla pausado y preciso, como un intelectual o un erudito con barniz flamenco.

---

20   Fui una vez de joven con prismáticos y un cuaderno. ¿Se puede ser más ingenuo? Ni lo abrí siquiera y no lo hice más.

21   Vídeo nº 2. Localizable en el buscador de Google introduciendo «Paco de lucia light and shade daily motion». Tenía que ser un alemán —y no un español— el que realizase esta obra genial, descubriendo a una figura singular española, mientras aquí no se valoraba. ¿Lo digo? Pues sí, lo digo: en España, no valoramos lo que tenemos, cualquier cosa que venga de fuera nos deslumbra, y así nos va.

Pero ¿esto qué es? —me dije—. ¿Qué estoy viendo y oyendo? La sensación fue sideral y me quedé atrapado, porque un flamenco ilustrado, en la época de Paco de Lucía era más raro que un bolsillo en la espalda. No me lo esperaba así. Lo consideraba solo un virtuoso de la guitarra, pero descubrí, además, una persona culta, serena, racional y singular.[22]

Hoy acudo, sencillamente y sin ambages, a la pura afirmación: Paco de Lucía es un ser humano excepcional. Repito, excepcional y lo digo en presente (presente histórico si se quiere) porque me place, me reconforta y quiero que sea así. Uno más de los cientos de españoles excepcionales, olvidados o desconocidos por el gran público, que en otros lugares hubiesen sido insignes. He aprendido mucho estudiando a esta persona.

A causa de este impacto me decidí a escribir, olvidándome en lo posible del Paco guitarrista —del que se ha dicho ya todo y poco puedo yo aportar— y centrándome en el individuo.

---

22 «Paco de Lucía, un ejemplo para los alumnos de La Bajadilla». Diario Europa Sur, Alumnos de Primaria del colegio al que fue Paco de Lucía en Algeciras, en su mayoría inmigrantes, a través del proyecto CREHAS, están investigando su vida como ejemplo didáctico de superación. Cit. (3)

3. ESTRUCTURA
CONTENIDO Y FORMATO

El ensayo está en la frontera de dos reinos: el de la didáctica y el de la poesía y hace excursiones del uno al otro.

Eduardo Gómez Baquero

Desde que Paco de Lucía falleció, cuando mi familia y mi profesión me lo permitían, he ido recopilando información de aquí y de allá y he dado vueltas a esta composición en la cabeza y no conseguía reunir el tiempo para dedicarle las horas seguidas que el diseño de una estructura coherente requiere. Si un trabajo así lo coges y lo sueltas, cada vez lo enfocas de modo distinto, según tu estado de ánimo esté, por una u otra labor. Es necesario, para fijar una hilazón y que salga algo uniforme y no una sucesión de viñetas inconexas, dedicarle mucho tiempo, y tiempo seguido, para que el resultado sea coherente[23].

Justo lo que yo no tengo: tiempo. Ni siquiera llegaba a poder construir un índice. El confinamiento de la pandemia fue la oportunidad.

Una de las cuestiones que me planteaba —sin alcanzar tampoco respuesta clara— era si omitir toda referencia a la música de Paco y centrarme solo en el enfoque personal, o si incluir también su obra, su forma de tocar, su faceta de músico. La duda me embes-

---

23   Imprescindible para una lectura cómoda.

tía. ¡Cualquiera se atreve a hablar con criterio técnico de Paco de Lucía como guitarrista! Nadie puede estar a esa altura. Además, careciendo del nivel necesario, era fácil caer en los tópicos manidos: es un fuera de serie, un virtuoso, no volverá a salir otro como él, etc. Pero está demasiado ligada su personalidad (tal como yo la veo), a su trayectoria y su obra. De modo que cuando deba acudir a alguna referencia de su obra o a su forma de tocar, procuraré afinar mucho, tener cuidado y equivocarme poco.

También dudé sobre el formato. Pensé en novelar, pero no tengo el suficiente estilo ni talento literario y además su hija ya lo ha hecho. O en hacer un relato biográfico cronológico, pero ya otros lo han hecho también, y tan bien[24], que sería absurdo imitar y encima, quedar peor.

Mi formación me inclinaba hacia algo fundamentado y riguroso, como son los escritos jurídicos. Pero no debía demandar a Paco de Lucía, no se lo merece, ni podía celebrar un contrato con él. También me surgió la idea de doctorarme y enfocarlo como una tesis, pero los rigores de ese formato y mi falta de tiempo para someterme a la disciplina universitaria me disuadieron igualmente; además, ya hay quien también lo ha acometido con éxito.[25] De modo que me quedaba el ensayo. No conozco ninguno publicado sobre él. El ensayo permite expresarse con agilidad y comunicar de forma directa. Posibilita llevar a cabo un proceso de investigación, sin ser esclavos de los datos, toda vez que nadie acude a un ensayo a buscar fechas ni cifras. Si decimos que Paco de Lucía salió del colegio a los ocho años, es intrascendente que fuese a los nueve o a los diez, lo importante es que fue a una temprana edad y no recibió docencia. Los datos extraídos de la bibliografía son sin duda importantes, pero lo fundamental son las ideas del propio autor del ensayo.

Lo que sigue es pues un ensayo sobre la personalidad de nuestro artista. No es una biografía, aunque inevitablemente contenga datos biográficos indispensables para sustentar el contexto. Es una

---

24   (Pohren, Téllez y Paco Sevilla).
25   *Paco de Lucía: la evolución del flamenco a través de sus rumbas.* Pérez Custodio, Diana. Tesis doctoral. Cádiz: Universidad de Cádiz, 2005.

descripción de rasgos de su personalidad y la forma en que creemos que influyó en lo que hizo como artista, esa personalidad; esos elementos que gestaron el potencial que le permitió hacerlo, de la forma concreta —y no otra diferente— en que lo hizo.

Este trabajo es en parte especulativo, teniendo en cuenta que «se trata, en suma, de reconstruir rasgos y circunstancias vitales de una persona a la que no se tiene acceso de modo directo. Por consiguiente, el método empírico es imposible. Esta dificultad solo tiene una solución posible y consiste en inferir, desde datos biográficos fidedignamente contrastados, unas conclusiones coherentes con ellos que nos permitan elaborar un perfil de su personalidad».[26]

En lógica, según los filósofos, se denomina *conclusión* a la proposición final de un razonamiento. Su contenido se infiere de un modo u otro de las premisas analizadas, esperando que estas sean válidas. Por consiguiente, es lo opuesto a una opinión, toda vez que se razona o se argumenta para alcanzar un desenlace cierto o que al menos busca ser cierto. Según el Diccionario de la Real Academia Española, la conclusión es «la idea a la que se llega después de considerar una serie de datos o circunstancias». Su etimología es latina, de *concludere* (terminar); y de *claudere* (cerrar); en este último caso, referido a finalizar un argumento. Se espera de ellas que arrojen nueva información o forma de interpretar lo estudiado.

Una conclusión puede ser verdadera, o válida si quieren —que es diferente de cierta— incluso si sus premisas no lo son, de manera que una conclusión válida no hace ciertos los pasos dados para llegar a ella.[27]

De esta forma, si los hechos o premisas que analizamos sobre nuestro personaje no son ciertos, nuestras conclusiones pueden ser correctas, pero no acertadas.

---

26 Reflexiones para la elaboración de un Perfil Psicológico de Santo Domingo de la Calzada. Enrique B. Arranz Freijo, Logroño, 2009 Op. cit. (7) Aunque se refiere a un personaje nada parecido al nuestro, el relato del profesor Arranz es tan idóneo que hemos incluido párrafos literales

27 Si nos dicen que llueve en Cádiz, concluimos que sus pantanos se llenan. La conclusión es verdadera. Si a posteriori descubrimos que no llovía en Cádiz, la conclusión sigue siendo verdadera o válida, en su momento, pero no era cierta.

Si bien no es elegante sobreexponer nuestra opinión subjetiva a cerca de lo estudiado en un ensayo, sí es legítimo asumir postura, y en algunas ocasiones lo haremos, no estará de más como cierre a la investigación o al razonamiento, mostrar nuestro sentir.

También hemos tratado de eliminar lo superfluo, de la información que hemos obtenido de la vida de Paco de Lucía, aquello que no aporta, para centrarnos en la información clave. No digamos ya lo escabroso que se nos ofertaba. Esas entrevistas, ofrecidas por personajillos de quinta fila se rehusaron: «Sabes mucho tú de Paco ¿verdad? Pues anda escríbelo tú».

Cierto que hay etapas —sobre todo de sus últimos años— de las que la información hallada es más escasa (por carecer de acceso a las fuentes) y por consiguiente las conclusiones pueden ser más intuitivas y, por ende, más frágiles.

Esperamos sinceramente que estos resultados ofrecidos aumenten las ganas del lector de seguir informándose sobre el tema, investigando o simplemente disfrutando con la búsqueda, como hacía Paco de Lucía, cuyas líneas de investigación son muy atractivas y distan mucho de estar cerradas. Nuestro guitarrista está «vivo» y hay muchísima información que localizar sobre él, susceptible de recibir nuevas conclusiones. Es sorprendente lo poco que se ha escrito sobre él de forma ordenada; pinceladas dispersas muchas, pero obras completas pocas[28].

En suma, trataremos de repasar los aspectos de su personalidad, enfatizando en los más destacados y los que más y mejor creemos que lo definen. Trataremos de aportar alguna información nueva y nuevos argumentos, evitando ser redundantes con lo que ya se ha divulgado sobre su trayectoria, su nivel y su colosal dimensión como guitarrista. En definitiva, intentaremos sorprender, como él también procuraba. Él desde luego lo conseguía en cada nuevo disco cada pocos años, con mucho esfuerzo; sentía miedo a repetirse, cada vez más.

---

28 Incluso como hemos dicho, una excelente y cuidada biografía editada en Estados Unidos, no está publicada en español, pese a ser de una enorme calidad.

«Sé que están esperando a ver con qué sorprende Paco y Paco ya no sabe dónde buscar, en la chistera o debajo de la manga. Se han criado oyendo mi música. Cada vez cuesta más sorprender a estos niños, lo saben todo ya. Pero cuando sacas algo que te gusta, aunque solo sean diez segundos de música, te emocionas y hasta te das un olé.».[29]

Él lo lograba. Ya veremos cómo nos va a nosotros.

No será pues, como dijimos, una biografía ni un ensayo riguroso que aburra en grado sumo: el humor y la fantasía, en su medida, son saludables. Además, una exigencia erudita o una narración de hechos no es la misión de esta humilde obra. Estos ya están en los documentales, en los vídeos y en las fuentes escritas aludidas en las notas al pie, esperando —no podemos garantizar más[30]— que sean rigurosas. Para ello, hemos procurado evitar informaciones indirectas —«a mí me dijeron que...»— optando por testimonios directos de absoluta proximidad —«yo vi, o a mí me dijo él...»— relatados por él mismo de viva voz, por esposas, hijos, amigos y compañeros músicos que trataron personalmente a Paco de Lucía. Probablemente —o seguro— haya hechos sobre personajes históricos en las enciclopedias que han quedado, sin duda, sacralizados y mejor escritos, pero investigados a través de fuentes más periféricas o menos fiables que las nuestras[31]. Si ahora se descubriese una carta auténtica del que afinaba el piano de Beethoven, todos los eruditos revisarían sus tesis y pondrían en solfa lo que fuese contradicho por este documento, pertene-

---

29 «Los guitarristas somos muy «metiítos» para dentro». *El Mundo* 2020, cit. (17)
30 Juan José Téllez, una de las personas que más a fondo —o la que más— ha biografiado a Paco de Lucía, decía en el Simposio de 2014 con un punto de simpático desespero, que «la familia Lucía no se regía por el Carbono 14. Cada miembro al que le preguntas sobre un hecho, lo cuenta distinto y lo data en una fecha diferente».
31 El asesinato de Julio César, uno de los hechos históricos universales más glosados, llegó a nosotros por diversas fuentes, escritas más de ciento cincuenta años después de los Idus de marzo del año 44 a. C. Y damos por buenos todos los detalles, hasta el número exacto de puñaladas que recibió y cuál de ellas fue la letal. *Sangre en el foro, los asesinatos de la antigua Roma*. Southon, Emma. Editorial: Pasado y Presente. 2020 cit.

ciente a una fuente tan cercana al personaje. Sería tomada muy en cuenta. Y por supuesto, también hemos evitado el abuso de Google o Wikipedia, donde puedes encontrar que sus hijas se llaman *Casilda y Lucía de Lucía*, escrito por algún indocumentado que no conocía ni el verdadero apellido del artista.

También persigue este ensayo que los testimonios de fuentes tan cercanas queden plasmados y eludan el olvido por el paso del tiempo sin que nadie los recoja. Lo que haremos será, deducir partiendo de estos datos y extraer conclusiones propias, más o menos certeras. Y no tiene mayor importancia errar en la valoración, los científicos y los juristas se pasan —nos pasamos— la vida exponiendo tesis que son refutadas por otros razonadamente, cosa que se encaja con la mayor *deportividad* y que, si se tiene mente abierta, constituyen críticas constructivas o aportaciones que enriquecen al propio criticado. Se aprende más de los errores que de los aciertos. Así es, y será, en nuestro caso.

Se aspira a un mero acercamiento, a un perfil humano, a un imposible que nos hubiese gustado: conocer y tratar a Paco de Lucía, en sus trazas personales, socioemocionales e intelectuales. Esta obra solo interesará a quien armonice con este mismo interés. No es, por tanto —insistimos—, una obra doctrinal apta para buscar en ella datos exactos o fidedignos, ni para rivalizar entre Paco y otros artistas. Es un trabajo centrado en la persona estudiada. Por consiguiente, puede —y resulta irrelevante a nuestros fines— que él no fuese el primer flamenco ilustrado, sino el segundo; o puede que Paco de Lucía no fuese el único que hizo tal cosa o el que mejor la hizo, de modo que no pierdan el tiempo leyendo si buscan comparaciones de este tipo. Tratando de ser lo más respetuosos que podemos con los demás, esta monografía está dedicada a él, no a establecer jerarquías en el mundo del flamenco.[32]

---

32   En el ámbito jurídico existe un latinajo perfecto para definir lo que aquí señalamos: los *obiter dicta* (cuestiones colaterales) frente a la *ratio decidendi* (digamos el meollo de la cuestión). Cuando —por ejemplo— una sentencia que resuelve un crimen, afirma en su texto que una de las partes siendo de Jaén recibe de la Junta de Andalucía, cinco millones de euros de ayudas al olivar, la parte de esa sentencia que vincula, son las cuestiones referidas al crimen, *ratio decidendi*, pero si la Junta no da cinco, sino dos millones, el afectado no puede reclamar tres a la Junta basándose en la Sentencia.

El estilo del ensayo —en principio— no casa bien con la expresión de los sentimientos, con connotaciones de corte, digamos, emotivas o jocosas, que me apetecía incluir. Pero claro, versando el trabajo sobre un artista que, como todos, transmite emociones y sentimientos, o los incluimos o no saldría completo. Así que nos apoyaremos en este punto en Eugenio D'Ors, quien definió el ensayo como *la poetización del saber*, y tiraremos hacia adelante. Como Paco decía, todo lo que se haga con «corazón y con gusto y dentro del contexto, es válido, lo importante es que, dentro del lenguaje, digas cosas que emocionen», de modo que decidí el ensayo, un género que permite explorar, analizar y evaluar un tema sin estar sometido a esquemas rígidos. Ortega y Gasset decía que *el ensayo es la ciencia sin la prueba explícita*. Es decir, más divulgativo que erudito; no un discurso irresponsable, sino un relato riguroso, pero que atenúa la aridez del rigor teórico y científico para facilitar la lectura y la asimilación de su contenido. Es como un «documental escrito» en lugar de un trabajo académico o una tesis doctoral plagada de esquemas, tablas de estadísticas o fórmulas.

Un género que «del aspecto artístico toma la belleza y la expresión a través de la creatividad, sin descuidar el rigor del método científico y la objetividad de las ciencias»[33]. Verán como recordarán este párrafo, cuando lean más adelante sobre la ruptura de los moldes y las formas del flamenco que expresa Paco de Lucía.

Durante mi vida —y mucho más durante el acopio de información de estos años— he sentido infinitas veces alegría, optimismo, tensión, energía, admiración, hechizo, atracción, perplejidad, incomprensión, fascinación, rendición incondicional, pellizco, ritmo, sorpresa, impacto, euforia y hasta envidia, por supuesto, en mi intenso acercamiento a la música (y ahora a la figura humana) de Paco de Lucía. Nunca hastío ni indiferencia. ¿Cómo dejar de incluir tantas sensaciones emotivas? Imposible. No será, por tanto, un ensayo purista. Ya estamos los juristas bien servidos de sometimiento a normas y a los esquemas cerrados del Derecho. Será, si quieren, algo poco ortodoxo, tal vez un ensayo-fusión, ajustado al estilo de nuestro personaje.

---

33   *Teoría del Ensayo.* Pedro Aullón de Haro, Ed. Verbum, Madrid 1992.

Por consiguiente, el formato elegido parece el correcto y el primer sentimiento, la primera emoción vivida que se va a incluir, la primera, no es ninguna de las citadas.

4. ACERCAMIENTO

Ya llevaba tiempo documentándome para este proyecto, cuando en agosto de 2018, viajando con mi familia, nos alojamos en Toledo en el hotel que fue casa de Paco de Lucía. Hoy es de su hija Lucía y lo gestiona su director, Rafael, un encanto de persona. Casilda madre tuvo la amabilidad de arreglar con él la reserva para nosotros y la estancia fue una delicia. El balcón —de suelo a techo— de nuestra habitación, abierto en una suave noche de verano, daba a la Plaza de Santo Domingo —ni el más leve ruido— y Concha —mi mujer— y yo, veíamos desde la cama el interior de la cripta y el sarcófago donde está enterrado el Greco.

Al marcharnos, Rafael me retuvo para ofrecerme un detalle que me tenía reservado. Habíamos congeniado muy bien y mantuvimos horas de charla muy agradables.

En el patio, en una hornacina con frente de cristal, había una guitarra y bajo ella una placa, que decía que había sido de Paco de Lucía. Yo sabía que no. Que estaba allí puesta para los turistas. Era una caja de gambas. Rafael me lo dijo, que no era una guitarra suya porque la compañía de seguros le pedía una burrada por tener expuesta una pieza así. Pero haciéndome esperar un momento, bajó con un estuche en la mano y me dijo: «Esta sí lo es. La llevó en la gira de 2005, no ha salido de la funda desde entonces y hace nada sus hijas me la han cedido un tiempo; pero por lo que te he dicho, he decidido no exponerla». La puso sobre una mesa. «Ábrelo, anda. Tócala». Desabroché los cierres y antes de abrir la tapa, me sentí sir Howard Carter ante el sarcófago de Tutankamón. Tomé la guitarra. Un «aparato» solo al peso. La pulsé y sonó un cañón de música cuando bajé el pulgar. Seguía afinada.

Instintivamente pensé, es entera de ciprés... no es de Conde... igual no es de Paco, cualquiera sabe. Pero también pensé que a veces él ensayaba con guitarras así y desde la postura de tocar, me fijé en el zoque, la unión del mástil con la caja; me fijé bien y me quedé ab-so-lu-ta-men-te pasmado: había restos de vaselina.

Me costó Dios y ayuda —más de un año visionando vídeos— averiguar qué demonios hacía Paco cuando llevaba la mano a ese lugar antes de empezar a tocar[34]. Pensé que pudiese ser un botón de control de sonido o tal vez un micrófono, pero Paco no los usaba; nada cuadraba. Desde conciertos de juventud hasta los últimos, en casi todos, la dichosa mano al zoque. Nadie, ningún guitarrista hacía eso, solo él. En planos filmados desde detrás, yo paraba la imagen y la ampliaba y allí no había nada. Hasta que lo descubrí. En un foro de internet, uno de Cádiz lo había respondido, a otro inquieto parecido a mí. Era vaselina o crema lubricante para untarse los dedos y que corriesen rápido por las cuerdas.[35]

Las manos de Paco. Siempre la uña del pulgar izquierdo larga ¿Porqué?. Se untaba los dedos con vaselina antes de tocar... Foto cedida por Ziggurat films.

---

34   Vídeo nº 113, 00:00:41 a 00:00:45, localizable en el buscador de YouTube introduciendo «saura sevillanas a dos guitarras».

35   Vídeo nº 213, documental *Paco de Lucía, la Búsqueda* 00:43:38

...y se llevaba una reserva en el zoque para después.
Foto cedida por Ziggurat films.

¡Vaselina...! La guitarra que tenía en mis manos sí había sido de Paco de Lucía. La volteé, la miré por todas partes y la olí. Tengo la manía desde niño de oler las guitarras. Su aroma a barniz y madera noble estaba mezclado con otros que acompañan a las guitarras: tabaco, sudor, perfume; las guitarras huelen a sus amos[36]. Y la guitarra los conservaba. Me acordé de sus hijas, cuando describían a su padre «olor a tabaco rubio y colonia reciente»[37]. Toqué solamente un minuto, una falseta por seguiriyas. Mis hijos me hicieron una foto y con todo respeto, la acosté en su mullido estuche y cerré el sarcófago, dejando de nuevo dormir a la reina.

---

36   Recuerdo, de niño, que la guitarra de mi padre, olía a mi padre.
37   Entrevista personal con Lucía y articulo de Casilda Sánchez Varela «Papá» en el libreto del documental Paco de Lucía La búsqueda. Ziggurat Films, varios autores, 2015. cit. (6)

El autor, Toledo, verano 2018. Foto: MAE

La primera emoción que quiero incluir aquí no es ninguna de las que antes he mencionado. Es la que sentí ese día, con la guitarra de mi genio en las manos: la pena. En mi tierra, cuando es muy intensa, se le llama lástima.

Eso fue lo que me embargó y me salió de los labios: «Que lástima, Dios mío; que lástima, más grande, que se haya tenido que morir este hombre». Me sentí vacío y apenado. Mi hijo Jaime me lo dijo: «Papá, te has puesto triste…».

Volviendo al relato, como dijimos, es imprescindible contextualizar para obtener el mejor resultado de este proyecto. Siempre que se estudia a una persona debe tenerse en cuenta lo que afirma el psicólogo ruso L. S. Vigotsky (1979): «Las personas somos producto de la historia que nos toca vivir, nuestros rasgos de personalidad proceden de la interiorización de las experiencias significativas que acontecen en nuestro devenir biográfico»[38]. Si Julio César hubiese nacido en Britania, en vez de en Roma y no hubiese coincidido con Pompeyo, tal vez hubiese cuidado ovejas, no habría conquistado las Galias, ni cruzado el Rubicón. Y no sabemos si otro —sin las cualidades del divino Julio— lo hubiese podido hacer. Y por supuesto, Cayo Julio César resultaría ser un monstruo si lo juzgamos con los estándares sociales de hoy, en lugar de los que regían en Roma. Por tanto, no debemos perder de vista que estamos escribiendo sobre un flamenco, nacido en el ambiente sociopolítico de la posguerra española, en un entorno huérfano de todo atisbo de cultura y en uno de los sitios más pobres y olvidados de España, Algeciras, en su barrio de la Bajadilla y su Playa del Rinconcillo. De modo que si tratamos —por poner un ejemplo— el machismo en Paco de Lucía, no podemos valorarlo conforme a los estándares de hoy día, porque sería un disparate.

«Paco —como escribió el director de cine Carlos Saura— nació en el medio apropiado para ser guitarrista flamenco, por herencia paterna y por encontrarse en la atmosfera más propicia para ello»[39]. Este entorno, deprimido y lumpen, le sirvió a Paco para beber de unas fuentes flamencas que no eran precisamente académicas, pero que solo se encontraban allí. Ambientes muy reducidos y exclusivos, el reino de la intuición, del impulso irracional y del misterio analfabeto, huérfano de rigor de perseverancia y método, pero único a la vez. Sin embargo, esas disciplinas que en su entorno escaseaban, Paco las poseía y practicaba. Él era riguroso, disciplinado y perseverante. O al menos, si no lo era inicialmente, su padre sí lo era y él se puso a sus órdenes con absoluta fidelidad.

El flamenco, la música flamenca entonces, cuando Paco comenzó a destacar artísticamente, además de ser lumpen, carecía de toda estructura y metodología de estudio. Por tanto, o se aprendía allí,

---

38 Arranz. Op. cit.
39 «La libertad conquistada», Carlos Saura: Paco de Lucía. La búsqueda, libreto del documental, Ziggurat films, varios autores, 2015. Cit. (58)

imitando y de oído, o no había más academia. Por otra parte, la función social que cumplía el flamenco y el oficio de los flamencos no pasaba de divertir a cuatro *señoritos* —como les llamaban ellos mismos— que ponían a dos gitanos a cantar, en tanto ellos se reían o hacían tratos. Cualquier cosa menos escucharlos con atención, mientras los pobres artistas daban su ser entero por la garganta, porque para ellos, aficionados al cante o al toque, el flamenco sí constituía una forma de expresión íntima, auténtica y seria. Ellos sí entendían los palos, las formas, el mundo y el lenguaje flamenco y lo respetaban. Los destinatarios, no mucho, a excepción de cuatro aficionados en algunas peñas dispersas y dos o tres intelectuales —extranjeros muchas veces— fascinados por la sensibilidad única que proporciona y transmite esta música.

Porque el flamenco en la infancia de Paco de Lucía era un arte servil. Era muy divertido, en esa época, ir a una venta con techado de cañizo y ver a los niños medio desnudos corriendo a los pavos con una varita, mientras el ventero o su mujer *cantiñeaban* con mucho son. Un descubrimiento. Por cuatro duros, además, la gitana guisaba un pollo y había para media botella cada uno y no veas como cantaba la hija por soleá con quince años. Muy bonito si se podía regresar a casas confortables y no quedarse allí. Porque la zagala de los quince años y el de los pavos, se quedaban en la venta y probablemente no comieran pollo. Si se lavaban, lo hacían en una tina de zinc y dormían apretados en un jergón sin poderse rebullir. Eso ya tenía menos gracia y cualquier oportunidad que les sacase de allí, buena era para ellos.

Paco tuvo ocasión de presenciar la crueldad de esa brecha social a principios de los años setenta. En cierta ocasión coincidió en un reservado de la mismísima Venta de Vargas, en una fiesta, con un nuevo rico[40] que estaba por allí regando dinero para la diversión y sin entender una palabra de flamenco, dijo señalando al guitarrista del grupo: «¡Tú: toca, para que cante ese; el del ojo bizco y la gorda del moño!». Y los pobres flamencos, con la mirada baja y su coraje flamenco sustituido por humildad, se acordaban de los dineros que necesitaban sus casas y empezaban: *Tirititrán, tran, tran, tran, …*

---

40   Se sabe quién es, pero no hace al caso.

No les quedaba otra. Paco pretextó alguna excusa, se levantó de allí y se marchó.[41] Y cabe decir que el nuevo rico, dentro del contexto de la época, no cometió ningún crimen. Esa actitud hacia los flamencos era frecuente. Servían de comparsas y si tenían algún defecto físico del que poder mofarse a cambio de cuatro duros, mucho mejor; ya tenían los señoritos bufones para reírse. Si eso sucedía en la década de los setenta, mucho peor les iba a los flamencos en la época de la infancia de Paco de Lucía.

Mi amigo Marcelino Baras, reputado psiquiatra, nacido también como Paco en la década de los cuarenta, me dijo una vez —y coincido con su apreciación— que él constataba un fenómeno curioso que divide a las personas no aficionadas frente al flamenco. El flamenco, a mediados de siglo XX, era un entretenimiento que marcaba un estatus para las clases pudientes, las que podían pagar «a unos flamencos» para amenizar la fiesta. Un esnobismo muy de moda. En cambio, el flamenco no se veía así por personas de cierta edad, no aficionadas, que vivieron tiempos difíciles de la posguerra durante el pasado siglo en España. Depende del bando en que te sitúe tu subconsciente (los que contrataban y pagaban el entretenimiento o los que limosneaban entreteniendo al otro), el flamenco —decía mi amigo— se veía de modo diferente por el gran público: como algo atractivo o como el recuerdo de la estrechez. No solo esas vejaciones eran el flamenco, qué duda cabe, pero sí se daba mucho «eso» en el flamenco. No tratamos de hacer una reivindicación social, sino de mostrar algunos fotogramas que ayuden a ilustrar el ambiente del flamenco cuando Paco de Lucía llegó a él.

Pues desde ahí, desde esos ambientes de la Bajadilla de Algeciras, donde a su padre le rompió la guitarra en una fiesta, un borracho que le contrató en el «Pasaje Andaluz», Paco de Lucía solventó el problema del ostracismo y subió su primer escalón y pegó un salto tan grande que América se le quedó corta ya a los dieciséis años. Hacía giras internacionales por el mundo entero con sus conciertos ¡como solista de guitarra flamenca!, cuando no había cumplido aún los veinticinco. Viajaba solo y sin mánager, recogiendo en la

---

41   Relatado por un familiar de Paco, entrevista personal, cit.

primera cita los billetes de avión, los itinerarios de teatros y las reservas de los hoteles.

En un abrir y cerrar de ojos, gentes de toda condición, e incluso guitarristas profesionales consagrados, hacían cola para que algún allegado a Paco, consiguiese que le firmara su propia guitarra[42].

Durante el último cuarto de siglo, Paco de Lucía provocó, casi sin ayuda, la evolución del flamenco, de un arte popular cerrado y ligado a la tradición, a una vibrante forma de arte internacional. Tomó una música moribunda en manos de una generación moribunda y quejumbrosa y le dio una vitalidad que la hizo accesible a los jóvenes de todo el mundo. Respetando en todo momento los cánones tradicionales de ritmo y forma, su creatividad y su incansable búsqueda de la libertad han supuesto cambios drásticos en todos los ámbitos del flamenco dotando a los artistas de este género, de una dignidad que antes no poseían.

Muchos flamencos salían al extranjero en los años sesenta y no precisamente con financiación y promoción española. A los diecisiete años Paco de Lucía ya había actuado con la compañía de José Greco y la de Gades por Estados Unidos y a la vuelta, se integra a veces a un grupo financiado por la firma alemana de Horst Lippmann y Fritz Rau y organizado por Paco Rebés: el «Festival Flamenco Gitano» y va de gira por las principales ciudades europeas, sobre todo alemanas. Esa fue una época natural y alegre de su vida profesional. Viajaban por Europa en *tournée*, contentos y sintiéndose compañeros y ofrecían espectáculos en los que siempre intervenía la improvisación. Esta *troupe* la conformaba un grupo de desconocidos, que con el tiempo fueron sobresalientes artistas: Paco de Lucía, Camarón de la Isla, Juan el Lebrijano, Matilde Coral, el Negro, Paco Cepero, Farruco, Juan Maya, etc.[43] El éxito de Paco de Lucía y Camarón era tal, que Paco hubo de ser sustituido por Cepero, debido a lo que se alargaba el espectáculo, a causa de las ovaciones tan dilatadas que les dispensaban cuando Paco de Lucía y Camarón actuaban juntos.[44] Dice mucho de Cepero que debiendo asumir ese papel de segundo,

---

42   Si estaba por medio algún allegado que yo me sé, previo pago de comisión... pa que perder las buenas costumbres.
43   *El País Semanal*, 1979. «El músico de la isla Verde» Félix Grande, cit. (8)
44   «Cuando Paco de Lucía boxeaba con Camarón». *El Mundo* cit. (9) Los

adorase a su amigo Paco. Le brillaban los ojos, como brilla el mar en la puesta de sol, durante la entrevista que mantuvimos en su casa, hablando de su amigo fallecido. «Es difícil ser la sombra y querer al sol —decía él—, pero a Paco había que quererlo ¿sabes? no roneaba de lo que era, era auténtico, lo más sencillo y bueno que había en el mundo. Le he dedicado temas en conciertos míos, en Granada concretamente, después de haber fallecido, y he tocado llorando».

Aunque muchos flamencos salían de gira por el mundo, no muchos —más bien ninguno— estuvo de gira durante más de cincuenta años ininterrumpidos como Paco de Lucía, quien al poco tiempo ya colgaba el «no hay billetes» en sus actuaciones en solitario, dos meses antes del evento. Giraba al nivel de cantantes de ópera o de los Rolling, por una ruta atestada de primerísimos teatros nacionales de las más importantes ciudades del mundo. Pero además de haber tocado la cima del universo con la yema de sus dedos e impresionar sus huellas en el olimpo de la fama mundial, además, sucedía que Paco de Lucía, era genéticamente un flamenco nato hasta las *zentrañas*, poseía la mántica de llevar en su sangre y su memoria, la historia de esa esencia. «Y sin duda acontece que el ambiente en que cada ser humano ha tenido la oportunidad de vivir es determinante. Precisamente, el entrenamiento y el aprendizaje constante de tareas específicas llevadas a cabo por cerebros genéticamente dotados en ambientes privilegiados son los que pueden llevar al individuo a sus máximas realizaciones intelectuales».[45]

De modo que Paco tenía por origen genético las cualidades idóneas y a base de desarrollarlas en el ambiente propicio, las llevó a la cima. Paco era el encuentro de los dos mares, el Estrecho de Magallanes, o mejor el de Gibraltar, una conjunción tremenda de aptitud y actitud en la misma persona, cosa que sucede muy de tarde en tarde.

Los mánager de Paco en los años setenta y ochenta estaban ya asediados por las peticiones y cerraban con la gorra la temporada

organizadores se quejaban porque el público se negaba a abandonar la sala, pidiendo uno y otro bis».

[45] Como funciona el cerebro, Francisco Mora, Alianza Editorial, Madrid 2017 cit. pág. 250

de giras, con años de anticipación. Rechazaban actuaciones continuamente de todos los lugares del mundo, por no poder atender los compromisos. Firmaban contratos que los empresarios aceptaban, con cláusulas de posible suspensión a causa de cansancio físico del artista, debido al gran número de actuaciones que se concertaban. La contratación musical de Paco de Lucía se cernía especialmente a los principales teatros de ciudades como Nueva York, Roma, Washington, Sídney, Berlín o París. En el negocio de la música en directo, su nombre en una marquesina era una garantía de éxito y servía para llenar completamente, hasta el gallinero, un teatro de diez mil localidades, en el lugar mas recóndito y con menos sentimiento flamenco del planeta. Subía los escalones de diez en diez, de una temporada a la siguiente.[46] Traspasó todas las fronteras musicales.

El maestro Rodrigo que no miraba con simpatía las adaptaciones de su concierto de Aranjuez, asistió a la grabación en directo y después acudió a recitales donde Paco lo tocaba y le dijo en el escenario, tras pedirle que repitiese un movimiento para él, que «nadie había tocado jamás su Concierto tan exóticamente y con tan inspirado fuego»[47]. Su interpretación del Concierto de Aranjuez fue la más vibrante que se había oído nunca, la primera que consiguió dar todas las notas al ritmo con el que se había escrito[48]. Carlos Santana en un recital en 1977 se le rindió diciendo que su guitarra la afinaban los ángeles, pero que la de Paco la afinaba Dios[49] y cuentan que, en mitad de un tema, dejó de tocar y puso su guitarra bocabajo

---

46 Referido en Simposio (cit.) por José Emilio «Berry» Navarro agente artístico y mánager de Paco de Lucía, y Juan Estrada, su mánager de ruta (o *road mánager*). Siempre se cotizó bien. Ya en los años setenta, Fernando Quiñones se lamentaba «¿Crees que por 40 000 pesetas, que es lo que dan en televisión, se puede traer a Paco de Lucía a un programa? (Téllez pág. 396. Op. cit.)

47 Ramón de Algeciras lo refiere a Donn Pohren, en *Op. cit.* Pág. 114

48 José María Gallardo —guitarrista clásico que preparó con él el concierto— dijo que los directores expertos en el concierto afirmaban que la ejecución de los primeros movimientos completamente *a tempo* sin saltar compases, no se había hecho jamás hasta que lo hizo Paco de Lucía.

49 «Fue el activo promotor Gay & Company quien se encargó de la organización del cartel monstruo, "In concerté Santana y Paco de Lucía". Fueron dos conciertos en agosto, en Barcelona y en San Sebastián, en 1977. El concierto de Barcelona finalizó con Paco sacándole tres cuerpos de ventaja a Santana, cuando cruzaron sus guitarras. Téllez (op. cit).

sobre sus piernas para escuchar a Paco.[50] Mark Knopfler declaró que comprendió que no sabía tocar la guitarra, viendo a Paco de Lucía tocar. Parafraseando a su compadre Sanlúcar, a los guitarristas los enloquecía, los dejó mudos, hasta sin tocar; el mismo Josemi Carmona con años de profesión a sus espaldas, al llegar al estudio y verle no podía tocar y el propio Paco tenía que ocuparse de relajarlo. Pero es que a los admiradores, a los aficionados que le iban a ver, con su sola presencia los petrificaba: en una de las ciudades gemelas, las Twin Cities de Minnesota, en Estados Unidos, una chica en el pasillo de camerinos le pide «[…] una firmita Paco, para este muchachito que está aquí, que no puede ni hablar», mientras un jovenzuelo aficionado permanece junto a Paco como si estuviese delante del mismísimo Jesucristo.[51]

La gente lo trataba como a un ser de otro mundo, pero él aparentaba ir por la vida sin dar importancia alguna a quien era.

Paco llegó al sueño de todo artista: que su público más fiel fuesen sus compañeros guitarristas, los que saben, los que entendían lo que él hacía. Los artistas no flamencos —como Chick Corea o Winton Marsalis— que actuaban antes que él en prestigiosos festivales de Jazz como el de Vitoria-Gasteiz o Montreux, al terminar su número, no se iban, se quedaban entre bastidores para disfrutar con su actuación. Fue genio para los genios y artista para los artistas. Paco había solventado el ostracismo del flamenco, «Houston teníamos un problema», pero, problema resuelto. Paco consideró conseguido un objetivo: «Es agradable, lo de ganar dinero y que te llamen "maestro", pero el éxito con mayúsculas es que te reconozca la gente de tu profesión», dijo satisfecho en 2005[52]. Su condición de número uno era indiscutible para todos. Y además lo consiguió sin despertar rencores ni envidias, en el país que más entiende de eso.

Lo de Paco de Lucía en la guitarra, equivale a saltar del coche de caballos al eléctrico con aire acondicionado. Dar ese salto desde el

---

50 Lo hemos conocido de oídas, pero no tenemos constancia referencial de ello.
51 Vídeo nº 19, 00:05:23. Localizable en el buscador de YouTube introduciendo «Paco de lucia sena con el payo humberto». En los Twin Cities en Estados Unidos, una chica en el pasillo de camerinos le pide «[…]una firmita Paco, para este muchachito que está aquí, que no puede ni hablar"
52 «Me encantaría vivir sin la música». *El País*, Barbara Cellis Boston 2010 cit. (10)

arrabal de la Bajadilla y no volverse loco, siendo un flamenco con poca base cultural de infancia, exige un alto grado de control emocional y mental, que trataremos en su momento[53]. La gran mayoría se ofusca y se pierde, pero Paco, aunque decía que no planificaba y que su vida era como una hoja en la corriente de un arroyo, hasta última hora controló ese devenir y fue el único dueño de su propia vida. «Siempre ha sido él quien lo decide todo, en ese dejarse llevar...», decía su hija[54]. Tuvo una gran vida y vivió como quiso, como reza al final del documental de su hijo Curro. Y como dice la nota de prensa familiar emitida cuando falleció: «Murió jugando con sus hijos al lado del mar» [...] a la pelota, en la playa y junto a su mujer.

—Usted, ¿a qué le tiene miedo? —le preguntaron una vez.

—A la vejez, a tener ochenta años y que me tengan que lavar el culo, a que les pase algo a mis hijos, a que se muera mi mujer.[55]

Paco temía a esos demonios. Pero se comió a los demonios. Les dio esquinazo y se piró de este mundo a tiempo de que aquello no sucediese.

Al comienzo de este ensayo, estoy firmemente convencido —muy firmemente— de que, si es válido estudiar, enaltecer y honrar con toda justicia a Mozart o a Beethoven, o a otros genios en su oficio, en el mundo entero, como Einstein, Picasso o García Márquez, se puede —y, es más, se debe— hacer lo propio con Paco de Lucía. Aquí y en todas partes; sin el más mínimo asomo de reserva, comedimiento o sonrojo. Con todo derecho. Porque su figura está a la altura, lo soporta y se lo merece, al menos tanto como los citados. Esta es mi

---

53 Sí que contaba con un recurso potente: una familia bien estructurada, base fundamental de la estabilidad de una persona.

54 *Papá*. cit. (06) Casilda Sánchez.
    Hay dos grandes documentales sobre su vida: uno en el vídeo nº 122 Paco de Lucía Francisco Sánchez (año 2003) localizable en el buscador de YouTube introduciendo «Francisco Sánchez, Paco de Lucía english subtitles» y otro en el vídeo nº 213 Paco de Lucía. La búsqueda (año 2014) en ambos al final, antes de los títulos de crédito, es él quien decide cuando termina el documental. En el primero con un «hasta luego» y en el segundo de su hijo Curro diciendo «este es el final del documental». Aunque era muy independiente, por momentos también declaraba sentirse atrapado. Vídeo nº 5 localizable en el buscador de YouTube introduciendo «Reportaje de Mercedes Marti a Paco De Lucia (1990)».

55 «El duende civilizado». Sol Alameda. *El País*, 1994 cit. (11).

motivación para escribir. Si les parece exagerada o fuera de lugar la comparación con Einstein, lo respeto. Pero si una imagen vale más que mil palabras, aporto una jocosa prueba gráfica en su apoyo.

Seria superstición, deducir un vínculo, pero, no hay muchas coincidencias de personajes captados así, ofreciendo la misma respuesta refleja a la petición de: ¡Una foto, por favor...!

Por último, hay que decir que el análisis más o menos riguroso de un personaje en un ensayo, también requiere reflejar aspectos no virtuosos de la persona estudiada o de su entorno. Cuando lo hemos hecho, hemos procurado suavizar los pasajes más sensibles, en atención a sus familiares con los que en la medida de lo posible hemos consensuado algunos aspectos. Para comunicar una idea o un hecho y que quede constancia suficiente para extraer conclusiones, no hace falta extenderse más de lo necesario. Y no solo por ser remilgados sino por consideración al lector, suficientemente capaz de deducir por su cuenta lo que en el texto se apunta. Tras esta introducción previa al análisis del personaje estudiado, en adelante, si se dispone de paciencia y mucha tolerancia, con este autor aficionado, comenzamos. Como decía Paco a su grupo para empezar a tocar: *¡Vámonos... al ataque!*

5. RASGOS FÍSICOS
Y CARÁCTER

La mirada directa en el hombre es típica de la agresión
más descarada. Forma parte de la expresión facial más
osada y acompaña a las actitudes más beligerantes.
(Desmond Morris en *El mono desnudo un*
estudio zoológico de la especie humana)

1. ASPECTO FÍSICO Y ESTÉTICA. SU MIRADA

De joven, Paco de Lucía tenía una muy buena estampa física que su amigo, el fotógrafo Manolo Nieto, se encargó de retratar como nadie. Corpulento, alto y fortachón. Piernas fornidas, brazos y manos fuertes, inmortalizadas en un acorde acrobático por Máximo Moreno, en la portada del disco dedicado a Manuel de Falla. A lo largo de los años su imagen fue cambiando, como la de todos, y se acentuó su endomorfismo anatómico, incipiente en la juventud. Su rostro, bien parecido, tiene la máscara facial de su madre, pero encajado en la arquitectura ósea, de la cara alargada de su padre. En su juventud respiraba lozanía y jovialidad, pero con la edad, a partir de los cuarenta, su faz se endurece, las cejas —parte fundamental de la expresión— se le difuminan y contribuyen a mostrar que las tensiones y la vida en general —las neurosis de la composición, los excesos y, sobre todo, las giras golfas— firman sus trabajos.

«Me miré un día al espejo y tenía unas ojeras que me dieron miedo», dijo él de sí mismo cuando tenía cincuenta y cinco años[56]. A partir de los cincuenta años, como dice Félix Grande[57], ofreciendo un surtido variado de bellos adjetivos, «presenta ya una cara devastada, enérgica, decepcionada, orgullosa, hastiada, amotinada y compasiva», que en sus últimos años aparentaba tener diez más y pasaba a ser —a nuestro juicio— solo hastiada y compasiva, salpicada a veces, en contadas ocasiones, de gestos de bonhomía e incluso de cansancio mezclado con algo de candor.

Paco en edad avanzada. Cansancio y candor[58].
Foto cedida por Ziggurat films.

---

56 «Paco de Lucía: "He llegado a ver fantasmas por las esquinas mientras componía"», *ABC de Sevilla*, Cultura. 24 de noviembre de 2003, cit. (70)

57 Félix Grande, *Paco de Lucía y Camarón de la Isla*. Op. cit. Pág. 99

58 Mucho mejor hubiese quedado algún gesto así, que presentan a un Paco de

Hay un detalle a destacar de nuestro personaje que merece mención especial: el pelo. Ese tema no se le podía tocar.

El pelo de Paco de Lucía es parte de su identidad. Al hacer el servicio militar estaba centrado en su carrera, cuando le mandan a Colmenar Viejo: «Empezaba a dejarse melenita flamenca y de pronto le pegan una rapada cruel. Andaba amargado»[59]. Cuando decidió dejárselo largo, en un mundo como el flamenco, creó una efigie. Una marca diferencial absoluta. Se puede dibujar el pelo de Paco (sin rostro) y unos trazos que parezcan alguna parte de una guitarra y todo el mundo sabría que es él. Su pelo es como las gafas y el bigote de Groucho Marx, o el cigarro de Churchill. Una estampa icónica. De hecho, en las pocas veces en que lo lleva corto, casi no se le reconoce.[60]

Debió reportarle algún que otro reproche esa melena, con unos hermanos y un padre, flamencos rancios, con quienes convivía. Un pelo así requiere formas y cuidado asemejados a los femeninos y en tales ser inicialmente objeto de censura. Pero a su fuerte personalidad eso no le importó. Y dada la meteórica proyección que ya llevaba y los dineros que aportaba cuando se lo dejó largo, el sentido práctico innato de los flamencos se impuso —pensamos— sobre la censura[61]. Menos mal que nunca llevó coleta.

Sus hermanos le recriminaban también la barba larga —crecida en el Caribe durante los meses de descanso— y le obligaban a afeitarse para ir de nuevo de gira. «¡Qué pena de mi barba! —decía mientras se afeitaba— A mí me da igual, pero mis hermanos me dicen: "¡Como vas a salir con esa barba, con esa pinta de guarro!" […] Es que no es muy flamenco eso de la barba.»[62].

Lucía mayor, en las fotos del disco «Canción Andaluza» Mejor que el aspecto demacrado, que presenta en el disco.

59 *XL Semanal Magazine*. «Una Historia en imágenes Paco de Lucía, mi padre», cit. (12)

60 Inicio del vídeo nº 122 localizable en el buscador de YouTube introduciendo «Francisco Sánchez, Paco de Lucía english subtitles».

61 "Paco de Lucía y Familia: El Plan Maestro". Donn E. Pohren. Sociedad de Estudios españoles, 1992, op. cit. Pág. 76. Cuando hablaba del salto de Paco de flamenco tradicional a figura internacional rupturista y moderna decía "La juventud de hoy insta a la revolución…la moderación y el buen gusto raramente consiguen discos de oro y el oro es ciertamente parte del juego"

62 Vídeo nº 122, 1:08:40. Localizable en el buscador de YouTube introduciendo

Ciertamente había estampas en aquella época, que no casaban con el flamenco[63]. El flamenco debe ser pulcro estéticamente. Puede ser pobre, pero serio, digno y presentable[64].

En la época del trio con Cañizares y su sobrino José María Bandera, se dejó bigote fuera de escena, pero actuando se lo afeitaba. Con el segundo grupo, el septeto, formado por músicos jóvenes que lo veneraban como una leyenda y tal vez liberado de la vigilancia de su hermano Ramón, el «padre» en el grupo anterior, ya no se afeitó más la barba.

Ya *él era* el flamenco. Era el Moisés que dirigía al pueblo flamenco con su guitarra por cayado, cruzando el Mar Rojo de la música a la que entregó su vida. Y a partir de ahora, los flamencos van a tener melena, barba y van a actuar con ella, sin que pase nada. Y por el liderazgo que ejercía —junto con Camarón— se llenaron los escenarios de melenudos y barbudos.

Al final consiguió la fórmula ideal. Innovador, alegre, pero con sentido de la pulcritud. Era —en lo estético y lo musical— un flamenco que salía a explorar por ahí y regresaba a casa con lo que había cazado.

Pero volviendo al pelo, decíamos que era un tema tabú. A Paco de Lucía no le gustaba tener poco pelo. Tras una actuación del cantautor Benito Moreno en Sevilla, Paco fue con Máximo, hermano de Benito, a visitarlo al camerino. Paco estaba absorto escuchando a Benito comentar el recital y Benito le preguntó «¿Te ha gustado?» «¿Que?», dijo Paco saliendo del mutismo. «No, que si te ha gustado», terció Máximo. «A mi sí —dijo Paco— mucho. Pero lo que más me gusta es la "peazo" de mata de pelo que tiene el cabrón este en la cabeza». Dado que Benito, estaba dotado de abundante pelambrera.[65] Estaba tan obsesionado con tapar su progresiva calvicie que no llevaba nada bien las censuras. Los arreglos alambicados

---

"Francisco Sánchez, Paco de Lucía english subtitles" La eterna disquisición de nuestro hombre, quería volar lejos, hasta en los mínimos detalles, pero sin dejar de ser flamenco.

63 Siempre se ha dicho eres más raro que un gitano con gafas.

64 Jorge Pardo, Entrevista: Paco en el escenario al principio estaba serio, porque él era un flamenco y debía llevar el ceño fruncido.

65 Máximo Moreno, conversaciones mantenidas en su estudio de la calle Betis.

—transportando pelo de un lugar a otro, para dotar de cobertura al casco— eran complejas maniobras de equilibrio. Jorge Pardo cuenta[66] que Carles Benavent le hizo una vez una broma, mientras se acicalaba la testa cuando ya le clareaba la cabeza. «¡Paco, tío, asume que eres calvo!», dijo Benavent. Y al maestro no le gustó nada. «Yo me quité del medio con mi flauta —decía Jorge— porque la cosa se puso fea y no acabó bien». Tengamos en cuenta que el único del sexteto, (el primer grupo de Paco), que perdía pelo era él, los demás mantenían el tipo mucho mejor.

También Cepero[67], contaba como su tocayo sufría con las maniobras capilares para que el tupé quedase en su sitio, a medida que cumplía años. Él trataba de consolarle con cariño, con su hermoso ceceo jerezano: «Chiquillo Paco —le decía yo— déjate ya de zufrí, pelo pacá y pelo payá, échate tu pelo pa trás y zacabao, …si ar finá es lo mejó». Pero no había manera. El itinerario de Paco en 1986 le llevó a Moscú, e incluyó un homenaje de la Asociación de Guitarristas Rusos. A la velada acudió Dimitri Momontov, cuyo nombre artístico era «Paco de Rusia» y que incluso se peinaba como él. Paco al verlo le soltó: «Con tanto pelo como tienes, no sé por qué te lo peinas así. ¡Si yo tuviera tu pelambrera, no me peinaría como lo hago!»[68]. Hasta su hija, en su entrañable relato evocador, juega con el asombro que su padre sintió cuando departió con García Márquez en la gloria, y le vino a decir: «¿Pero tú como puedes describir tan bien como se siente un calvo, con el peazo mata de pelo que tienes?»[69].

Al maestro le atormentaba la la cuestión, pero a nosotros, en las labores de documentación e investigación de este trabajo, la pérdida de pelo, que al maestro le traía por la calle de la amargura, nos ha supuesto una ayuda impagable. Hemos podido datar hechos y conciertos observando el pelo que le quedaba a Paco. Es infalible. El archivo que hemos reunido, donde recogemos su aspecto en cada

66   Entrevista personal en Sevilla. Cit. Carles Benavent, bajista del grupo, además, tenía más pelo que un oso.
67   Simposio. Cit.
68   «Paco de Lucía a new tradition for the flamenco Guitar» Paco Sevilla, Published by *Sevilla Press*, San Diego, California, USA, 1995, cit.
69   Casilda Sánchez, *Papá*, cit.

periodo importante de su vida, inicialmente se recopiló con la idea de crear un álbum de fotos con el que ilustrar este estudio. Pero una vez advertida la utilidad de la herramienta nos ha servido para fechar acontecimientos. Mediante fotos extraídas de fuentes datadas (entrevistas, actuaciones, etc.), en cuyo pie constaba el año de las instantáneas y con ellas por delante, hemos conseguido poner fecha —con éxito garantizado— a otros acontecimientos cuya data desconocíamos. La pérdida de cobertura en la noble azotea ha sido nuestro calendario cronológico más exacto.

Durante los años sesenta, fuera de los escenarios, su imagen de conjunto respondía a la estética esperada: pelo corto, traje de chaqueta y corbata. En el escenario igual. Impoluto: chaqueta y corbata o camisas flamencas de encaje, con exquisitos puños con gemelos, muy visibles mientras tocaba.

Pero lejos de la estampa del flamenco clásico que mantuvo en su juventud, a partir de principios de los años setenta, cuando Jesús Quintero comenzó a representarle como mánager, y tal vez en consonancia con la visionaria campaña de marketing que ambos acordaron para su lanzamiento[70], su estética va pareja a su evolución. Se dejó ya el pelo largo y adoptó una imagen moderna. Camisas abiertas, colgantes hippies y pañuelos anudados al cuello o *foulard* —que el Loco de la Colina tanto usaba— alternan con cazadoras de piel y hebillas, pantalones vaqueros de campana y camisetas de dibujos, que formaban parte de su indumentaria, incluso en las actuaciones en platós de programas televisivos. En un concierto en Jamaica, Casilda le propuso incluso usar su collar de turquesas para la actuación, y con el collar actuó[71]. Era una imagen buscada, al servicio del objetivo de apartarle un poco del cliché flamenco, en tiempos en los

---

70   «Jesús Quintero llamó a Paco a su oficina. Él estaba haciendo entonces promociones de artistas y le dijo: "De ti habla todo el mundo muy bien, pero ¿por qué no puedes tener el éxito de Camilo Sesto y Raphael?". Lo primero que pensé —dice Paco— es: 'Este es un chufla'. Le dije que no podía ser, que yo tenía un público minoritario». Pero Paco recapacitó después y le dijo a Quintero: «lo cierto es que me dicen todos que toco muy bien, pero yo estoy tieso». Jesús Quintero le preguntó entonces que por qué no lo dejaba intentarlo. Lo llevó a programas estratégicos, a giras por Andalucía con los ayuntamientos y a ganar popularidad. Paco reconoce que con Quintero (su primer mánager serio) experimentó un salto en el tirón popular de su música».(Téllez Op. cit. Pág. 205)
71   «Paco de Lucía a new tradition ...» cit.

que el artista quería explorar y dar una deriva a su vida y a su música haciéndose más popular. Y el mercado lo acogió con los brazos abiertos de par en par, a la vez que los rancios del flamenco levantaron sus voces para criticarle sin piedad, considerándole traidor.

Seguro que ese cambio le acarreó críticas. El flamenco era un coto muy cerrado, casi racial y racista. Sigue habiendo hasta bando payo y bando gitano en este mundo. Tenía sus normas, su jerarquía y su estética. Hasta posee semántica y léxico propios: el cante no siempre se canta, se «hace» o se «dice» (Voy a «hacé» unas bulerías, como las decía la Perla…); el compás no se tiene, «se lleva» («fulano, llevaba más compás que un reloj»).

Un tío así, con esos pelos, ¿cómo va a ser guitarrista flamenco?, pensarían los odiosos puristas. Esta estética contribuyó al desdoblamiento bipolar que Paco acarrea durante toda su vida: *yo soy un flamenco, pero en este momento necesito buscar y explorar territorios diferentes. Solo quiero caminar,* se excusaba en el título de su disco de aquellos tiempos, como diciendo que no quería hacer nada malo. Porque tampoco él mismo soportaba ser un expatriado y que los flamencos puros, «los míos», los suyos, le excluyesen y le diesen de lado por ello.[72] ¿Por qué tengo que dejar de ser una de las dos cosas? —pensaba.

En los teatros y los conciertos siempre vestía correcto. A partir de los años setenta, cuando comienza con su primer grupo, el sexteto, siempre mantuvo en escenarios una estética respetabilísima. Camisa amplia y cómoda, rayada o blanca y pantalón oscuro, rara vez algún atuendo moderno. En la siguiente etapa, en los tiempos del trío con su sobrino José María Bandera y Juan Manuel Cañizares, más sobrio aún: siempre camisa blanca y pantalón negro, imagen de concertista. Si la ocasión lo requería, como en el *Concierto de Aranjuez* ante el maestro Rodrigo, incluso camisa de seda. Y a partir de formar el septeto, uniformó definitivamente su atuendo: camisa blanca, chalequillo y pantalón negro. Impecable y respetuoso.

Desde su juventud, y ya siempre —tal vez un guiño a sus raíces o un antifaz estético para sus tobillos gruesos—, usa como cal-

---

72   El flamenco no puede ser chistoso, tiene que mantener el entrecejo marcado. (Jorge Pardo. Entrevista personal cit.)

zado, botas cortas negras con tacón, parecidas a las de los bailaores flamencos. En su postura novedosa, de piernas cruzadas al tocar (para tumbar la guitarra y facilitar la deambulación de la mano a lo largo de todo el diapasón), las botas están siempre visibles. Y el pie del suelo que marca el compás como un reloj, también. Los realizadores envían ahí a las cámaras frecuentemente en los conciertos retransmitidos.[73]

Ya fuera del escenario, sus ropajes y aspecto van variando con el tiempo. Desde una estética de años sesenta, setenta y ochenta, más o menos acorde a cada época, con un punto exótico, pasa a una completa anarquía en sus últimos tiempos, donde solo manda la comodidad. Casilda contaba, que además tildaba de chufla a alguien, diciéndole: «¡Sé más serio hombre! [...] ¿Tú te crees que se puede ir en chándal por ahí?», cuando él mismo iba en chándal. Pero él decía que el otro no era Paco de Lucía y él sí.[74] No es raro verlo con relojes digitales de plástico, «de los que no pesan», y con zapatillas de Decathlon de nueve euros, que tampoco pesan y son fresquitas[75]. Camisas de exóticos dibujos, pantalones que parecen pijamas, chándal y sandalias de cuero, etc. En fin, Paco últimamente, fuera de escena no iba de Armani.

Cierto que Paco de Lucía —aunque era celosísimo de su intimidad— era una persona muy fotografiada y hoy cualquiera sube un vídeo a las redes y se ven imágenes muy inoportunas, tomadas en los aeropuertos, tras diez horas de vuelo, en camerinos, en ensayos o en comidas post concierto, en los que no está cara al público y aparece con indumentarias relajadas, dando una posible falsa impresión de que está de vuelta de todo y le importa un comino la

---

73   El calzado de un guitarrista se ve mucho. Su ropa puede estar tapada por el instrumento, pero el pie cruzado está en primer plano. En otoño de 2019, acompañé a Diego del Morao -un tipo excelente y simpático, además de colosal guitarrista- a un par de actuaciones. En el cóctel que siguió a una de ellas ante un grupo de empresarios, un fabricante de zapatos se le ofreció como patrocinador a Diego, a cambio de llevar su calzado y fui testigo del acuerdo.

74   Casilda Varela. Entrevista. Vídeo nº 92 localizable en el buscador de YouTube introduciendo "paco inédito en su casa"

75   Como cuenta su hermano Pepe con mucha gracia en el capítulo 6 de la serie *Camarón, de la Isla al mito* (Netflix).

imagen, mientras esté a gusto. En fin, a ciertas edades, uno se gana el derecho de librarse de ataduras e ir cómodamente vestido.

Pese a lo dicho, su cabeza bien amueblada le llevaba a no meter la pata con esnobismos o impertinencias estrafalarias en público. En promociones de discos, en entrevistas formales o en eventos serios —como apadrinar la boda de su hija, la entrega del Príncipe de Asturias o los doctorados en las universidades— aparece impecable. Dice sentirse un poco ridículo con algunos atuendos, como los birretes (con razón), pero no se le ocurre aparecer en camiseta en un entorno formal. En una palabra: está en su sitio. Vean los documentales sugeridos y tendrán sobrados ejemplos de lo que comentamos.

No obstante, la constatación de alguna estética algo abandonada, señalada más arriba, es solo una anécdota jocosa que carece de toda relevancia en el contexto, de modo que volvemos a nuestro relato.

Paco de Lucía tenía una salud decente para lo que se cuidó, buena musculatura y fuerza de manos, sin que el paso del tiempo le restase agilidad, pese a haber sufrido incluso el corte de un tendón en un accidente[76]. Tocar la guitarra duele y como decía él mismo, «es muy difícil». Es decir, el esfuerzo físico que requiere hace que las articulaciones y la musculatura de brazos y manos se resienta, los dedos incluso sangren y las yemas padezcan mucho por el contacto directo con las cuerdas. Si tocas cuando eres niño, más aún. En otros instrumentos como violines y similares, se tocan las cuerdas con un arco; en el piano y los de viento, las manos no sufren tanto, pero tocar la guitarra —y más con la intensidad de pulsión que demanda el flamenco que él tocaba— es físicamente duro. Paco decía llevándose la yema del índice al velo del paladar, que le dolía hasta ahí mismo al terminar un concierto[77], pero su salud, sin artritis u otros padecimientos osteoarticulares relevantes y frecuentes con la edad, le permitió gozar de una gran agili-

---

76   «Paco de Lucía sufre un corte en una mano», EL PAÍS 1994. Haciendo pesca submarina, el 15 de marzo de 1994, en la isla colombiana de Providencia, se cortó el tendón del tercer dedo de la mano izquierda. (El País, EFE, cit. (52)

77   Vídeo nº 87, 00:02:36 a 00:03:25 localizable en el buscador de YouTube introduciendo «Paco de Lucia interview after performance in Moscow».

dad, ejecutando limpiamente escalas vertiginosas hasta el último día que tocó.

Jugaba bien al futbol[78] y caminaba rápido[79], «él nunca tuvo edad», decía su hija[80]. No estaba oxidado, pese a pasarse más de media vida sentado en una silla tocando o estudiando, sufriendo estrés y bebiéndose y fumándose todo lo que se terciaba. No se le conocen lesiones ni enfermedades que motivasen suspensiones de temporadas o algún concierto. Y solo hemos encontrado un par de incidentes: la rotura de una uña antes de un concierto en Granada, pero consiguió repararla[81], y otro fue en Vancouver en 1973: «Se abrió el telón y estaba Paco de Lucía con su guitarra y una cálida sonrisa. Empezó a tocar. Pero a mitad del primer tema, se detuvo. "Lo siento, pero me he roto la uña", anunció. Un hombre de la primera fila subió al escenario y le entregó a Paco un cortaúñas. Paco se cortó con cuidado la uña del dedo índice, le arrojó el cortaúñas al hombre y siguió tocando. El concierto fue un éxito rotundo[82]».

De joven nadaba larguísimos trechos en las aguas de la bahía de Algeciras, llegando casi hasta el Peñón. Practicaba la pesca submarina y sin embargo no padecieron sus oídos, que conservaban una agudeza absoluta, como los de su hermano Ramón. De mayor dejó de practicar el buceo, pero era aficionado a los paseos vespertinos y se alimentaba bien, mucho pan con aceite de oliva, pescado, mucha cuchara y frutas.

Siguiendo con la sucesión de rasgos físicos de nuestro personaje, llegamos a la mirada y hay que pararse un poco en la mirada de Paco.

---

78 Según sus hijas, él decía que era mejor futbolista que guitarrista. Vídeo nº 152, localizable en el buscador de Google introduciendo «rtva a la carta el legado de paco de lucia» 00.35:00

79 Inicio del vídeo nº 122, localizable en el buscador de YouTube introduciendo «Francisco Sánchez, Paco de Lucía english subtitles» por el pasillo del hotel. Vídeo nº 26, Expo 92 saliendo al escenario, localizable en el buscador de YouTube introduciendo «Paco De Lucia Expo 92 Sevilla»

80 Casilda Sánchez. Papá. Op. cit.

81 Téllez Op. cit. Pág. 219. Hubo, según algunos entrevistados, algún episodio de cansancio que ya con sesenta y cuatro o sesenta y cinco años motivó que le tuviesen que suministrar oxígeno tras algún concierto. A esa edad era muy alto el ritmo de viajes y actuaciones que llevaba.

82 «Paco de Lucía a new tradition ...» cit.

La mirada es el arma intimidatoria del ser humano. Se puede hacer a un perro gruñir, solo clavándole la vista con el ceño fruncido.[83] Desmond Morris, en su obra *El mono desnudo* explica que su poder de influir en los demás y causar emociones es enorme.

La mirada de Paco era especial, como la de Picasso.

La «mirada negra». Esa mirada honda y fija que usa cuando quiere influir y que su hija mayor tan bien describió.[84] Casilda, su mujer, estaba fascinada con la mirada de Paco. Cuando habla de él, es frecuente que lo refiera a la menor ocasión: «Es que Paco te clavaba la vista y te impresionaba. Te dejaba en el sitio»[85].

Su hija Lucía también lo cuenta, recordando un regreso a casa con la hora pasada y su padre aún despierto esperándola: «Al día siguiente no me riñó ni me dijo nada, mi padre no tenía que decir nada. A mí me miraba y ya me lo había dicho todo. Me dijo: "Lucía, Lucía, Lucía...". Te miraba y te dejaba en el sitio. Pensé que me había dado un infarto, me quedé absolutamente paralizada»[86].

La señora sin gafas es Casilda. En esa foto aun no eran novios, pero a Paco ya le gustaba. Le gustaba Casilda, no que Emilio de Diego abrazase a Casilda. *No comment.*

83   Desmond Morris, *El mono desnudo* cit.
84   Casilda Sánchez. (*Papá*, cit.)
85   Casilda. Entrevista cit.
86   Vídeo nº 152 min 00:33:10 localizable en el buscador de Google introduciendo «rtva a la carta el legado de paco de lucia».

La mirada de Paco. Foto cedida por Ziggurat films.

Creo que era su sobrino Antonio quien estaba enfrente de este fusilamiento visual que hemos localizado, en pruebas de mezcla de la grabación del disco *Canción Andaluza*. Vaya mirada, señores.

Sí, Paco decía mucho clavando la vista. Es muy difícil, por no decir imposible, hablar más de un monosílabo mientras se toca. Y si quieres indicar algo al cantaor o a un músico mientras tocas, no puedes hablar ni tienes manos para indicar, de modo que recurres a la barbilla, las cejas o a la vista para señalar. Tal vez así desarrolló Paco esa herramienta. En los conciertos, además, tiene que mirar mucho a los demás para llevar el compás y Paco dirige perfectamente al grupo con la mirada.

Le pasa igual en las entrevistas. Si la temática que le plantean es atractiva para él, lo que no siempre sucede, se mete en el diálogo con interés, fija la mirada en el periodista y ese no se escapa. Lo clava en la silla y domina la entrevista. En una ocasión —con más de sesenta años ya— en el Instituto Cervantes en Estados Unidos, respondiendo preguntas,[87] resulta curioso seguirle los ojos y ver como enfatiza, con una expresión verbal perfecta, los aspectos que más le interesa resaltar. Pero, sobre todo, cómo lo hace con la mirada, una mirada comunicativa, incisiva, sagaz.

Paco taladraba a quien miraba, traspasándole las meninges y llegando al almacén de su pensamiento, a la mismísima amígdala donde se generan las ideas y las emociones del de enfrente, para cazarlas y reaccionar antes incluso de que el propio autor las terminase de perfilar. Cuando se toca con otro guitarrista o se acompaña a un cantaor, es indispensable anticiparse un cuarto de segundo a lo que va a hacer el otro. Y para eso hay que cazarlo al vuelo a través de sus mínimos gestos. De la simple elevación de un dedo, o del codo, se puede intuir en un guitarrista que toca de oído, cuándo será el próximo acorde que va a abordar y el momento justo en que sonará. Y en un cantaor, las ventanas nasales, el inicio de la inhalación de una bocanada de aire o un súbito apretón de parpados o puños, pueden anunciar un quiebro y permitir al tocaor acompasarse con la guitarra a la voz. En el flamenco, además, los ritmos son frenéticos. No cabe el *ritardando* de los clásicos, ese arrobo con el que paran el *tempo* para ir a buscar la nota que necesitan. Si lo haces te vas de compás. Y Paco desde niño toca con un compás sublime, de metrónomo, y clavando fijamente la vista siempre en el rostro del acompañado.

Cuando Pachón grabó con Camarón el disco *Calle Real*, en el que se incluyen dos soberbios fandangos, Paco le pidió a Pachón que le mostrase el dejillo del toque del Alosno y se sentaron frente a

---

87   Vídeo nº 88. Localizable en el buscador de YouTube introduciendo «Proverbios del maestro Paco de lucia» Se nota que estaba interesado en la entrevista. (La entrevistadora debía ser atractiva. Pero eso será tratado en otro lugar de este ensayo)

frente, cada uno con una guitarra[88]. Pachón dice que cuando se vio con Paco enfrente, escrutándole con la vista, oyendo lo que él tocaba y siguiéndolo, le chorreaba el sudor por los auriculares, se tropezaba con el micrófono y le temblaban las piernas. Para colmo a Pachón no se le ocurrió otra cosa que corregirle una afinación y decirle: «Paco dale un tirón al 5º que está algo bajo». [...] «Me miró y me quede muerto», dijo Ricardo. Paco solo admitía rectificaciones de afinación de su hermano Ramón[89]. El pobre Ricardo entró en taquicardia, a duras penas pudo tocar y temió por el resultado de la grabación visto cómo le sentó a Paco la observación. Si miró a Pachón como solía hacer, lo dejó de verdad muerto. Pero la grabación del disco terminó sin problemas. Ya apagando la luz del estudio al marcharse ese día, Paco se acercó a Ricardo con toda la retranca del mundo y le dijo: «Mamón, llevabas razón, estaba bajo», y el bueno de Ricardo pudo por fin relajarse para seguir al día siguiente.[90]

2. PERSONALIDAD, CONDUCTA Y FORMA DE SER

La identidad, nuestro «yo», que parece persistir a lo largo del tiempo, es en realidad una reconstrucción constante y consciente e incluso inconsciente de las percepciones que recibimos de nosotros mismos a cada instante. Se actualiza a diario cada vez que nos miramos al espejo y añadimos un dato, un rasgo o una arruga nueva en nuestro rostro.[91] Según algunos medidores que usan los expertos en psicología para estudiar la personalidad, los perfiles de los individuos se analizan calibrando diferentes parámetros[92] para clasificar a las personas como extrovertidos, racionales, sensibles, juiciosos etc.,

---

88   Ricardo Pachón. Entrevista personal cit.
89   Se dio de bofetadas con Al Di Meola porque le corrigió una afinación y la cosa acabo en denuncia y litigio y Ricardo lo sabía.
90   Ricardo Pachón. Entrevista cit.
91   *Como funciona el cerebro.* Francisco Mora, Alianza Editorial, 2007, pág. 243
92   Test PF-16-5 Autores Raymond B. Cattell, A. Karen S. Cattell y Heather E. P. Cattell. Adaptación Española Dr. Nicolás Seisdedos Cubero, Profesor de Psicología Matemática y Psicometría en la Licenciatura de Psicología de la Universidad Complutense de Madrid.

dependiendo de la cantidad de reactivos o rasgos que analice cada herramienta o indicador de tipos psicológicos. Estos instrumentos de medición tienen sus partidarios y sus detractores. El profesor Dan Ariely, catedrático de psicología del MITT, el Instituto Tecnológico de Massachusetts, refiriéndose a los resultados que ofrecen las pruebas del indicador de evaluación de la personalidad más usado en el mundo, comentó: «La próxima vez solo revise los horóscopos, pues tienen la misma validez y toman menos tiempo»[93].

Somos profanos en la materia. Pedimos disculpas por adentrarnos en terreno desconocido, pero solo lo hacemos como experimento absolutamente amateur, para ilustrar que, al tratar de filtrar a Paco de Lucía a través de contrastes psicológicos y situarlo en algún lugar de estas gradaciones contrapuestas, no se saca nada.

Un genio lo es porque precisamente es inclasificable. Las categorizaciones solo sirven para la gente corriente. Los genios, en cambio, crean sus propias categorías. Por tal motivo nos hemos permitido este juego, para constatar un perfecto bifrontismo o multifrontismo, porque nuestro individuo no solo da una faz, como decía la canción de Mecano, sino que es completamente asistemático, no es encajable en una dimensión concreta y a su vez posee algo de cada una de ellas.[94] Era como esos dibujos ambivalentes que engañan a nuestro cerebro: a primera vista nos transmiten una imagen, pero si continuamos observándolos surge otra figura de diferente significado. Si observamos, por ejemplo, dos siluetas de caras de perfil enfrentadas, tocándose la nariz de pronto el espacio entre ellas se nos transforma en una copa cuya base es la zona que hay bajo los mentones. El propio Jorge Pardo solo alcanzaba a definir a su maestro con un conjunto de adjetivos contrapuestos. Paco poseía para

---

93   Dan Ariely, catedrático de Psicología y Economía Conductual en la Universidad de Duke, de Carolina del Norte lo dice tal cual en *Comportamiento organizacional* Stephen P. Robbins, Timothy A. Judge. 17ª edición. Pearson, 2017. Pág. 140

94   En la misma obra, pág. 141, se afirma que Mary Barra, directora General de General Motors, es una persona poco común debido a que pareciera tener altos niveles en las cinco grandes dimisiones de la personalidad: meticulosidad, estabilidad emocional, extroversión, apertura a la experiencia, y afabilidad. Su combinación única de rasgos la ha ayudado a convertirse en la primera directora general femenina de una importante compañía automotriz global.

él «humanidad contradictoria, pausado inconformismo, rebeldía conservadora e imaginación realista»[95].

Pulsando algunos de estos medidores psicológicos, la «afabilidad» es la tendencia que va, desde ser una persona *reservada* hasta estar cálidamente *implicada*, en el otro extremo del espectro.

Paco de Lucía era en efecto, una persona extremadamente reservada, cuentan que hasta la exageración. Entraba en mutismos largos y se expresaba, en ocasiones, con monosílabos. Podía ser porque «a veces —como él mismo decía en *La búsqueda*— estoy tan inmerso en la composición musical, en mi aislamiento, que me estás hablando y no te estoy escuchando, estoy con la música metida en la cabeza "y taca, taca, tá, y taca taca tá..."». Pero en cambio, fuera de esas fases introvertidas, se implicaba, no solo cálidamente, sino ardientemente en asuntos de su interés. Por ejemplo, cuando quería grabar con Camarón cancelaba giras que le reportaban millones, para encerrarse tres meses con su amigo en un estudio y disfrutar con un disco de los dos.

En el disco *Potro de rabia y miel*, que costó la vida grabar, contaba:

> «Le repetía veinte veces las bases de la canción y veinte veces fallaba Camarón: "Otra vez, José, otra vez", le pedía. "Paco —decía Camarón— dame un cuartelillo". De nuevo la volvía a cantar mal. Paco se reencarnaba en la viva imagen de su padre, al que los dos bautizaron de jóvenes, como "Don otravez", por lo perseverante que era. Cuando todos los técnicos de sonido, los músicos y hasta las limpiadoras del estudio se habían aprendido la pieza y querían irse, porque creían que Camarón no sería capaz de cantarla; el gitano soltaba una entonación que no era ni la que Paco ni la que Pepe le habían cantado, pero superaba a todas en belleza y tensión rítmica».[96]

---

95 Jorge Pardo, entrevista personal. Cit.
96 *Paco de Lucía en vivo.* J. J. Téllez Rubio. Manuscrito cedido. Op. cit. Pág. 147. y Camarón: flamenco y revolución película documental dirigida por Alexis Morante y narrada magistralmente por Juan Diego (Netflix) Video nº 223, localizable en el buscador de YouTube introduciendo «Camarón grabación potro rabia y miel en video inédito».

Paco llegaba a su casa ese día feliz:

> —Hoy lo ha bordado —le decía a Casilda— me dan las siete cosas cuando lo veo ahí echado en el sofá, desganado fumando, con el tesoro que guarda en esa voz. Pero lo de hoy ha sido de nuevo la gloria, que bonito ha «zalío Cazirda».
> —Paco, ten cuidado con él; él te ve como un padre y está enfermo, muy enfermo.
> —¿Cuidado? ¿Más? Lo sé mujer. ¿Tú porque te crees que lo hago? Por él. Para que le queden cosas para cuando no pueda ya, que será pronto. Pero no puedo consentir que quede un disco malo y al final la gente raje por ahí diciendo que estaba acabado, prefiero para eso no grabarlo. Sé que está enfermo, pero aun, así y todo, no hay quien le iguale.[97]

Esto que hemos relatado y que fraguaba a la postre en un éxito para la grabación, pasaba porque Paco no consentía irse del estudio y seguía apostando por su amigo. Porque a Camarón sí, lo adoraba todo el mundo. Todo el mundo moría con él y le consideraban un ídolo. ¿Pero cuántos se implicaban en que no se destruyese? ¿Cuántos hacían posible con su esfuerzo personal y su dinero, que el talento de José saliese al exterior y fructificase? ¿Cuántos estaban dispuestos a implicarse y arriesgar su capital con una persona que de repente, por un siroco que le diese, dejaba plantado un proyecto? De esos ya menos, Paco y Ricardo Pachón que se sepa. Los demás, mucho te quiero perrito, pero pan poquito. ¿Era entonces Paco de Lucía una persona implicada, o no? ¿Afable o no?

La «apertura al cambio», otro de estos reactivos psicológicos, diferencia a individuos *tradicionales y apegados a lo familiar,* frente a aquellos de *mentalidad abierta e innovadores.*

Pocas personas habrá más apegadas a lo tradicional y lo familiar que Paco de Lucía. Siendo ya una figura consagrada a nivel mundial, aún vivió en el piso de la calle Ilustración de Madrid con

---

97   Casilda Varela, entrevista cit. Casilda vivió muy de cerca esa grabación, e incluso compuso temas para el disco.

sus padres, entregándoles todo el dinero que ganaba hasta que se casó[98]. Emilio de Diego, en el breve tiempo que ejerció de mánager de Paco, entregó a don Antonio en cierta ocasión un cheque por un millón de pesetas de una actuación y don Antonio le dio a Paco ese día, quinientas pesetas para salir por la noche. Durante casi veinte años, sus hermanos Ramón y Pepe formaron parte del primer grupo, *el sexteto*. Y Ramón era el que mandaba, era el padre de todos, incluido Paco, a pesar de ser este la estrella.[99] Los nombres de sus obras son, la inmensa mayoría, calles, plazas o lugares de Algeciras o de sus alrededores, dedicando temas también a sus maestros, su madre, sus esposas y sus hijos. En el trío que siguió al *sexteto*, incluyó como guitarrista a su sobrino José María y en el *septeto* posterior, a su sobrino Antonio, contando también en esta última etapa con el asesoramiento jurídico del bufete de su hija Lucía, «Menta Abogados». Su hijo Curro filmó la gira del 2010 y dirigió el documental de 2014, de estreno póstumo, coproducido por Casilda madre y por él mismo, con guiones de Casilda hija.

Títulos del documental de la gira de 2010. Foto cedida por Ziggurat films.

Y como contrapunto a ese apego a lo familiar y lo tradicional, veamos qué tenemos. Con su guitarra y ligero de equipaje, pasaba

---

98   Don Pohren. Op. cit. Pág. 17. Emilio de Diego, entrevista personal *cit.*
99   J. Pardo. Entrevista personal

meses de gira por todo el mundo desde que cumplió los dieciséis años. Vivió y tuvo casa en Algeciras, Madrid, Yucatán, Toledo, Cuba, en el campo en Mallorca y en la ciudad de Palma. ¿Hablamos de innovación? Si es por la incorporación de sangre joven a su segundo grupo, esta nunca faltó: Alain Pérez, Piraña, Antonio Serrano, etc. eran chavales de veintitantos años cuando él pasaba de los sesenta años. ¿Hablamos de la mentalidad abierta e innovadora de Paco de Lucía y de su música? No perdamos el tiempo con eso, sería como describir la humedad del agua o la transparencia del cristal. Son absolutas.

La «autosuficiencia» —como marcador de carácteres— se refiere según los baremos psicológicos aludidos, al mantenimiento del *contacto o proximidad de los otros*, frente al *individualismo*. Si pasamos a Paco de Lucía por ese cedazo, también torea en ambas plazas. Sus apariciones como solista no son abundantes, aunque las hubo: la del Teatro Real, algunas giras de juventud y párese de contar. Siempre —aunque se reservase algún «solo» en los conciertos— tocaba acompañado, bien de su grupo o de otros artistas. Sin embargo, no hay una figura más singular e impar que él: es un «uno» puro, un alfa, icónica y musicalmente hablando. Nadie suele decir «Paco de Lucía y, su grupo» o «Paco y fulano de tal». Siempre se le cita solo.

Destacaba por sí mismo pese a que, desde los primeros tiempos de su carrera profesional formó siempre parte de compañías flamencas de varios artistas. En los años sesenta, la primera vez con José Greco y después con los alemanes; en la década de los setenta, comenzó con el grupo «Dolores», que derivó en el sexteto. Siguió con el trío y después con el septeto. Y en medio de todo eso, cuajó actuaciones, relaciones y colaboraciones musicales con monstruos musicales de la altura de Santana, Al Di Meola, Larry Corell, Mac Laughlin, Chick Corea, Winton Marsalis, Manolo Sanlúcar, Alejandro Sanz, Serrat o Ketama y más vale dejarlo aquí, porque no terminaríamos.

En lo personal sucedía lo mismo: siempre estaba acompañado. Es difícil localizar un ambiente en que no estuviese incluido en un grupo variopinto (y normalmente riéndose), o en una cena postconcierto rodeado de gente, pero por otro lado su ego individualista le dictaba que tenía que quedar por encima de todos, en todo. Él era el que más ligaba y el que contaba el último chiste.[100]

Entonces ¿cómo lo calificamos respecto a la autosuficiencia? ¿Era individualista o integrado? ¿Era distante o próximo a los demás?

El «razonamiento», aunque no es —según la psicología— un rasgo de la personalidad propiamente dicho sí es una variable que la modula, y se define como la *cualidad de resolver problemas*. Por tanto, parece adecuado examinar el carácter o la personalidad del individuo, juntamente con su capacidad de razonamiento, a la que vamos a llamar, impropiamente, *inteligencia*.

Casilda, su mujer, decía que Paco tenía una inteligencia privilegiada, que lo asimilaba todo a velocidad de relámpago.[101] *Una inteligencia fuerte y terriblemente empática,*[102] decía ella con su precisión expresiva.

Pidiendo disculpas de nuevo por adentrarnos en jardín ajeno, la llamada *inteligencia emocional,* definida así por Daniel Goleman[103] —quien defendía que es aún más importante que el cociente intelectual— es la capacidad de ponerse en el lugar del otro, para proporcionarle lo que necesita. Algo así como la empatía. La inteligencia emocional podría ser la fusión perfecta, o más bien el catalizador que permite que la personalidad e inteligencia del individuo, reaccionen entre sí y den resultados prácticos. En definitiva, que sus recursos le reporten utilidad.

Jorge Pardo decía que Paco de Lucía, más que un intelectual, era un gran seductor: se sentaba delante de quien fuese, ya fuera un músico, una mujer o un empresario artístico y lo seducía en un minuto, radiografiaba a la gente en dos segundos y acertaba.[104]

Ya hemos hablado de César, pero permítasenos volver de nuevo a él. Paco en el flamenco era como Julio César en batalla, el líder amado al que todos seguían porque le querían, no porque le temie-

---

100   Jorge Pardo. Entrevista.
101   Casilda Varela, entrevista cit.
102   Me lo escribió en un WhatsApp en una de nuestras muchas conversaciones. (Qué tiempos estos que vivimos, tan curiosos —no puede uno evitar sonreír querido lector— en los que se cita a pie de página, como fuente, un mensaje de WhatsApp)
103   *Inteligencia emocional,* Goleman Daniel, 1996, Kairos op. cit
104   Jorge Pardo entrevista personal cit.

ran. A Julio César le seguían las tropas, porque afirmando poseer una dignidad superior, que le emparentaba con los mismos dioses, también sabía bajar a la arena. Podía ser, y era de hecho, un general implacable, ordenar diezmar a una legión de sus propios soldados presenciando el castigo, y después comer, beber y combatir con sus legionarios compartiendo la vida con ellos codo a codo, marchando a pie sin afeitarse durante dos meses. Los conocía y los motivaba así. Era un líder nato, que no sojuzgaba y como además acababa triunfando, se le entregaban de modo incondicional. Para completar el elenco, era además generoso en el reparto del botín, pero sin ceder la primera posición, claro está.[105]

Las personas se identifican con un líder, porque perciben que este es cercano, les entiende y les apoya, pero para alimentar esa ilusión, desean íntimamente que no sea un igual. Es imprescindible sentir que el líder sea superior.

Los líderes parecen tener unas características comunes. Si se nos permite un pequeño ejercicio comparativo, pensemos en estas dos personas: Julio César y Felipe González, líderes natos; añadamos a ellos a nuestro personaje y colacionemos. Son completamente diferentes entre sí, y en el caso de César, incluso separado por más de dos mil años de los otros dos. En cambio, los tres proceden de orígenes humildes: Cesar era de familia noble, pero sin fortuna y creció en la Subura, el barrio más plebeyo de Roma; Felipe González era hijo de un humilde tratante de ganado de Bellavista, un arrabal periférico de Sevilla y Paco de Lucía nació en la Bajadilla de Algeciras, hijo de un flamenco buscavidas.

Los tres, en su ascenso, rompieron con los cánones anteriores establecidos cruzando su propio Rubicón: César de modo literal, introduciendo el ejército en Roma vulnerando la gran prohibición legal y proclamándose dictador; Felipe González rebelándose frente a la dictadura, rompió después con el marxismo, abrazó la socialdemocracia y el ingreso en la OTAN; Paco de Lucía rompió con los puristas flamencos y creó un estilo nuevo. Los tres tuvieron también más de un matrimonio y no fueron ninguno de ellos

---

105 *Favoritos de la fortuna* (Planeta, 1993). Mc Cullogh, Coleen. op cit.

padres ejemplares porque su dedicación al objetivo perseguido los alejaba del día a día familiar.

Los tres, como todo líder, eran egocéntricos, pero ejercieron su dominio inspirando confianza no temor. Las personas que siguen a los líderes no compran su mensaje si no les gusta, les siguen por razones emocionales no racionales. Los líderes se convierten en estas figuras para los demás, porque poseen una gran capacidad de empatizar, de suscitar conexión emocional con los otros, con sus sentimientos y problemas, sin perder por ello la supremacía.

Decía Paco de Lucía, mezclando en su justa proporción, empatía, caridad y sentido práctico[106]:

> «Me da mucha tristeza ver a esas pobres personas que llegan con sus niños muertos de hambre; bueno, ¡el que llega! Muchos españoles no quieren hacer el trabajo que busca esta gente. Europa es grande y tiene mucho dinero. Si no les dejamos venir, cuando se rebelen nos van a cortar el pescuezo a todos, porque son muchos y vienen con mucha hambre».

Para transferir sentimientos, hace falta comunicar a través de un vehículo de transmisión, que para unos es la palabra o la escritura y para un músico, su técnica y su instrumento. La guitarra era para Paco lo que la pluma es para el poeta:

> «No, yo no estoy atado a la guitarra —decía Paco de Lucía cargado de sinceridad, en torno a 1976, en los tiempos en que grabó su disco *Almoraima*— la guitarra me ha liberado a mí y ha sacado mi personalidad afuera. Yo sin la guitarra, sería un introvertido para toda la vida. Ya que no tengo otra forma de expresión que no sea la guitarra».[107]

Personalmente, tal vez por ser extrovertido, siempre me han causado desasosiego los tímidos. Me preocupa —como dice

---

106 «Paco de Lucía: "A ver si este premio Príncipe de Asturias llena la nevera de los flamencos, que ya es hora"». ABC 2004 cit. (14)

107 Paco de Lucía. La búsqueda. Vídeo nº 213, 00:01:45. Hay hombres de letras que no saben sintetizar con la precisión que nos ofrecía este flamenco ilustrado.

Casilda Sánchez en su novela— lo que sucede con «aquellas mentes poderosas que por culpa de un complejo o de una naturaleza indolente o de una total falta de entendimiento de su entorno y su identidad, no salen jamás de los muros de su pensamiento»[108]. ¿Qué pasa con los valores —tal vez inmensos— que atesoran en sus cabezas y no consiguen sacar al exterior por carecer de ese vehículo idóneo? A veces se sienten impulsos de ayudarles, de servirles de interprete con el entorno. Por otro lado, quien sabe si en realidad lo necesitan o les conviene: es formidable a veces, la capacidad de generar altas expectativas y el atractivo que pueden crear los introvertidos, observadores silenciosos en las reuniones. Como él mismo. Paco decía:

> «Francisco es una persona que está muy encontrada con Paco de Lucía en el aspecto en que sólo quiere estar en un rincón observando a los demás y sin que le miren. Nací para observador, no para estar en lo alto de un escenario, y tengo que cargar con un personaje público».[109]

«Me gusta tocar más que nada —llegó a decir— pero no me gusta la responsabilidad. La responsabilidad no va con mi forma de ser». Por tanto, quizá estas personas no necesiten un intérprete, sino —como él decía— un vehículo de expresión, la guitarra en su caso, que les permita comunicarnos lo que llevan dentro.

Volviendo —tras el inciso del vehículo de transmisión— a la capacidad de empatizar, a la correcta comprensión y canalización de las propias emociones y las ajenas, para adaptarse a la realidad de manera exitosa, es importante resaltar que el neurodesarrollo del sistema límbico cerebral responsable de la inteligencia emocional, se produce en la juventud, cuando se habita en el entorno familiar. Es ahí donde estas emociones se expresan con naturalidad, se habla sobre ellas y se manifiestan de forma controlada[110] y Paco de

---

108   Casilda *Te espero en …*cit. pág 189
109   «Paco de Lucía: "He llegado a ver fantasmas por las esquinas mientras componía"», ABC de Sevilla, Cultura. 24 de noviembre de 2003, cit. (70)
110   Enrique B. Arranz Freijo. Op. cit. Hemos vuelto a su ensayo, por su perfecto encaje.

Lucía nació, creció e incluso vivió de adulto en un entorno familiar estructurado, armónico e idóneo para ese desarrollo.

En la novela de su hija Casilda, que ya nos hemos arriesgado a considerar prácticamente como el retrato biográfico de la relación de sus padres, el personaje que sustituye en esta trama a Paco de Lucía —un escritor—, cuando es aún pobre y no ha alcanzado el éxito, se marcha de un evento enfadado y ofendido porque los amigos de su novia pija y rica —que encarna a Casilda, su madre en esta ficción— dijeron que tenía «mucha inteligencia emocional»[111]. El protagonista de la novela lo entendió como una ofensa, o un comentario condescendiente, como falta de cultura o de la que se entiende como «verdadera» inteligencia.[112] Goleman, valora más la empatía que el propio coeficiente intelectual, de modo que el escritor en la novela, aunque a él se lo pareciese, no fue tratado condescendientemente, todo lo contrario, añadía a su virtud intelectual, la capacidad de conectar, esencial para un artista.

En la presentación de la novela de Casilda hija, en Cádiz, a la que amablemente fuimos invitados por su madre, al final del acto, unos cuantos tomamos una copa en una simpática taberna de la calle Arbolí: las hijas de Paco, Casilda y Lucía, su madre y algunos amigos. Conversamos distendidamente y Antxo, el marido de Casilda hija me contó, que en una entrevista de trabajo que pasó para una importante compañía, la pregunta final que le hizo el *head hunter* —de corte psicotécnico— fue: ¿A quién te llevarías a una isla desierta? Y pensando en una persona completa, con muchos recursos y de fácil convivencia para afrontar una situación así, respondió —sorprendiéndose él mismo— que a su suegro. A Paco de Lucía.

Casilda decía que Paco era magnético, que entraba en un lugar y hasta los que estaban de espaldas se volvían; tenía un poder que atraía a la gente.[113] No es descabellado concluir, por tanto, que Paco de Lucía estaba bien servido de inteligencia emocional.

---

111   Exactamente dice «natural» pero creo que se refiere a lo que decimos aquí: inteligencia innata no cultivada.

112   *Te espero en la última esquina del otoño*. Casilda Sánchez Varela. Espasa, 2017. Op. cit. Pág. 122 y 133.

113   Casilda Varela entrevista personal cit. Juan José Téllez, también en entrevista

3. MENTE CRÍTICA, IDEAS CLARAS

A nuestro juicio, Paco de Lucía poseía las dos inteligencias, emocional y «verdadera», si podemos llamar así a la capacidad de análisis racional.

Dos de las cualidades más destacadas que posee una persona inteligente y analítica son la autocrítica y el encaje de la sana crítica ajena. Paco de Lucía como vimos, decía estar abierto a la crítica siempre que fuese fundamentada: «Me gusta una crítica negativa más que la positiva, porque ya estoy acostumbrado a los piropos y adulaciones"

Paco de Lucía, según Casilda, destacaba:

> «Por no ser persona banal, ni que gozara mucho con el éxito. Cuando eres una persona con mucha capacidad de análisis, es difícil ser triunfalista. Después de tocar, volvía al camerino y recibía todo tipo de elogios y felicitaciones de los íntimos que allí había y que agradecía cordialmente. «Ha 'zalío' bonito, ¿no?» —decía».

Casilda le conocía muy bien e iba siguiendo sus respuestas. Al final, cuando se quedaban solos y le tocaba a ella intervenir, le decía solamente: «¿Qué?» Y el otro respondía: «He «tocao» como una mierda».[114]

Y con el tiempo se volvió más autocrítico aún, de lo que ya era:

> «Cuando yo tenía veinte años siempre pensaba: ¡Qué ganas de tener cincuenta para poder disfrutar con lo que hago, porque esto es un castigo, así no se puede vivir! Pues nada, ahora es peor. Es un sentido crítico muy fuerte que yo creo que viene de mi padre, que siempre me decía: «Eso no vale nada, no sabes, tienes que aprender más, tocar más»... Puede que sea por eso.»[115]

---

personal, coincide literalmente.

114   Casilda Varela entrevista personal cit. y entrevista en *Paco de Lucía el legado*, en Canal Sur. 2020. Vídeo 152, min 00:17:31

115   Bárbara Celis *El País* cit.

Tras volver de una gira por Sudamérica, Paco tocó con su sexteto en 1980 en el Casino del Puerto de Santa María, y al terminar, en una entrevista le preguntaron: «¿Sabes dónde tocarás este año en los Estados Unidos?» El respondió: «Nueva York, Chicago, Los Ángeles y otra ciudad más; quiero ir a los Estados Unidos con el grupo, ya sabes, pero para tocar mejor de lo que tocamos hoy. ¡Hoy tocamos como una mierda! El público estaba frío. Yo sentí ganas de irme...».

Cualquier artista con ese calendario de actuaciones estaría endiosado y respondería potenciando su figura. Cualquiera, menos él.

Pese a todo, en su vida personal, aunque nunca abandonó esa tendencia a mortificarse, se iba poco a poco relajando. En la madurez de la vida es cuando uno atesora más saber, se ve venir a la gente, se es más capaz de liberarse de ataduras y puede ya uno tirarse cosas a la espalda que, mientras te labras un camino, sueles tragarte. Mucho más, claro está, si uno ya es Paco de Lucía y puede permitirse algunas licencias que otorga la posición. Él decía que uno no solo se hace más viejo para ponerse más gordo y feo, sino que también aprende algo y se hace más listo. Y más claro y directo en sus manifestaciones, añadimos nosotros, según referimos a continuación.

Paco de Lucía pasó de una cierta afinidad y admiración por algún político (de joven simpatizaba con Felipe González porque lo conoció en un avión y le veía sincero) al polo opuesto, detestando todo lo que olía a política. Ya pasados los sesenta años, colaboró con el Gobierno Balear viajando incluso a Londres para promocionar las Islas[116], pero cuando vio los tejemanejes políticos que se tramaban usando su figura, descolgó un teléfono y les dijo que no seguía prestando su imagen en tales condiciones y que ahí se quedan ustedes.

Le apenaba mucho el fenómeno de la desmembración de España y eso que él no vivió el circo del referéndum catalán de 2017. Pero con una intuición asombrosa, declaró mucho antes:

---

116   Paco de Lucía *La Vanguardia* 26-2-2014 cit (15). Llegó a viajar e intervenir en el World Travel Market, una de las grandes citas turísticas mundiales del sector turístico

«España es el país más antiguo de Europa luego de la reunificación de los Reyes Católicos. De pronto ahora se quieren separar por cuestiones miserables de dinero. ¡Cabrones de los políticos! Ponlo en letra grande: ¡Cabrones de los políticos!»[117]

Del mismo modo, despreciaba premios comerciales por los que cualquier artista hubiese asesinado sin pensárselo, como los tres Grammys Latinos alcanzados, hito considerable para discos de guitarra, no de canción.[118] Sin cortarse un pelo declaró, que eso es un negocio que ha montado Emilio Estefan y se mostró además molesto por el hecho de que la organización del evento quisiera cobrarle trescientos cincuenta dólares a Curro, su hijo, cuando fue a recoger uno de los premios en su nombre[119] y lo rechazó. Al maestro le iban a toser cuatro pelaos.

Y ya puestos a hablar claro y quedarse a gusto, no podía olvidar a su socio Camarón. Paco se quejaba de la ignorancia y el olvido que el público español dispensó a un talento tan brutal como el del cantaor, que, según él, mereció en aquellos tiempos más reconocimiento:

«[Debió] Haber llegado a todo el mundo y no al final, cuando estaba moribundo. Cuando estaba en plenitud, que era cuando ganaba mil pesetas en Torres Bermejas, por estar siete horas cantando. En nuestro país, gusta mucho que la gente se muera para darle halagos sin vergüenza y sin sonrojos, sin envidia. Todo es una farsa, la vida es un circo. En mi ya larga vida, me he dado cuenta de que nadie tiene principios. Hay unas cuantas personas que son las que deciden a dónde tirar y los demás son unos borregos que van siguiendo los criterios del que tiene criterio».

Como dice mi querido tío Pepe Bovis, en su obra clarividente sobre la evolución humana[120]:

---

117 "Última entrevista de Paco de Lucía". *El comercio*. Perú 2014. Cit. (16)
118 Por «Cositas Buenas» y por «Conciertos en vivo en España 2010» y póstumo a «Canción Andaluza».
119 Entrevista a *Viva Campo de Gibraltar*, cit.
120 José Bovis Bermúdez, *Elucubraciones sobre un fondo Darwinista*, pág. 63 cit.

«El género al que pertenecemos se divide en depredadores y herbívoros. Mentes críticas y buena gente. Los segundos siempre están dispuestos a seguir a los primeros y a caminar detrás de ellos. Basta que estos agiten un trapo ensartado en un palo y toquen un tambor».

Hay catedráticos de sociología y de filosofía, eminentes eruditos, que se han enterado peor que mi tío Pepe y que Paco de Lucía de lo que va la vida. Ellos dos lo vieron claro.

Pero igual que despreciaba lo mezquino, agradecía con sinceridad y sencillez las distinciones auténticas y serias. En su carrera recibió muchos galardones y entre ellos, dos doctorados *honoris causa*, por las universidades de Cádiz y el Berklee College of Music. Y en esas ocasiones no era áspero, todo lo contrario, solo se mostraba un tanto abrumado por lucir tan sofisticada indumentaria como los tocados académicos y la toga, pero se sentía honrado por la concesión, siendo un hombre sin estudios, ajeno al mundo universitario.[121]

Orgulloso de haberlo obtenido, pero alérgico hasta la obsesión a los saraos masivos, envió a Casilda su mujer a recoger el Goya que le concedieron, excusándose por estar en el extranjero de gira. Para nada. Más que girado, estaba tumbado, pero en el sofá de su casa en Mirasierra en Madrid, con su bata china (como llamaba a los kimonos), viéndolo por televisión, porque no se quería poner pajarita y darles la mano a trescientas personas.[122]

Además de inteligente, nuestro hombre también era listo, que es una cosa diferente. Sagaz y avispado. Siempre alerta y algo pícaro. Una mezcla entre suspicaz, escéptico y desconfiado frente al bando contrario. El flamenco era un mundo de pillos. Como el del toro. Todo el mundo tenía navaja y ponían la mano a ver qué trincaban. Paco, en ese entorno, qué quieren que les diga: entendía el lenguaje y aunque estaba sobrado, se movía como pez en el agua: «Nací en

---

121 Fue el primer músico español doctorado en el Berklee College of Music
122 Goya por la música de Montoya y Tarantos año 1990. https://www.premiosgoya.com/ Entrevista personal Casilda cit.

la tierra del flamenco; mi padre es guitarrista, mi hermano, mi casa estaba llena de flamencos, de fiestas»[123]. Era su mundo.

Cierto día en Méjico, siendo muy joven, cuando tocaba en la compañía de Gades con su amigo y guitarrista Emilio de Diego, ambos almorzaban en un restaurante local, y de pronto se montó una tangana que derivó en batalla campal a puñetazos, entre un grupo de vascos y unos mejicanos. Los segundos increpaban a los primeros diciéndoles que habían llegado en las carabelas a con- quistar un país ajeno. Los vascos sostenían que debían agradecerle a España haberlos bajado de los arboles y no seguir en taparra- bos. Las sillas volaban y los guantazos aumentaban de intensidad. Emilio decía a Paco: «¿Intervenimos? al fin y al cabo somos espa- ñoles». Y Paco, viendo una vitrina con helados, aprovechó y cogió uno para cada uno. Y respondió a Emilio mientras saboreaba el suyo: «¿Para que nos partan la cara? ¿Tu sabes que vamos a hacer nosotros?» «¿Qué Paco?» —respondió el otro— «Pues, aprovechar el follón, Emilio, e irnos sin pagar».[124]

Cuando nuestro genio recibe la noticia de la concesión del Premio Príncipe de Asturias —en su camerino, por una llamada telefónica de Luis Cobos— dio las gracias y se puso a disposición de la organización. Colgó y no dijo ni pío. Los presentes lo miraban y le interrogaban con gestos, sobre el contenido de la misteriosa conversación. Y él se vuelve a su hermano Ramón y le dice jocosa- mente: «¡La que se va a formar y la que me ha caído! ¡Me han dado el Príncipe de Asturias!... Por cierto… ¿Tú sabes si ahí se trinca?».[125]

En otra ocasión, en una terminal de aeropuerto en Arizona, sentado al solecito mientras esperaba un vuelo, se acercaba hacia él Otmar Liebert, un guitarrista americano que hacía una pseudo- música rítmica, que tuvo la osadía de bautizar como flamenco. En alguna revista, Paco de Lucía lo había criticado con énfasis, diciendo que era un guitarrista de ascensor, un impostor y que eso no era flamenco. «Lo puse como los trapos», decía. Cuando Paco vio que el americano se dirigía derecho a él, tuvo la reacción del pícaro des-

123   Sol Alameda, cit. (11)
124   Emilio de Diego, entrevista personal cit.
125   Pausa de café en Simposio cit. Fuente directa: Ramón Sánchez hijo.

confiado que era: se puso tenso como un resorte, se levantó y dijo a sus acompañantes: «¡Ese viene a pegarme por lo que he largado!». Hombre, a Paco de Lucía le podían pasar muchas cosas, pero que le pegasen en la terminal de un aeropuerto, no parece que estuviese previsto. En efecto, el guitarrista se acercó y su afán era presentarle disculpas por titularse flamenco, diciéndole que no quiso ofender a nadie.[126] Pero Paco, por si las moscas, se puso en guardia esperando el envite. En su vida y en su oficio, poseía la intuición de los felinos, la capacidad de ver venir las cosas y de anticiparse a lo que pudiera suceder.

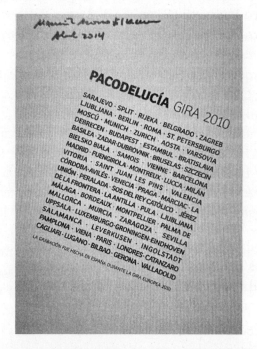

Contraportada del disco de la gira 2010. Foto MAE

Acomodado como estaba, gozando de una altísima posición artística y pudiendo vivir holgadamente de los réditos de su obra, lo que más valoraba y potenciaba, con más de sesenta años de edad, eran los recitales en vivo que requerían muchas jornadas de viaje

---

126   Téllez, cit. Pág. 4

y muchas horas de trabajo. Consideraba el directo como lo puro, lo verdadero. Decía haber sido «el primero que en el pasado había hecho barbaridades con la técnica de mezclas en los estudios, pero "ahora vuelvo al vivo", donde está el verdadero corazón del artista conectando con el público. Ahí no hay trampa ni cartón».[127] De hecho, Paco de Lucía publicó un disco en 2011, recopilatorio de sus conciertos en vivo de 2010 y asusta ver en la contraportada del álbum, la cantidad de ciudades del mundo en las que tocó en esa gira, ¡setenta y cuatro conciertos cuando contaba sesenta y cuatro años! Y solo en Europa, porque después hizo gira por América.

Hay que tener en cuenta que ya en esa época, la efervescencia de la piratería en internet perjudicaba al mundo de la edición musical de fonogramas, de modo que había que potenciar el directo, porque eso no lo podían piratear. Ahí, había que pasar por taquilla y pagar la entrada. Después —pensaría él— si queréis bajaos los vídeos y las canciones, pero yo ya he trincado.

Vamos avanzando y juntando piezas sobre la forma de ser del artista estudiado, recopilando hechos contrastados que nos ayudan a definirlo —cuando se puede, claro— a través de trazos de su personalidad. Continuamos un poco más por esta línea y seguidamente anotamos unos cuantos rasgos más, factores adicionales que contribuirán a ir perfilando el dibujo.[128]

La «estabilidad emocional» es otra de las unidades de medida que usan los expertos para estudiar la personalidad. El equilibrio personal o la fortaleza psicológica ayudan, sin lugar a duda, a afrontar los problemas cotidianos de la vida y sus retos.

Paco de Lucía se definía a sí mismo como un ser neurótico, que pasaba de la euforia al abatimiento con frecuencia. «Yo no soy regular en mi vida, o me meto de lleno en algo o me tiro en un sofá a ver la televisión tres días. No tengo ese término medio y esa disciplina,

---

127 Vídeo nº 88 Localizable en el buscador de YouTube introduciendo «Proverbios del maestro Paco de lucia» y Entrevista a *Viva Campo de Gibraltar*, cit.

128 Extraídos como todos del cuestionario de personalidad 16 PF-5 cit. Aunque no estamos capacitados para realizar un perfil psicológico riguroso y técnico, este cuestionario nos está proporcionando mucha utilidad como índice de rasgos primarios o factores de personalidad, que el cuestionario brevemente describe.

soy así y eso no es bueno para la salud y para el sistema nervioso»[129]. Si eso no era bipolaridad, podría definirse como ciclotimia.

Extrapolando a los límites, hay teorías que relacionan una elevada productividad en la labor creativa con la enfermedad mental. Así se dice de Lord Byron o Schumann (maníacos depresivos) o Van Gogh y Nietzsche (esquizofrénicos). De este último se dice incluso (Jaspers) que no podría explicarse su obra sin la enfermedad[130]. Paco de Lucía se definía a sí mismo como neurótico. «Me he pasado muchas horas —dijo refiriéndose a la composición del disco *Cositas Buenas*—, me he llevado dos años encerrado de verdad con un grado de neurosis que he llegado hasta a ver fantasmas por las esquinas»[131]. No en términos clínicos diagnosticados obviamente, pero son muchas las veces que él mismo se definía como preso —al menos— de estados de ánimo muy oscilantes, ausente, depresivo, eufórico, introvertido —o acudiendo a su propia expresión— ««metiíto pa» dentro».

Pese a ello, conseguía sobreponerse a los momentos de abatimiento o tristeza y dominarla. «Yo he llegado a ver fantasmas —insistía diez años después— lo que pasa es que los demás no lo han notado. No puedes cambiar lo que eres y si ves fantasmas, los ves, pero "al menos, que no te lo noten"», explicaba mirando a la cámara de Curro su hijo en *La búsqueda*.

Cuando estaba en el pozo negro, como cualquiera de nosotros, podía tener reacciones asociadas a ese estado. Como antídoto, llamaba a Félix Grande para pedirle que le hablase de cualquier cosa para espantarle las tristezas o acudía a la música de Falla, porque —según él— le quitaba las depresiones. Si analizamos la gráfica de la vida de Paco de Lucía día a día encontraremos esos momentos oscilantes de altibajos. Pero si observamos esa gráfica desde una perspectiva más lejana, se difuminan los dientes de sierra. La línea traza una trayectoria uniforme en sentido ascendente, trabajada a base de control y de fortaleza mental, obteniendo como resultado una regularidad mantenida, según consideración unánime de todas las per-

129   «Paco de Lucía: "He llegado a ver fantasmas [...]»». ABC de Sevilla, cit. (70)
130   Genio y locura. K. Jaspers, Alianza Editorial, 1961 cit.
131   «Paco de Lucía: "He llegado a ver fantasmas [...]». ABC de Sevilla, cit. (70)

sonas que hemos entrevistado y de todas las valoraciones que hemos recopilado, que refieren que poseía una fuerte personalidad.

Félix Grande, cargado de razón, decía que Paco de Lucía poseía tolerancia a la frustración[132]. Uno de los detalles que más nos llama la atención de nuestro personaje es que jamás se queja de sus principios, de cuando tenía que actuar en beneficios, en tabernas, en sótanos llenos de humo o en teatros de tercera con camerinos sucios. O hasta en la cueva St. Michael del Peñón de Gibraltar, para turistas, aguantando a una espontánea que se le puso a bailar delante, teniendo que apañarse con la compañía de su amigo Carlos Rebato, «el Borrico de Estepona» como él lo llamaba, guitarrista aficionado, que era lo que entonces podía permitirse pagar. Paco recuerda eso incluso con alegría. Sus quejas siempre se dirigen hacia él mismo, hacia su interior (sus obsesiones con la música, con la perfección, o con la búsqueda de algo nuevo), pero nunca a las privaciones o miserias que vivió en los principios, esas cosas, de las que todos los flamencos sin excepción se lamentan sin cesar, a él le evocaban diversión, felicidad, porque entonces se sentía libre y no atrapado por las obsesiones de su mundo interior de intérprete y compositor. Y no es nada fácil soportar alegremente esas cosas negativas de la vida: la carencia y la necesidad; conservar el equilibrio y que no logren abatirnos. Las personas sobresalientes se miden por su capacidad para gestionar los períodos de fracaso cuando el triunfo se resiste a llegar, porque para recoger el éxito sirve cualquiera.

Paco de Lucía nació en la posguerra civil, en 1947, en el número 8 de la calle de San Francisco, el 21 de diciembre, a las diez de la mañana[133]. En un lugar pobre, en el seno de una familia pobre, vinculada al ambiente flamenco. Andalucía la baja era lo más deprimido de España, decía él mismo,[134] y el flamenco no era ni siquiera su música, era su folklore. Los personajes de la obra de teatro de su infancia eran «el Chaqueta», «el Flecha», «Brillantina de Cádiz», o «Paco Laberinto». En aquella época, o eras artista o torero, o de ese

---

132 Félix Grande Op. cit.
133 Félix Grande. «El músico de La Isla Verde». EL PAÍS Semanal.
134 Vídeo 02 Paco de Lucía - *Light and Shade*.

ambiente no salías ni remolcado. A eso se limitaba la versión española del sueño americano de prosperar.

Paco superó a un padre que —a causa de su propia infancia dura— era un dictador implacable. Lo sacó del colegio, lo privó de la niñez y lo sentó a estudiar la guitarra con siete u ocho años, más de ocho o nueve horas diarias, que son muchas horas para un niño, al que un solo día le parece una eternidad. Lo levantaba de la cama al amanecer cuando volvía del «Pasaje Andaluz» de Algeciras o de alguna fiesta flamenca, para que les tocase a los amigos que traía a casa, todas personas mayores. Esta severidad paterna, que lo creó como artista, también lesionó su infancia y ahuyentó más tarde al tesoro que Paco descubrió, acarreando la separación de Paco de Lucía y Camarón.

Camarón no aguantó como Paco, la rigidez de don Antonio Sánchez, su primer productor musical y huyó de la familia Lucía. La ruptura determinó que Paco no pudiese grabar con José, para no enojar al padre ofendido por la espantada del gitano. Cierto que a causa de esta disciplina que se le impuso en la infancia, se convirtió en el mejor guitarrista de su tiempo. Y cierto que la deriva de Camarón no era compatible con la organizada carrera de Paco. Pero ambas cosas son fáciles de ver a toro pasado, pero muy difíciles de superar en el momento presente, cuando están sucediendo. A esas edades cuesta asumirlo y reconocer, pese a todo, que su padre fue el pilar fundamental de su carrera. La severidad que vivió fue bien canalizada y no lo desestructuró; llevaría su cosita por dentro, pero otro con un carácter más débil tal vez hubiese sucumbido, o se hubiese desorientado, como poco.

4. RESILIENCIA Y ALGO DE SUERTE

Paco de Lucía no *nació* siendo ya un gran artista ni fue hijo de artista, pero pisó mucho tablao y escenario modesto en su juventud[135]. Las fotos de sus inicios durante los años cincuenta y sesenta,

---

135 Vídeo nº 152 localizable en el buscador de Google introduciendo «rtva a la carta el legado de paco de lucia» 00:10:00

que se ven en los documentales, muestran las actuaciones en esos lugares humildes. En ocasiones acompañando al cante a geniales como Fosforito, pero otras veces a cantaores no tan distinguidos. Las giras con las compañías flamencas, como la de José Greco, Gades o de Lippmann y Rau, no eran un viaje en primera clase, ni se alojaban en hoteles de cinco estrellas. Lo que en realidad había eran tablaos llenos de humo, camerinos improvisados en cualquier parte, normalmente en sótanos con humedades y malos olores, donde los artistas se vestían todos juntos; y había mucho ajuste de gastos para llevar dinero a casa. Como escribió Félix Grande:

> «Un caleidoscopio de trenes y pensiones, falta de sueño, madrugadas, aplausos, copas, prisa para tomar ese primer café del día mientras suena el motor del autobús de línea, telones, candilejas, siempre escaso dinero y ese olor a humedad y a espejo roto de los camerinos comunes[136]».

Fondas de medio pelo, viajes por malas carreteras, comidas guisadas en las habitaciones, etc. La cultura no era una prioridad en España en los sesenta y el flamenco no era el pariente más pobre de la cultura; no era de ni de la familia. Ni siquiera era género musical, era folklore.

Pese a todo, Paco poseía una gran capacidad de resiliencia, sabía encontrar el lado bueno. Se encontraba feliz porque en vez de estar en la escuela, estaba pasándolo bien y ganando dinero para ayudar en casa; estaba siempre de broma en los autobuses con Camarón y Cepero y hacía llorar a los emigrantes españoles en Alemania, llevándoles una soleá o unos tarantos de su tierra[137]. En la gira Lippmann Rau por Alemania y Dinamarca, Camarón, Paco de Lucía y Paco Cepero aún actuaban como artistas de atrás, porque la estrella de la compañía era "la Singla", una joven bailaora catalana, sordomuda, promocionada por Paco Rebés, que viajaba con su padre como guardaespaldas. Los dos Pacos y Camarón, incluso

---

136   «El músico de La Isla Verde», *El País*, cit. se refería a su hermano Ramón, pero
        vale para ambos.
137   «Cuando Paco de Lucía boxeaba...», cit.

compartían a veces el mismo dormitorio, con el fin de ahorrar gastos y Cepero —quien sentía añoranza de su tierra— pedía a Paco que le tocase por rondeñas y a Camarón que le cantase *El barquito* por alegrías antes de irse a la cama. «Cuando ya me lo habían hecho y yo me había "jartao" de llorar, ya me podía ir a dormir a gusto».[138] Era la mejor época de los tres amigos. Divertidos, con poca responsabilidad y con la alegría de la juventud, compartiendo un autobús que era como un vivero con alevines madurando en él: viajaban allí un grupo de artistas sublimes, que entonces no lo sabían, pero diez años después fueron la división de honor del flamenco.

Paco de Lucía era una persona luchadora y solidaria, no solo con su familia, también lo era con los compañeros flamencos y guitarristas, menos dotados que él y a los que no humillaba jamás con su superioridad. Al contrario, siendo competidores entre ellos y con frecuencia mayores en edad, se veían a veces perjudicados por el agravio comparativo de su destreza, pero, sin embargo, lo querían. Emilio de Diego, lo adoraba. «Me decía el muy cabrón, para irritarme en el escenario: ¡Emilio que malo eres, que no sirves ni para comprar cuerdas!» Y recordaba como con menos de veinte años, yendo ambos con Pepe de Lucía también en la compañía de Gades, se escaparon en Sao Paulo, Paco y él después de la función, a un garito que no cerraba en toda la noche. Al volver a la habitación con alguna falseta pillada en la juerga, se ponían a ensayarla y despertaban a Pepe, que celoso se revolvía: «¡Os habéis escapado, a papá vas, Paco! ¿Ahora os vais a poner a tocar? ¡Que son las cinco, que quiero dormir! ¡A papá vas, mañana lo llamo, venís borrachos!»[139] Esta empatía que desplegaba con todo el mundo fue sin duda su talismán para asimilar y controlar el tsunami que creó, sin volverse loco, pedante o insoportable, y concitando una atmosfera de afecto universal hacia su persona. A Paco lo quería todo el mundo, sus compañeros de aquella época, como Cristina Hoyos, lo recordaban en el Simposio de 2014, como un gran artista y mejor persona, ya en aquella juventud.

Ciertamente su natural, era de persona introvertida, encerrado en sí mismo —como él definía a los guitarristas— aislado muchas

138 Paco Cepero entrevista personal, Jerez 2020
139 Emilio de Diego, entrevista cit.

horas, a causa la soledad que se requiere para componer, practicar y estudiar.

> «Para tocar bien —decía— hay que pasar muchas horas encerrado comiéndote el coco. Y eso un día y otro y otro, marca y deja secuelas hasta volverte neurótico. Recuerdo una época de mi vida en la que sonaba el teléfono y me ponía a temblar o estaba todo un día nervioso, si sabía que alguien venía a visitarme y sudaba mucho. Todo lo produce estar tanto tiempo solo».[140]
>
> [...]
>
> «Detestaba las algazaras colaterales de los conciertos, el fárrago de los públicos, el ruido tan triste que hacía la máquina de la sociedad. Tal vez por eso eligió lugares aislados, anónimos, acordes con su propia necesidad de estar solo.»[141]
>
> [...]
>
> «Pese a ello —según Félix Grande— aguantaba la fama, lidiaba con la angustia, superaba la timidez, el cansancio, la ira, el asco, la apatía, la inseguridad y la acusación de traición al flamenco, que le endosaban los puristas con enérgica cortesía».

Con la misma cortesía que también atendía a todo el mundo. Si quieren comprobar una exhibición de cortesía de las que hacen historia y tienen tiempo, acudan al video que ya recomendamos en su momento de las Twin Cities y contemplen como el pobre Paco de Lucía, cansado ya con sesenta y cuatro años y con un viaje previsto el mismo día a Washington y al día siguiente a Chicago, soporta a un par de pelmas que le dan la comida[142]. Solo se permite alguna pequeña ironía[143], pero soporta estoicamente el asalto de los pesa-

---

140   «Los guitarristas somos muy metiítos para dentro». *El MUNDO* 2020, cit. (17)

141   *La guitarra iluminada.* J. M. Caballero Bonald. *Paco de Lucía. La búsqueda,* libreto del documental, Ziggurat films, varios autores, 2015. Cit. (56)

142   Vídeo nº 19, localizable en el buscador de YouTube introduciendo «paco de lucia sena con el payo humberto». El grupo le esperaba en el *backstage,* para comer y al pobre hombre no le dan respiro ni en los momentos más íntimos.

143   Vídeo nº 19, localizable en el buscador de YouTube introduciendo «Paco de lucia sena con el payo humberto». 00:05:35. Por lo bajillo dice: «Me voy a lavar las manos que os la he dado a todos y con ellas os tocáis los huevos»; 00:15:53

dos[144]. No es de extrañar, que sabiendo que esto le esperaba a la vuelta de cualquier esquina, se fuese a vivir al Caribe bajo una palmera.

Paco conseguía, a nuestro juicio, sus objetivos —al margen de lo musical— generando en los demás unas emociones positivas y controlando las propias, esperando el momento justo y adecuado para saber dar al otro lo que este esperaba recibir. Sabía hacer lo que tocaba, en el momento que tocaba hacerlo. Tenía talento para acertar. Y alto control de sí mismo.

Dicho lo cual, que es cierto, también lo es que algunas cosas solo suceden por pura buena suerte y Paco estaba tocado por la varita desde niño. Siempre tuvo *baraka;* lo mejor será que lo comprueben en los siguientes episodios y juzguen ustedes mismos.

Al viajar solo a Estados Unidos con dieciséis años, para unirse a la troupe de José Greco de gira por allí, la primera vez que salía de su casa y sin saber inglés, se perdió en un aeropuerto y no localizaba su vuelo. De todas las cosas que le pudieron pasar, fue a dar en el avión con un matrimonio americano y les tocó la guitarra, les cayó en gracia y lo llevaron de la mano a su destino. Cuando llegó al hotel, en la guía de teléfonos de la habitación se encontró cincuenta dólares que había olvidado el cliente anterior, una cantidad equivalente la mitad de su sueldo.[145]

Ya de gira por América, a finales de los 60, siendo muy joven, antes de una actuación anduvo de parranda con algunos componentes del grupo, llegó al teatro algo apresurado y con los efluvios vividos durante el jolgorio. Cuando se dio cuenta, había olvidado la guitarra en un taxi. Pongámonos en situación en aquellos años, sin poder localizar al taxista, con la función a una hora de comienzo, sin instrumento de repuesto y privando a todo el grupo de poder actuar. ¿Cómo encontrar una guitarra flamenca en Nueva York, en media hora? Imposible. Pocos minutos antes de la hora de desco-

---

«Bien, "mu" bien. Ah, ¿qué va a tocar más?», le dice mientras el joven aporrea la guitarra

144   Pero el tal Payo Humberto era un viejo conocido de Paco que le hizo una entrevista en 1971, y Paco nunca olvidaba a una persona. La entrevista puede leerse en *Contra las cuerdas.* Pablo San Nicasio, Ed. Oscar Herrero, 2014. Vol. 1, pág. 147

145   «Hasta siempre maestro». Casilda Sánchez Varela. *TELVA.* 2010 cit. (18)

rrer el telón, asumiendo ya que se desencadenaría el caos, le tocaron en el hombro, Paco se volvió y apareció el taxista, un negro enorme, con la guitarra olvidada. Sin ensayar, sin hacer manos y ofuscado, salió, tocó y lo bordó. Cuando Cristina Hoyos le dio la enhorabuena por cómo le había tocado, le dijo: «Es que un poco achispado como yo venía, se toca mejor, se relaja uno más»[146].

Cuando decidió emprender su carrera musical por el extranjero con su grupo, al principio no llenaban teatros, daba solo seis o siete conciertos al año y doscientas o trescientas personas en cada uno[147]. Pero de todas las personas con las que pudo tropezarse, fue a interesarse por Paco en Londres nada menos que Barry Marshall, el mánager de Paul McCartney y Tina Turner: no me negarán que a Paco le tocó la bolita premiada con este encuentro. Se fijó en él, le gustó el sexteto en directo y ¡vaya por Dios! congeniaron y de ese encuentro surgieron contratos y actuaciones que catapultaron su carrera con un salto exponencial[148].

Nuestro personaje se lo trabajaba duro, lo sabemos, pero tenía un don. Tenía la flor en su sitio. Como se dice por el sur, no se metía en charcos[149], todo le cuajaba y todo el mundo le servía. Tenía una empatía, un espectro de trato con los demás, inmenso, desde niño era respetuoso y educado, sabía estar, y podía fregarle los platos a su hermana María siendo ya un muchacho, si le daba cinco duros —y se los fregaba—[150] y también congeniar con el rey Felipe, que guarda un gran recuerdo suyo del acontecimiento del Premio Príncipe de Asturias, para retornar siempre después a lo sencillo, a volver a jugar a la pelota con sus hijos en la playa. Que fue lo último que hizo.

Una muy querida amiga mía, para hablar de la suerte en relación con el esfuerzo y la perseverancia, dice que la suerte es una pelota que esta continuamente pasando quince centímetros por encima

---

146 Cristina Hoyos contó la anécdota en el Simposio 2014, cit.
147 Vídeo nº 35, localizable en el buscador de YouTube introduciendo «la saga de los lucia», localizable en el buscador de YouTube introduciendo «la saga de los lucia», 00:37:50
148 Jorge Pardo. Entrevista. Barry Marshall ya conocía a Paco, le trató en 1971.
149 No meterse en charcos, no es esquivar el compromiso. Paco hablaba muy claro y no se escondía. Es no meterse en polémicas estériles o improductivas. Que es diferente.
150 Téllez. Op. cit. Pág. 186

de tu cabeza. Mientras más saltos des, más posibilidades tienes de que te toque. Hay que estar en el sitio todos los días porque si no saltas nunca, o lo haces una vez tal cual, poca suerte pillarás.

Como hemos dicho (salvo la chamba de los cincuenta dólares en el listín de teléfonos, claro está), la suerte es algo que sucede más, si haces lo correcto. Si te enfadas con el matrimonio americano del avión y decides no tocarles, no te ayudan en el vuelo a Estados Unidos; si eres antipático con el taxista, no te devuelve la guitarra; y si no acudes a la cita con Barry Marshall porque es un inglés pesado, no te salen contratos. Ya me entienden. Pero él no dejaba tecla o cuerda por tocar, era muy educado y sabía lo que tocaba en cada momento, sin molestar y moviéndose bien en ámbitos que incluso pudieran parecer hostiles.

Siendo la personificación viva de la guitarra flamenca innovadora, no por ello despreciaba lo opuesto y consiguió cautivar a don Antonio Mairena, encarnación humana del purismo ortodoxo. La historia a continuación, extraída de mis notas de la entrevista con Ricardo Pachón y oída de sus labios, es encantadora[151].

> Antonio Mairena y Paco de Lucía coincidían al término de un congreso flamenco, auspiciado por la UNESCO y organizado por el conde de Montarco en Madrid. Montarco me pidió —decía Ricardo Pachón— un cantaor de alivio para Antonio Mairena, para la fiesta después del Congreso.
>
> Total, que le llevo a Camarón. ¡Como cantaor de alivio! [...] ¡Lo que es la vida...! —decía Ricardo.
>
> Paco de Lucía tendría unos veinte años, hacía el servicio militar y estaba invitado también al citado Congreso y a la fiesta, pero no llevaba guitarra, de modo que, para acompañar a Camarón, que se lo pidió, le iba pidiendo la guitarra —en su turno cuando Mairena descansaba— a Melchor de Marchena, el tocaor de don Antonio y este se la cedía. El sótano donde se celebró la fiesta acabó siendo la sede de un combate. Y yo, grabando con un magnetofón «Nagra» —decía Pachón— no me

---

151 Entrevista con Ricardo Pachón. Cit.

podía creer lo que estaba presenciando. En un lado, don Antonio y Melchor de Marchena; y en el otro bando, Camarón y Paco de Lucía. Aquellos bebían whisky y estos —por indicación expresa de Paco de Lucía, que era un águila para esas cosas— tomaban champán y ambos cantaban y bebían por turnos. Al cabo de unas horas, Melchor, pasmado a la vez que mosqueado por el virtuosismo de Paco, le quitó la guitarra, la guardó y dijo: «¡Ya está bien, joé! ¡Aquí no se toca más! ¿¡Quién coño es este gachó de Lucía!?».

Dejé el aparato grabando y Paco y yo nos salimos a la calle a fumar un canuto que yo tenía guardado desde que salí de Sevilla, esperando una buena ocasión. Mejor que esa, no la iba a haber. Don Antonio y Camarón siguieron cantando dentro a pelo por martinetes y Paco y yo fumábamos fuera. A cada calada, Paco decía: «*Que bueno esta esto Ricardo*». «*¿Te gusta? —le decía yo*». «*Tela —me decía*».

Tu imagínate, Manuel —me decía Ricardo—, a Paco, a Camarón y a mí, una hora después, jóvenes, borrachos, ya de día, andando por Madrid, buscando un sitio donde desayunar y partiéndonos de risa: «¡Quillo! ¿Viste cuando Melchor le quitó la guitarra a este, el cabreo que tenía?¡Además estaba ciego! ¡Claro, con los pelotazos que se metía [...], nosotros estábamos más frescos con nuestro champancito!».

Si se sabe esta historia y además los cantes están documentados en audio, es porque el bueno de Ricardo Pachón se paseaba por Madrid, por los festivales, fiestas y peñas de Lebrija, Jerez, Utrera y muchos sitios más, con su arma de difusión masiva, su magnetofón «Nagra», grabando el flamenco real, no el de los escenarios.

Ricardo Pachón no era un *flamencólico*[152] indocumentado, todo lo contrario, se doctoró en Derecho en tiempos de Franco, con una

---

152 Término que Paco usaba para referirse a los flamencólogos que no sabían nada y opinaban de todo.

tesis sobre *Derecho Comunitario Europeo*. Produjo los comienzos de artistas como Camarón, Lole y Manuel, Silvio, Familia Montoya, Tomatito y una lista interminable de estrellas, y tocaba muy bien la guitarra. Hay personas como Ricardo, que tienen ojos para ver detrás de un tabique. Y de esa grabadora «Nagra» —que aún conserva y me enseñó— ha sacado una colección de tesoros, que merecería un Archivo de Indias solo para ellos.

Y aun cabe reafirmar con otro sucedido, el talante educado y el exquisito sentido de la corrección que marcaba el comportamiento de Paco, y de nuevo el protagonista fue don Antonio Mairena, y de modo indirecto en esta ocasión, Melchor de Marchena. Pachón siguió contándome, y yo tomando notas en mi cuaderno.

Don Antonio Mairena tenía aversión a le tocara otro que no fuera Melchor y peor aún si era jovencito. Su tocaor era Melchor de Marchena. En La Unión, en el Festival de la Lámpara Minera de 1974, unos años después del congreso de la UNESCO con Montarco, se presentó don Antonio sin acompañante[153] y le propusieron que acudiese a Paco de Lucía, que andaba por allí de invitado. El cantaor dijo en principio que no, «porque yo con Paco hace mucho tiempo que no hablo y me sabe mal aprovecharme de él, que no viene aquí hoy trabajando». No fue sincero. Los cantaores antiguos recelaban de los guitarristas jóvenes, porque cavilaban que no les iba a dejar cantar, que iban a meter muchas falsetas y les iban a tapar el cante. Y Paco de Lucía, al año y poco de haber lanzado *Entre dos aguas*, era el mejor candidato para afianzar esa sospecha en don Antonio.

Hacía mucho calor esa noche, todos buscaban aire fresco y andaban diseminados y Mairena seguía sin encontrar a nadie. Alguien de la organización —creo que fue Vallecillo que era medio pariente de Paco— fue quien le abordó por

---

153   Solo por ilustrar lo anárquico del mundo flamenco. Fíjense que la primera figura del flamenco entonces, don Antonio Mairena, va a uno de los festivales flamencos más importantes de España, a ejercer su profesión de la que vivía ¡sin guitarrista! ¿En qué pensaba? Después dicen que los flamencos mueren pobres y olvidados. Si este era el más importante de todos, y más ortodoxo que un pope, qué no sería el resto.

su cuenta y le dijo, que si tenía inconveniente en tocarle a don Antonio. Y Paco respondió que ninguno.

Paco y Antonio Mairena se saludaron muy afectuosamente y Paco le preguntó si quería hacer voz y en que tono quería a cantar, porque a él le daba igual, dado el dominio que tenía de sí mismo. Pese a ello, Paco de Lucía era consciente del peso de la figura de don Antonio, Llave de Oro del Cante, y antes de salir se preocupó, porque quería que Mairena se sintiera cómodo. ¿Qué hago? —se dijo entonces. Y cuenta Paco que se acordó de Melchor. «Voy a tocar como Melchor, parecido a él. Y me puse la cara de Melchor, las manos de Melchor y le toqué como Melchor»[154]. Paco estuvo muy orgulloso de aquello y más cuando supo que Antonio Mairena quedó tan satisfecho que envió cintas con esa grabación a sus amigos, contándole lo a gusto que había cantado allí.[155]

¿Se puede acertar más o caer más de pie? En vez de enojarse con el desplante de Melchor en el Congreso de Madrid, tirando de clase y corrección, le guarda respeto a Antonio Mairena y a Melchor y asume las formas de este, radicalmente distintas a su manera de tocar.

En las labores de preparación de este trabajo hemos cribado centenares de vídeos, entrevistas, artículos y críticas de sus conciertos y jamás hemos leído una censura o un reproche negativo, ni a su vida, ni a su obra, ni a una actuación[156]. La mayoría de la información procede de Internet y es absolutamente sorprendente comprobar que las valoraciones de los lectores, o los cientos o miles de opiniones de los que visionan sus vídeos en YouTube, son por acla-

---

154 Por si no tuviese suficientes virtudes, José María Bandera me contó, que Paco tenía una gran habilidad para imitar los toques de otros guitarristas. Y en ámbitos privados a veces, por diversión, tocaba —por ejemplo— como Sabicas; y decía: ¿Qué, quién es este? Le decían: ¡Ahora toca por Ricardo, Paco..! ¡Por Morao..! Y lo hacía clavado. Sabía hacer los toques anticuados.
155 Relatado en la *Revista Sevilla Flamenca*, nº 77 cit. (19) Pero lo he incluido en voz de Ricardo Pachón, porque él me lo contó tal cual en su casa.
156 A excepción de los clásicos, Yepes y Segovia que lo ponían verde, sin argumentos. Tal vez con un ataque de envidia y celos, viendo como tocaba.

mación de rendición absoluta. No existe —que hayamos visto— afeamiento o reprobación hacia algo que haya hecho. Sin excepción, es considerado por todo el orbe, como un inigualable artista y mejor persona aún. A Paco de Lucía —ya lo hemos dicho— lo quería todo el mundo, era un hombre bueno y esa calificación *cum laude* no se regala, se gana[157].

Salvo con la madre Teresa de Calcuta, no existe tal unanimidad en la valoración de una figura pública. Retamos a comprobarlo.

Esto no quiere decir que Paco de Lucía fuese un ser impoluto, afortunadamente. A lo largo de este relato se describirán también sombras, porque no queremos hacer una *laudatio* sin más, ni una adulación infantil, sino un ensayo lo más certero que nuestro alcance permita. Pero no crean que ha sido fácil. Hemos tenido que bucear en las profundidades, para localizar penumbras y describirlas. Para obtener una imagen fiel, compuesta de valoraciones positivas y negativas hubimos de recurrir a fuentes muy próximas a su persona —familiares, músicos, productores que grabaron con él— y a ellos acudimos para que se sincerasen[158]. Y lo hicieron, pero les costaba trabajo ser ecuánimes, a ellos también, querido lector, Paco les fascinaba y terminaban entregados.

5. LOS DERECHOS DE AUTOR DE CAMARÓN

El hito más lúgubre que trascendió y que no dejaba a nuestro personaje, inicialmente en buen lugar, fue la falsa apropiación de los derechos de la obra de Camarón. Es obligado referirse a ello y ponerlo en relación con su forma de ser. Mejor incluso hacerlo ahora, que cuando abordemos su relación con Camarón, porque creemos que en «la forma de ser» de Paco de Lucía, en su talante, es donde descansa la clave de bóveda para interpretar correctamente

---

157 Alfonso Orquín le hizo una entrevista para *Época* en 1986 y termina diciendo: «Otra impresión: "Si te pidiera un préstamo de dinero o te pidiera prestado tu auto, no podrías rechazarlo porque se ve muy honesto. Paco de Lucía es una persona de buen corazón de quien probablemente se han aprovechado muchas veces en su vida, pero no va a cambiar su forma de actuar por eso"».

158 Algunos pidieron no ser citados directamente y lo hemos respetado.

este episodio. Fue la fabricación de una insidia. Y trataremos de explicarlo y de argumentar nuestro punto de vista.

En el Simposio de 2014, Juan José Téllez abordó el asunto, precisamente el día que acudía a las sesiones del evento Dolores Montoya, «la Chispa», la viuda de Camarón. Se lo censuraron. No debió sacar el tema —opinaron parte de los asistentes— en un simposio que pretendía ser casi una elegía del guitarrista recién fallecido. Discrepamos. Se trataba de un asunto medular en la vida de la pareja flamenca más importante de la historia y el simposio versaba sobre una de ellas. Téllez —que anduvo algo apurado por la mala acogida del tema en la sesión— hizo lo correcto con valentía y mucha profesionalidad. Lamentablemente, Pepe de Lucía, quien hasta ese día no faltó a ninguna sesión —y continuamente interrumpía a los ponentes desde el patio de butacas, erigiéndose en guardián de las esencias de la memoria de su hermano[159]— no asistió a la sesión precisamente el día que acudió «la Chispa» al simposio. Y era el día más importante para que hubiese estado presente, como personaje esencial de la trama. Pero era el día de su cumpleaños y claro —se excusó—, no pudo acudir.

«La Chispa» se limitó a relatar su discurso —muchas veces repetido— afirmando que su marido era único, que cantaba como nadie y que le daba a las letras de Pepe de Lucía y de su padre, don Antonio Sánchez, una entonación única. Y no le faltaba un pelo de razón. Cantadas por otro, las letras de Pepe no valían tanto; de algunas, su significado no es ni siquiera descifrable. Este matiz que Camarón aportaba —continuaba «La Chispa»— le hacía traspasar las fronteras del intérprete, para convertirle en autor o en coautor de una creación artística y por eso, deberían darle la mitad de los derechos para ella y sus niños. Cosa equivalente a que Paco de Lucía pudiese merecer la mitad de los derechos del Concierto de Aranjuez, porque lo interpretó de un modo diferente y más riguroso que los guitarristas clásicos. Afirmaba Dolores que la familia Lucía no había hecho tanto por José, porque —según dijo— el

---

159 No paraba de corregir y apostillar. Los ponentes se cohibían al verlo «que voy a decir yo ya, si está aquí Pepe que lo sabe mejor...». El comisario le ofreció en la sesión «moderarla», ya que de facto lo hacía «sigue tu Pepe y yo lo dejo».

padre solo estuvo en unos cuantos discos; y Ramón de Algeciras —añadió, con poco gusto y menos tacto— era muy poca cosa para José, su marido, que tuvo que buscarse a Tomatito, un guitarrista de más nivel como acompañante.[160] Que Paco sí era un monstruo, dijo, pero que ella quería su mitad. Todo ello obviando que la legalidad respecto a tales derechos dice lo que dice, que no es lo que ella dice. Nada nuevo bajo el sol, respecto a lo reiterado cientos de veces. Aunque no compartimos la tesis de «la Chispa», su opinión —como opinión— es respetable, como todas.

Y no compartimos su tesis porque las normas están para algo. Como decía Ganivet, y así se cita en el principio de la obra de Hugh Thomas sobre *La Guerra Civil española*[161], el ideal de todo español sería llevar en el bolsillo «una carta foral con un solo artículo que dijese: este español está autorizado a hacer lo que le dé la gana». Pero la legalidad, las normas jurídicas, existen para que cada uno de nosotros no nos convirtamos en un legislador independiente, porque en nuestra patria ya vamos bien servidos de los vicios de la individualidad y la confrontación y ya ven qué tipo de relato encabeza la cita de Ganivet.

Y un fuero equivalente es el que invoca «la Chispa».

El noble pueblo gitano, como todos los pueblos con fuerte identidad, tiene sus características colectivas que lo definen y una de ellas es, a nuestro juicio, una acusada tendencia —y lícita, qué duda cabe— a potenciar lo propio. El gitano rara vez acepta o comparte de buen grado algo que se halle extramuros de su cultura. Sea a la hora de casarse, de impartir justicia o de reconocer autoridad, el gitano tiende a la endogamia, a la poca permeabilidad social con quien no lo es, se identifica y se siente cómodo con lo suyo. Es subjetivo, como el argumento de «la Chispa». Ella sostenía que Camarón merecía la mitad de los derechos por la espe-

---

160   Vídeo nº 46 localizable YouTube introduciendo «camarón en blanco y negro manuel torre». Ramón no necesita que nadie lo defienda, pero por si desconfían y quieren ver una lección magistral acompañamiento al cante de Ramón a Camarón, vean este video, desde 00:45:50 en adelante, en recuerdo de la talla de Ramón de Algeciras tocando por diferentes palos.

161   *La Guerra Civil española* (edición estuche) 2 libros Hugh Thomas, Ediciones Destino, 2011, cit.

cial entonación que le daba a las letras al interpretarlas, cuando los derechos de los autores no son los de los intérpretes. Frente a ello cabría oponer, que cuando Camarón cantaba acompañado por Paco de Lucía, su forma de interpretar cambiaba también a mejor. Paco aportaba un fraseo con muchísimas más notas en cada compás que cualquier otro guitarrista y la capacidad de afinación perfecta de Camarón, le permitía seguir con los melismas de su voz de oro, esa riqueza armónica y musical que Paco le brindaba, de modo que la voz de Camarón abrochándose adhesivamente a esa base melódica sonaba más afinada y deliciosa. Igual que una imagen con más pixeles, resulta más definida que otra; o que el texto de un buen escritor, que incluye más recursos estilísticos, es más hermoso que el de otro más mediocre. Cuando Camarón cantaba con otros, el acompañamiento musical era menos elaborado, daban *menos notas por unidad de tiempo* y consecuentemente, Camarón no podía ofrecer un resultado tan cromático como el que nos regalaba cuando cantaba con Paco de Lucía a la guitarra. Es posible que si Camarón no hubiera grabado con Paco, beneficiándose de su inquieta creatividad, hubiera seguido siendo un cantaor de tablao, famoso sólo entre los flamencos. En definitiva, interpretaba mejor cuando cantaba con él, que cuando cantaba con otros. Por consiguiente, si lo que le otorgaba derechos a Camarón sobre la creación ajena, era su genial interpretación, cabría preguntarse quién aportaba la posibilidad de que esa genial interpretación surgiese.

En estudios científicos sobre el desarrollo armónico, referidos al cante flamenco y precisamente centrados en el disco *Potro de rabia y miel*, se afirma:

> «El cante flamenco ha experimentado una evolución importante a lo largo de los años. El cante no escapa de las influencias armónicas y melódicas que los guitarristas han ido incorporando, con Paco de Lucía a la cabeza como ya hemos visto. [...] Este hecho se manifestó notoriamente al producirse la unión de Camarón y Paco de Lucía, hecho que provocó un desarrollo importante en el cante flamenco. Las nuevas secuencias armónicas inducen a producir rodeos melódicos inéditos en el

cante, y las tensiones en los acordes, junto con las rearmonizaciones de cantes más tradicionales, han consignado un aire fresco que no es del gusto de todos como ya sabemos, pero no vamos a entrar en ese tema. Los nuevos giros, tonalidades y disonancias han "afectado" al cante como hemos podido contemplar. Se armoniza la melodía del cante con acordes más "abiertos", para dar otro colorido menos ortodoxo, al mismo tiempo que se aplican las nuevas tonalidades para acompañar.».[162]

No restamos un ápice de valor a las facultades de Camarón, pero si hablamos de valorar lo que la participación de cada cual aporta a las composiciones registradas, justo es hablarlo todo.

De las ciento sesenta y cuatro canciones que aparecen en sus diecisiete álbumes, Camarón fue el único autor de solo seis, compartió el crédito de las letras de veinte más y contribuyó con la música de uno. Había cantado principalmente material ajeno. Él mismo se definía como interprete al afirmar: «Yo no hago nada que sea completamente mío, sino que meto mi alma, mi personalidad, y sale como me siento. El flamenco es un misterio. Hay oscuridad sonidos que no sé definir, inspiraciones que no entiendo...»[163]

Fuera ya de la tutela de la familia Lucía, su mayor éxito fue *La leyenda del tiempo,* obra cuya paternidad corresponde a Ricardo Pachón. También cabría valorar, qué tanto del éxito de estas interpretaciones le correspondería a la genial visión o influencia de Pachón en integrar esos cantes con una instrumentación moderna y fusionarlos con los ritmos flamencos.

La comparación solo la hemos traído a colación, para mostrar que subjetivamente analizado, todo es movedizo y cada cual suele centrarse en resaltar lo que favorece a sus intereses, pero como esa tendencia es universal para todos nosotros, precisamente por eso,

---

162 «Estudio armónico Paco de Lucía». *Revista sinfonía virtual.* José Antonio Rico, guitarrista flamenco, 2018 cit. (56) En este estudio también se afirma que cantaores como Morente, pudieron producir el mismo efecto, pero en su caso del cante enriqueciendo a la guitarra.
163 «*Paco de Lucia a new tradition ...*» cit.

se consensuan normas a las que adaptarnos y se deben respetar para poder vivir en paz.

Maite Contreras en un articulo de *El País Semanal* en 1986, define así su sensación, al ver por primera vez a Camarón: «Sus diminutos pies, encajonados en medias botas negras, iban uno detrás de otro, con cuidado, como informándose mutuamente cuando era el momento de moverse. Era la viva imagen de la elegancia y la delicadeza al caminar. Tiene tal clase que, aunque quisiera pasar desapercibido, no podría, irradia algo mágico, un aura de ocultismo. Sientes, tanto vergüenza como placer, cuando lo miras sin que él se dé cuenta».

Quien escribe siente, no admiración, sino rendición incondicional ante la forma de cantar de Camarón. Por su compás exacto y su forma de rematar los tercios, no hay otro como él. Asombra su capacidad sobrenatural para sacar el aire y las fuerzas para afinar perfecto, cuando ya no le queda resuello tanta perfección en el cante, tanta precisión de tono, tanta maestría, tanto gusto. Lo tenía todo[164]. A nuestro juicio, ni un barco cargado con todos los cantaores flamencos de la historia, puede competir con un buen tercio por bulerías de Camarón.

Pero Camarón no gestionó bien su vida ni su carrera, solo se guiaba por instintos. Hay personajes así, en el flamenco. El caso del Niño Miguel es ilustrativo: este joven gitano de Huelva irrumpió en escena a mediados de los 70. Ganó un premio en un concurso nacional de guitarra y grabó dos discos de gran éxito, para desaparecer rápidamente en el olvido y tocar a limosna por las tabernas, una guitarra rota y con cuatro cuerdas, debido a sus excentricidades y incapacidad para manejar una carrera.

Con «el Chaqueta», uno de los ídolos y maestros de Camarón, pasaba lo mismo. El Chaqueta cantaba, «que parecía que tenía la boca llena de grava» (como decía el propio Camarón) y de él aprendió, entre otras cosas, los contratiempos tramposos y los trabalenguas rítmicos por bulerías que se convirtieron en su seña de identidad. «Nadie se acuerda de él», se lamentaba Camarón, «y era el más

---

164 Vídeo nº 224, ensayando sevillanas con Isidro Sanlúcar y Tomatito localizable en el buscador de YouTube introduciendo «ensayo carmen Aguirre».

completo de los cantaores del flamenco. Conocía más estilos que nadie, y murió sin gloria ni nadie que llorara por él... Cuando yo trabajaba en "La Taberna Gitana de Málaga" —decía Camarón— yo casi todos los días me quedaba después del trabajo, para una fiesta. Él entraba muy bien vestido y se sentaba en una mesa. Simplemente se sentaba allí esperando que lo llamara para cantar, pero yo no lo llamaba, solo para irritarlo»[165].

¿Que hubiese pasado si «El Niño Miguel» o «El Chaqueta» hubiesen encontrado unos «Lucía»? O si Camarón no los hubiese encontrado.

Fuera del flamenco, también se han dado casos así, como por ejemplo fue Rafael el Gallo —hermano de Joselito, el genio de la tauromaquia, y matador de toros también[166]— y no son mejores ni peores; son así.

Rafael era un personaje muy parecido a Camarón. Hacía lo que le venía a la mente en cada momento. Tan pronto nadaba en la opulencia, como estaba en la miseria y en ambas situaciones derrochaba el dinero y su capital artístico, según le dictaba su corazonada. Juan Belmonte era su íntimo amigo, se veían casi a diario en «Los Corales», en la calle Sierpes de Sevilla y Juan —sin la más mínima posibilidad de éxito— trataba de encauzar al Gallo por un camino algo más recto. Le fueron a pedir consejo a Belmonte en cierta ocasión, sobre la forma de entregarle al Gallo, ya muy anciano, y con una precaria situación económica, el dinero de un festival taurino a su beneficio. «¿Se lo damos de una vez, o en dos pagos?» —le dijeron a Belmonte. Él se sonrió y recomendó: «Un poco cada día y a ser posible mitad por la mañana y mitad por la tarde. O lo gastará tal como lo coja, regalándole un brillante a una gitana guapa.».

Camarón era igual, una singularidad, un diamante en bruto, un fenómeno natural puro, que permaneció siempre puro: jamás se pulió, ni se dejó pulir, ni aconsejar ni guiar. Jamás, no; lo hizo una vez, en relación con su obra, le aconsejaron mal y después se arrepintió, pero ya la había formado.

---

165 «Paco de Lucía a new tradition…» cit.
166 Recomendamos vivamente la lectura de la obra *Vida de Rafael el Gallo* de Enrique Vila, (Sevilla, 1943) de la que nos hemos servido.

La historia de los derechos, en lo que respecta a Camarón, es la historia de la inducción a una calumnia. La calumnia es un delito, consistente en la imputación falsa de un delito: quien falsamente diga, fulano es un violador, está calumniando. Pero en su primera acepción del DRAE, la «calumnia es la acusación o imputación falsa hecha contra alguien con la intención de causarle daño o de perjudicarle». En este sentido —no en el de la inducción a delinquir— se usa aquí el término. No decimos que a Camarón se le indujera a delinquir, esto es, a cometer calumnia. Se le indujo a realizar una afirmación falsa, que resultaba dañina para Paco de Lucía. No dudamos de los fines —incluso loables— de dicha inducción, pero se le indujo. No fue un acto libre de Camarón.

En la película documental sobre la vida de Camarón, grabado con la voz *en off* de Juan Diego, se incluye la famosa entrevista que el cantaor concede al programa *Informe Semanal* de Televisión Española, diciendo que ha descubierto que la obra no es suya y que quiere la mitad. En el *making off* de la entrevista se escucha a Camarón reticente a decir tal cosa y diciendo a alguien: «¿Por qué no lo dices tú?». Y le responden: «¡Porque tienes que decirlo tú, José!». «Bueno... venga, yo lo digo», respondió finalmente.

A continuación —en los minutos siguientes tras la intervención de Camarón— el documental introduce una entrevista a Pepe de Lucía, en Canal Sur, sobre el mismo asunto de los derechos de autor y Pepe sale del paso carraspeando como si tuviera el cuerpo del delito escondido el armario. La verdad es que no ayuda mucho.[167]

Pero es en la serie por capítulos *Camarón, de La Isla al mito* —de mejor factura y más rigurosa que la anterior— donde mejor se analiza la misma entrevista de *Informe Semanal*, sin editar ni suprimir partes que en el documental anterior se cortaron, y se aprecia de modo clamoroso, como la reticencia del cantaor es aún mayor. Se ve como al pobre José, enfermo terminal, se le dicta la intervención, llegándose a oír como el inductor, dice al entrevistador, que haga la pregunta de marras a Camarón y corte el vídeo, para que

---

167 *Camarón. Flamenco y revolución.* Netflix. En 01:27:00

él —el inductor— pueda dictar la respuesta precisa a José y este la diga a la cámara, para que después se monte todo y se edite.[168]

El propio Camarón es quien decide en el documental poner punto final a la cosa, diciéndole al entrevistador, que no quiere problemas y que el asunto de los derechos se lo explique otro, que él se planta. Se sitúa claramente por terceros a Camarón, ante la encrucijada de arreglar los asuntos económicos de su vida, de organizar aprisa su obra y los restos de su carrera profesional, cosa de la que nunca se ocupó con eficacia. Se le obliga a decir lo que no quiere. Cuando pronuncia la frase: «[...] si es verdad que he aportado algo al flamenco...» se aprecia un lenguaje gestual forzado, extraño en él, propio de quien habla al dictado y no está conforme ni tranquilo con lo que está diciendo. La entrevista y, sobre todo, el *making off*, hablan por sí solos. El remate de Camarón, diciendo que no quiere problemas, bien podía haber finalizado mandando a la *troupe* de comparsas al cuerno, pero José no tenía carácter suficiente para eso, ni su estado de salud se lo permitía. La voluntad del cantaor fue indecentemente manipulada. Y de ahí —de esa entrevista de *Informe Semanal*— partió el reguero tóxico.

En la siguiente secuencia, «la Chispa», entrevistada por Jesús Quintero, recalca su discurso, como la que pide limosna en la puerta de una iglesia: «Con todo lo que tenéis y lo poco que pido, darme un poquito».

En la serie por capítulos que hemos citado, tras la entrevista de «la Chispa» con Quintero, aparece Pino Sagliocco, uno de los productores precisamente más interesados —junto con Quincy Jones— en explotar comercialmente su obra y producir musicalmente a Camarón. Pino relata con todo lujo de detalles, como el cantaor le dijo en unos apartahoteles de Barcelona, que Paco de Lucía era su amigo y «es un gran señor, una persona íntegra y un caballero, que no tiene nada que ver con todo esto que se ha montado».[169] Pero Camarón no solo debió decírselo en privado a Pino Sagliocco, pudo y debió haberlo difundido más.

---

168   Vídeo 154 *Camarón, de La Isla al mito* Netflix. Capítulo 6, a partir del minuto 00:10:46 y hasta el 00:16:40 aprox.

169   *Camarón, de La Isla al mito*. Capítulo 6, min. 00:16:40. Vídeo 154

En marzo de 1989, la asociación «Presencia Gitana» le había concedido a Paco de Lucía el Premio Hidalgo[170] por su contribución al flamenco y recibió también el premio del Pueblo Gitano. Paco tenía a los gitanos todos los días en su pensamiento, pero los gitanos, en cambio, no estuvieron con él cuando más los necesitó,[171] cuando le hacía falta apoyo. Al finalizar todo el maremágnum del entierro de Camarón en San Fernando, Paco, agotado por lo vivido, y el cuerpo contusionado por los golpes recibidos al pie del féretro de su camarada, se dirigía con Casilda del brazo a buscar su coche para regresar a casa, cuando de pronto, un hacha de odio voló por el aire en forma de injuria y se clavó entre sus escápulas partiéndole la espalda: «¡Ahí va el ratero ese!» —oyó que le decía una voz—[172]. Y se le vino el mundo abajo.

Paco de Lucía, el payo premiado por los romanís, que se había criado entre ellos, no tuvo a los gitanos a su lado cuando sumido en una depresión por ese hachazo, surgido del lío de los derechos, pasó meses sin poder tocar la guitarra. Miento. A uno si lo tuvo, al noble Tomatito, el gitano más noble y con más clase que se ha visto nunca y que más podía saber a cerca de lo que sentía Camarón cada día, y quien no dudó en afirmar públicamente en *El País*: «Paco no se merece ésto. Adoraba a Camarón».[173]

Había muchos interesados en poner la mano en el negocio y mucho listo por ahí. Se habla incluso de un gitano extremeño que ganó más dinero que Tomatito durante la producción del último disco de Camarón, solo por tratar de alejar al cantaor de las drogas, mientras al parecer, se vió a Camarón fumar heroína o cocaína[174]. El pobre José y su mujer, fueron manejados por los listos, en un momento en que eran un desahuciado y una esposa angustiada por

170 Relación PREMIOS HIDALGO, bibliografía citada. (20) La concesión del Premio Hidalgo confiere a quienes distingue, además del reconocimiento de su hidalguía en la defensa del Them Romanó (Pueblo Gitano), explicitado en los atributos que lo acompañan, la condición de Miembros del Consejo Asesor de la Asociación Nacional Presencia Gitana, que los instituyó y otorga.
171 «El regreso del maestro». *El País* 2003 cit. (21)
172 *La herencia de un príncipe* Ignacio Sáenz de Tejada. *El País,* agosto 1992 cit. (71)
173 Ídem.
174 «Paco de Lucía a new tradition...cit.»

su familia y por su futuro. No cabe una situación más vulnerable y los vídeos que hemos citado hablan por sí solos.

Hemos incluido este capítulo aquí, porque tratamos de investigar la personalidad de Paco de Lucía. Su obsesión por ir de la manera más digna posible por la vida, tratando de no hacer daño a nadie, tratando de ser justo,[175] fue siempre la seña de identidad de una persona que tenía arraigada en lo más hondo de su personalidad la honestidad, la honradez y el respeto a las normas. De quien tenía profundamente enraizados desde niño la sumisión y el respeto a los cánones, a lo correcto/incorrecto, a ir recto por la vida; lo había interiorizado y lo aplicaba día a día al conducirse como individuo[176], concitando armonía por donde quiera que pasase. Una persona que, además, disfrutaba de una independencia y una situación económica como para vivir tres vidas.

Nos viene a la memoria al hablar de esto, la tierna intervención de Matilde Coral en el Simposio de 2014. Matilde se expresa como los ángeles y contó —¡qué bonito lo contó!— cómo aquel chiquillo adolescente y jovial a quien le preparaba los pucheros en las giras de Greco por Estados Unidos, al que cuidaban Rafael «el Negro» y ella como a un hijo por encargo de Lucía («¡Cuídamelo, Matilde, que es un niño...!»), muchos años después se cruzó con ella, ya siendo un hombre y un guitarrista de fama mundial. Matilde llevaba a su marido al hospital, a Madrid, por una gravísima dolencia y se encontró en el tren con Paco, que viajaba con Casilda y sus hijos. Y ella refirió cómo Paco lloró cuando se enteró de lo de Rafael. Paco no pudo ni acercarse a ver «al Negro» a su asiento, de la pena que sintió. Pero le dijo en aquel momento una frase a Matilde, que podía ser la letra de una soleá: «Matilde, júrame por él, que lo que necesites, me lo vas a pedir a mí y a nadie más». «Paco ¡mi alma, mi vida!, que bueno eres. Gracias a Dios estamos a cubierto por ahora, pero te quiero, hijo mío, te quiero». Matilde se secaba las lágrimas en el Simposio, tanto tiempo después de aquello. «Júrame por él»: no se «pué» ser más flamenco y más buena gente que ellos dos.

---

175 «Ya no quiero velocidad». *El País*. Miguel Mora 2004 cit. (22)
176 «Paco de Lucía, entre dos amores» *El Mundo* cit. (23) Valga de ejemplo que al comprar su casa en Mallorca, exigió al agente intermediario como condición, que no hubiese un solo céntimo de dinero negro.

Y no fue ese un gesto aislado. Estando Paco en Nueva York, enterado de la muerte de Sabicas, el veterano guitarrista navarro que se había establecido en Estados Unidos, se ofreció a pagar los gastos del traslado de su cadáver a Pamplona.[177]

Con un café en la mano en un descanso del mismo Simposio, su sobrino Ramón —hijo de su hermano guitarrista— también me contó que su tío Paco —ya de mayor con el segundo grupo— en las giras, a veces viajaba con su familia y el grupo iba por otro lado. Pero con en el primer grupo, el sexteto al que pertenecía su propio padre, si su tío Paco iba a un hotel de cinco estrellas, hasta el último técnico iba al cinco estrellas. Y que no era raro encontrarle con uno de ellos, jugando a las cartas o haciendo un potaje en su habitación, siendo ya una divinidad.

Paco le caía bien a todos y a él todo el mundo le valía. La familia de Casilda (su madre, sobre todo) era reticente al casamiento, por tratarse de una pareja en las antípodas socialmente hablando: un guitarrista flamenco de Algeciras y la hija de un exministro de Franco bilaureado y una aristócrata de Neguri. Pero finalmente la madre de Casilda acudió a Ámsterdam a la boda y después «la señora marquesa estuvo orgullosísima de ser la suegra de don Francisco Sánchez, porque después de tratarlo vio sus cualidades y virtudes personales».[178]

Hasta en política y religión[179], Paco era respetuoso, coherente y equilibrado. Primero se declaró progresista de izquierdas, incluso firmó un manifiesto a favor de Felipe González[180], pero después decía que cuando ganó dos millones y los metió en el banco, sin dar un duro a los pobres, dejó de proclamarlo[181].

Fue, en definitiva, como se desprende de los episodios referidos, un hombre que no soliviantaba, todo lo contrario, suscitaba afinidad

---

177 «Cinco años de muerte de Paco de Lucía». *Libertad Digital* 2019 (24) cit.
178 Don Pohren. *Op. cit.* Pág. 133
179 Se sentía agnóstico, pero había cosas de la vida, que le hacían pensar que algo superior podía haber.
180 «Digo solo que me fío de Felipe González. Lo que he leído en sus ojos no me engaña». «A mí —prosiguió sentimentalmente— solo me constan las personas y a ellas me atengo. Con los hijos de puta no quiero saber nada». Entrevista a Carmen Rigalt en *El País.* 1994
181 Vídeo nº 213 00:56:40 a 00:57:12 *Paco de Lucía, la búsqueda.* Cit.

por donde pasaba. Incorporó a su grupo durante su larga carrera musical a docenas de artistas, con unos iría mejor y con otros peor, pero no nos han referido, pese a haberlo preguntado en las entrevistas, episodios de acritud con ninguno. Tocaba en sus principios con aficionados como Carlos Rebato y le servían; con Modrego y le valía; tocaba con Ramón, y en el sexteto, con Dani de Morón, Niño Josele, el Viejín, etc.; con Cañizares y Bandera en el Trío; con su sobrino Antonio en el septeto; con el *sursum corda* y con una piara de borregas si se terciaba y los hacía a todos tocar y disfrutar.

Ponía de acuerdo a todo el mundo, incluidos payos y gitanos. Tuvo la misma casa de discos, Universal. Tuvo un mánager de toda la vida, Berry, que le acompañó hasta el final, cogiendo el primer vuelo desde donde se encontraba para llegar hasta la mismísima sala fría del tanatorio de pueblo en Méjico, donde Paco yacía de cuerpo presente, velándolo en una silla a su lado toda la noche.[182]

La única brújula que guiaba su conducta, era su noble corazón. En los años 70, el éxito de «Entre dos Aguas» y la actuación en el Teatro Real, lo catapultaron a las máximas cotas de éxito, fama y dinero. Entonces estaba representado por Jesús Quintero, y las discográficas le pedían un nuevo *hit* y Paco se sentía agobiado. Se sinceró con su íntimo amigo y compañero guitarrista, Emilio de Diego, a quien conocía desde las andanzas adolescentes de mediados de los 60 con la compañía de Antonio Gades por todo el mundo. «Emilio —le dijo— quiero cambiar de mánager, estoy hasta los huevos de tiroriro, tiroriroriro, y estos quieren otra "Entre dos Aguas". Represéntame tú, que eres guitarrista "eres mi hermano" y sabes de que va esto y lo que yo quiero». Emilio se resistió, no sabía nada de representar artistas, e intentó que Paco siguiese con Quintero y el éxito que le brindaba, pero finalmente accedió[183].

Un hombre que solo con tocar algo lo podía hacer dinero no fue nunca avaricioso. Ya hemos referido como Emilio entregaba

---

182　Entrevistas personales. Fue sobrecogedor escuchar el relato de viva voz, que nos describió una sala mortuoria en Méjico, con una bombilla en el techo, una camilla, y al primer guitarrista del mundo yacente sobre ella, con Berry a su lado, a su cabecera, sentado en una silla de acero. Los dos solos toda la noche.
183　Emilio de Diego, entrevista personal cit.

un millón al padre de Paco y éste se conformaba con las quinientas pesetas que su padre le daba como dinero de boslillo: no se prodigó comercializando guitarras[184], ni *merchandising* con el que podía haber triplicado sus ingresos (cuerdas, una escuela de guitarra con su nombre... miles de cosas). Su sencillez y humildad eran de dominio público entre los propios artistas flamencos[185]. En la película *Flamenco, Flamenco,* de Carlos Saura, acompaña a «la Tana» por soleá, por bulerías, y cuando ya había terminado de tocar, se vuelve a los palmeros: «Que bien habéis tocado las palmas». De las pocas letras que Paco de Lucía nos dejó, resulta obligado referirse a la coplilla por bulerías que incluyó en su disco *Cositas Buenas,* cuya cadencia —que hemos mostrado con tildes discordes— alude al no parar de los palmeros:

> *Una fiesta se hace con tres personas,*
> *Uno canta, otro baila y el otro toca,*
> *¡Se me orviaba...!*
> *y los que dicen ole y tocán las palmas,*
> *tocán, las palmas, tócan y tocán las palmas...*

Cuánto pobre palmero de atrás, parias olvidados desde la noche de los tiempos del flamenco, en grupos de tercera o cuarta fila, no habrá escuchado en la vida un detalle de su cantaor, hartitos de jalear —*tócan y tocán las palmas*— noche tras noche, sin parar. El maestro sí reparó en ellos, los consagró, llevándolos desde atrás adelante, homenajeándoles en su disco y tocándoles con su varita de inmortalidad. Él mismo llegó a colarse como palmero a veces en las grabaciones de sus propias obras y también se le oye haciendo coros de fondo[186]. Daba mucha importancia a las palmas bien toca-

---

184 Salvo una pequeña (y poco rentable) aventura, convencido por terceros que no fue bien y la dejó.

185 Un bailaor de su grupo ha contado en televisión, que, en cierta ocasión en Jerez, con el teatro lleno de cantaores y guitarristas, estaba nervioso antes de salir a escena y fue a ver a Paco al camerino para que lo tranquilizase. Paco le dijo que estaba peor que él porque «el teatro estaba lleno de bicharracos que se lo sabían todo y le iban a coger muchos fallos».

186 En *Cositas buenas* y en el disco de «la Tana» *Tu ven a mí,* por poner solo dos

das[187] y más de una vez los jaleó en un recital, al final de unas bulerías o unas alegrías de guitarra y palmas, donde las manos echan humo. Por lo general, era parquísimo en palabras en el escenario y en un recital de varias horas, igual solo decía un único y escueto «gracias» durante los aplausos y no en todas las ocasiones. Pero alguna vez, al remate de un tema, se le veía girarse y con una sonrisa decirles: «¡Bien palmeros, bien...!» o «¡qué bien habéis tocado las palmas»[188]. Paco ascendió al número uno, pero no olvidó nunca a los de atrás. Sentía un cariño especial por ellos, había crecido junto a esa gente, sacrificados peones de brega del flamenco, con quienes convivió y a quienes respetó durante toda su vida.

Hombres y mujeres de plata, subalternos, soberbios cantaores a veces que no tuvieron la suerte de llegar a ser primeros espadas. O lo fueron un tiempo, pero no engrosaron el escalafón de las figuras.

En ese grupo de artistas, había muchos buenos y eran tipos muy divertidos. Igual eran capaces de llevarse una semana en Japón comiendo comida para perros, al no poder leer las etiquetas de la lata en el supermercado, que arreglar una bisagra de un estuche de guitarra porque habían sido hojalateros en su pueblo. Gente con arte y gracia para rabiar; ocurrentes, picarillos que veían mucho sin ser vistos y relataban cotilleos y anécdotas desternillantes que a Paco le encantaban.

Chiquito de la Calzada, uno de ellos, sentía un cariño especial por Paco y Paco por él. Se conocían desde antiguo, cuando Paco de Lucía, jovencito, no era aún el gran Paco de Lucía que llenaba los teatros del mundo, sino el que frecuentaba la «Venta de don Jaime», en la calle Alberto Aguilera de Madrid, una taberna de flamenco, de las que había que bajar dos o tres escalones para acceder a un ambiente de humo, pescado frito, manzanilla y aceitunas, y en la que Paco tocaba con Emilio de Diego como acompañante para amenizar a la clientela[189]. Su aprecio por Chiquito tal vez databa

ejemplos.

187   Vídeo nº 2, localizable en el buscador de Google introduciendo «Paco de lucia light and shade daily motion», quince primeros segundos

188   Vídeo nº 54, localizable en el buscador de YouTube introduciendo «Paco de Lucia Buleria por Solea Antonia», 00:06:56

189   Juan Jesús Armas Marcelo: «Paco de Lucía: juerga, guitarra y amistad». 29/3/15.

de esos tiempos en los que ambos se buscaban la vida en niveles bajos, y llegó al sacrificio —conociendo la timidez de Paco— de ir a un programa de televisión española, cuando ya era una estrella internacional, a darle al bueno de Chiquito la sorpresa de su aparición.[190]

Con Chiquito en *Sorpresa, sorpresa*

Paco era generoso con la gente humilde o poco favorecida por el éxito. Manolo Nieto, su íntimo amigo, me contó que en una ocasión fueron a un tablao en Madrid y tocaba allí un modesto guitarrista. El hombre estaba tieso y al ver a Paco le insistió en que quería unirse a él, pero que su nivel musical no daba la talla. Tenía familia, y era un tipo sencillo, e insistía: «Por favor Paco, aquí no gano ni dos duros, yo hago lo que sea, te cambio las cuerdas de las guita-

---

Prensa.com cit. (69)

190   En el programa *Sorpresa, sorpresa* que presentaba Isabel Gemio. Tan desubicado y forzado se le veía allí que dedujimos lo mucho que apreciaba a Chiquito, para hacer ese sacrificio por su amigo.

rras, te saco los billetes de avión, o te busco tabaco. Yo sirvo igual para un roto que para un descosido, de verdad» relataba el hombre implorando. Paco lo escuchó paciente y respetuosamente y con su retranca habitual le dijo: «¿Pa un roto o un descosío? Pues a partir de ahora tu vas a ser "Nemesia la costurera", toma, llama a este número y que te den algo que hacer». Y «Nemesia la costurera» se le quedó. Y estuvo prestando útiles servicios en los ensayos y los previos a los conciertos, ocupándose de tareas menores, en camerinos, colocando sillas en los escenarios, decoraciones y controlando tareas de ese tipo, y era frecuente oír entre bastidores: «Eso, Nemesia, díselo o pídeselo a Nemesia»[191].

Antonio Rodríguez Gómez, «el Gómez de Jerez» era otro de ellos, cantaor de atrás de la compañía de Antonio Gades. Adoraba a Paco. «¡Como quería yo a Paco, niño! Ser conocido, no ya amigo, sino solo conocido de Paco como yo, y tratarlo «envejencuando», un ratito «na má», era un privilegio de la vida».[192] Y no era para menos.

Coincidió «el Gómez» en Madrid con Paco de Lucía en un encuentro organizado por el retorno de Sabicas desde su exilio neoyorquino. Paco se marchaba ese día pronto del homenaje porque cogía un vuelo a Milán esa tarde. «¿Milán? —dijo "el Gómez"— ¡No me hables de Milán!», comentándole de pasada, a Paco que la última vez que fue a Milán con Gades, le dio un ataque de sinusitis que le obligó a ingresar de urgencias y de no ser por un medicamento inyectable que le administraron allí y que en España no había, no lo cuenta. «Se llamaba *Antibiotic*. Como me dé otra vez, le dijo, puedo palmar».

Al cabo de varios meses, Paco volvió a llamar al Gómez que andaba por Madrid: «¿Te vienes conmigo "Guarra"?[193]Tengo un palco para el Teatro Alcalá donde bailan hoy Mariquilla y Manolete con Pepe Heredia Maya. Que lo vamos a pasar bien». Paco lo citó en el hotel de la calle Alcalá donde trabajaba su hermano Antonio, tomaron un café y se fueron al teatro. Tras la función saludaron a los compañeros en los camerinos y se fueron a tomar unas copas

---

191   Manuel Nieto, entrevista personal cit.
192   Todo lo relatado por «el Gómez», me lo refirió él, en entrevista personal.
193   Se trataban con ese distinguido apelativo mutuamente.

por ahí. Antes de salir del hotel, Paco sacó un fajo de dinero, «cuatro o cinco mil duros de la época sacó el gachó» y le dice:

—Guarra, tú guarda esto y ve pagando, pero de mi dinero.
—No, Paco, si yo estoy bien, pisha. Una vez paga tú y yo pago otra.
—No. Paga tú siempre, pero no cojas del tuyo, sino del mío.

El Gómez interrumpió el relato y me dijo: «Yo estaba tieso y Paco lo sabía, pero no me lo decía. Yo sé que me decía que hiciera eso, para que la gente me viese en el taco. Porque a un tieso nunca lo cogen, ni le salen oportunidades de trabajar y si salen te pagan una mierda, si ven que estás boquerón. ¿Te das cuenta niño, cómo era Paco de elegante? (Vamos a pedir otro tintito ¿no?).

Retomando el hilo, «el Gómez» contaba que la noche acabó en «Siddhartha», la discoteca de moda, donde paraban Lola Flores, Rocío Jurado y muchos artistas. Paco aparcó su Mercedes en la acera al llegar, y al salir, ya con las claras del día, los guardias de la grúa se llevaban el coche. El Gómez, invocando el nombre de Paco —que se tapaba para no ser visto «... Déjalo Gómez, que nos vamos en un taxi y ya lo recogemos mañana»— consiguió que los municipales bajasen el Mercedes de la grúa, aludiendo a su ilustre dueño. Paco, con su coche recuperado, llevó al Gómez hasta la puerta de su casa y cuando se despidieron, le dijo:

—Abre la guantera, Guarra.
—¿Y esto? —dijo el otro.
—*Pa* que no llores más sonándote los mocos, maricón.

Había dos cajas de «Antibiotic» que «el Gómez» no podía obtener ni podía pagarse, en un sobre de una farmacia de Milán. El Gómez me contaba esto cuarenta años después, en agosto de 2020. Tragaba saliva, el labio inferior y la barbilla le temblaban, bebió un sorbo, se excusó como quien aparta una mosca con la mano y tuvo que hacer una pausa para poder seguir contándome cosas. Cuando se recuperó dijo: «¡Ese era mi Paco, pisha!».

Paco gustaba a flamencos y no flamencos, a payos y gitanos, nacionales y extranjeros. Unió a todo el flamenco concitando unanimidades, en lo personal y lo musical, sin una envidia, en una tierra donde se hunde al que destaca. El flamenco, como el de los toros, es un territorio plagado de rivalidades: musicales, personales y raciales; donde basta que uno diga blanco, para el otro decir negro.

Qué tendría este hombre, que reunió en su funeral a sus dos mujeres. Ambas en puro llanto y desconsuelo. La corona de Casilda: «Te quiero Paco», en presente. La de Gabriela: «Te he de querer mientras viva», el título del tema que le dedicó a ella en su último disco de copla. Ambas estuvieron también en Sevilla en el Simposio y allí coincidieron también, los hijos de dos matrimonios.

Dicho por los de Algeciras que allí acudieron, adoraba su terruño sin pedir nada a cambio. Siendo ya una figura mundial, sería humillado en su pueblo dos veces en escenarios de verbena[194] y, pese a esto, siguió queriendo volver a tocar en Algeciras. Repitió, puso a veinte duros la entrada, para que fuese todo el pueblo, pero no consiguió llenar la Plaza de Toros (que no era las Ventas de Madrid), cuando el Madison Square Garden de Nueva York, colgaba el «no hay billetes» meses antes de su actuación. Paseó las calles, plazas y lugares de Algeciras por el mundo, con los títulos de sus composiciones y por fin, en el año 2000 en un concierto, los algecireños se le rindieron. ¡En el 2000, señores, cuando Paco llevaba veinticinco años reventando teatros de la ópera! Para matarnos a todos.

No solo a los de Algeciras, a todos. Como dice Gamboa: «Hoy le es más fácil tocar a un concertista flamenco en Utrecht que en Utrera»[195] ¿Exagerado? Pues, obsérvese la «extensa y cuidada» cobertura de prensa de 18 de agosto 2013, al día siguiente del último concierto que ofreció en Cádiz. Sí, Paco de Lucía, en Cádiz.

Citamos el articulo en toda su extensión y literalmente del principal periódico local El *Diario de Cádiz* el 18 de agosto de 2013:

> «Paco de Lucía llevó la magia de su guitarra al ciclo de Conciertos para la Libertad, que ayer vivió una

---

194 Dejó preparado el sonido de su equipo y lo utilizaron para una rifa mientras él descansaba, desajustándolo todo. Un desastre. Téllez pág. 465
195 *Contra las cuerdas*, Pablo San Nicasio, Ed. Oscar Herrero, 2014. Vol. 1 pág. 292

nueva sesión con el aforo prácticamente lleno. Uno de los artistas de fama mundial en el género del flamenco atrajo a mucha gente a la fortaleza para seguir uno de los conciertos que más expectación han levantado desde que se pusieron en marcha en el año 2008. Tras la actuación de Fito y los Fitipaldis, y la de ayer de Paco de Lucía, el ciclo lo cerrará Azabache, la reunión de los artistas Diana Navarro, Pastora Soler, Pasión Vega y Manuel Lombo».

Pueden buscarlo en internet. La prensa diigital local, tampoco se extendió mucho mas.

¿Quieren más? Pues podemos añadir aún otro cuarto y mitad de vergüenza colectiva, porque hasta que salió la de Téllez en 1994 —bravo por él—, la única biografía de Paco de Lucía la escribió un americano, Donn Pohren y el primer documental bien hecho de Paco de Lucía, lo hizo un alemán en 2002, Michael Meert. En 1995, como hemos citado ya, el profesor de guitarra Paco Sevilla publicó en Estados Unidos, (San Diego CA) una magnífica y cuidada biografía en inglés, que no está editada en castellano y cuya traducción hemos abordado para documentar este ensayo. «Señores, ¿están ustedes despiertos en España?», parecían decirnos. Para matarnos otra vez a todos, por si hubiésemos quedado vivos de la primera. El día que el flamenco muera, nosotros seremos los homicidas. A veces creo que el flamenco tiene más posibilidades de sobrevivir en manos de extranjeras que en las nuestras, lo cuidan más, lo tratan mejor.

Paco de Lucía no daba una entrevista o recibía un premio —incluido el Príncipe de Asturias— sin acordarse públicamente de Camarón y otorgarle el mérito al de San Fernando, quitándose él de en medio. Solo eso, una palabra de Paco de Lucía era un titular al día siguiente. Y, créanme, sus generosidades eran de las que cambiaban las cosas. Un empujón suyo podía mover montañas, como decía Alejandro Sanz.[196] Hay guitarristas que suenan solo porque han rozado a Paco de Lucía. José María Gallardo, guitarrista clásico que toca con un gusto enorme, tiene como

---

196   El motivo que me empujó a la música _ Alejandro Sanz Cultura _ *El País* 2014
        (25)

121

segundo apellido «el que ayudó a Paco de Lucía con el Concierto de Aranjuez», y solo eso, que lo menciona en cada entrevista, tiene más potencial mediático que toda su carrera. Y además Paco no cambió: era igual con dieciséis años, como friegaplatos de su hermana por cinco duros, que con cuarenta cuando colaboró en una grabación de Luis Eduardo Aute a cambio de un whisky, que con sesenta, cuando le cobró a Tomeu Penya seis melones por tocar en su disco.[197]

Con toda intención hemos incluido en las páginas que preceden, una prolija y extensa relación de hitos que describen una semblanza humana: la de Paco de Lucía. Una forma de marchar por la vida, de un individuo, descrita en diferentes planos y ambientes, y un modo de relacionarse con personal de muy variado pelaje referidos al detalle. Mal se acopla lo descrito —y podríamos haber seguido, pero paramos para no aburrir— con robarle a su mejor compañero quinientas mil pesetas al año en derechos de autor, suma que Paco se gastaba en bocadillos para los músicos en el estudio.

> «Antes de que sucediera nada [decía Paco de Lucía], cuando me enteré, le llamé y le pregunté que qué pasaba. "No, que los 'Autores'". "¿Qué autores? ¿Qué es lo que quieres?", le pregunté. "La mitad". "La mitad no, todo", le dije. Vamos a la Sociedad de Autores. Todo lo que he ganado en "Autores" durante veinticinco años, han sido quinientas mil pesetas; ¡en veinticinco años! Quinientas mil pesetas me las he gastado yo en bocadillos en las grabaciones. Y he dejado de ganar millones por hacer grabaciones con él dos meses y tres meses. Millones. Le ofrecí todo lo de Autores. Bueno, bueno, te llamo dentro de un rato y me llama y me dice que no puede venir a Madrid porque se lo ha prohibido el abogado.[198]».

---

197 «Paco de Lucía y sus amigos de Mallorca, la huella de un recuerdo imborrable". Entrevista *Última hora*. 21 de julio de 2019, cit.(26) El episodio del whisky fue referido por Téllez en una de las generosas entrevistas que me concedió. Al parecer Aute grababa en el estudio de al lado y le pidió colaboración. Al preguntarle precio le dijo al emisario que cobraba en whisky. Cuando alguien de su equipo le llevó un vaso de whisky, Paco le soltó: "Pero hombre dile a Eduardo que al menos una botella, ¿no?"»

198 «Si Camarón estuviera vivo, le arrancaría la cabeza a más de uno». *Interviú*

Paco, en efecto, suspendía conciertos para grabar con Camarón y, además, en las grabaciones con él, cargaba con todo el trabajo «desde asegurarme de que él estaba bien hasta contratar a los palmeros. Componía muchas de sus canciones y arreglaba las de los demás», porque Camarón llegaba a grabar con las manos en los bolsillos: sin letras, sin músicos, sin prepararse nada y para cantar lo que le pusiesen por delante.[199] Y Paco no tenía motivación económica alguna para cargar con todo eso, ya ganaba muchísimo dinero cuando grababa esos discos y se inscribían esos polémicos derechos de autor.

Simplemente, qué quieren que les diga, por mi oficio, llevo más de treinta años dedicado a desentrañar intenciones y obtener certezas a partir de hechos incompletos y versiones contradictorias, adornadas incluso por los abogados contrarios. Y a mí, después de haber estudiado y examinado con ojo crítico gran parte de la vida de Paco de Lucía, esto de que le robase cuatro duros a Camarón, no me encaja. No me encaja, nada de nada.

Pese a todo lo relatado en el triste episodio, Paco, que al principio convivió con las gárgolas negras que hundieron su ánimo, consiguió salvar los muebles. Después de ser calumniado y torpedeado en su línea de flotación afectiva con una excrecencia tan sórdida que podía haber hundido el ánimo y la reputación de cualquiera, él, dejándose algunos pelos emocionales en la gatera, lo superó. Tengamos en cuenta que Camarón era un dios y no se sale fácilmente airoso de una refriega —por inducida y orquestada que fuese— con una figura de tales dimensiones y enfermo terminal. Le costó a Paco una depresión y no sacar la guitarra del estuche durante mucho tiempo[200]. Pero las aguas se calmaron y ha quedado filmado y grabado —según se ha visto— cómo se preparó la entrevista del detonante en *Informe Semanal*. Creemos que la constatación de semejante jugarreta erra-

1993, Cit. (27).

199   Miguel Mora, *El País,* cit. (22) Ricardo Pachón lo confirma y añade que a veces llegaba con algún «primo» que se había encontrado por el camino al que también había que asistir

200   Entrevista *Interviú,* 1993, cit. Su fino olfato, husmeó la manipulación a que había sometido a Camarón, y sin decir nombres —la elegancia siempre alta— en esta entrevista a Interviú lo dijo todo y coincide con lo que en el documental se ve, muchos años después de esas declaraciones.

dica por completo cualquier atisbo intencionalidad malsana de Paco de Lucía con respecto de su adorado camarada. Hace justicia material.

Paco finalmente salió a flote. Tenía *baraka*.[201] Lo hemos visto ya y lo veremos más adelante.

Tras este largo paréntesis en el que hemos abordado el asunto de la polémica desde nuestra visión personal, retomamos el análisis, continuando con el estudio de nuestro personaje a través de más facetas de su perfil.

6. ÁMBITO DE RELACIONES

Las relaciones interpersonales juegan un papel de capital importancia durante el desarrollo del individuo e influyen en su conducta, marcando su personalidad. A través de ellas, se obtienen refuerzos sociales de las personas con las que interactuamos en nuestro entorno, que favorecen la adaptación al medio en que nos movemos. Por el contrario, la carencia de estas habilidades puede provocar y generar en nosotros rechazo o aislamiento, en definitiva, hacer fracasar nuestra vida social.

Paco de Lucía alternaba con una enorme cantidad de personas en su vida, a causa de lo ajetreado de su carrera. Con la gran cantidad de actuaciones y viajes que hacía, debió ser enorme la cantidad de gentes de todo tipo con los que trabó relación: un sin fin de fotógrafos, periodistas, guitarreros, estilistas, músicos, empresarios, técnicos de sonido, admiradores, etc. Por mucho que los mánager y agentes se ocupen de esto, al final un gran porcentaje llega al artista.

Y hablando de artistas, puede decirse que no hay uno, contemporáneo suyo que no haya coincidido con él, profesional o personalmente. La mayoría personajes muy célebres de la época, como Curro Romero, Serrat, Aute, Marisol, Gades, Lola Flores, Rocío Jurado, Cristina Hoyos, Julio Iglesias, Juanito Valderrama, Rocío

---

201 «Baraka» significa suerte; es el nombre que Paco y Casilda eligieron para el chalet de Mirasierra, donde vivieron y criaron a sus hijos y donde aún vive Casilda.

Dúrcal —con quien grabó un desconocido disco—, Concha Piquer, Marifé de Triana, Saura…, todos los que en la época decían algo le trataron, era un hombre completamente inmerso en la sociedad del momento y eso que él pasaba media vida fuera de España. Se relacionó en alguna medida con todos sus compañeros guitarristas: desde Sabicas hasta los más jóvenes como Amós Lora. En el flamenco le ha tocado a todos los grandes cantaores y bailaores: Mairena, Fosforito, Matilde Coral, el Negro, José Mercé, Lebrijano o Camarón; y a otros no tanto, Porrinas, Jarrito, la Singla, Peret, etc. Todos los libros que tratan de flamenco, desde la segunda mitad del siglo XX hasta hoy, dedican capítulos y están llenos de alusiones a Paco de Lucía, el artista que más se cita en todos los textos. Músicos fuera de nuestras fronteras como Chick Corea, todo el mundo artístico de su época y no solo español, ha tratado alguna vez con el genial guitarrista algecireño.

Paco de Lucía era un experto en diplomacia, un aventajado de ese arte que sabía quedar bien con todos, sin molestar. Era capaz de cautivar a integrantes de una tropa tan lejanos a su mundo y edad como Richy Castellanos, conocido relaciones públicas de Madrid, quien desempeñando su oficio y ejerciendo de capataz de la comitiva, salía en más fotos que el féretro en el funeral del maestro. Cuando fuimos a buscar el porqué de tanta presencia (un individuo que, en principio, no cuadraba mucho allí), resulta que el tal Richy moría con Paco de Lucía, frecuentaba su casa y acudió a Algeciras haciendo lo que sabía y a rendirse ante él.

Paco iba incorporando a su entorno, como vemos, a personas jóvenes, y fascinaba a gente variopinta como Javier Limón, Alejandro Sanz, Pablo Motos o al *chef* Josep Roca,[202] gente no flamenca a los que superaba en lustros de edad y que no solo se rinden ante su música, sino que confiesan que su vida misma estaba unida y marcada por sus discos, a la vez que proclaman su afecto

---

202 El presentador del *Hormiguero*, dedicó un cariñoso comienzo de programa a la figura de Paco de Lucía cuando falleció y cita frases suyas y elogia su figura, cuando algo le recuerda a nuestro genial guitarrista en asuntos que nada tienen que ver con el flamenco. Josep Roca, del restaurante «Can Roca» le dedica un cariñoso recuerdo en el libro del documental *Paco de Lucía. La búsqueda.*

incondicional y alaban la delicia de su trato personal, si tuvieron la fortuna de intimar con él.

La admiración y el agradecimiento de Alejandro Sanz hacía Paco de Lucía abarca todos los terrenos, asemejado a un respeto y afecto paternales. Desde el musical —no se hubiese dedicado a lo que hace, afirmaba, de no ser por la música de Paco de Lucía[203]— hasta el privado y personal, en el que apreciaba sus consejos, prodigándose en elogios hacia su perfeccionismo, su sentido del humor y su inmensa generosidad y bonhomía. Decía Alejandro:

> «Paco lo es todo para mí. Si bien no pude conocer a Picasso ni a Dalí, tuve la suerte de encontrarme con Alberti y con Paco de Lucía. Ha sido mi amigo, mi maestro, la persona que ha estado conmigo en las buenas y en las malas. Él tiene la mirada de los semidioses, porque cada cosa que dice es una verdadera sentencia»[204].

En todo evento u ocasión en la que se hable de Paco de Lucía, aparece Alejandro Sanz recitando maravillas.

Para Javier Limón, productor musical de artistas de primerísimo nivel, Paco de Lucía era su *número uno*, figuraba en su página web como el primero de los artistas que produjo y confesaba morir con él. En el último día del simposio de Sevilla, sentado junto a Casilda, contó la genial anécdota de los chinos, que por su gracia vamos a incluir, extraída de nuestras notas en directo mientras la contaba Javier.

> «Llamo a Paco por teléfono un día —comentaba Javier— para un trabajo que consideré interesante y me dice desde Toledo:
> —*Quillo*, yo ahora no estoy *pa na*, que estoy con los chinos y me tienen muy ocupado —y me cuelga el teléfono.

---

203 Serie documental *Camarón, de La Isla al mito*, capítulo dedicado al tándem formado por Paco de Lucía y Camarón

204 *#Vive*, Óscar García Blesa. Ed. Aguilar (2017) una biografía de Alejandro Sanz en más de 600 páginas cit.

—¿Los chinos? ¿Qué chinos? [...] Teléfono *parriba*, teléfono *pabajo*, ¿quiénes serán esos chinos? —se preguntaba Javier.

Otra vez a los pocos días, volvió a llamarle.

—Paco, soy Javier, que tenemos que hablar, ... que ...

—¿Otra vez tú, *pesao*? ¡Quillo que estoy con los chinos, que esto me absorbe mucho tiempo y que mientras yo esté ocupado con ellos, no puedo atender otras tareas, entérate!

Peor. Pensó Javier Limón. ¿Estará grabando con unos chinos? ¿Apalabrando conciertos en China? Con la exclusiva que tiene, no puede hacerlo... se metería en un lío. Total, que andábamos en una pura intriga. Llamamos a Universal Music a la delegación de Oriente y nada, nadie sabía nada.

Cojo el coche —continuó Javier relatando—, me voy para Toledo y me lo veo con un chándal colorao, en el suelo de su casa, colocando piedrecitas de diferentes colores en un mosaico en el suelo. ¡Chinos, vaya!

—¡Pero Paco...! Paco, ¿esto no te lo puede hacer un albañil por trescientos euros?

—¡Que va! Esto es *complicaícimo*... esto tiene un trabajo... Los de fuera negros, los de dentro blancos...¡ Y como te equivoques en un color, ¡ya estás jodío!

La anécdota —no me lo negarán— pide banda de música. Paco de Lucía coleccionó un conjunto de relaciones personales, unas más sólidas y otras más efímeras, con personajes muy relevantes, absolutamente singulares, variopintos si se quiere, con los que, sin proponérselo, tuvo la suerte de cruzarse. Y es que Paco, de joven, con pelo largo, alto, bien parecido y tendiendo a místico, trascendió al flamenco. Llegó a ser un *dandy,* como se decía en su época. Un *top star* internacional al que todos se rendían, el Julio Iglesias del flamenco que había traspasado las fronteras y se había convertido en un icono que irradiaba fama. Competía con futbolistas y toreros. Era el invitado demandado en las televisiones internacionales, a nivel de estrellas de la canción que le llamaban para que tocase en sus discos. Había conquistado además a una joven rebelde, pero aristócrata y culta. No podía haber «mejor» pareja para el artista de la Bajadilla, en plena época de transición democrática: los jóvenes de familia bien que abrazaban valores de progreso estaban de moda y aquello sumó más enteros aun al cartel de nuestro hombre. Todos estos valores son muy potentes en cualquier ecosistema, y para los flamencos jóvenes, y los jóvenes no flamencos, en una época de apertura al cambio, Paco llegó a lucir el número uno en el dorsal de la camiseta. En un momento dado sucedió que no tenía que molestarse en pedir nada porque todo se le ofrecía. Alcanzó todas las esferas y no solo hablamos de flamenco. En una ocasión fue a verlo al camerino D. Juan de Borbón[205]; acudió a la *Bodeguilla* de la Moncloa a jugar al billar con Felipe González; intervino tocando la guitarra vestido de mejicano en un western con Raquel Welch y Ernest Borgnine; actuó con Gades y Marisol en *Carmen* y su popularidad era tan grande que se acordó que representase en la película el papel de sí mismo; trató a presidentes extranjeros, embajadores, etc., personajes de primer nivel, que conformaban una nómina enorme.

Se pudo casar con cualquiera, pero fue a topar precisamente con Casilda. Casilda Varela no era la esposa del flamenco al uso como «la Chispa». Ni mejor ni peor. Diferente[206]. Y estamos absolutamente convencidos que Casilda —universitaria, culta, educada, más que acomodada económicamente y a su vez (y sobre todo) flexible y comprensiva con él y con el mundo del flamenco, al que ella respetaba— influyó tremendamente en la vida de Paco de Lucía, quien además supo valorar lo que una mujer así podía aportarle y se dejó encantado. El entorno de relaciones de Casilda era inmenso. Tenía amigos entre lo mejor de Cádiz, en la oligarquía vasca y en la cúpula económica, civil y militar de la España de entonces al más alto nivel. Y a su vez, alternaba de maravilla con la Fernanda y la Bernarda cuando acudía con Paco a los potajes de Utrera. Su opi-

---

205 Fue cuando D. Juan estaba en el exilio. Paco no lo conoció y le pidió un cigarro y D. Juan le dio uno canario. Hasta que vino uno y le dijo quién era . Téllez. Op. cit. Pág. 110

206 Lo decimos con la mayor sinceridad, bajo palabra, de que no constituye un comentario comparativo ni mucho menos peyorativo. No consideramos a nadie, por debajo o por encima de otro, en función de su riqueza o posición. La persona más sencilla puede superar a la más sofisticada, o viceversa. Cada mano tiene su talla de guante.

nión y consejo continuos, o simplemente su convivencia, contribuyeron sin lugar a duda, en alguna medida a esmaltar a su marido, aportándole una capa de ilustración y distinción inusual en otros artistas flamencos. Todo eso marca, quita complejos y abre puertas.

Se suele contraponer la seguridad en las relaciones sociales y el carácter emprendedor de las personas, frente a la timidez y retraimiento social.

Paco era tímido y reservado de por sí —*metiíto pa dentro,* como él decía—, y las largas temporadas de clausura que pasaba en un cuarto estudiando, acrecentaban su desconexión social hasta el punto —como dijo en una entrevista a Mercedes Milá— de temer, a veces, salir a la calle o hablar con la gente.

Pero a su vez, no había nadie más seguro en sus decisiones y firme en las relaciones sociales que trabara. No dejaba de acudir jamás donde le interesaba o le convenía, cuidaba las promociones de sus discos y sabía ser encantador y cercano durante largo rato con la prensa, si quería o si el guion lo marcaba. En la promoción de su disco *Luzía,* convoca a los medios y se muestra perfectamente vestido, sentimental, educado, locuaz y amable: un completo seductor con los periodistas[207]. Da titulares, gasta bromas y los hace reír. Lógicamente en la *promo* de un disco, no se hacen tonterías ni se da rienda suelta a los apetitos. Se trata de su trabajo y con las cosas de comer y las cuestiones reputacionales nunca jugaba. Hay miles de casos así en la vida del maestro, en los que vencía la timidez y se convertía en un buen comunicador.

Otra vez más, las clasificaciones que tratan de encuadrar a las personas no sirven con los genios. Ellos no salen de un molde.

7. SENTIDO DEL HUMOR

—Papa ¿es serio?, papa es … ¿Cómo es papa?
—No es serio…
—¿No?

---

207 Vídeo nº 9

—¡No, eres mucho de cachondeo![208]

Este diálogo lo mantiene Paco de Lucía con su hijo Diego; y Curro Romero, definía a Paco de Lucía en un artículo que escribió en el diario *El País* a raíz de su muerte, como «alguien que hablaba poco y se reía mucho». Dos personas tan diferentes y que trataron a Paco en planos y edades tan distantes, no pueden coincidir en algo así y que eso no sea cierto.

Todas las personas que hemos entrevistado coinciden en que a Paco de Lucía le gustaba más un cachondeo, que encontrarse dinero en los bolsillos de los abrigos. Desconocíamos este particular hasta que Paco Cepero contó en el Simposio de Sevilla, algunas cosas. Decía que era tan «malo y tan tremendo» que *juía* de sus perrerías, aunque lo cierto es que ambos se las jugaban mutuamente. Una vez en casa de Paco Peña —un guitarrista que vivía en Londres—, Cepero contaba que con la «papa» que llevaba, se quedó dormido y *Paquitolucía* le abrió la bragueta y le echó pegamento en «la pervi».[209] Cuando se despertó se le había quedado todo aquello como un adoquín. O que cuando actuaba en algún sitio, nuestro hombre iba a verlo y sentado en la primera fila, gesticulaba le decía que la guitarra estaba desafinada o cualquier otra jugada para ponerlo nervioso[210]. No paraban mutuamente. Cepero, para compensar un poco, llegó a pegarle los pelos con pegamento de las uñas en el respaldo de un autobús a Paco, cuando este se quedó una vez dormido en un viaje. En otra ocasión, cuando Paco de Lucía se acababa de comprar un Mercedes, iban a un sitio juntos y se empeñó en ir a recoger a Cepero, para que viese el coche y ronearle. Cepero, que era muy largo y conocía bien las jugadas de su colega, se lo olió y como también acababa de comprarse un Mercedes —y su amigo no lo sabía— le dijo cuando llegó a recogerlo, si no quería pasar a saludar a su mujer, a lo que el otro, saboreando ya la victoria accedió encantado, habiendo de pasar por el jardín de la casa, donde Cepero tenía aparcado su reluciente coche nuevo. Cuando iban de camino juntos, Cepero no paraba de agrade-

---

208 Conversación entre Paco y su hijo Diego en *La Búsqueda*.
209 ... «la pelvis».
210 Lo cuenta de nuevo en el Vídeo nº 152, localizable en el buscador de Google introduciendo «rtva a la carta el legado de paco de lucia» 00:23:10

cer a Paco su amabilidad por ir a recogerlo sin comentarle nada del estreno y el otro estaba que echaba humo.[211]

Su sobrino José María nos sugirió como título para esta obra, *Paco de Lucía, el flamenco más gamberro del mundo*. Para él, su tío era sobre todo un entregado a las bromas y a la gracia. No paraba de inventar trastadas y quedarse con unos y con otros, la liaba en los restaurantes y en los autobuses de las giras, siempre estaba maquinando.

Fue así desde joven. Contaba también Cristina Hoyos que, en las giras de Greco, en los años sesenta por Estados Unidos, uno de los cantaores se compró un abrigo con el que estaba encantado y a todos les daba la tabarra con lo bueno que era el abrigo. Hasta que Modrego y Paco, para acabar con tanto cuento, cogieron una mierda de perro y se la metieron en un bolsillo cuando lo dejó en un perchero.

En el autocar de las giras del «Festival Flamenco Gitano por Europa», en los años setenta, se formaba lo más grande, con tanto arte junto por Berlín, Frankfurt o Colonia. Imagínense. A veces llegaban al teatro directamente en ese autobús, donde se habían cambiado, sin pasar por el hotel y siempre había gente esperándolos a la llegada. Paco de Lucía y Camarón hacían el número de ponerse un albornoz y salían por las escalerillas como si fueran boxeadores. Diego Pantoja era el encargado de hacer de presentador de la velada: «¡Aquí están los monstruos! ¡Los dos jóvenes púgiles de la noche!». Ellos levantaban los brazos y tiraban puñetazos al aire, metidos en el papel. Así se bajaban del autobús hasta la puerta del teatro, como dos boxeadores. Era época de juventud, de diversión y de pasarlo bien y había que darle cancha al buen humor.[212]

Y desde ahí hasta los años maduros, no dejó nunca de liarla. Un afamado cronista dedicado a la prensa rosa —que circulaba por la acera de enfrente— fue invitado a la boda en Tui de Casilda hija, de quien Paco fue padrino ya con sesenta y un años. En el convite, le ofrecieron al cronista el *regalo* de retirase a un reservado con unos amigos de Paco, porque Paco iba a tocar un poco. El periodista, que lo conocía, oliéndose la encerrona, se lo pensó un momento.

211 Entrevista con Cepero en su casa
212 Cuando Paco de Lucía boxeaba con Camarón. *El Mundo* cit.

«¿Tocar él en una boda? No lo veo. Con lo que le gusta a Paco un cachondeo, no me meto yo en un reservado con Paquito y sus amigos ni muerto.» O muerta; y rehusó[213].

Las anécdotas referidas a la afición al cachondeo y a la gracia, innata en Paco, son infinitas. Emilio de Diego se partía de risa relatando como cierto día jugaban una partida de póker en la playa de El Rinconcillo de Algeciras, y había uno, que no tenía ni idea. ¿Qué es escalera?, preguntaba. ¿Y *full*? ¿Y *repoker*? Paco, aprovechando que el tipo preguntó lo que era «color» le soltó: ¿Color? ¿Tu mujer esta preñada no? Pues color es lo que va a tener dentro de unos meses cuando para un niño negro. Calcúlense como acabó la partida.

En otra ocasión, uno de los asiduos a esas partidas, ginecólogo, le dijo a Emilio —que no tenía hijos— que fuese a verlo a la consulta. «Pásate el martes hombre y te echo un vistazo y te quedas tranquilo» Acudió Emilio al hospital y fue conducido a un cuartito con una silla de acero y una mesa, y la enfermera le indicó que se desnudase de cintura para abajo, que el doctor venía enseguida. Estando de pié en esa tesitura el bueno de Emilio, entraron tres limpiadoras abrieron un armario y cogieron sus cubos fregonas y escobas. Al mirar por la ventana, vio a Paco y a dos más, con el ginecólogo incluido, tronchándose de risa. Habían conducido al pobre Emilio al cuarto de la limpieza, y el ideólogo de todo fue nuestro hombre, ¿quién si no?[214]

Paco de Lucía concedió en 1994 una entrevista en el diario *El País* a Carmen Rigalt y ella le preguntó qué era Andalucía para él. Le respondió que «un orgullo». Y cuando fue repreguntado sobre la resignación de los andaluces, la clavó en el sitio:

> «Mire... —dijo Paco— Un pueblo que se levanta todas las mañanas pensando en cómo gastarle una broma al vecino, o qué hacer para sonreír, es un pueblo privilegiado, no resignado. Hacemos frente a la vida con alegría»[215].

---

213   José María Bandera, entrevista cit.
214   Emilio de Diego, entrevista cit.
215   Carmen Rigalt. El País, 1994 cit.

Y así es. Lo contrario de alegre es triste, no serio. El andaluz es un pueblo serio en el cumplimiento de sus obligaciones, lo cual es compatible con ser alegres. Hoy vivimos tiempos despersonalizados, donde lo efímero domina, donde la tecnología nos incluye en redes, artes de pesca que toda la vida han servido para atrapar besugos. Como Casilda hija hace decir al escritor de su novela, cuando veía a un grupo de jóvenes mirando el teléfono sin hablar[216]:

> «Ahí está el problema. No en que no se comuniquen, que a su manera lo hacen, sino que ya no hay momentos de vacío en sus cabezas. Antes, la gente, cuando estaba esperando a un amigo en la barra de un bar, pensaba; cuando el semáforo estaba rojo, pensabas y cuando tu madre te castigaba en la habitación pensabas y era en estos entreactos de la vida donde se gestaban los impulsos artísticos, las grandes ideas y también el amor. Los sentimientos necesitan de la reflexión para arraigar y no quedarse solo en un estremecimiento»[217].

Hoy nos asustan todos los días con una *fake news,* o con una alarma climática que nos dejará listos de papeles, con el fin exclusivo de retenernos en la pantalla y vendernos lo que no necesitamos. Ante eso, el carácter fuerte del andaluz es un blindaje. Las personas que se dedican a vender humo lo dicen: es mucho más difícil venderle algo inservible a un andaluz de pueblo, que a un ciudadano de una gran urbe. Algo hay en la sagacidad y la alegría del Sur —y más aún en sus pueblos—que nos protege contra la imbecilidad, sin lastrarnos el progreso. El progreso útil, claro. Vayan por polígonos industriales de pueblos andaluces (mejor que de ciudades) y verán empresas muy serias, que comercializan productos de vanguardia, que investigan y que son punteras en su sector, incluyendo los segmentos de mercados tecnológicos más avanzados. Empresas dirigidas por jóvenes, que lo que más valoran en el mundo es el cocido de garbanzos de su madre, o los dulces de su

---

216 Ya hemos dicho que consideramos —es una opinión— que el personaje de la novela de Casilda, un escritor, tiene mucho más de su padre de lo que ella misma admite.

217 Casilda Sánchez, "Te espero en la última esquina del Otoño" (2018) cit.

tía, o irse a cazar unos conejos con su padre. Gente que mientras trabaja seriamente, pueden estar metiéndose con el compañero porque perdió el Betis o cantándole la última chirigota de carnavales. Tal vez se dé en esta tierra la dosis justa de sentido común. O la inteligencia de valorar esos guisos caseros, los consejos de las abuelas, la risa, la tertulia de amigos en la tasca, o una simple cervecita con cacahuetes (que aquí se pronuncia *arvellanitas*).

Paco sufriría en su medida y dimensión estas carencias de cosas sencillas que le gustaban, cuando se universalizó y pasó a ser un producto mundial. Por eso lo buscaba y acudía al humor constante, a la alegría de la gente de aquí, de su tierra, alegres y serios, pero no tristes. Así que la pregunta de la periodista quedó perfectamente respondida y le vino de perlas para explayarse y definir su talante y el de su pueblo.

Y aprovechamos también esta referencia al buen humor para hablar de su contrapunto: la tristeza. Para señalar aquí una apreciación de Félix Grande localizada en su biografía literaria de Paco de Lucía y Camarón,[218] una delicia de libro magníficamente ilustrado con dibujos de ambos y realizados por González Zaafra. Félix busca en ese libro una palabra que defina o determine el carácter de la música de Paco de Lucía. Tras un preámbulo en el que maneja magistralmente varios sustantivos —en su uso o acepción adjetiva— encuentra, y elige tras desechar varios, la piedra filosofal. El término que inspira y vertebra según él la obra de Paco de Lucía. La Tristeza.[219]

¿La Tristeza? ¿Qué la obra de Paco es triste?

La obra de Paco puede ser muchas cosas, pero no compartimos —con todo respeto hacia el maestro Félix Grande, a cuyos pies hay que rendirse— que la tristeza inspire la obra de Paco de Lucía por muy ciclotímico que el maestro fuese. Otra cosa es que el proceso de composición y creación de la obra musical pudiera ser mortificante para él, o volverlo neurótico y oscilar entre el optimismo y la negatividad. O incluso sumirlo en depresiones que el propio Félix

---

218 Obra dedicada al guitarrista clásico José María Gallardo del Rey
219 Félix Grande, "Paco de Lucía y Camarón…" Op. cit. Pág. 36

se encargaba de desactivar.[220] Pero no creo que sea una obra triste, al contrario, nada me producía más excitación querido lector, que quitar el plástico del nuevo disco de Paco de Lucía del momento y ponerlo «a ver que había ahí». Después de oírlo, uno tornaba de la excitación a la incredulidad o al alborozo. Mucho más, si cabe, en un tiempo en que no se difundía nada y la sorpresa era absoluta porque no lo escuchabas hasta que lo sacabas de la bolsa del Corte Inglés. Cuando yo compraba esos discos inauditos y escuché la primera vez el soniquete de «Zyryab», o los tangos «Cositas Buenas», casi sufro lo que doña Paca, la mujer de Félix Grande, llamó una tempestad vegetativa.

Doña Paca relató en el Simposio de 2014, que cierto día cenaron en su casa, una ilustre y rica dama norteamericana y su marido. Ella moría con la guitarra flamenca y había oído maravillas de la música de Paco de Lucía, pero no lo había escuchado. Pidió a Félix que organizase un encuentro, pero a Paco no era fácil convencerle para esas cosas. La señora hubo de contentarse con escuchar en la sobremesa, el disco *Luzía,* en el potente equipo de altísima fidelidad de Félix, quien disponía de él, antes de que se hubiese comercializado aún, de modo que le preparó una audición a su invitada. «Cuando terminó de oír "Río de la Miel" —dijo doña Paca con su descriptiva habitual— la señora americana lloraba, moqueaba, balbuceaba y casi se orina allí —yo pienso que también se orinó—; sufrió una auténtica tempestad vegetativa.».

Cierto. Si sabías tocar como aficionado te volvías literalmente loco al oír el disco nuevo de Paco de Lucía, pensando cómo se podía hacer una cosa tan nueva y como la extrema complejidad se podía hacer tan sencilla, que la entendiese todo el mundo, pero no la pudiese tocar nadie más que él. Era como, ¡oh que sencillez, que bien se entiende! ¿Sí? Pues coge la guitarra y hazlo, ¡anda! Y después me cuentas.

Hoy en día puedo decir, que nada me levanta más el ánimo, que escuchar en el coche con el volumen alto «La barrosa», «Casilda»

---

220 Cuando se veía hundido, llamaba a Félix Grande y le decía. "Félix, háblame de algo, de lo que sea, que yo oiga tu voz y que se me quite esta angustia"

o «Rio de la Miel» y «tocarlas» con la mano derecha sobre algo sólido. Salgo del coche y me llevo una hora haciendo compás.

¿Tristeza? ¿Cómo puede provocar estas sensaciones, algo que haya nacido de la tristeza?

Pensamos que, aunque pasase por malas rachas o altibajos, propios de artista, también fue un *disfrutón*, un enamorado del carácter jovial del andaluz, como le dijo a Carmen Rigalt.

No sabemos si el humor forma parte —*stricto sensu*— de los rasgos de la personalidad de un individuo. Pero si no es así, debería serlo. A Paco le encantaba reírse, le gustaba el cachondeo más que quedarse en la cama un lunes y eso marca el carácter, eso es lo contrario de la tristeza.[221]

A Paco le tensaban las entrevistas, le costaba abrir la puerta a la conversación, pero cuando las concedía volcaba en ellas sus sentimientos personales. A su hija Casilda le dijo:

> «Siempre que leo una entrevista mía parece que estoy "amargao". ¡Me da un coraje! Pero es que me quejo mucho, es verdad: de la guitarra, de lo que sufro... Debe ser algo inevitable en mí porque ¿ves?, incluso ahora me estoy quejando de que me quejo»[222].

Es razonable pensar que si alguna vez Paco se mostró auténticamente como él era, y sacó su verdadero yo, debió hacerlo frente a sus hijos. ¿Con quién podía sentirse más relajado al expresarse que frente a ellos? Y en el documental de Curro, Paco no luce ni atormentado ni pesimista, se le ve relajado y de buen humor. Disfruta cuando habla —entonando la voz— describiendo la forma de vida del *hijoputa* andaluz: «Qué hijoputa es y cómo le gusta la gracia».

---

221 Vídeo nº 213, documental *Paco de Lucía, la Búsqueda*, 01:20:25
222 «Hasta siempre maestro». Casilda Sánchez Varela. *Telva*. 2010, cit. (18)

Paco de Lucía, a mandíbula batiente. Foto: Manuel Nieto Zaldívar

La gracia no es la guasa. La gracia es humor en estado puro y la guasa es la gracia, dándole un tirito al de enfrente. La gracia es Cádiz y la guasa es Sevilla. Curro Sánchez tuvo el acierto, en la edición de la cinta, de empalmar esa frase de su padre con la celebración del convite de su propio bautizo, filmado en súper 8 por Manolo Nieto en casa de Manolo Sanlúcar, su padrino y compadre de nuestro artista. ¡Qué bonita constelación de conexiones fusionó Curro ahí!

Paco pinchaba a otros para reírse, y le encantaba quedarse con la gente. Podía —y lo hizo— recibir en el camerino a un periodista —al que no le apetecía nada atender— que le preguntaba donde conoció a fulano de tal y responderle, «Pueees, lo conocí en muy mal estado, en la cárcel, ¡mire usted!». «¿En la cárcel? —inquiría el periodista». «Pues sí, en la cárcel —insistía Paco— allí fue donde hicimos la amistad tan buena que tenemos». «¡Ah… vaya! —respondía el entrevistador perplejo». Y cuando más boquiabierto estaba el reportero, Paco le soltaba. «¡No hombre, noooo, como voy a estar en la cárcel yooo, si soy Premio Príncipe de Asturias…!» Y se partían todos los presentes de risa.[223]

Y lo de la cárcel debió darle juego, porque lo usó recurrentemente. Ricardo Pachón contaba[224] que en los ochenta, una amiga

223   Vídeo nº 14 localizable en el buscador de YouTube introduciendo «8fbvop3wa08»
224   Entrevista personal cit. Sevilla mayo de 2020

de su mujer que se fue a Francia y a la que hacía mucho tiempo que no veía, le pidió —a través de terceros— que le consiguiese entradas para un concierto de Paco de Lucía en París, y Ricardo se las consiguió. Cuando la señora fue al camerino a felicitar a Paco después del concierto y a agradecer las entradas, Paco la invitó a la cena después con el grupo. Estaba de muy buen ver, aclaraba Ricardo. Mientras cenaban, Paco se la puso enfrente y le daba con el pie a Manolito Soler, que estaba a su lado, para que le siguiese el juego y le preguntaba a la admiradora: «¿Qué tal Ricardo, salió ya de la cárcel?». Y la otra, perpleja —como hacía tiempo que no veía a Pachón— se quedaba de una pieza. «Si mujer, él estuvo dentro, por un asunto sucio, una cosa de tema sexual. ¿No lo sabías? En fin, ya él te dirá … No quiero darte detalles…». La amiga, pasmada, llamó preocupadísima a Ricardo y este llamó a Manolito Soler para aclarar la cosa. El final se puede intuir. Pachón se estuvo acordando de la familia de Paco bastante tiempo cuando Manolito le contó la broma. Malú, sobrina de Paco, decía que su tío «tenía un humor irónico negro, muy parecido al de Alejandro Sanz, un humor un poco horrible que no todo el mundo entiende».[225]

«El Gómez de Jerez» iba con Gades de gira por Japón, organizada por la «Japan Arts», la misma compañía que llevaba a Paco de Lucía y su sexteto; compartían itinerarios y coincidían en los teatros a veces. Cuando «el Gómez» llegaba al camerino que le habían asignado y leía en la puerta bajo su nombre: «¿Cómo va la talega, Guarra?», sabía que Paco ya estaba allí. Y acto seguido se iba a verle al suyo, liquidando la deuda con un «no tan gorda como la tuya mamón» escrito en el rotulo de la puerta, donde ponía «Paco de Lucía».

De la época de juventud, por los años setenta, conocida de viva voz, del inefable Victoriano Mera en el Simposio, es la aventura del canario.

---

225 #Vive, cit. En efecto, más personas coinciden con Malú. Alberto García Reyes, me decía que en alguna ocasión podía pasarse y abusando de su superioridad y su fama, excederse con alguien. Cierto cantaor le pidió una foto conjunta, y cuando se la concedió y el cantaor le dio las gracias, Paco masculló entre dientes: «Una foto, una foto, parece que tiene cinco años el probrecito»" Entrevista personal cit.

Victoriano y otros amigos, con Paco en su Citroën verde (prestado), llevaban de juerga varios días por la zona de Jimena y Castellar de la Frontera.

«Fuimos a recalar a una venta —contaba Victoriano— donde había una tabernera despachando con muy mal vahío y le pedimos unas copas. Paco, sin venir a cuento y sin pensárselo dos veces, con la "papa", le tiró su copa a un canario impertinente, que no paraba de cantar en su jaula en la ventana y no nos dejaba hablar. Lo puso pingueando, "pisha". El pobre pájaro quedó empapado y la tabernera llorando. La mujer llamó a sus primos y salieron lo menos doce tíos como armarios, que nos querían pegar. ¡Nos fuimos "najando" y nos metimos en el coche de mi compadre! Y yo decía: "¡Paco, arranca por tus muertos, que nos matan!", y nos fuimos de allí descojonados y "juyendo" de aquellos gachós. Y le dejamos el muñeco a la tabernera, que pegaba voces diciendo: "¡La cuenta...! ¡Pagadme la cuenta, so hijoputas!" [...] las cosas de Paco... ¿Sabes?... Que le gustaba más el cachondeo y reírse, que nada en el mundo...»

«Pero... —me contaba Victoriano después— él era "mu listo" ... ¿Paco? ¡Listísimo! No te "pué" hace una idea. ¿Él? Cuando veía la cosa chunga, o cuando el ambiente se ponía feo, o no le gustaba un gachó, no decía nada, se piraba y se quitaba del medio. ¿Y Paco? ¿Dónde está Paco? Y Paco ya no estaba allí. ¿Y cuando él tenía algún compromiso de trabajo? Lo mismo. Ya podía estar allí la Virgen, que él, si tenía que coger un avión o estar en Madrid, aunque llegara por los pelos, llegaba. Ahí no se equivocaba nunca».

Lleva razón Victoriano: cuando el pescado ya está vendido, no se pinta nada en la lonja. Hay que estar cuando y donde hay que estar. Paco era tremendamente seguro e independiente, en todos los ámbitos de la vida y su ritmo requería asertividad, agilidad de movimientos, cumplimiento de compromisos y eficacia y eso no puede compatibilizarse con enamorarse de cada bohemio que se cruza en el camino. Los líderes no esperan ni se despistan.

También en lo profesional sabía quitarse de en medio cuando interesaba. Paco estaba anunciado en un concierto que iba a dar en Sevilla, junto a Plácido Domingo y a Julio Iglesias. Vio en la prensa el día antes, que en el cartel habían incluido su nombre en letras menores. No le gustó el desaire y decidió irse. Y al conductor, que le esperaba para llevarle al ensayo, le dijo: «Dígale usted a su jefe que no voy a ir». «¿Al ensayo? —dijo el chófer. «Ni al ensayo, ni a tocar mañana en el concierto». Cogió un avión y se fue a su casa con sus hijos dejando allí cinco millones de pesetas de 1992. Bromas todas, pero con eso ninguna. Qué digno y qué flamenco.[226]

Paco adoraba la gracia y la fiesta, pero no era un juerguista, lo hacía por el puro placer de reírse y para evadirse, tenía tanta vida y tanta fuerza interior, que nada le secuestraba, se bastaba solo[227]. No mezclaba las juergas con su profesión, es más, separaba ambos mundos y no jugaba con las cosas de comer. Para eso contaba con un gran sentido de la responsabilidad y a ello ayudaba la sensatez de su hermano Ramón que ponía firmes a todos los del grupo[228]. Pero bueno, tampoco era un militar[229]. Ya en etapa madura, todo el mundo se relaja un poco y cuando no contaba ya con su hermano como guardián, sí llegó excepcionalmente a subir a Victoriano al

226 Articulo Ignacio Sáenz de Tejada, *El País* cit. (5); *Sevilla Flamenca* episodio. P. Domingo nº 64 Ortiz Nuevo cit.(28)
227 Casilda, entrevista personal cit.
228 Vídeo nº 121 00:26:00 a 00:26:15. Localizable en el buscador de YouTube introduciendo «Tertulia Paco de Lucia Cueva del gato». Paco tramó en cierta ocasión anterior la misma travesura de subir a Victoriano al escenario y Ramón lo impidió
229 Grabó un simpático vídeo en Jamaica, para una película con Bryan Adams, en la que aparece tocando y vestido como el zorro, con antifaz y todo. Por algún rincón de internet pueden localizarlo. La película se vendió más por la intervención de Paco que por la calidad del filme en sí. Dio la casualidad de que Paco de Lucía se encontraba en Jamaica pasando esos días libres: «Por aquel entonces yo estaba viviendo en Jamaica y estábamos pensando en el mejor artista para tocar una parte de guitarra española en la canción. Y propuse a Paco, así que mandé un fax a su mánager haciendo la petición. Recibí un fax de vuelta que decía: «No es posible porque Paco está de vacaciones». Así que envié otro más preguntando que dónde se encontraba. Me respondieron diciendo que Paco estaba en Jamaica. ¡Y yo me encontraba allí! Fui a buscarle y pasamos unos días juntos haciendo música. Es una historia muy bonita».

escenario, en su último concierto en Cádiz, simulando que era un percusionista, con micrófono apagado, quedándose con el público para gracia de todo el conjunto.[230]

8. AUTORIDAD, EGO Y GENEROSIDAD. Y CAMARÓN DE NUEVO

Las armonías flamencas —Paco mismo lo explicaba[231]— se basaban en tres tonalidades: tónica, dominante y subdominante. La dominancia es la tendencia a ejercer la voluntad de uno mismo, sobre la de los demás.

Paco era un dominante puro[232]. Que en su caso no era sinónimo de despótico, sino más bien de asertivo. El matiz es muy distinto. Paco podía ser todo lo campechano y tolerante que tocase ser en un ambiente relajado, una fiesta o yendo de borrachera, pero no cedía su sitio. Estamos de cachondeo, pero la cabeza se conserva y a la hora que toque, se hace valer así. Aquí mando yo.[233]

No hemos encontrado un episodio más ilustrativo que el de las sevillanas ordinarias que Paco se marca en un restaurante de Brasil[234]. Accede a la entrevista y bromea con todos, pero en todo momento, él lleva la voz cantante. Cuando el reportero le quiere

---

230 En su último concierto en Cádiz el año 2013, en el Castillo de San Sebastián. Vídeo n° 121 00:47:35 a 00:49:10, Localizable en el buscador de YouTube introduciendo «Tertulia Paco de Lucia Cueva del gato». Ya no vivía Ramón.

231 Vídeo n° 115 *Rito y geografía del cante. Paco de Lucía,* localizable en el buscador de YouTube introduciendo «evf2yxhvlma», 00:22:25

232 Lógicamente, esto debe contextualizarse. No es igual en todas las etapas de la vida No es lo mismo en la juventud, cuando se está empezando, en la fuerza de la cumbre del éxito, o en la madurez, cuando uno se ablanda y ya viene de vuelta de todo y se busca el sosiego y la calma.

233 Al final del bautizo de uno de sus hijos, que Manolo Nieto se encargó de filmar, algunos familiares proponían diferentes opciones sobre que hacer con el material grabado. Paco se acercó, y preguntó que pasaba, y Manolo, hombre prudente donde los haya, tratándose del entorno familiar, dio un paso al lado. Paco captó la situación y sentenció. «Manolín, ¿eso quien lo ha hecho?, tu, ¿no? pues lo coges y te lo llevas tú». Y no se habló más. Cuando Paco hablaba, hablaba Paco. Entrevistas personales cit.

234 Vídeo n° 155, localizable en el buscador de YouTube introduciendo «sevillanas petaca Brasil».

quitar la gorra —¡con la calva hemos topado!— le da un manotazo y le dice: *¡Quita la mano de ahí!* Maneja a todo el mundo, pone a cantar a Pepe y lo lleva todo por delante. Los demás son accesorios. En las juergas, él contaba el último chiste, según dice alguno de los entrevistados con los que hemos conversado, y había que reírse.

No dudamos por un instante, que Paco podía tener su vertiente de divo insoportable. Es más, estamos convencidos de ello. Es imposible esponjar tanta fama y que el ego no destile un poco de vanidad. Isaac Asimov, el escritor de ciencia ficción, decía al escribir su autobiografía: «He disfrutado mucho porque estaba escribiendo sobre lo mejor que se podía escribir, mi tema preferido: yo mismo». Y añadió: «La modestia no es una de mis virtudes». La añadidura sobraba. Paco aunque no era tan vanidoso ni ególatra como Asimov, tenía su puntito. Y no es del todo malo tenerlo. A veces los que son demasiado modestos nos hurtan la posibilidad de conocerlos o estudiarlos a fondo, precisamente por eso, porque no sacan al exterior una buena parte de sus cualidades. Pero Paco sabía aplacar su punto de vanidad, aplicándose continuamente antídotos para controlar al bicho. Se acogía continuamente a un hábito de modestia y candidez, incluso reiterativo, que le venía al pelo como contraste.

Ambas cosas pueden coincidir. Era un hombre auténticamente sencillo al que de vez en cuando le daba un siroco de dominancia ególatra, que sabía manejar con constantes apelaciones a la llaneza y a la probidad.

El episodio del plante en el concierto suspendido en Sevilla que hemos citado tiene todos los ingredientes para ser un arrebato personal, bien gestionado. Igual no iba preparado, o no le cuadraba esa fusión de estilos de los tres, o acababa de volver de uno de sus retiros caribeños y no estaba bien de manos, cualquiera sabe lo que pasaba por su cabeza. Y soltó dos patadas y mandó a paseo a todo el mundo. Pero quedó de dulce: «Creo que no es arrogancia. Mi nombre se anunció junto a los precios; sentí que se ofendía a mi cultura y dije que no tocaba. No sé si me he equivocado o no, pero creo que he hecho bien. Ya no paso más por el aro»[235]. No me

---

235   Articulo Ignacio Sáenz de Tejada. *El País*, Ortiz Nuevo en *Sevilla Flamenca* nº

ofendéis a mí, sino al flamenco. Ergo: *yo soy el flamenco*. También se dijo —él no, que sepamos, lo dijeron otros— que recordó a su padre volviendo del «Pasaje Andaluz» humillado con la guitarra rota por un señorito y que eso fue el detonante. Y también cabe decir, que hay carteles en los que Paco de Lucía ha figurado en todo tipo de letras y posiciones y no dijo ni pío o al menos no dio ninguna espantada. Tal vez en estas ocasiones en que no protestó, no era Sevilla la ciudad. Tal vez Sevilla (a la que definía como su tierra), le defraudó, o tal vez estas ocasiones no le pillaron con los cables cruzados. O tal vez erramos nosotros y fue realmente auténtico lo que dijo y fue la gota que colmó el vaso de las ofensas al flamenco. Así no solo lo defiende el propio Paco, sino algún articulista local de primera fila como Ortiz Nuevo[236]. Porque ofensas al flamenco y vejaciones a los flamencos, haberlas *haylas*, y Paco de Lucía lo defendió siempre a muerte. Ambas cosas son posibles y tan humanas como justificables. La verdadera causa solo la supo él, porque lo cierto y verdad es que es un clásico de Paco, mostrarse tremendamente auténtico con los suyos, con sus seres queridos, pero cultivar con los que no lo son, el fino arte del despiste para que el otro no sepa por donde va él. [237] De dar un quiebro, para sacudirse una situación que no le agrada.

Paco sabía de su valía desde pronto. Escribe de joven a su familia en las giras de chaval y les dice que liga más que los demás guitarristas. Y ya más consagrado, también se ufana de que, firmando autógrafos en una mesa, junto a John Mac Laughlin y Al Di Meola, ellos estuviesen aburridos, mientras que delante suya había cola[238]. En una gira, por países del Este en cambio, se bebió su propia medicina. Casilda le acompañaba y se sentó junto a él en la mesa

---

64 cit.
236   Ortiz Nuevo en *Sevilla Flamenca* nº 64 cit.
237   Vídeo nº 7, localizable en el buscador de YouTube introduciendo «Paco de Lucía Bies Bratislava» juega al despiste con la reunión enviándoles a filmar a una que por allí pasaba.
      Vídeo nº 19 Localizable en el buscador de YouTube introduciendo «Paco de lucia sena con el payo humberto». A la vez que hacer ver que está encantado con la sugerencia del Payo Humberto, se está riendo de él con los de su grupo, en un lenguaje subterráneo, que el otro no pilla y los suyos captan a la perfección.
238   Ramón Sánchez hijo, descansos del Simposio 2014

en la que firmaba y recibía a los admiradores. Debieron tomar a Casilda por artista, o vieron en ella algún encanto especial y ahora Paco era el ocioso y la cola se formó delante de Casilda que sonreía mientras firmaba los discos de Paco, sabiendo lo que iba a pasar. El otro —que estaba negro como el carbón y firmaba con desdén las escasas peticiones que le venían— ya no pudo más y en un momento que no tenía a nadie delante, se levantó y dijo: «¿Pero aquí que coño pasa? ¿En este país son todas tortilleras o qué? ¡Que aquí el artista, soy yo! ¡Valiente sitio este!»[239] Debió sentirse nuestro hombre igual que Melchor de Marchena en el congreso de Madrid, cuando guardó su guitarra enfadado, cortando el toque por esa noche.

Algún miembro de sus grupos también deseó que Paco no fuese tan singular a veces. En alguna entrevista en prensa o televisión, se refería a ellos por el instrumento, diciendo «ahora toco con una segunda guitarra (o un bajista, un percusionista o un flautista)». «¡Hombre Paco, no me cites por el instrumento que tengo un nombre...»![240]

Continuamente —decían integrantes de sus bandas— Paco manifestaba que no le gustaba tocar solo, que le enriquecía el contacto con sus músicos. Sí, así era y tenía una maravillosa y cercana relación con ellos, de amigos verdaderos, pero en escena, el nombre y el foco del cañón de luz, era suyo.

Incluso cuando cerraba con los empresarios y con agentes, negociaba personalmente su parte y su demanda era: «Yo quiero veintitantos millones pa mí y el resto me da igual. Ya tú hablas con ellos».[241]

Llegaba a exasperarse con su hermano Pepe —mayor que él— y decirle en cierta ocasión viajando en coche: «Cállate ya Pepe; para el coche y verme a por tabaco». «Paco hombre —respondió su hermano—, ve tu si quieres...». «Pues, bájate del coche y déjame en paz». «Paco, es que el coche es mío y conduzco yo...»[242].

Pero una golondrina no hace verano. La vida de un hombre está

239 Entrevista personal Casilda Varela cit.
240 Entrevistas personales citadas
241 Entrevistas personales citadas.
242 La cosa debió estar calentita en ese viaje. La anécdota la refirió el mismo Pepe de Lucía, el último día del Simposio de Sevilla.

compuesta de días malos y buenos; de ardores de estómago y resaca y también de orgasmos y carcajadas. Salvo estos episodios contrastados que nos ha costado mucho obtener, en años buscando, no hemos localizado una sola actitud excluyente, ni siquiera por accidente con un micrófono abierto indiscreto, fuente de la que nos hemos servido también alguna vez, teniendo en cuenta que Paco de Lucía fue una persona muy analizada, fotografiada y filmada. Más que una actitud constante de egolatría, estos gestos son aislados, en algún momento de mal humor o tras alguna noticia negativa; en fin, una mala tarde o una salida de tono. O no solo una, tal vez más, que las tiene cualquiera.

Pero más que vanidad, que la hubo, sucedía que su figura transmitía tanto impacto que destacaba sola. No se suele decir de primeras *qué bien toca el septeto*. Ni siquiera *qué bien suena Paco de Lucía y su grupo*. La totalidad de alusiones van a directas a Paco de Lucía y su guitarra. Y eso sucedía natural y espontáneamente, como caen las manzanas de los árboles, como un fenómeno natural inevitable. Su magnetismo era una cuestión física. Enmudecía incluso a los propios guitarristas, profesionales y aficionados:

> «Fue en casa de Félix [Grande] donde lo conocí un día —decía Luis Landero— [...] me sentí intimidado, debió notarlo porque me dio una palmada en la rodilla y me preguntó algo y me sonrió con aquella sonrisa tan bonita e infantil».

Hablaron de guitarristas, que tal vez hubiesen destacado más de no coincidir con él en el tiempo, como el propio Luis Landero, quien, ofuscado con no poder seguirle, dejó para siempre la guitarra por la pluma y se hizo escritor.

«Yo me consideraba un buen guitarrista con un futuro prometedor —decía Luis— cuando un día escuché al fin a Paco de Lucía y yo no me creía lo que estaba escuchando [...] me lancé en plan suicida tras la estela de Paco... Por mi parte, yo escuché una voz interior que me dijo: "Chaval, dedícate a la literatura" [...] Félix Grande y yo teníamos una broma secreta: ¡Qué! ¿Cuándo vamos a darle un par de hostias a Paco?».

En su fantasía, Luis y Félix, querían darle la paliza a Paco «por todos los cadáveres de guitarristas que ha ido dejando en el camino, empezando por nosotros dos».[243]

Emocionado y con lágrimas en los ojos, nos contaba Emilio de Diego a su primo Manolo Nieto y a mí, en su casa de Carrascal de la Cuesta, en la sierra de Segovia, como conoció a Paco en 1965: «Yo tocaba en la compañía de Gades en gira por Estados Unidos y me dijeron que en Tulsa (Oklahoma) estaba la compañía de Greco y que había un chaval que había que oírlo. No estaba muy lejos y nosotros buscábamos un guitarrista. Cogí un taxi, y me fui allí. Llegué más tarde de lo previsto, supe que Paco estuvo esperándome, pero se acostó al final. Él estaba ya en la cama, en un cuarto donde compartía litera con su hermano Pepe, que protestaba cuando llegamos a despertarle: "¡Dejadme dormir, callaros, a papá vas a ir Paco...!". Allí mismo medio legañoso, Paco se sentó en la cama, y accedió a tocar, dado que yo había hecho un largo viaje para oírlo. Pepe al fin se calló. Cuando escuché aquello, una rondeña que tocó, me sentí preso del síndrome de Salieri cuando rezaba refiriéndose a Mozart: "Dios mío yo te he compuesto más de cuarenta misas ¿y permites que haya nacido un niño como este?" Me quedé enamorado. Me parecía que su guitarra estaba construida diferente, para producir esa sinfonía de sonido. Simplemente aluciné. No me lo creía».

Su seducción llegaba al propio Manolo Sanlúcar, autor de la frase más noble, más generosa, hermosa y acertada, que un gran señor del flamenco —al que recientemente hemos llorado— ha dedicado a un compañero competidor: «Paco encanta al que no sabe de esto y vuelve loco al que sabe»[244]. La frase la pronunció

---

243 «Querido Paco». Luis Landero. *Paco de Lucía. La búsqueda*, libreto del documental, Ziggurat films, varios autores, 2015. Cit. (60) Los guitarristas que no se obsesionaron con él y conservaron su propia personalidad, salieron mejor parados. Paco Cepero es un caso claro. Siempre decía con respecto a este tema «yo tuve mucha suerte, me quedé en Paco Cepero, y no me pilló el terremoto». Y Paco, además, valoraba enormemente la forma de tocar de Cepero, su independencia y su personalidad como guitarrista, siendo estilos muy opuestos. «Este es el que tiene más compás de todos nosotros, le decía a Casilda».

244 Vídeo nº 122, «Paco de Lucía Francisco Sánchez» (año 2003) localizable en el buscador de YouTube introduciendo «Francisco Sánchez, Paco de Lucía english subtitles» 00:20:36 a 00:21:12

Manolo Sanlúcar, como respuesta a la petición que Manolo Nieto (director del documental donde la pronunció) le hizo: «Defíneme a Paco en dos palabras». Es tan sublime la cita, tan enorme en labios de Manolo Sanlúcar, que hasta Casilda hija la usa en su novela, para referirse al escritor que evoca a su padre[245]. Cuando yo mismo pedí a Manolo Nieto que me definiese él a Paco, tampoco lo dudó: «Humildad, Manuel, humildad. La persona mas sencilla más humilde y menos pretenciosa que te puedas imaginar. Ese era Paco, de verdad. Un hombre bueno».

Es asombrosa la unanimidad respecto a nuestro artista. ¿Cómo es posible esto en España y en el flamenco: ser admirado en lugar de envidiado?

La discreción que nos pidieron las fuentes que nos relataron alguna nota menos positiva de Paco de Lucía, es prueba de que concitaba unánimemente tanta admiración y tanta simpatía, que nadie puede ni quiere ser el aguafiestas. En todos los ambientes imaginables siempre hay un resentido dispuesto a rajar y no suelen faltar candidatos si la ocasión lo permite, pero aquí es complicado encontrarlo, por no decir imposible. Incluso estas hablillas, que hemos incluido por equilibrar, eran relatadas por sus testigos en tono jocoso y a fuerza de solicitársele insistentemente por nuestra parte, un contrapunto a tanta admiración como le profesaban.[246]

Pensemos por un momento que Paco de Lucía fuera un divo excluyente y soberbio. Vemos vídeos y tratándose de un artista que es casi mudo en el escenario, encontramos expresiones continuas de afecto a sus acompañantes. Puede que hubiese alguna queja de alguno, pero es difícil que no la hayamos encontrado, teniendo catalogados más de cincuenta vídeos y cribados seis veces más. La mayoría de estos vídeos no están preparados, sino filmados y subidos a las redes por cualquier espontáneo y comentados por miles de seguidores. Son datos crudos, sin filtro: son el juicio de la ver-

---

245   Casilda Varela "Te espero..."cit. Pág.230
246   Indudablemente no hemos ido buscando miserias ni basura, sino versiones realistas y sinceras, para no caer en la hagiografía, y hacer un estudio equilibrado, porque Paco de Lucía concita tal admiración, que es difícil localizar aspectos más allá de la rendición incondicional y universal

dad. En el capítulo dedicado a su presencia ante el público y en el escenario, nos detendremos un poco más sobre ello.

También cabe señalar la carta de fortuna que le tocaba a un músico que descolgase el auricular y escuchase al otro lado la voz de Paco de Lucía —que además tenía la delicadeza de llamarlos en persona[247]— proponiéndoles formar parte de su banda. Sobran ejemplos de Duquende, David de Jacoba, de Niño Josele y una larga nómina. Cuando colgaban el teléfono, daban un salto hasta el techo. ¡Les había tocado! A partir de ese momento los elegidos tenían identidad, obtenían la medalla y se la prendían en la solapa. Estaban condecorados. «Yo toco —o he tocado— con Paco de Lucía. ¡Ah bien! pase usted, faltaría más». Antonio Serrano (su preferido),[248] un músico que ha tocado con primerísimas figuras y hasta en películas de éxito,[249] decía:

> «Tocar con Paco de Lucía me abrió mil puertas y no dudo en decir que es un privilegio y el trabajo más importante de mi carrera. Le agradezco además la posibilidad de conocer el mundo. Hoy en día con la situación económica en Europa está muy difícil poder hacer giras, pero con Paco siempre viajas. Yo aprendo concierto a concierto, adquiero conocimientos que solo se dan si estás metido en una gira internacional».[250]

Paco siempre destacaba a Antonio Serrano y decía que era lo mejor que había conocido en músico.[251]

A cambio de eso, ¿qué son cuatro caprichos de vanagloria?

Visto ya con matices su punto egocéntrico, toca ahora hablar de generosidad.

---

247 «El nos enseñó a hacer el camino solo». *El Diario.es* 2022, cit. (29) «Sonó el teléfono y la voz de Paco preguntó por él desde el otro lado de la línea. Es verdad que con la primera llamada pensé, wow, a ver cómo resuelvo esto", sonríe ahora Antonio Serrano.
248 Entrevistas personales.
249 De Pedro Almodóvar, por ejemplo
250 «El uruguayo que toca con Paco de Lucía». Artículo en *El Observador* 2013. Cit (30)
251 Entrevistas personales

Desde chaval Paco siempre fue generoso. Mientras estuvo soltero, entregaba todo lo que ganaba a su padre. Su familia era muy querida para él y cuando se casó seguía ayudando, tanto, que había épocas en que todos vivían de Paco.[252]

Referimos ya su detalle generoso con Antonio Mairena en La Unión, no por acompañarle, que fue un regalo para ambos, sino por mimetizarse con la figura de Melchor, como tributo a su compañero y gentileza con don Antonio. Y vamos a relacionar seguidamente, otros episodios localizados.

Si hay un anejo inseparable, indisolublemente ligado a Paco de Lucía, es *Entre dos aguas*. No por divulgada podemos obviar su complejidad técnica y su armonización exquisita. Cumple cincuenta años en 2023 y nadie —y digo nadie— que hayamos podido constatar, es capaz de ejecutarla con la precisión que él lo hizo. O se comen doce o quince notas en un tramo, o las tocan sucias, o se van de compás. O directamente alivian los pasajes más difíciles, omitiéndolos y dicen que han versionado el tema, cuando deberían decir que no llegan a conseguir tocarla bien. Fue su salto a la fama global y una fuente enorme de dinero. Le llamaban de todas partes, gracias a las artes de Jesús Quintero que lo promocionaba en las televisiones y allá que iba con Ramón, a tocar la enésima variación de la rumba, (que se sabía ya de carretilla) y volverse cargado de billetes a su casa. Apañaba actuaciones diarias sin descanso durante semanas si era preciso, dado que le buscaban todos por ella y él era capaz de tocarla dormido. Aquello —aunque le saturó— era una máquina de éxito. Nunca la abandonó y en los conciertos, esperaba que se la pidieran porque era su clásico bis. *Tócala otra vez para mí, Sam.* Fue su *Mediterráneo* de Serrat, o su *New York, New York* de Sinatra.

Dicho lo anterior, si ven los títulos del disco, José Torregrosa figura como coautor de *Entre dos Aguas*, en la contraportada y también figura en la sociedad de autores, cuando —según el mismo Torregrosa dice— solo se limitó a pasar la música a papel pautado para la SGAE[253]. Recientemente, pese a ello, la familia Torregrosa

---

252 Entrevistas personales.
253 Pohren Op. cit. Pág. 96.

exigía esos derechos de autor. Lucía Sánchez, abogado de profesión, en nombre de los herederos de su padre, ofreció un acuerdo arbitral negociado con objeto de evitar los tribunales, pero la familia Torregrosa prefirió el litigio, que recientemente (en primera instancia) se ha resuelto por sentencia que otorga los derechos exclusivos de 37 composiciones, incluida Entre dos Aguas, a los herederos de Paco de Lucía. Si la sentencia se confirma, los descendientes de Torregrosa deberán devolver el 100% de los ingresos recibidos desde los años 70, en concepto de derechos de autor. Devolución que podían haber evitado mediante el acuerdo que rechazaron.

Jamás Paco habló de los derechos de la rumba en vida. No tenía tiempo para esas cosas a la velocidad que navegaba[254]. Lo que nos trae a la memoria, cuestiones en relación con otros derechos de autor que hemos relatado.

Músicos como su sobrina Malú, bailaoras como Sara Baras o algunos de su conjunto como Pardo, Benavent o Duquende, recibieron su colaboración en los momentos iniciales de sus propias carreras, consiguiendo así un impulso brutal para sus discos. Paco colaboró en los coros, el compás, los jaleos y las palmas del disco *Tu ven a mí* de «la Tana». Produjo el disco bajo el seudónimo de «Barriga Blanca de Ohio».[255] Cualquiera que le solicitase su colaboración, por modesto que fuese el artista, recibía su acogida. Hasta el mallorquín Tomeu Penya le preguntó a Paco con quien debería hablar para que él tocase en su disco y Paco le dijo, que con nadie, con él mismo. ¿Y el precio? —preguntó Tomeu. Sorprendente. Paco de Lucía aceptó la colaboración cuando ya pasaba los sesenta y era una figura mundial, a cambio solo de seis melones de Vilafranca del mato del mallorquín.[256]

Y Camarón de nuevo.

Estamos hablando de generosidad y no se puede dejar detrás abordando este tema, su relación con Camarón. Vamos a decirlo claro, Camarón no daba por Paco, lo que Paco daba por él.

---

254 Podríamos enlazarlo, pero no vamos a repetir aquí nada más, sobre los derechos de Camarón porque todo quedó dicho en su sitio.
255 «"La Tana" debuta con el paraguas de Paco de Lucía». *El País*, cit. (31)
256 Paco Amigos Mallorca. Entrevista *Ultima hora,* julio 2019 cit. (26)

No hablemos de intenciones, sino de hechos.

Paco era tres años mayor y Camarón, menos culto y desenvuelto que Paco, adoptaba —sin dejar de ser un rebelde— una actitud de cierta reverencia y reconocía un estatus de autoridad a Paco, a la vez que le gustaba desobedecerle. Cuando se conocieron en Torres Bermejas, Camarón le hablaba de usted y Paco tenía veintipocos años.[257]

En todos los órdenes de la vida, en una relación jerarquizada —por rango, estatus o conocimiento— el superior puede alabar o elogiar al inferior y éste crece. Cierto que haciendo esto, el superior suma a su grandeza el valor de la sencillez y se eleva aún más. Pero si es al revés, si es el inferior quien exalta, el inferior se reduce y el superior crece más. Se acrecienta la brecha.

Creo que, por eso, intuitivamente Camarón no elogiaba a Paco de Lucía. No ya al intenso nivel que se prodigaba Paco con él, que era obsesivo, sino a ningún nivel. No hemos oído nunca una declaración de Camarón ensalzando a Paco de Lucía, ni en prensa ni en entrevistas, ni documentales. Y si lo hacía, sería en un plano muy privado, como el caso de Pino Sagliocco, citado antes, pero no lo hacía en público.

Para ser rigurosos, debemos referirnos a una ocasión, la única localizada.

En una entrevista con veintitrés años, junto con Paco Cepero, habla Camarón sobre el cante de «la Canastera». José Monje relata que estaba delante Cepero cuando se grabó. Tercia Cepero y dice que estaba también allí Paco de Lucía y añade que Paco, tiene mucha influencia en Camarón «y en mí, vamos a decirlo, que también la tiene —añadió el noble compañero—, mucha». Camarón retoma el hilo y dice: «Paco (de Lucía) ya lo sabemos todos que es un monstruo» y sigue con su argumento de que «la Canastera» podía ser un nuevo palo del flamenco. Es la única vez que hemos cazado un elogio y hemos removido mucha tierra cavando. Si Cepero no hubiese terciado, ¿hubiese mencionado Camarón a Paco, que además colaboró en la composición del cante que estaban refiriendo

257   Félix Grande, cit.

en la entrevista? ¿Lo hubiese agasajado como un «monstruo», si Cepero no hubiese hablado de la influencia?

«Paco ya lo sabemos todos que es un monstruo» —dijo. Y fin de la cita.[258]

¿Era timidez? Podría ser; pero en la entrevista se muestra muy locuaz cuando le preguntan por variados temas. Y en otras ocasiones, en otras entrevistas, no es parco en elogios con las personas que admira. A Caracol se le rinde, pese a haber dicho de él que un gitano rubio no podía cantar. Y también salta inmediatamente cuando le preguntan si llora cuando ve torear a Curro Romero, respondiendo como un resorte: ¡¡Automáticamente!! [259]

A Paco le fascinó el encuentro con Camarón. Paco no era ambiguo cuando se refería a él. No escurría el bulto lo más mínimo, ni esperaba que le preguntasen o saliese a colación el tema: a Paco le preguntaban la hora y hablaba de Camarón, era él quien citaba a Camarón a cada oportunidad. Paco de Lucía cantó tres veces en su vida. Dos en el disco *Luzía*: una de ellas a su madre y otra a Camarón. La tercera, con su hija Antonia, en *Cositas Buenas*. No iba mal escoltado José, en términos de afecto.[260]

No aburriremos con declaraciones que todo el mundo conoce ya. Félix Grande recoge algunas de carácter absoluto, en las que Paco relata como *muere* con Camarón: «Gente que canta y que toca, que vive del flamenco, me miraban raro cuando yo decía que Camarón era el mejor de todas las épocas». Dicho queda.

Lo tutelaba, incluso a riesgo de deteriorar relaciones familiares porque su afinación lo enloquecía y su compás le fascinaba. Y con razón, porque Camarón cantaba almíbar. Camarón te vuelve loco.

---

258 Vídeo nº 98, localizable en el buscador de YouTube introduciendo «Rito y Geografía del Cante Flamenco Camarón» 00:23:00 a 00:23:45

259 Entrevista con Carlos Herrera y Curro, en el documental *Camarón, de La Isla al mito*, cit.

260 Aunque Paco no era un canario flauta precisamente. Cantando, con o sin timidez no se hubiese ganado la vida. Con razón cuando le preguntaron de joven: ¿Paco canta flamenco alguna vez? «Sí, pero sólo en casa, sobre todo cuando escribo cantes... o cuando estoy con los amigos y borracho». Cuando el escritor señaló que Paco había cantado flamenco en una tertulia reciente, Paco respondió. «Bueno, así es. Eso fue porque me sentía bien y a gusto con mis amigos... ¡y también me emborraché!»

La casa familiar de Paco de Lucía era un baluarte, un fortín militar, de disciplina, orden y rigor, comandado por el general don Antonio Sánchez Pecino y enfocado en la proyección y desarrollo de la carrera de Paco y sus hermanos. Paco fue quien llevó a su padre a Torres Bermejas a escuchar a Camarón cuando el gitano no era nadie. Paco ya era figura y su padre producía discos en Hispavox, negándose a que su hijo tocase en fiestas o pidiendo cantidades desorbitantes de cinco mil pesetas de la época para desanimar a quien lo solicitase, aunque fuese el mismísimo Manolo Caracol quien hiciese la petición[261]. Camarón, en cambio, cantaba entonces en el tablao siete horas por mil pesetas y tenía que ser socorrido económicamente por Pansequito, Bambino o el Turronero para poder llegar a fin de mes; era un absoluto desconocido. Ni calaba ni gustaba. No sabemos si la visita a Torres Bermejas fue después de la juerga por Jerez, que terminó en casa de Parilla con la gitana recién *levantá* que veremos más adelante.[262] Tampoco importa. Lo relevante fue que no siendo nadie, Paco llevó a su padre a que lo escuchase para tratar de lanzarlo como artista.

Y eso que Camarón llegó ya regular a la base de lanzamiento. Paco lo citó a comer a su casa para grabar las primeras pruebas y el de La Isla dejó plantadas las lentejas que Lucía les había cocinado y no apareció. Estaba de juerga. Paco, lejos de decidir, que las lentejas si quieres las comes y si no ya sabes, volvió a Torres Bermejas y le dijo que era «un gitano mojonero», *piropo* de desplante que cruzó fronteras como puede verse.[263]

261   Don Pohren, cit pág. 63-65.
262   Paco de Lucía cuenta en *La búsqueda* que cuando de verdad le cautivó Camarón fue en una noche de juerga en Jerez. Vídeo nº 213, 00.35.00
263   *Camarón, la révolution du flamenco*. Jean-Pierre Filiu, cit.

Paco de Lucía retourne presque tous les soirs aux Torres Bermejas ; Camarón et lui prolongent la nuit dans les cafés du quartier, voire les propriétés des *señoritos* ; l'aurore est propice aux plans d'avenir. Le guitariste prodige, corseté par l'ambition paternelle, fend l'armure durant ces virées au bout des ténèbres et cette énergie baroque lui est bientôt précieuse. Bien en cour chez Philips, Paco offre à son compagnon gitan de réaliser un disque en commun. Pour sceller l'accord, Camarón est invité à un dîner de fête chez les Sánchez au grand complet. Le *cantaor* pose un de ses nom breux lapins, Paco le traite de « gitan merdeux » (*gitano mojonero*, littéralement « gitan couvert de crottes »), ce qui est très méchant, mais surtout amer. L'insulte efface l'outrage et l'offense partagée permet la réconciliation.

(Traducción[264])

Pero le dio una segunda oportunidad, Paco no era indolente con lo que le interesaba. José finalmente fue a su casa al día siguiente, se escucharon y grabaron maquetas y pruebas.

Paco de Lucía lo acogió siempre. Cuando otros guitarristas no querían tocarle, él lo amparó. Se conocieron a mediados de los sesenta, siendo Camarón un chiquillo desconocido de catorce o quince años. Paco de Lucía ya estaba cotizado en las discográficas y estaba grabando guitarras con Paco el del Gastor y Enrique Escudero para un disco de Bambino, cuando llegó Camarón. Bambino pidió que le tocasen para que lo escuchase el director musical de Columbia, a ver si le hacía un disco. Paco el del Gastor y Enrique estaban cansados y no les apetecía tocar. Paco de Lucía tal vez por ser también jovencillo, finalmente accedió. El tipo de la compañía comentó que eso no vendía y Paco de Lucía —a quien tampoco le dijo mucho ese día el de La Isla—sin pensar en ventas ni en dineros, lo consoló: «No te preocupes, José, yo te hago un disco».[265]

Pero no fue ese día cuando Paco quedó impresionado con Camarón. Fue después, una noche de juerga, en la que coincidieron

---

264   «Paco de Lucía regresa casi todas las tardes a Torres Bermejas. Él y Camarón prolongan la noche en los cafés de barrio, incluso en las propiedades de los señoritos; el amanecer es propicio para los planes para el futuro. El guitarrista prodigio, encorsetado por la ambición paterna, se parte la coraza en estos viajes al fin de la oscuridad y esta energía barroca pronto le resulta preciosa. Bien en el juzgado de Philips, Paco le ofrece a su compañera gitana hacer un disco juntos. Para sellar el trato, Camarón es invitado a una cena de celebración en la casa completa de los Sánchez. El cantaor plantea uno de sus episodios, Paco le llama "gitano de mierda" (gitano mojonero, literalmente "gitano cubierto de excrementos"), que es muy mezquino, pero sobre todo amargo. El insulto borra el ultraje y la ofensa compartida permite la reconciliación».

265   Vídeo nº 213, documental *Paco de Lucía, la Búsqueda*.

los dos por Jerez con Parrilla, un afamado guitarrista jerezano. Ya a las claras del día, Camarón le propuso a Paco ir a casa de Parrilla, porque José quería ver a su hermana, una gitana muy guapa, recién *levantá*. Y allí, en casa de los Parrilla, continuaron la juerga. Ahí se hechizaron mutuamente. Paco lo subió a la grupa de su guitarra y surgió el maremoto flamenco[266]. La letra de Juan Manuel Flores [267] parece encargada para relatar ese encuentro.

> «Me lo encontré en el camino y nos hicimos hermanos, y lo invité a que subiera al lomo de mi caballo y en una venta, tomando vino y más vino a mi hermano de camino le escuché dos o tres letras: "Mi novia se llama Estrella y tiene un firmamento sólito pa ella"».

Camarón, al cabo de los años, pegó la *espantá* del ámbito de la familia Lucía, porque el padre de Paco le aplicaba una rigidez que saturaba al niño Monge, que no aguantaba los rigores de «don otra vez»[268]. Y se fue con Ricardo Pachón, que por entonces era ya un reputado productor de figuras como Lole y Manuel y muchos otros.

Ricardo llamó a Paco de Lucía como primera opción para tocar en *La Leyenda del Tiempo*, el disco más exitoso de Camarón y Paco aceptó el encargo por afecto a su socio. Pero tuvo que rectificar. Ni su hermano Ramón ni su padre, le hablaban por aquel entonces al gitano. La trifulca con la familia y el enojo que tenía su padre no le permitían tocar en el disco por respeto hacia él. De modo que Paco volvió a llamar a Pachón para decirle que no podía aceptar el encargo. Pese a ello, Paco no faltó a las pruebas finales del disco a dar su visto bueno —condición de José antes de editarlo— ni a su boda con «la Chispa», cuando se le invitó.

---

266   Félix Grande, cit.

267   Desde estas líneas desearíamos recordar a Juan Manuel Flores Talavera. Un poeta de Triana cuyas letras escritas en servilletas de bar y folletos publicitarios, produjeron las más bellas bulerías que se pueden oir, y que en su día supusieron una revolución de belleza inusitada, incorporadas a la discografía de Lole y Manuel y sobre todo cantadas por Lole.

268   El padre de Paco era muy exigente y si algo no salía bien en el estudio de grabación, no dejaba pasar una. Abría el micrófono de la pecera y les decía «otra vez». Camarón lo bautizo así, pero con el «don» por delante, la edad merecía un respeto. «Camarón de La Isla al mito» cit.

Paco siempre se zafaba de los suyos e iba a buscarlo, no lo dejaba. Sabía que Camarón era volátil y necesitaba tutela de alguien que le quisiera y lo mirase bien, porque no había otro como él. Realizando trabajos de mezclas en Sevilla, de la sublime seguiriya por bulerías *Dicen de mí* —una obra maestra que levantó de sus sillas a los profesores de la Royal Philharmonic Orchestra de Londres[269] durante la grabación— Paco apareció por el estudio sorprendiendo a todos. A José —cuyo oído era absoluto— algo no le cuadraba y había demandado la presencia de Paco, sin decírselo a nadie, para asegurarse de que todo estaba en orden musicalmente. Y Paco, a riesgo que se enojase la familia, allá que fue. Y no a husmear, sino a aportar. Escuchó atentamente las pruebas del disco y le dijo a su amigo: «José, la seguiriya está fuera de compás». ¿Cómo?, dijeron todos en el estudio; y se pidió la claqueta. Y en efecto, *Dicen de mí* estaba fuera de compás; Benavent andaba bocabajo y Tomatito tenía el reloj con la hora de Canarias. Todos perdidos de compás. Todos no. El único que no estaba perdido era Camarón. Paco dio dos o tres directrices, regrabaron guitarras e instrumentación sobre la voz de José, mezclaron las pistas y todo cuadró.[270]

Y Paco seguía apostando por él. Cuando todo se calmó con el clan Lucía, viviendo aún su padre, Paco grabó tres discos con Camarón y Ricardo Pachón en 1981, 1983 y 1984. Y otro más, *Potro de rabia y miel*, en 1991, terminando la edición del disco un mes antes de su muerte en 1992, en una época en que Paco de Lucía no estaba precisamente ocioso. Ese año, Paco de Lucía culminó el Concierto de Aranjuez, con la Orquesta de Cadaqués. El 18 de abril de 1991 terminó en Brasil una gira por Sudamérica, ofreció dos conciertos en España y el 27 de ese mismo mes, emprende otra gira, hasta el 11 de

---

269   El disco *Soy Gitano*, se grabó con la orquesta de Londres. Ricardo Pachón me contó que los profesores de la filarmónica nunca o rarísima vez se pronuncian sobre el artista que graba con ellos. Cuando Camarón canto la "Nana del Caballo grande", quedaron estupefactos y tras la seguiriya "Dicen de mi", se levantaron de sus asientos, aplaudieron a Camarón y le dijeron que allí tenía su casa, para cuando quisiera volver a grabar. En el estudio de Londres todos lloraban escuchando a Camarón romperse el pecho y bordar el cante con la seguiriya, una letra además, dramáticamente autobiográfica. Pachón entrevista personal, cit.
270   Ricardo Pachón, Simposio y entrevista personal cit.

junio de ese mismo año, por Francia, Luxemburgo, Bélgica, Suiza, Italia Austria, Holanda y Yugoslavia. La interrumpió en verano y la retomó entre el 19 de septiembre y el 16 de octubre por veinticuatro ciudades de Alemania, Reino Unido, Dinamarca, Suecia, Noruega y Finlandia. Más tarde, en octubre, le esperaba una actuación con el sexteto en Lisboa y una nueva gira por Japón, hasta que finalizara ese año[271]. En los días de descanso, volaba a Madrid a terminar el «Potro» con su querido José —en un precario estado de salud, que no le aportaba al pobre cantaor más que problemas y dolores— dejando Paco pendientes las mezclas para la grabación del *Concierto de Aranjuez,* porque el estado de salud de Camarón no aguantaba más.

Pero, aunque le costaba, le compensaba encerrarse con su gitano a darle gloria bendita a esa voz. Tal vez recordaba cómo la fuerza y la emoción de los dos, siendo jóvenes púgiles flamencos, les daba vida en la gira alemana, porque la gente no se marchaba del teatro cuando actuaban juntos. Desde jóvenes, encajaron. Se bromeaban mutuamente, incluso durante los cantes, llamándose «Alberto»[272] el uno al otro. Los músicos jovencitos del septeto —sabiendo cómo eso le llegaba al alma— animaban a su maestro con ese nombre, mientras tocaba por bulerías, cuarenta años después: *«¡Alberto! ¡Toma!»* [273]

Algunos entrevistados nos comentan, que la familia de Paco vio un diamante en bruto en el gitano rubio y explotaron el hallazgo. Algunos dicen que mucho. Y al salirse de la familia, ya sabes... o estás conmigo o estás contra mí. No sabemos qué hizo la familia Lucía, igual se pasaron de rosca, pero lo cierto es que Paco daba mucho más a Camarón, que lo que tomaba de él.

Siendo éste un trabajo basado en hechos, nos limitamos a constatar lo que fue la vida de Camarón —ordenada en lo personal y prospera en lo artístico[274]— mientras estaba bajo el paraguas de la familia Lucía; y lo que fue de su carrera y su vida, cuando les

---

271 Téllez, cit.
272 Vídeo nº 158, localizable en el buscador de YouTube introduciendo «8kk8nicjyyy» 00:00:50
273 Vídeo nº 150, «paco de lucia buleria alla paco!» min 00:07:12
274 «En el caso de Camarón, mi comportamiento fue de una generosidad máxima.

dejó. Salvo los trabajos que hizo después con Paco, no realizó ninguna obra cumbre, para el inmenso talento que tenía. Y en lo que Camarón no hizo oficialmente con Paco, extraoficialmente él siempre andurreaba por detrás, porque Camarón pedía su visto bueno antes de ponerle punto final a sus trabajos.

Cuando grabó *La leyenda del tiempo,* un disco disruptivo en el mundo flamenco, Camarón le decía: «Paco, ¿qué dirá la gente de las peñas flamencas de esto?». Y Paco le decía: «Al carajo las peñas si no entienden que seguimos haciendo flamenco». Y cuando a José le preocupaba lo que pensarían los gitanos, le respondía: «Pues si lo entienden, mejor; si no, ya lo entenderán». Y José se quedaba tranquilo y seguía *palante* confiando en su chamán.[275]

De genialidad estaba sobrado. Talento, arte y gusto tenía Camarón para llenar quince barcos. Cabeza, menos. Y facultades, las fue dilapidando. Camarón perdió dones más que ganó glorias, al menos sobre el papel.

Tuvieron varios enfados y las correspondientes reconciliaciones[276]. Tras un tiempo distanciados se cruzaron en un hotel: «¿Qué pasa maricón? Maricón tú, a mí no me pasa "ná"» Esa fue la fórmula elegida para coger una botella de whisky, cerrar el distanciamiento y volver a ser amigos. Ambas vidas no eran compatibles, estaban diseñados para añorarse y verse ocasionalmente, no para una relación de continuo. Camarón no se preparaba, no entrenaba la voz, no se cuidaba en ningún aspecto, era pura intuición. La noche antes de una actuación podía dormir en el hotel con el aire acondicionado y el kilo y medio de pelo que tenía, mojado, y aparecía a grabar afónico, viéndose obligado a mendigar a la televisión local de turno, que no se marchasen, que le esperasen a que se le pase la ronquera, que el Tomate y él, esperaban lo que hiciera falta. Pura bondad y pura anarquía[277].

Mi padre se peleaba para sacarle más dinero», declaró Paco. Miguel Mora, *El País*, cit.

275   Pachón, entrevista, cit.
276   Uno de ellos porque Paco le negó a José dinero para heroína. Probablemente José no tuvo la culpa porque el «caballo» hablaba por él. Entrevistas personales.
277   *Camarón de La Isla al mito.*

Adquirió la costumbre de llegar tarde a las actuaciones y marcharse enseguida. «En un incidente ampliamente difundido, Camarón iba a actuar como parte de un concierto de flamenco durante el Festival anual de San Isidro de Madrid. Veinte minutos antes del espectáculo estaba todavía en Cádiz a seiscientos cincuenta kilómetros de Madrid y a ciento diez del aeropuerto más cercano.

El concierto comenzó con un anuncio de que "¡Camarón acaba de salir de casa!". Tras la actuación de Angelita Vargas, los altavoces sonaron: "¡Camarón está a punto de tomar el avión en Sevilla!". Actuaba Familia Fernández, y luego, "Camarón está en vuelo... haremos un intermedio de media hora".

Posteriormente, hubo que pedirle a El Lebrijano que ampliara su tiempo en el escenario, y así lo hizo. Al terminar, se anunció que "Camarón acaba de llegar al aeropuerto de Madrid y se va al hotel a ducharse". Fosforito salió, preso de una crisis, y cumplió su compromiso. Casi una hora después, el locutor salió a proclamar con alivio: "¡Ya está aquí!"

Camarón subió al escenario, se sentó al lado de Tomatito y le dijo al público, como siempre lo hacía, "Voy a cantar por soleá y por bulerías, y después, lo que ustedes quieran...»

Diez minutos después se levantó, abandonó el escenario y el recital había terminado. Comprensiblemente, la multitud estaba decepcionada y muy enojada»[278].

En la película *Carmen*, que Paco de Lucía rodó con Gades y Cristina Hoyos, Paco influyó para que contasen con Camarón. Pero no se presentó al primer ensayo y hubo que sustituirlo por Marisol. [279]

Tampoco tenían aficiones comunes, ni físicas, ni mucho menos intelectuales, Camarón era semianalfabeto. Paco se proyectaba en una dimensión culta y Camarón era de sensaciones primarias; Paco practicaba la disciplina de un preparador de oposiciones. Camarón era anárquico y necesitaba un santo en la tierra como Tomatito, la

---

278   «Paco de Lucía a new tradition...» cit. (citando un artículo de Paco Spínola, *Revista la Caña*, 1993, nº 6)

279   Gómez de Jerez entrevista cit. Gómez trabajó en esa película.

persona más buena y paciente del mundo. Con nadie más hubiese podido congeniar.

Paco, pese a todo, le tuvo afecto y cariño de verdad. Porque Camarón era tan puro, tan sencillo e infantil, que se hacía querer. Estos personajes tan frágiles, que sin maldad alguna en su ser se dejan llevar como una pluma al aire por la vida y se endiñan guantazos colosales, inspiran mucha compasión; son entrañables. Si además tiene un oído de búho y un pecho del que sale oro puro, que le permite alargar un tercio hasta que da miedo pensar de dónde saca el aire y que no va a poder llegar, pero remata con el último aliento, con los puños apretados, la garganta tensa, todos los pliegues de la cara marcados y sigue afinando todavía como en la primera nota..., ya es que te lo comes. Te enamora.

Jesús Bola, ingeniero de sonido, cuenta que Camarón se metía en la pecera del estudio y Paco, desde fuera, le ponía una entonación y José lo bordaba. Paco le subía el tono y le variaba la afinación, dándole una vuelta más de tuerca. Esta vez no llega —decía el guitarrista—. Lo bordaba otra vez. Paco le apretaba y le hacía repetir con una variante más complicada. Esta vez no va a poder hacerlo —decía sin que Camarón pudiese oírlo—, pero lo hacía aún mejor. Paco llegaba al último eslabón de dificultad y estaba seguro de que lo había cazado. Camarón volvía a derramar el tarro de sus esencias. Paco se mosqueaba, tiraba la toalla y decía maravillado: «¡Este tío puede con todo, no es de este mundo!». La serie documental *Camarón, de La Isla al mito* de la que procede el recitado anterior y que no nos cansamos de recomendar, nos presenta a un personaje entrañable, natural. Los relatos son candorosos.

En uno de los escasos viajes que hizo y que le llevó a Nueva York, Camarón se paseaba por barrios peligrosos cargado de cadenas de oro. Y le decía a Antonio Carmona: «Me mira todo el mundo ¿Por qué me miran?» «¿Que por qué, José? Quítate eso hombre... A ver si salimos vivos de aquí...». El teatro neoyorkino —al que llegaron Tomatito y él a cantar con reticencias iniciales, porque el público era de todo, menos proflamenco, estaba alborotado. Nadie estaba pendiente de la pareja que se acomodaba en dos sillas de tijera, uno con melena y una guitarra y el otro con la fragilidad de un cuerpecillo como todo instrumento. El público bebía, se volvía en los asientos y charlaba sin parar. José, sin pedir silencio ni nada, con su estampa esquelética, dijo su saludo al micrófono sin reparar en que no le entendían: «Buenas noches. "Viá cantá un puito" por alegrías y ya, por lo que "ustede" quieran después». Allí no había nadie en silencio en todo el teatro. Pero cuando ese gitano soltó por esa boca, los primeros compases por cantes de Cádiz:

«*Verea del camíiiiiíno,*
fuente de piédraaaa,
cantarillos de áaaaguaaa,
lléeeeeeva, lléeeeva mi yegua.
¡¡LAS OLAS!!, rompen la mar...!»

[...] De pronto había pasado un ángel. Todo enmudeció. Los asistentes se convirtieron en estatuas y en el teatro solo se escuchaba la voz del genio y la guitarra de Tomatito.

Al final del concierto, le entrevistaron en la TV americana y el periodista le preguntó:

«¿Has estado a gusto? ¿Hay algo que quieras señalar?». «Yo "aestao mu agusto" aquí, aunque aquí hay una gente "mu" rara. Yo estaba cantando por soleá y se subió una negra al escenario, una negra, que se puso a mi lao y empezó a "tocá" las palmas, la negra». El locutor preguntó, que si las tocaba bien. «¿Que si las tocaba bien? —dijo Camarón— ¡Mas compás que yo, llevaba la negra!»[280]

Sin embargo, Camarón se negaba a las grandes producciones, a viajar lejos y se resistía a incorporar palmas, baile, instrumentación o cualquier complemento a su cante. «Al final hago las cuentas y es peor, se llevan mucho dinero. Yo voy mejor con el Tomate en el taxi, cantamos y nos volvemos a La Isla». Enfocó su carrera, con un taxista como *road manager*, dos sillas de enea y un guitarrista santo por toda impedimenta. Los gastos eran las comisiones de Pulpón, los hoteles

---

280 Camarón de La Isla al mito, cit.

y pare usted de contar. El sobre con los dineros, para «la Chispa» y todo anotado con su escritura particularmente críptica, en una libretilla telefónica sacada de una agenda de propaganda. Fin. En las contadas ocasiones que viajó a Estados Unidos o a Montreux, hubo que engañarle con la duración del vuelo o no hubiese subido al avión.

En Montreux, cuando José se abrió de capa, reventó el festival de jazz y músicas variadas, más prestigioso del circuito, enloqueciendo al público. Allí se le presentó la oportunidad de su vida, un salto internacional cósmico, con Pino Sagliocco y Quincy Jones como tutores. Quincy Jones fue a verlo al camerino después de cantar y pidió en inglés, a Pino Sagliocco que tradujese, que le dijese que lo había enloquecido, que jamás oyó a nadie cantar así. Cuando Quincy Jones llevaba un buen rato hablando en inglés y vertiendo elogios sin parar, que Pino iba memorizando para traducir, Camarón le espetó al traductor: «¿Cucha Pino, este negro quién es, que raja tanto?». El traductor, casi muere de risa y probablemente perdió el hilo del discurso. La empresa, evidentemente, no cuajó.

De no estar escribiendo hoy sobre Paco, lo estaríamos haciendo sobre Camarón: nuestra admiración hacia él no tiene límites.

Es atractiva la vida bohemia de Camarón, que hacía lo que le daba la real gana y a Paco le atraía sin duda, porque él estaba mortificado permanentemente en el mundo de neurosis anancástica de un matemático de la guitarra. Decía tener muchos conocimientos que le generaban confusión:

> «[...] pero [que] a veces es preferible no tener ninguno y contar solo con la emoción, ser un salvaje. Es mucho más intrépido un salvaje que un intelectual, más osado y por eso tiene la posibilidad de encontrar locuras». [...] «He vivido toda mi vida abusando. Usando la sensibilidad y la intuición, pero llega un momento en que echas de menos el conocimiento, el raciocinio. El conocimiento escolástico, por ejemplo; el haber ido a una escuela a aprender armonía, música. En ciertas situaciones no he sabido qué partido tomar; si

el de la lógica coherente [...] o el tradicional, lleno de incoherencias, pero muy atractivo y poético».[281]

La mente de Paco se debatía en una pura ciclotimia. Sin embargo, él no se despeñaba nunca y consiguió el eureka: «Lo que hice fue agarrar de cada cultura lo positivo y tratar de aplicarlo».[282]

En términos de felicidad, si hay algo cierto es que la receta que sirve a unos no vale a otros. Nos condiciona el *cómo somos*. Una persona *que es* anárquica, informal y errática, no funciona con el mismo voltaje que otra, *que es* cartesiana racional y ordenada. Pero si tuviésemos que apostar, no sabríamos qué elegir, porque, aunque desastrado, igual resulta que Camarón fue más dichoso. Ojos que no ven corazón que no siente. Los seres simples suelen ser más felices que los sofisticados.

No deben leerse estas líneas desde una óptica dual de bueno y malo. Alguien lo vera así, pero se equivoca. No juzgamos a nadie. La vida y las circunstancias personales de los individuos son poliédricas, mestizas, no caben esas simplezas maniqueas cuando se clasifica a personas. Menos aún a genios inclasificables y todavía menos cabe hacerlo, si este estudio se basa en referencias indirectas y deducciones imprecisas. A Paco le hundió la muerte de su compañero y la insoportable idea de no oírlo más ni tenerlo frente a su guitarra. Pero también le aplastó, que el episodio de la apropiación de derechos pudiese afectar a su propia imagen, siempre impoluta.

Nuestra opinión es que Paco hizo lo correcto. Se debe acompañar a los amigos siempre, cuidarlos y ayudarlos. Nos atrevemos a decir, por lo estudiado, que era del que seguía a sus amigos hasta el precipicio, incluso hasta el mismísimo borde del abismo y los sujetaba. Pero no se lanzaba con ellos al vacío. Eso ya es estupidez y él no era estúpido.

Camarón según decía Paco de Lucía respetuosamente, *vivió muy intensamente*. Según yo lo veo, destrozó su vida. Con o sin intención. Pienso que sin ella. Camarón era un ser muy puro, indefenso, sin cultura ni formación y se crio sin padre, en un

---

281   Entrevista Sol Alameda, *El País*, cit. (11)
282   *Ídem.*

entorno desestructurado, que los parientes próximos tuvieron que suplir. Paco en cambio tenía una familia sólida. Sus crianzas fueron diferentes.

Paco era asertivo, tramitaba y despachaba rápido las situaciones que no llevaban a ninguna parte. Y la relación con Camarón era una de esas situaciones en que la cosa no daba más de sí. El artista de La Isla no iba a cambiar. Todo lo más que podía suceder, era que lo arrastrase a él y ruina para los dos. Había una opción mejor: «Aquí me tienes para cuando me quieras, de vez en cuando nos vemos y hacemos un disco y nos conservamos el cariño. Te quiero hermano, mucha suerte».

Y no se equivocó. A Camarón le tenían que socorrer sus propios compañeros. Tal era el estado de las finanzas de Camarón que el dinero necesario para arreglarse la dentadura, provino de Pepa Flores, Marisol, la mujer de Gades. En una tarde de toros en Jerez, con Curro y Paula anunciados, José andaba con «Rancapino» y otros flamencos más por los aledaños de la plaza esperando la hora del festejo. Llevaba una vela de mocos que le llegaba a la comisura de los labios después de haberse tirado cinco días encerrado en una habitación con el *bazuco*. Se le acercaron dos cantaores de Jerez que lo vieron como venía y le dijeron —mientras le limpiaban disimuladamente con un pañuelo— con tono severo: «¡Por Dios, José, ¿tú has visto cómo vienes? ¡Que esto está lleno de prensa hombre! ¡Si hasta hueles mal!» El dios al que le acercaban los gitanitos sus churumbeles para que los bendijese, solo acertaba a repetir «¡Esta cambrí»[283]; «la Chispa» está cambrí ¡"Ví a tené" otra niñita que se va a llamá Rocío! Lo estamos celebrando» Sus modestos compañeros sentían pena, indignación y rabia por lo que veían con sus ojos. Tampoco se amarraron a José para redimirlo, le advirtieron, pero siguieron su camino[284].

Pese a separar sus caminos, Paco de Lucía le dedicó el Príncipe de Asturias. Eso solo, ya es tener mucho corazón y nobleza. Paco de Lucía seguía proveyendo a Camarón y a los suyos, en ese dar infi-

---

283 Embarazada en idioma romaní.
284 Camarón, preguntó si estaba Paco por allí, tal vez temiendo que lo viese, sabiendo que no iba muy fino ese día. Fuente: Entrevistas personales cit.

nito, sin recibir nada más que placer y amistad. Nos consta que, en más de una ocasión, a través de terceros para no ofender la dignidad de su gitano, le salió al paso de dificultades. Más de una y más de dos. Salvó propiedades inmobiliarias rescatándolas del embargo y a veces lo dejaba con Casilda en Madrid en su casa, a su cuidado[285]. José en su bondad e infinita inocencia, le decía: «"Zirda", dame diez mil "pejetas, mujé", pa un taxi pa ir al aeropuerto a una "cocita" allí». Y Casilda se lo negaba con ternura: «No te conviene coger taxis tan caros José, vente para dentro y tomamos algo», y le invitaba a quedarse en casa por su bien.[286]

Camarón en cambio, no correspondió al trato que recibió.

Las conclusiones puede sacarlas cualquiera y respetamos todas las que vengan y si son diferentes y fundamentadas y hay que rectificar estas que aquí se exponen, mejor. Estas no son ni mejores ni peores, son las nuestras.

9. VICIOS

Paco era un inteligente sobrado, pero también muy listo. Que no es lo mismo.

La sociedad actual esta subyugada por las redes sociales y quienes controlan las redes cogen muchos pescados, sirven para eso. Besugos, como ya dijimos, entran muchos.

Los poderes políticos, económicos y fácticos —los primeros van mandando menos y los dos siguientes más— se sirven de estas plataformas como herramientas de control social, manipulando según les viene bien, para que sus intereses emerjan. Es un mal indoloro y como el agua, incoloro e inodoro. Cuando te lo inoculan no sientes nada —le añaden sabor dulce—, solo se dejan ver las secuelas después de un tiempo, en forma de supina estulticia o estupidez de quien lo padece.

Una herramienta muy potente, de manejo y deterioro social de la segunda mitad del siglo XX, fueron las drogas. Al que le pilló el

---

285   Así sucedió durante parte de la grabación de «Potro de rabia y miel»
286   Entrevistas personales cit.

tren lo dejó listo. En los ambientes de negocios, política, ocio, arte y cultura se introducían como fluidos. El ambiente flamenco jugaba en la *champions* de esa vulnerabilidad. ¡No pasa nada...! ¡Todo el mundo lo hace y aumenta la creatividad...!

Mas visibles que las redes[287], las drogas no eran aceptadas socialmente como lo son aquellas, entraban con placer y terminaban a veces con muerte.

Paco de Lucía aludía a ellas veladamente —como solía expresarse muy a menudo— envolviéndolas en eufemismos. «Ha vivido a veces —decía refiriéndose a Camarón— muy intensamente, alocadamente, una vida muy desordenada». Aludía a los vicios de Camarón de esa forma[288]: «Durante años era el comentario cotidiano. Siempre me daba la razón y decía: "Ya no lo voy a hacer más". Yo insistía, aunque sabía que no servía de nada. Él me respetaba mucho y siempre lo hacía detrás mío, para que no lo viera; le daba un poco de vergüenza».[289]

Tan solo una vez, que hayamos localizado, y tras una espantada de Camarón en 1984 que no se presentó a cantar en el Conde Duque, Paco se expresó con toda crudeza: «Él [Camarón] primero debe ayudarse a sí mismo tomando una decisión para salir de su problema. Él y Tomatito iban a compartir la primera parte de mi concierto en Madrid, pero no lo hizo». «No apareció, así que tuve que tocar todo el concierto solo. Se matará si no deja las drogas».[290]

Pero, aunque el propio Paco también «practicaba deporte», los vicios del uno no fueron las adicciones del otro. Muchos de los entrevistados coinciden, que nuestro hombre era discretísimo y nadie sabía lo que había hecho.[291] En los estudios de grabación siempre había en el *catering* una cajita, una bandeja o lo que fuese, provista *según los comensales* que allí hubiere, o los días de grabar que tuviesen por delante. Cuando llegaba uno, se servía «en su plato» y dejaba «en la olla» para el día siguiente.

---

287 Pero igual de peligrosas, ambas taladran la mente.
288 Igual que con el uso del chándal, si lo lleva otro es chabacano, y si lo llevo yo es comodidad
289 Sol Alameda, cit. (11)
290 «Paco de Lucia a new tradition...» cit.
291 Por razones obvias y por petición expresa no revelamos los nombres

Máximo Moreno me contaba, cuando fui a verle a su estudio para recoger la foto de portada de este libro, que en cierta ocasión fue al apartamento de calle Orense —donde Paco y Casilda vivían antes de casarse— a fotografiarle. Después de la sesión, llegó Camarón y Máximo se quedó a ver como Paco y Camarón ensayaban, y que al ir a encenderse un canuto, le dijeron: «¿Dónde vas Máximo? Enciende uno de estos que nos los ha regalado Bob Marley» y aquello, según Máximo, estaba de escándalo, como es natural, viniendo de quien venía.

Y en las temporadas en Méjico, tres cuartos de lo mismo. No era nada difícil encontrar lo que se terciase.

Su hija Casilda evocaba en sueños los regresos de gira de su padre, en su Mercedes rojo, cuando ella era una niña: «la mirada negra» y «las esquirlas de mil batallas libradas en la oscuridad y los reencuentros delicados» al volver de las giras largas[292]. Su hijos, Casilda, Lucía y Curro —pequeños entonces— esperaban al padre con la nariz pegada al cristal ilusionados con su vuelta, pero a veces podían bajar a recibirle, y a veces, tenían que esperar un poco. Según.

El ritmo del sexteto en los años ochenta era vertiginoso y los *road managers* les decían que eran más intensos que los *Heavy Metals*. Los productores les proponían un día de concierto y dos de descanso —las comunicaciones no eran como hoy— pero ellos decían que no, que concierto y descanso, pero que si estaba cerca el próximo destino, concierto y concierto. Y para eso hacía falta «gasolina extra». El sexteto vivía al límite. Cambiaban placer por felicidad. El placer es una sensación concreta y puntual de bienestar, un sentimiento de euforia generado por la satisfacción rápida de una necesidad. O de lo que sentimos en ese instante como una necesidad. Por el contrario, la felicidad es un estado de ánimo estable en el medio y largo plazo, una especie de alegría serena. El placer es dopamina, es adictivo, a corto plazo, y visceral, es decir, lo sentimos fisiológicamente en el cuerpo. El placer se experimenta en solitario, nunca es suficiente y genera adicción.

---

292   Casilda Sánchez, *Papá*, cit. Evoca un diálogo con su padre que regresa momentáneamente desde el más allá, le hemos llamado «sueño».

La felicidad en cambio es serotonina, no es adictiva, porque funciona a largo plazo, incita a dar, en lugar de pedir y se vive colectivamente, el individuo se siente bien y piensa que «eso es suficiente».

El sexteto permutaba emociones auténticas como el amor, por sensaciones y subidones artificiales como las juergas, las tías y los colocones.[293]

Paco, a partir de los cuarenta y tantos años muestra estos estragos en su propia faz. Su rostro torna a más desencajado y se desconfigura su imagen anterior. Como dijo Félix Grande: «Presenta una efigie devastada», y hasta pierde casi por completo el pelo de las cejas, detalle que influye mucho en la configuración de su rostro.

No obstante, incluso para los vicios fue inteligente, tenía un enorme dominio, sabía cortar y sujetar las situaciones sin verse afectado, al menos en alto grado.

Es claro que no es lo mismo chutarse, o fumar *bazuko* en una tapia de un descampado, que fumarse un canuto de vez en cuando, o recibir una pauta dosificada y bajo orientación médica de alguna sustancia estimulante que ayude a sobrellevar el día a día. Sin mesura, el propio alcohol que sirven en los bares puede arruinar una vida. Políticos, empresarios y, como no, artistas acuden frecuentemente a estimulaciones, que, bajo la debida cautela, eligiendo con cuidado la dosis y el producto, producen efectos controlados y mantienen a raya la dependencia. Paco de Lucía era un gran lector de cuestiones científicas, y en su entorno había visto demasiadas veces los efectos de acudir a las drogas sin ton ni son, tenía delante de sus ojos lo que le sucedió a Camarón y a muchos otros. Por tanto, lo que hiciese —que lo hizo, seguro— lo haría bajo control, sin salirse de madre. Tuvo suerte con la salud, y un enorme control de sí mismo. Aunque alguna vez jugase con los duendes e hiciese travesuras, nunca derrapó. Que no te lo noten, como él decía. Jamás apareció en mal estado en un escenario, ni mermado de facultades, ni dio una espantada o un petardo en una actuación, por cascado o cansado que llegase. Decía Paco, que un canuto después de una temporada sin probarlo es una delicia, pero que estar

---

293 Procede de varias entrevistas personales —coincidentes— pero no se cita fuente directa.

colocado todo el día no llevaba a nada. Canuto bueno debió ser el que se fumó con Pachón cuando tenía veinte años, en la puerta del sótano de la fiesta del congreso de Montarco, donde volvió loco a Melchor de Marchena, saboreando el triunfo en cada fumada.

Los vicios menores tampoco pasaron de largo. Borracheras, las que tocasen y el cigarro perenne. En la mano o en la boca, incluso mientras tocaba en ensayos, componiendo o calentando manos. Cigarrillos largos, no muy apurados, propio del fumador compulsivo e impulsivo, que no sabe por qué, pero enciende otro sin darse cuenta, lo tira y repite la maniobra. Este hábito, por otro lado, es muy frecuente en los guitarristas que fuman: encienden, y mientras tocan, el cigarrillo se consume en el cenicero y prenden uno detrás de otro. En fotos y entrevistas, si no sale fumando es un milagro, y el paquete de Marlboro y el mechero, siempre en la mano o sobre la mesa. Victoriano Mera, que le acompañó alguna vez de gira, le esperaba en un lugar convenido entre bastidores, con un cigarro encendido, para que el genio saciase su necesidad al pasar por allí al escenario, o de vuelta[294]. Según sus hermanos, daba miedo verle fumar dos paquetes diarios.

> —¿El proceso neurótico de composición le perjudica mucho físicamente? —le preguntaron en una entrevista.
> —Mucho —respondió—. Por ejemplo, estos dos años me he estado fumando tres paquetes de tabaco diarios por la ansiedad. Yo me he visto ya al final, cuando estaba en Cancún terminando el disco, muy mal. Me miré un día al espejo y tenía unas ojeras que me dieron miedo.[295]

En Cuba, ya con más de sesenta años, se enteró de que había muerto su gran amigo Félix Grande. Fue un mazazo. Dejó de fumar y empezó a tomar unas pastillas para calmar la ansiedad de nicotina[296]. Pero volvió. Dejar de fumar y estar tranquilo no cuadraba.

---

294   Entrevista personal

295   «Paco de Lucía: "He llegado a ver fantasmas…"». *ABC de Sevilla*, cit. (70)

296   Gabriela: «Memoria de una ausencia». *El País*, cit. Algunas informaciones procedentes de entrevistas sugieren que esas pastillas tenían fuertes contraindicaciones de carácter cardiovascular y pudieron incidir en el accidente que le costó la vida.

Cierto también que en aquella época el tabaco luce omnipresente en la vida cotidiana. Es una forma de socializar. Casi todos los personajes públicos, incluso en televisión, echaban humo sin parar.

En el mundo del flamenco era un hábito universal; no había flamenco que no fumase como un segador. En la época de juventud de Paco de Lucía, el paquete de Winston definía un estatus y más si era americano —«dermade» le decían (del Made in USA")—. Los Celtas o Ideales eran otra cosa y otra casta. El cigarro de picadura era la poca dignidad y el único derecho de los pobres. Un hombre —y más un flamenco— con un paquete de Winston para ofrecer, era un distinguido. Llegar al sitio, pedir una copa y soltar sobre la mesa un paquete de «rubio emboquillado» caro y un buen encendedor sin darle importancia, era haber subido en el escalafón social.

Una vez más, nuestro hombre consiguió demostrar en estos parajes de lo tóxico que tantas vidas han truncado, o que tantos talentos, gargantas, manos y pies han destruido en el flamenco, que él navegaba por un canal especial. Una frecuencia exclusiva y reservada para él. Era, fue una vez más, dueño de su destino.

Ya en la madurez se calmó, dejó de vivir una vida tan intensa y se sosegó. Volvió a dominar y también a dominarse. Aplacó sus hábitos, su ritmo de vida, serenó su espíritu y en paralelo su toque. Dejó de correr por correr. Ya sabía desde hacía tiempo, que podía levantar al público de sus asientos con un picado de vértigo si quería, pero lo había hecho ya tantas veces que la meta estaba lograda y no le divertía. Ahora quería levantarlos de otra forma. Ganó en sensibilidad, gusto, matices y recursos musicales, sin dejar de ser Paco de Lucía.

10. DESTREZAS

Paco de Lucía pasaba infinidad de horas encerrado solo tocando la guitarra —[...] *en un cuarto,* como él decía[297]— y contaba por ello con muchos recursos para no aburrirse[298]. Se prodigaba en habilidades de auto distracción y sabía negociar bien con esa soledad,

---

297   Lo de llamar siempre cuarto a las habitaciones es muy «portugués».
298   Vídeo 213, 01:14:35

aviándose con lo que uno suele tener a su disposición dentro de ese pequeño mundo. No estaba incómodo, tenía mucha vida interior y no necesitaba a nadie. La reciente epidemia y el confinamiento vivido por la COVID-19 nos ha puesto a todos en una tesitura similar, en la que había que ocupar el tiempo con lecturas, manualidades, escritura o cocina. En definitiva, con lo que tenemos a mano en nuestros hogares, reduciendo nuestro universo a lo que guardamos en nuestros cajones, bibliotecas o cajas de herramientas. En esos momentos privados de libertad, de viajar y movernos, cualquier cosa o cualquier novedad, por simple que fuese, nos producía felicidad: cocinar, hacer ejercicio o tomar un aperitivo en la cocina. Igual les pasa a los guitarristas, «recluidos» durante largos períodos. Leyendo unas declaraciones de Vicente Amigo —conocido por sus largos períodos de reclusión y estudio— nos resultó llamativo que un artista consagrado, con economía sobrada, se deleite de esta forma cuando describiese sus placeres: «Me hago mi tostadita y mi sándwich de lonchitas de pavo con la margarina de Mercadona que no veas que alegría, mi cafelito y a tocar». Y añade que una de sus «mayores aficiones» es «intentar dormir [...] que duermo menos que un ojo de cristal»[299]. La dureza de la reclusión le hacía valorar cualquier simpleza que rompiese la rutina, como algo sublime, como les sucede a los presos.

Paco vivió muchos confinamientos en una época en la que no había Internet y sí tiempo para pensar, y desarrolló muchas habilidades. Leía bastante, escribía cartas y reparaba aparatos.

De joven hasta se aplicó como veterinario resucitando a un malogrado hámster de su hija Casilda, haciéndole la respiración artificial con un boli Bic[300]. Era un tipo mañoso, intervenía de modo directísimo en el diseño y construcción de sus casas y hasta se atrevió, en los últimos tiempos, a colocar chinos en un mosaico, en la suya de Toledo como hemos visto[301].

---

299 «Contra las...», vol. cit. 1 págs. 153, 147
300 Casilda Sánchez entrevista en *Telva*, 2014 cit. (18)
301 Anécdota citada, contada por Javier Limón: «Cuando pasamos mi mujer y yo por ese mosaico, hace dos veranos al entrar al hotel que fue su casa, me sonreía imaginándolo ahí, con un alucinado Javier Limón a su lado, atusándose la barba».

Paco diseñó con un amigo mallorquín —y ayudó a construir— un armario climatizado para sus guitarras[302]. El *Pro-Tools* le atraía y lo manejaba en sus grabaciones domésticas; montó en Toledo un estudio de grabación casero, insonorizado con puerta de doble acristalamiento que tuvimos ocasión de visitar en la que fue su casa. Ese estudio se mejoró al mudarse a Mallorca. Paco era osado, hasta el punto de cambiar una placa base de un equipo, para mejorar los graves de las grabaciones.[303] Cuando sufría algún fallo informático llamaba a su amigo Antonio Noguera y le pedía ayuda diciéndole sin perder su sello: «Ven hombre y échame una mano que el ordenador no me prende», como si aquello fuese el pabilo de una vela. Acoplaba a su gusto innovaciones en las mesas de sonido de los conciertos en directo, ocupándose durante el propio recital de orientar a los técnicos[304]. En el estudio de grabación también trasteaba con soltura las mezclas y los controles de ecualización, haciendo de ingeniero de sonido, intérprete, mánager, productor y hasta encargado de los bocadillos; y si estaba Camarón por medio incluso hacía de taxista, llevándole a San Fernando o a su casa de La Línea[305]. No hablamos de cosas encargadas a terceros, sino ejecutadas por él mismo, hechas con sus propias manos.

También cocinaba bien. De joven se llevaba sus sartenes para hacer la comida en las *tournés* e, incluso de mayor, se atrevía a hacer *potajitos* para los músicos en la habitación[306]. En el Caribe, con Manolo Nieto, hacían una pareja culinaria muy valorada por el resto de la «Banda del Tío Pringue». Su afición al pescado la man-

302 *Paco de Lucía y sus amigos de Mallorca.* Cit. Antoni Noguera. «Cuando llegó a Palma, quiso hacer un armario para guardar todas sus guitarras. Le dije que tenía nociones de carpintería y empezamos a construirlo».

303 Vídeo n° 213, documental *Paco de Lucía, la Búsqueda,* 01:14:55

304 «¡Menos graves!», dice al técnico de sonido en el Lope de Vega en Sevilla, al dar el último compás de la rondeña dedicada a su hijo. Vídeo n° 28 localizable en el buscador de YouTube introduciendo «Paco de lucia mi niño curro rondeña sevilla».

305 Llevando a casa a Camarón una tarde pasaron por el «Ventorrillo del Chato» y se quedaba con él diciéndole: «¿Tú sabes José que por debajo del ventorrillo, había un túnel que llegaba al moro y que lo usaban para contrabandear con hachís?». «¡Venga ya, Paco!». «¿Qué no? ¡Como te lo digo! Parece mentira que no lo sepas tú, siendo de aquí», decía el otro aguantando la risa, mientras el gitano desentrañaba si era verdad u *ojana.* (Camarón de La Isla al mito, cit.)

306 Jorge Pardo entrevista cit. y Ramón Sánchez

tuvo constante desde niño hasta los sesenta y seis años. Le daba bien, como se sabe, al fútbol y a la pesca submarina. En la página de Facebook de Manolo Nieto (Manuel Nieto Zaldívar) pueden recrearse con un álbum de fotos de lo más variado.

Lo primero no requería mucho, pero la pesca obliga a familiarizarse con motores fueraborda (que trasteaba también), arpones, carretes y útiles de buceo. Y viviendo en medio de la selva de Méjico no podía ir a El Corte Inglés para reponer algo roto, tenía que ingeniárselas e improvisar. La jardinería también se le daba bien y sobre todo, los frutales. Desde joven le atrajo la fotografía, le gustaba ir con Casilda al Retiro o a la Casa de Campo a hacer fotos. Tuvo el mejor maestro. Su íntimo amigo desde la adolescencia, Manuel Nieto Zaldívar —«Manolín» como Paco le llamaba— es un reconocido profesional de la fotografía. También era aficionado a las filmaciones en súper 8 y después en vídeo, e inmortalizaba eventos y celebraciones de sus hijos para llenar el álbum familiar.[307]

También leía mucho, sobre todo cuestiones científicas y debió poseer igualmente una gran memoria. Tocando de oído sin conocer desde un punto de vista académico el solfeo ni la armonía y sin transcribir su música a partituras, Paco retenía miles de falsetas. Hay que tener un memorión para recordar tantos acordes y melodías por muy integradas que las tuviese en lo más hondo de su mente.[308] La memoria y la innovación además van de la mano. La innovación, tal vez una de las cualidades más destacadas de la obra de nuestro artista, es un proceso que requiere de mucha memoria, toda vez que la persona innovadora, necesita continuamente acudir al objeto o al proceso que quiere cambiar o renovar. Y, sobre todo, ese proceso innovador demanda del talento suficiente para encajar el producto innovado en el contexto de una cultura o un lenguaje determinado, y que no distorsione. Por eso, el talento (más incluso que la geniali-

---

307 Vídeo nº 35, localizable en el buscador de YouTube introduciendo «la saga de los lucía», 00:47:00. Entrevista Casilda Varela entrevista cit.

308 Juan Manuel Cañizares, intuyendo lo importante de dejar escrita su música, iba en el asiento de detrás del coche, con Paco conduciendo y José María Bandera de copiloto, cuando el trío iba de gira, transcribiendo a partituras parte de la obra de Paco de Lucía. Su mesa era el estuche de la guitarra sobre sus piernas. Y Paco le decía: «¿Ya estas convirtiendo mi música en cagaditas de mosca?». Cañizares, conversaciones en el simposio de Sevilla cit.

dad) es el que hace al innovador, capaz de adaptar mejor su aportación novedosa al mundo real y que pueda relacionarse con el resto, para que sobresalga y sea entendida como superior y más útil.

11. RUTINAS Y COSTUMBRES

Las rutinas sanas, cuando ya se tiene una edad —decía mi abuelo Cirilo— contribuyen a serenar los ánimos. Mientras nos ocupamos de atenderlas, hacemos menos tonterías que si vamos saltando de aquí para allá.

Francisco Sánchez, pese a ser un tipo inquieto, era hombre de arraigadas costumbres. Encontraba seguridad en lo tradicional; le gustaba mantener hábitos de toda la vida en las comidas, en su comportamiento e, incluso, en la conservación de algún que otro objeto material.

Apreciaba mucho un sillón de orejas donde solía sentarse y que apenas cedía a nadie.

«En el salón de su casa, en la urbanización madrileña de Mirasierra, hay un sillón de orejas situado frente a la televisión con una manta de viaje sobre el respaldo. Ahí es donde se sienta Paco de Lucía cuando regresa agotado de una gira de tres meses»[309].

En ese sillón, según le cuenta a Sol Alameda, osó sentarse una vez un novio de una de sus hijas y aquello no gustó demasiado al maestro, cuando vio que el aspirante se había posado en su trono, siendo invitado al desalojo inmediato[310]. En ese mismo sillón, que tenía una quemadura de cigarrillo en la «oreja» izquierda, relata episodios de su vida y su carrera, en el soberbio documental de Michael Meert.[311]

---

309   «El duende civilizado». Sol Alameda. El País Semanal, 1994 (11)
310   Ídem.
311   Vídeo nº 2, localizable en el buscador de Google introduciendo «Paco de lucia light and shade daily motion» Paco de Lucía. Light and Shade.

Mantuvo desde joven, y hasta última hora, la afición por las batas chinas, nombre que él daba a los kimonos. Con ellas se plantaba en su sofá cuando estaba en casa relajado o practicando. Colocaba siempre una servilleta bajo las cuerdas para mitigar el sonido y no molestar y allí se ubicaba con su bata china, con ambas piernas cruzadas, como los moros, lo que, a cierta edad, pasados los sesenta, es un prodigio de flexibilidad poco corriente. Desde los veinte años hasta los últimos de su vida, la postura se mantiene como un hábito recurrente en sus rutinas. Con pierna cruzada —su postura de tocar— debía sentirse bastante cómodo porque la mayoría de las veces que aparece sentado, incluso en los coches, adopta esa postura invariablemente.

Piernas cruzadas. Bata china. Foto cedida por Ziggurat films.

Rutinas que también conserva en expresiones verbales o palabras.

Mi compadre Manolo Márquez al frío lo llama «pelete», un canarismo que solo a él se lo he oído. Todos incorporamos algunos términos léxicos que se nos pegaron en la infancia y no los soltamos nunca. Fulano dice mucho eso de «tal» —decimos— y todo el mundo coincide en que es un término que le identifica. En nuestro personaje también pasa, siempre e invariablemente dijo «siguiriya» en lugar de «seguiriya»[312] y usaba palabrejas raras como *caldeoso/a* (que se caldea), y que designa al que se calienta, enfada o sofoca con facilidad[313]; *sirlachón* (que viene de sirla, robo con navaja en el lenguaje de los delincuentes de poca monta), usado por él como sinónimo de término despectivo; *pollavieja* (como equivalente a amargado) designa usualmente al pelmazo o al jartible. Victoriano Mera, amigo de su juventud, definía con ese término a la gente que Paco le encargaba que le quitase de encima: «Yo le decía ¿"Ompare", qué? Y él me decía "pollavieja", y yo ya sabía que el tío no le gustaba y que quería darle puerta».[314]

Estas palabras las usó toda su vida y tal vez procedan de la Bajadilla o del Rinconcillo de Algeciras, donde las decía la chavalería de aquellos barrios deprimidos, en los que el lenguaje popular florece como la vegetación y la fauna marina debajo de los barcos, aportando al habla términos poco académicos, pero muy propios y descriptivos, que dotan a quienes los usan de una seña de identidad y pertenencia al lugar. «Los que dicen "tal" son de tal sitio, allí se dice mucho eso». Nos identifican con nuestras raíces.

En el escenario y en su vida profesional de guitarrista también hay costumbres que jamás cambia. Si tenía ocasión le gustaba afinar la guitarra en los cuartos de baño, porque los azulejos devolvían un eco especial que él valoraba mucho[315].

---

312 Etimológicamente, su nombre se supone que deriva de la seguidilla. Una corrupción fonética que deforma en diferentes términos: seguiriya, siguiriya, seguiriya o sigueriya.

313 Lo de *caldeo*, debió usarse en la familia bastante, hasta Casilda hija lo hace en su novela: «[...] le habían empezado a brillar los ojos con el caldeo de la visita». *Te espero...* cit. Pág. 119

314 Vídeo 121 00:53:10 a 00:53:36 Conocido también en Entrevistas personales cit.

315 Emilio de Diego, cit.

Cuando le llaman cariñosamente desde el público con un «¡¡¡Pacoooo...!!!», mientras afina en el escenario, siempre para y dice «¿Qué?»[316]. Su pelo, sobre todo (ya hemos dicho que es icónico), su vestimenta, también descrita y su postura para tocar con la pierna cruzada, siempre permanecen constantes. Con camisa lisa de color verde oliva, se le puede ver en un concierto en Estados Unidos de joven y mucho después en Brughausen, en Alemania y en los actos previos de la entrega del Premio Príncipe de Asturias. En el documental de Michael Meert, usa la misma camisa que años después en un ensayo de Sevilla; o le salió muy buena o se la compró otra vez igual. Y hablando de camisas, las floreadas también formaban parte de su ADN. Desde épocas de juventud hasta muy mayor las usó con frecuencia.

Le gustaban las gorras y los sombreros y desde que perdió el pelo, en las portadas de discos como *Zyryab* o *Canción Andaluza*, aparecía cubierto.

Pero si nos fijamos en detalles pequeños, hay más cosas. Lleva siempre, desde joven una esclava barbada de oro en la muñeca derecha, que tal vez era un recuerdo o significaba mucho para él; mantiene la uña del pulgar izquierdo larga, desde su juventud, cuando la uña de ese dedo no presta funcionalidad alguna[317], y usa desde siempre vaselina, que la coloca en el zoque de la guitarra, para untarse los dedos antes de tocar.[318] Se ocupaba personalmente de guardar su guitarra en la funda y, después, en un cofre especial para el transporte por avión, y en el fondo del estuche, siempre las fotos de su madre y de Camarón. En las entrevistas suele manejar una servilleta de papel que enrolla con gesto mecánico mientras habla.[319] Esa servilleta (que al igual pudo ser un bolígrafo o cual-

---

316 Vídeo n º 26 localizable en el buscador de YouTube introduciendo «Paco De Lucia Expo 92 Sevilla», antes de empezar el primer tema.

317 Pregunté a José María Bandera, su sobrino guitarrista, por esa costumbre, dado que nada aporta llevar la uña de ese dedo larga. «Cosas de los viejos» me respondió, tampoco sabía muy bien a que razón obedecía.

318 Al principio del vídeo nº 26 localizable en el buscador de YouTube introduciendo «Paco De Lucia Expo 92 Sevilla».

319 En *Paco de Lucía Light and Sahde* Vídeo nº 2, localizable en el buscador de Google introduciendo «Paco de lucia light and shade daily motion». Y en el documental La búsqueda, muchos años después, también recurre a la servilleta de papel como gesto mecánico 00:14:35

quier otro objeto) es un asidero, le proporciona tranquilidad, realmente es un gesto mecánico que le ayuda a sobrellevar el estrés y la ansiedad del momento y con ella ocupa las manos, con las que a veces, las personas que hablan en público no saben qué hacer.

... y siempre la servilleta enrollada en las entrevistas.
Foto cedida por Ziggurat films.

Observaba, también en sus últimos años, hábitos de vida fijos:

«Se levantaba pronto y se encerraba en el estudio [contaba Gabriela, su segunda mujer]; la comida, a la una en punto, era un ritual. Disfrutaba mucho de la mesa: pescado recién traído del mercado, potajes de garbanzos o de judías. Después de comer, vuelta al estudio. Antes de anochecer, hora y media de caminata, por un sendero que se trazó alrededor de la casa, cuidaba personalmente de las plantas y remataba la tarde con un plato grande de fruta. Melón o sandía, sus favoritos, cuando encontraba una buena partida de melones compraba una docena para tenerlos asegurados. Y al final de la jornada, su pan con aceite y café a modo de cena".[320]

Costumbres caseras, sencillas, arraigadas, andaluzas, evocadoras de una crianza con raíces: el café negro, el pan con aceite de oliva y los platos de cuchara.

De joven sus coches preferidos eran los Mercedes. Tuvo uno que compró de segunda mano, con la oposición de su padre, que como hombre criado en la cultura de la austeridad lo consideraba un despilfarro. En fin, muchas señas de identidad que como hemos repetido le acompañaron siempre, bien como complemento o como afición.

No era en cambio, persona de fijarse en minucias; podía ser maniático o tener querencias, pero no un fetichismo absurdo por los objetos materiales. Su carácter le llevaba a valorar lo importante, lo auténtico, lo que sirve y proporciona utilidad, como el afán por la ropa holgada y los prácticos relojes digitales de plástico que usaba de mayor.

Paco prestaba sus guitarras si se las pedían[321]. Tenía muchas; siempre de Conde, de pulsión dura para el escenario y otras más blandas o de clavijas para el estudio de grabación o el ensayo, procedentes estas últimas, a veces, de otros maestros guitarreros. Llama la atención, incluso, que pasó más de una temporada con una guitarra arañada por la parte superior de la boca y con ella apareció en giras y conciertos y hasta en portadas de discos como del *Concierto de Aranjuez*.[322]

Con ella lo tocó delante del maestro Rodrigo, con la orquesta de Cadaqués. No tendría tiempo material para que se la barnizasen, con el ritmo de conciertos que llevaba y ciertamente el maestro Rodrigo no lo iba a notar. Era una guitarra de Conde, que había

---

320 Gabriela. «Memoria de una ausencia». *El País* Amelia Castilla. cit
321 Vídeo nº 78, localizable en el buscador de YouTube introduciendo «paco de lucia entrevista pedro ruiz manuel torre», 00:01:05 a 00:01:26
322 Vídeo nº 26 localizable en el buscador de YouTube introduciendo «Paco De Lucia Expo 92 Sevilla».

sido de su hermano Ramón, quien se la dio cuando le robaron la suya del maletero del coche[323]; sonaba bien y se sentía cómodo con ella. Prestaba su servicio y punto: lo importante es cómo suene.

La muerte de Camarón no había sido la única tragedia de este período.

Paco había perdido también a otra querida amiga. Durante los cursos anuales de guitarra que se celebran cada verano en Córdoba, en 1993, le robaron de un coche su guitarra favorita. «Lo estoy superando, decía, pero es muy difícil olvidar la guitarra. Es un fastidio que alguien te quite el instrumento que ha compartido tu vida durante veinticinco años». Según afirma Francisco Sevilla en su biografía de Paco de Lucía, el ladrón fue uno de los alumnos del curso en Córdoba, es estadounidense y vive en Washington. Paco Sevilla lo denunció a la policía, pero según él mismo afirma, no le han respondido con noticias al respecto.[324]

En cambio, en sus últimos tiempos, Paco lucía guitarras impecables porque, además, el formato audiovisual se extendía a gran velocidad y la organización de los festivales a los que acudía, editaba vídeos con sus recitales, que alcanzaron una difusión sin parangón.

---

323 Vídeo nº 107, 00:16:20 a 00:17:07
324 «Paco de Lucia a new tradition...» También hay otras versiones que afirman que el robo se produjo años antes, y que incluso Camarón llego a ver y reconocer de inmediato en manos ajenas la guitarra de Paco que él conocía a la perfección.

6. CULTURA, FORMAS DE EXPRESIÓN Y COMUNICACIÓN

Paco ya lo dijo: «Mi único vehículo de expresión es la guitarra»[325]. Pero esto no era del todo exacto. Aunque decía que odiaba hablar en público, lo hacía bien cuando se trataba de promocionar un trabajo o aparecer en los medios para mantener su fama. Cuando hablaba, sabía comunicar y transmitir sus ideas, elaborando discursos concisos, cargados de sentido común y localizando las palabras exactas. Vamos a referirnos seguidamente a su nivel cultural y sus formas de expresión, tanto escrita como verbal y gestual, en entrevistas, con periodistas o admiradores y con el público y los músicos en los escenarios.

1. EXPRESIÓN ESCRITA

Paco fue alumno del colegio público «Campo de Gibraltar», de don Isidoro Visuara, ubicado en la barriada de la Bajadilla de Algeciras[326], pero su padre lo sacó de allí con menos de diez años para ponerlo a tocar y solo con las cuatro reglas aprendidas. Sorprende enormemente que una persona con tan escaso bagaje escolar tuviese una letra tan pulcra y una ortografía, puntuación y acentuación que superaba el notable. Una firma personal, en su

---

325   *Paco de Lucía. La búsqueda.* Vídeo n° 213, 00:01:45
326   Europa Sur, artículo cit

juventud, legible, con su nombre completo perfectamente horizontal —como las líneas de su escritura— y una raya base recta a modo de rúbrica bajo el nombre, sin los remolinos espirales o arabescos anárquicos, que suelen estampar las personas con escasa formación, que plantan mucho garabato, para aportar el lustre que la caligrafía no presta.

Con dieciséis años escribía cartas a su familia desde Estados Unidos, con una letra, no solo aseada, sino caligráfica. ¿Cómo se formaba? ¿Leía mucho tal vez? ¿De dónde provenía esa grafología perfecta? No eran escritos para ser divulgados y lucirse, sino epístolas de un flamenco en gira, para decirle a su familia que estaba bien, que enviaba dinero o que le mandasen cuerdas de repuesto para la guitarra. Cartas escritas probablemente en algún autobús, en la habitación de una pensión o sobre el estuche de la guitarra en algún camerino. La explicación nos la proporcionó Pepe de Lucía. Ramón, hermano mayor de ambos, que escribía con una letra aún más aseada, les ponía planas de escritura en casa a los dos pequeños cuando su padre los sacó de la escuela, y aplicando el rígido método paterno, no les dejaba levantarse hasta que el trabajo merecía aprobación. De ese aprendizaje obtuvo nuestro protagonista esa caligrafía de amanuense.[327]

Camarón, procedente de la misma zona sur de Cádiz y deambulante por los mismos ambientes, no alcanzaba a escribir con corrección, lo lógico en una persona que vio truncado el aprendizaje de lo básico a temprana edad.[328]

La forma de escribir de Paco de Lucía añade una pieza más al mosaico que este trabajo persigue. Así que no estaría mal incluir aquí, como se definía él a sí mismo, de su puño y letra. Si nos dicen que el cuestionario de ABC procede de un escritor consagrado o un profesor universitario lo hubiésemos dado por válido.

---

327 Pepe de Lucía entrevista personal.
328 Pueden ver su escritura incluyendo en Google «flamencolicos Camarón Retrato de cuerpo entero».

Pasaporte de Paco de Lucía con su firma. Foto cedida por Ziggurat films.

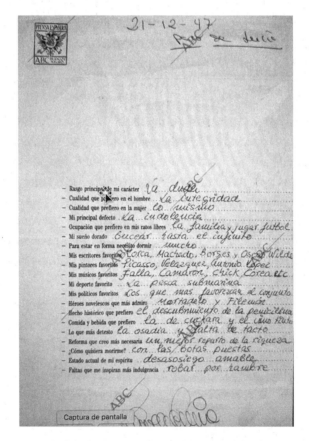

Imagen cedida por ABC de Sevilla

Si su principal defecto —decía él— era la indolencia. Bien que lucharía contra ella para mantenerla a raya, porque este hombre era un disciplinado nato que no paraba quieto. De alguna manera conseguiría el antídoto para que esa indolencia no desplegase efectos. El hecho histórico reseñado en el cuestionario es el descubrimiento de la penicilina. Paco de Lucía leía mucho y sobre todo, como nos contó su hija Lucía, sentía predilección por los artículos científicos[329]. A Paco le apasionaba toda noticia que versase sobre avances en medicina o ciencia que cayese en sus manos, cuando la localizaba en alguna publicación o en artículo prensa que los incluyese. Y lo asimilaba tan bien, que su hija se fascinaba con la capacidad que tenía su padre para explicárselo a ella con todo lujo de detalles. En la época de Paco joven, el antibiótico se consideró un milagro y salvó miles de vidas. La tuberculosis fue también conocida como *tisis*, plaga blanca, el príncipe de la muerte o la enfermedad de los artistas. Siempre se ha dicho que los tísicos tienen un oído privilegiado. Fue el marido de su hermana María, padre de José María Bandera, quien cruzó el estrecho para ir a Tánger y traer penicilina para aliviar un trastorno pulmonar de Paco, que se asemejaba a la tuberculosis. [330]

La letra ha sido incluida como dato en este estudio porque define a la persona, los calígrafos y grafólogos han desarrollado técnicas mediante las cuales el análisis de un cuerpo de escritura de un sujeto nos puede revelar rasgos importantes con bastante fidelidad. Se estudian variantes de carácter basándose en pruebas caligráficas o expresiones verbales del individuo porque son emitidas de modo inconsciente, no dirigidas por la intencionalidad y, por tanto, nos proporcionan información fidedigna de sus rasgos psicológicos auténticos.

Por ejemplo, obsérvese que, en la firma del pasaporte, la letra está unida y la /i/ figura con un punto. Pero en el cuestionario de *ABC*, realizado bastantes años después, no pone un punto sobre la /i/, sino un círculo y la letra esta más desunida. Y siempre lo mantiene igual. Según las opiniones de grafólogos consultados (y parece

329 Lucía Sánchez entrevista personal.
330 Entrevista personal con José María Bandera, cit.

que la opinión es generalizada) la /i/con el punto redondo y la letra desunida son todo un clásico. El punto muy redondeado, perfectamente cerrado, es un rasgo un tanto infantil y de inmadurez, que marca un deseo consciente de llamar la atención. En niños o adolescentes se admite como normal, ya que seguramente lo irán perdiendo a medida que madure la personalidad y con ella la escritura. Pero en adultos se considera un rasgo de cierto egoísmo y extravagancia y en el peor de los casos, narcisismo, si va unido a otros rasgos, pero siempre de infantilismo. Como veremos más adelante, Paco de Lucía no tuvo infancia. El tiempo que los demás chavales del barrio ocupaban en juegos y diversiones, para él era tiempo de estudio de la guitarra, impuesto por su férreo padre. Horas y horas. La inmensa mayoría de las composiciones de Paco de Lucía llevan nombres de plazas o calles de Algeciras o de parajes de sus alrededores, lugares que abandonó siendo un niño con catorce años para irse a Madrid y de giras al extranjero. Tal vez fuese la letra de Paco, labrada en su niñez gracias a los esfuerzos docentes de su hermano mayor, el portavoz de su subconsciente, que trataba de recuperar la infancia perdida y se empeñaba en reivindicarla.

2. EXPRESIÓN ORAL

Siempre he pensado que los andaluces a veces solemos tener carencias expresivas. No ya solo por la dicción, sino también por el contenido de lo que decimos y como construimos la frase. Damos por dichas cosas que no decimos. Es frecuente cuando nos preguntan —¿qué es para ti tu ciudad?, por ejemplo— responder de modo incompleto como si quien pregunta nos pudiese leer la mente: «¿Mi ciudad? ¿Que qué es para mí mi ciudad? ¡Hombreee!, pues ¿qué va a ser? Verá: para mí, es lo más, ¿sabe?, como decirle, algo muy grande, que se lleva dentro. Mi ciudad es eso. ¿Comprende?» No; no comprende, porque no hemos dicho nada. Y si se hace la misma pregunta a quien nos acompaña, bien podría responder con una rotundidad apoyada gestualmente: «Muy bien dicho, para mí es lo mismo. Estoy de acuerdo». Lo correcto hubiese sido describirlo bien, con algo como: «Mi ciudad es mi identidad, donde vivo, donde trabajo y donde están mis recuerdos de infancia, mis amigos, los olores y los paisajes de mi día a día. Además, es un sentimiento identitario, de pertenecer a un sitio». Pero esto no es usual. Sucede que «entre nosotros» nos entendemos hasta con la mirada, pero los «de fuera» no tanto.

La expresión oral de Paco de Lucía, impropia de una persona de sus orígenes y formación, se asemeja en cambio a la perfección de su escritura. Una prueba escogida al azar resultará útil como muestra. Y hemos elegido la entrevista que Pedro Ruiz le hizo en TVE. Es corta, conviene visualizarla.[331] Se expresa con respuestas rápidas y naturales, queriendo escoger las palabras, pero sin imposturas reflexivas, sin pasarse de místico o trascendente, con sobriedad, precisión, variedad y riqueza de vocabulario; tono pausado y expresiones con contenido, pero concisas, adaptadas a una entrevista breve antes de tocar. Serio para las cosas serias y relajado o distendido para las que no lo son. Si le anticiparon las preguntas, [332] preparó bien la entrevista, asimiló el cuestionario y respondió con brevedad y sin divagar, acorde a lo esperado. El invitado perfecto. ¿Qué flamenco hay que se exprese así? Ninguno.

El flamenco antiguo y purista nació para cantar no para *naquerar* y cuando lo hace, por distinguido que sea el personaje, suele ser muy reiterativo, perderse en circunloquios o envolverse en un aura de misterio con la que elevar su aroma de figura singular, invocando «la esencia» que solamente él posee. O que viene de sus antepasados, aquello celebre: «Esto, o se lleva en la sangre, o es "mu difisi", que nadie lo pueda hacer igual». Y variaciones sobre el mismo tema de la queja eterna elevada a categoría de dogma. Que si el tarro de las esencias *parriba*, que si el duende *pabajo*, o lo que proceda repetir. Como los futbolistas, pero con patillas y lunares y hablando de otra materia.

Paco de Lucía no. Jamás se le oirá hablar así. Ni se trabajaba la mística ni la pesadumbre ni la queja, y tuvo unos principios durísimos, actuando hasta en tabernas por cuatro perras. Elevaba el dis-

---

331 Vídeo n° 78, localizable en el buscador de YouTube introduciendo paco de lucia entrevista pedro ruiz manuel torre.
332 Se suele indicar a los entrevistados por donde van a ir los tiros antes de empezar. Algo como «...te hago tres preguntas breves sobre flamenco y te pido unos entretenimientos de guitarra de este tipo y te doy paso a la actuación, ¿ok?».

curso hasta cotas de intelectualidad, con un lenguaje preciso, calculado y medido y salía airoso del trance sin parecer un pedante cazador de citas y sin deslizar una sola idea fuera de contexto. Era tan cauto y sutil, que cuando descubrió que en Méjico estaba su lugar, ya nunca más volvió a usar la palabra *coger* cuando quería referirse a asir algo. Se acostumbró a decir *agarrar*.[333] Las razones son claramente comprensibles[334].

En su vocabulario, incluso en los años de juventud, Paco usaba un léxico fino como un estilete, analizaba las preguntas y respondía de inmediato con precisión de cirujano, atípico por completo en una persona que dejó la escuela con las cuatro reglas aprendidas. Al responder en 1979 a una entrevista de José María Iñigo en televisión, habla de los puristas flamencos, que le censuraban su evolución en el toque y responde —con una acotación de una precisión asombrosa— que «los puristas quieren un flamenco estático, un flamenco inmóvil, en definitiva, un flamenco muerto».[335] La respuesta es tan precisa como una ecuación: estático + inmóvil = muerto.

En una ocasión anterior, en 1973, ante la pregunta que le formula Gaztelu, en el programa *Rito y formas del Cante Flamenco*, de si había una ruptura *con los moldes* clásicos del flamenco, Paco reflexiona medio segundo y lejos de responder con un tópico repetido, responde con una paradiástole, diciendo que se da «un rompimiento con las formas, más que con los moldes. Las bases no pueden romperse»[336]. Su precisión en la respuesta —si nos detenemos un instante a analizarla— es absoluta y deja en evidencia a quien pregunta. Pensemos en la creación un objeto de barro o de metal, por ejemplo, un busto. El molde es fijo y es el que genera la forma (el busto) al que podemos después dar acabados diferentes, en su textura, pintura, color, etc. Pero si queremos que la figura se reconozca, el molde no puede cambiarse. Y ahora llevemos la cuestión a

---

333   Vídeo nº 5 00:00:20 localizable en el buscador de YouTube introduciendo "Reportaje Mercedes Marti Paco De Lucia 1990"

334   En Méjico, coger significa fornicar.

335   Busquen en internet "Paco de Lucía José María Iñigo 1979" la entrevista es corta y merece la pena.

336   Vídeo nº 115, "Rito y geografía del cante. Paco de Lucía", localizable en el buscador de YouTube introduciendo "evf2yxhvlma" 00:22:50 a 00:23:03

la guitarra. Dijimos que *Entre dos Aguas* —obra complejísima— se acompañaba con tres acordes y medio, y es cierto, así es. Si se fijan en Ramón de Algeciras en los videos en que toca con Paco, él mantiene la base rítmica y melódica con cadencias flamencas: tónica dominante y subdominante, como dice Paco en el video, y es Paco quien entreteje dentro de esas bases (moldes), las arabescas locuras y los alambicados recursos de trapecista a los que nos tiene acostumbrados. Juega con las formas —creando ricas armonías— dentro de los moldes -melódicos y rítmicos- que Ramón le fija a la perfección. Y eso pasa en la gran mayoría de composiciones de Paco: el acompañamiento perfectamente ejecutado que Ramón asume no es complejo, pero lo que mete Paco ahí dentro, sin salirse de la frontera del molde, es inabarcable para cualquiera que no sea él. [337]

Paco dejaba claro que no venía a destrozar el flamenco, como injustamente se le acusaba desde el purismo, sino a decorarlo y maquillarlo con respeto. Si unas bulerías, a base de innovar tanto, no se reconocen como unas bulerías, nos hemos equivocado. Pero si se identifica perfectamente su ritmo y su melodía y además se añaden particularidades, como instrumentación distinta o armonías poco usuales, entonces sí, para él, eso era válido. Se podía pues, ser flamenco —pensaban personas como él, como Benavent y como Jorge Pardo— y leer a autores de culto, vestir de forma actual o combinar otros hábitos, que hasta el momento no pasaban la ósmosis de la ortodoxia o del purismo, de un mundo absolutamente hermético. Mientras no desfiguremos, ¿porque no enriquecer? Y ese enriquecimiento maravilloso que logró, esa puerta a lo fantástico, no se abrió sola, fue él y no otro, el primero que lo hizo. Y todos le siguieron.

Además de definir bien las cosas, cuando hablaba, conseguía comunicar bien también las emociones, ya fueran sentimientos o evocaciones. Y lo más difícil del mundo es definir estos conceptos abstractos. Luce convincente, franco y sincero ante el interlocutor y logra verbalizar con la medida adecuada lo que en el momento quiere transmitir. Cuando Gaztelu le pregunta en la misma entrevista de 1973 a bocajarro: «¿Paco, tú sabes música?» Paco mira

---

337   Busquen en YouTube "Paco de Lucía en Francia, España e Inglaterra" y podrán visualizar lo que decimos

hacia abajo como escondiéndose y responde con un lacónico y sincero: «Yo no». Un simple, humilde y directo «yo no», en primera persona; candoroso, pudoroso, como si pidiese disculpas.[338]

Esa misma forma de expresarse, increíblemente sincera y precisa, es la que destila Paco en su butaca en el documental de Michael Meert —que tanto citamos— mientras fuma un cigarrillo, enrolla una servilleta de papel y nos habla sobre su vida. Ese documental en vídeo[339], es obligado verlo con tranquilidad. Paco de Lucía, un guitarrista flamenco, se expresa como un erudito, desgranando conceptos, frases y expresiones, con un lenguaje sencillo, pero de una enorme exactitud en la expresión. Es una obra maestra y fue determinante para impulsarnos a escribir este relato. Véanlo por favor.

En ese documental, la locución calculada y precisa de nuestro desclasado artista es la de un orador notable.[340] Pronuncia un andaluz elegante, del estilo de Felipe González o Alfonso Guerra, sin eludir los modismos propios de nuestra habla (las «eses» aspiradas, o algún seseo) y obviando el horrendo vicio de querer castellanizar la pronunciación andaluza para parecer más culto, sabedor de que un andaluz nunca consigue hacerlo sin que se le note. Y quien lo intenta, lo único que en realidad logra es el efecto contrario y además evidenciar sus complejos.

Comparándolo con su hermano Pepe, por ejemplo, de la misma cuna e idénticos orígenes culturales y con la misma vida compartida, la diferencia es abismal. Pepe usa un lenguaje impostado, pretendiendo parecer profundo (lo usual en el flamenco) o culto, a través del uso de tópicos y palabras que no alcanza a pronunciar bien, con llamativas faltas de concordancia de singulares y plurales, en sustantivos y adjetivos. Lee un discurso escrito y comete fallos de dicción y pronunciación frecuentes y reiterados. Lo hace tratando de aparentar sofisticación y se le vuelve en contra[341].

---

338   Vídeo nº 115, localizable en el buscador de YouTube introduciendo «evf2yxhvlma» 00:29:45 a 00:30:19

339   Vídeo nº 2, localizable en el buscador de Google introduciendo «Paco de lucia light and shade daily motion». «Paco de Lucía - Light and Shade».

340   Vídeo nº 2, localizable en el buscador de Google introduciendo «Paco de lucia light and shade daily motion». 00:06:19 a 00:06:42; y 00:14:15 a 00:14:50

341   Vídeo nº 159, localizable en el buscador de YouTube introduciendo «pepe de

Eso en Paco jamás sucede. Pudo haber en su juventud, en torno a los veinticinco años, unos rasgos fonéticos con pronunciación de habla de pueblo, como en la entrevista que le concede a Jesús Quintero,[342] es normal. Esto, a medida que el artista se cultiva, va desapareciendo. En nuestra tierra se nota mucho el habla de pueblo en la pronunciación de la /ch/, que es muy chivata.[343]. Con el tiempo y la edad, Paco de Lucía pasa de pronunciar una /ch/ asimilada a /sh/, *(nosshe, ossho)* a una más seca, más urbana *(noche* o casi *notxe)[344]*. En una entrevista en televisión, en 1978, ya la /ch/ de pueblo y ha cedido pasó a una /ch/ seca. Y como detalle, nótese que el entrevistador usa el dequeísmo: «yo pienso "de que"»*[345]* y sin embargo el responde correctamente: «yo pienso que»[346]

Su hermano Pepe, en cambio, mantuvo siempre la pronunciación de origen, más parecida a la de su padre. «A lo primero cuesta "musho trabaho"», decía don Antonio, cuando Paco le preguntaba si le resultó difícil enseñarle a tocar[347].

Paco mejoró su pronunciación y adaptó algún matiz, pero toda su fonética siguió siendo absolutamente andaluza, no se castellanizó. Es curiosa una variación fonológica que hemos detectado: *seseó* siempre cuando hablaba en tono formal, usando —en las entrevistas, por ejemplo— un habla del sur, pero refinada, cada vez más correcta gramaticalmente; el *ceceo* lo reservaba en cam-

---

lucia en homenaje lo ferro» durante los cuatro primeros minutos; o en 00:23:30 hasta 00:24:30; 00:33:23 a 00:34:50

342 Localizable ne YouTube introduciendo «Paco de Lucia Jesús Quintero».

343 Vídeo nº 115, *Rito y geografía del cante. Paco de Lucía,* localizable en el buscador de YouTube introduciendo «evf2yxhvlma» 00:03:00 a 00:03:10. La fonética de la /ch/ es muy delatora de las hablas de pueblo en Andalucía occidental, dándose casos de /sh/, /chh/, /ss/ y hasta /chi/, en variantes como «casharro», «cassarro», «cachiarro».

344 Vídeo nº 2, localizable en el buscador de Google introduciendo «Paco de lucia light and shade daily motion». 00:05:15

345 Vídeo nº 38, localizable en el buscador de YouTube introduciendo «pequeña entrevista a paco de lucía». 00:01:30. Mi familia materna es de Coria del Río, donde se pronuncia «osso» en vez de ocho, «ssivato» en vez de chivato y «cussa» en vez de escucha. Así pronuncia Camarón la palabra «muchacha» en la «Casida de las palomas oscuras», en el disco *Soy gitano*: «Una mussassa desnúa».

346 Mismo Vídeo nº 38, 00:03:48.

347 Vídeo nº 2, localizable en el buscador de Google introduciendo «Paco de lucia light and shade daily motion», 00:07:30 a 00:07:49

bio para los ambientes informales y relajados: «yo como "ciempre"» […] «el bajo está "fuerticímo"»... dice familiarmente a sus músicos en un ensayo en París.[348]

Hablaba correctamente en inglés, incluso para atender a periodistas y desenvolverse con autonomía en ese idioma. Cierto que nació en Algeciras, junto a Gibraltar. Cierto que anduvo por Estados Unidos de joven y su carrera pronto se internacionalizó y ahí pudo aprenderlo. No hablaba un inglés académico de Oxford, pero sí el suficiente para entenderse con empresarios o en entrevistas. Casilda decía que, dado el portentoso oído que tienen estos bicharracos, asimilan de un modo inconsciente y con asombrosa facilidad, no solo la música sino también los ruidos o las voces; cualquier sonido, se adhiere a ellos como una mosca en la melaza y queda fijado de por vida. Pasa así ciertamente con los idiomas en su variante de conversación, porque debe tenerse en cuenta que Paco daba vueltas por todo el mundo y entendía con la misma facilidad, gracias a su fino oído, el inglés hablado por no ingleses; ya fuesen rusos, alemanes o franceses. Pese a lo dicho, lo cierto es que, la primera vez que quien esto escribe, oyó a Paco de Lucía, hablando relajadamente en inglés, con buena pronunciación durante más de diez minutos, pensó que la entrevista estaba doblada. ¿Un flamenco sin estudios en conversación fluida en inglés? ¿Sin expresarse con monosílabos o gestos, ni tratando al interlocutor como si fuese sordo, sino conversando con la misma soltura que en su propio idioma? No podíamos dar crédito; era más raro que ver un torero con gafas. ¿Alguien puede imaginar o ha oído a cualquiera de los flamencos que se recorrieron el mundo de punta a punta en las giras, aceptando ser entrevistado en inglés, en televisiones o ruedas de prensa, expuesto a que el periodista saliese con cualquier tema o con cualquier palabra o giro inesperado? También en eso nuestro hombre fue el primero. Hemos localizado varios vídeos en los que puede comprobarse lo que decimos, [349]y en concreto, una

---

348 Vídeo n° 94, 00:14:26, localizable en el buscador de YouTube introduciendo «paco de lucia paris part 1 pruebas de sonido».

349 Vídeo n° 1, cc «Paco de Lucia interview aguadulce»; n° 63, 00:00:25 y en adelante, localizable en el buscador de YouTube introduciendo paco de lucía & interview 1996 part 10»; n° 90 localizable en el buscador de YouTube introduciendo «paco

entrevista de Paco de Lucía que se analiza en el blog *Habla mejor inglés* dirigido por un americano nativo y docente en el idioma. Y aunque señala algunos fallos gramaticales, dice literalmente:

> «Lo primero que me llama la atención es la facilidad con la que Paco de Lucía entiende la pregunta y arranca a responder. A lo largo de la entrevista, el periodista no hace ningún esfuerzo por simplificar sus preguntas, pero Paco es capaz de seguir el ritmo.
>
> ¡Y no se come ni una /s/! Como he dicho tantas veces, no pronunciar la s en el plural, el posesivo y en los verbos es el error más común y grave entre los hispanohablantes. A veces los andaluces intentan achacarlo a su omisión de la s en español, pero Paco demuestra claramente que ser del sur no es ningún hándicap.
>
> A los hispanohablantes la palabra «culture» les suele dar problemas por sus /u/ (no deberían pronunciarse como en español) y su /t/, que se pronuncia como ch (véase esta entrega). Paco, sin embargo, pronuncia la palabra perfectamente. ¡Olé!»[350]

Cuando Jorge Pardo cogió su flauta verbal, ajustó el micrófono y dio la primera nota de la amable entrevista que nos concedió en Sevilla, el primer soplo que soltó de comienzo fue esta frase, la primera línea que figura escrita en nuestro cuaderno de notas: «Manuel, no me extraña que sientas curiosidad por Paco de Lucía. Paco fue el primer flamenco ilustrado». ¡Óle!

Jorge no lo decía porque Paco de Lucía hubiese vivido en la calle Ilustración nº 8 de Madrid. Jorge no «es» un flamenco, pero vive y trabaja con los flamencos, ha sido aceptado por ellos y es un hombre cultivado, crítico y muy inteligente. Por eso, por no ser un flamenco de origen, fue una grandísima ayuda para analizar este mundo con bastante objetividad, porque los nacidos en él están restringidos sobremanera. Son recelosos y suspicaces, y a veces hasta asustadizos,

---

de lucia estudiando»; nº 100 localizable en el buscador de YouTube introduciendo «sounds donnie paco de lucia 1983».

350   Pueden localizarlo en internet buscando «Habla mejor inglés» Paco de Lucía.

temen que hablando en términos críticos de otros artistas —*rajar* le llaman ellos— alguien se pueda molestar; aquello de: «ese anda diciendo de mi» o «ese va a decir que yo he dicho»— y acaban con frecuencia alojados en lugares comunes. Si no eres flamenco, pero has sido aceptado por ellos, puedes observar sin condicionamientos, y mejor aún si cabe, un universo fascinante, que amas y te gusta con locura sin estar atrapado entre sus fuerzas gravitacionales. Jorge fue un observador y una fuente de primer nivel para poder apreciar el enorme contraste diferencial que Paco de Lucía suponía respecto a los flamencos tradicionales[351].

3. LA SUBLIMINALIDAD

Permítasenos en este apartado, una licencia que seguidamente explicaremos al usar el término *subliminalidad*. Paco de Lucía usaba frecuentemente expresiones ambiguas o irónicas cuando hablaba. Pero no era ironía, ni ambigüedad, es una mezcla de la que sale algo diferente, un recurso expresivo para camuflar a propósito y no mostrar, explícitamente, el mensaje que se quiere transmitir.

Paco manejaba muy bien este recurso. Bajo una apariencia A, subyace un mensaje B, opuesto al A. El importante es el B: el tapado. El A suele ser un mensaje blanco que todo el mundo acepta de buen grado. El B suele ser algo más ácido. Por eso, aunque es en realidad la idea que quiere transmitir, la disimula y la envuelve, aunque a poco que se busque, se encuentra el recado esencial; es como una pantalla reflejante que usa, para desviar la atención sobre el ataque principal.

De mi juventud de pasante recuerdo que mi maestro usaba esa técnica magníficamente para neutralizar con elegancia alguna indirecta. Siendo uno de los laboralistas más destacados de Sevilla, con una clientela muy sólida, nos cedía los asuntos más sencillos a sus aprendices, reservándose los más complejos y de más volumen. Esto motivaba que sus actuaciones ante los tribunales se espaciasen

---

351 Pero tanto tiempo estuvo entre ellos que algo se le pegó. Cuando supo que él nos sugirió el título de nuestro ensayo matizó: "Manuel yo no se si fue "el primero". Un grande Jorge.

un tanto en el tiempo. Excuso decir que, al igual que para un restaurante es más atractivo servir una mesa que pida una langosta de cien euros, que cincuenta mesas que pidan anchoas de dos euros, para un abogado es más interesante también, un asunto de cien mil, que cien asuntos de mil. Y cuando a mi maestro, algún juez le indicaba con cierta intención, que se le veía menos por los juzgados, Gonzalo, en lugar de presumir, solía responder, encogiéndose de hombros: «Sí, es que me encargan menos asuntos, qué se le va a hacer». Sí, menos asuntos, pero más gordos, ya quisiera yo para mí tu declive, pensaban aquellos.

El DRAE[352] entiende por «subliminal» lo «que está o se produce por debajo del umbral de la conciencia y por ello, solo es percibido inconscientemente». Pero nos permitiremos usar el término, para describir estos mensajes ambiguos y calculados, que tratan de decir sin decir, de modo tácito o implícito.

Nuestro personaje también empleaba bien este recurso para quedar arriba sin ser un pedante; al igual que mi maestro, sabía que no convenía jactarse abiertamente de su condición de número uno. Paco jugaba muy bien al despiste, y como un alquimista, combinaba en su justa medida la sinceridad con «quedarse con el otro», pero sin que el otro —aunque fuese un pollavieja— lo notase.[353] Y dejaba «ahí» el acertijo: «¿Se habrá quedado conmigo este tío? Me lo dijo tan serio...».

Creo que le divertía sobremanera dejar esto como firma.[354] «Quien quiera "sabé" mentiras a él», dice el refrán.

---

352 Diccionario de la Real Academia de la Lengua Española.
353 Vídeo nº 19 localizable en el buscador de YouTube introduciendo «Paco de lucia sena con el payo humberto». A la vez que hacer ver que está encantado con la sugerencia del Payo Humberto, se está riendo de él con los de su grupo, en un lenguaje subterráneo, que el americano no pilla y los suyos captan a la perfección.
354 En una entrevista ya citada, responde al periodista que conoció a un fulano en la cárcel, pero después le aclara que es broma. Sin embargo en la anécdota de la amiga de Ricardo Pachón en París, le soltó que Ricardo también estuvo en chirona, pero a Ricardo «lo dejó allí».
En el vídeo nº 7, localizable en el buscador de YouTube introduciendo «Paco de Lucia Bies Bratislava» en el aeropuerto departe con unos aficionados, cuando de pronto suelta «¡Filma a esa!». (¿Crees que me está interesando mucho lo que dices? Hago que parezca que sí, pero estoy pendiente de la tía que pasa.) Nunca sabes dónde está la bolita con Paco.

La colección de muestras «subliminales» que podemos citar es tremenda.

— Paco sabía expresarse en público, ha quedado claro. Pero lo rehuía: o no quería o no le gustaba o le molestaba hacerlo, las tres cosas pueden ser. Dejaba entonces siempre el mensaje —falso— de que *se le daba mal hablar en público*, cuando en realidad, él sabe que lo borda, como en la entrevista de Pedro Ruiz, de José María Iñigo y en otras muchas ocasiones.

— Cuando Bárbara Celis le preguntó, qué le quedaba por hacer a los sesenta y tres años, dijo tan pancho: «Pues... ¡todo! Lo único que he hecho en mi vida ha sido tocar la guitarra. ¡Una vida pobrísima, imagínate!»[355]. Sí, paupérrima, vamos... No hay mejor forma de decir que lo ha logrado todo ya en su oficio.

— Hablando de Camarón desliza: «No es hasta los últimos ochenta y los primeros noventa cuando se le tiene en cuenta y entonces era cuando Camarón estaba ya realmente *cascao*, porque tuvo una vida muy intensa, muy fuerte; como buen artista vivía las cosas a fondo». No dice que destrozó su vida con el vicio, pero es lo que en realidad transmite. No dice que él mismo caminó por esos andurriales, pero salió victorioso sin caer en el pozo. La diferencia estaba cristalina. El que sepa leer, puede ver que uno tiró su vida y su carrera y otro la aprovechó. Si Camarón era un fenómeno, ¿qué no seré yo? Fenómeno y medio, por lo menos.

— «Si me hubieran dado el Premio Príncipe de Asturias estando vivo él [Camarón], hubiera impuesto de alguna forma que él viniera, lo hubiera compartido con él, me hubiera dado vergüenza ganarlo yo solo»[356] Como ya era suyo, la titularidad espiritual sí la compartía.

— «No me ofenden a mí ofenden al flamenco», dijo en el asunto de la suspensión del concierto con Plácido Domingo y Julio Iglesias. Ergo, yo soy el flamenco.

---

355 *El País*, 2010, cit.
356 *El País*, Miguel Mora, 2014 cit.

— «No me gustan los halagos»... solía decir; hasta que le faltaban y se ponía negro. Como en la firma de autógrafos con Casilda en el país de las lesbianas.

— «Yo hubiese querido ser cantaor», repetía sin cesar. [...] Pero los puso los segundos y la guitarra primero, como veremos en el capítulo dedicado a su *leit motiv*.

— «Stravinski decía que los mediocres copian y los genios directamente robamos, decía Stravinski»[357] En primera del plural, «robamos» Stravinski y yo. No hay manera más fina de declararse genio.

— «Yo prefiero que esa nota me la den sucia, pero dentro del ritmo que está escrita»[358], decía enviando el mensaje a los guitarristas clásicos que le criticaban por tocar el Concierto de Aranjuez. «Me la den»: yo soy el maestro que califica la nota. Y además soy quien mete todas las notas a compás y nunca doy una nota sucia; los clásicos no llegan a mi nivel ni pueden tocar el concierto como está escrito. ¿Alguna pregunta?

— «Yo empecé a crear mi propia manera de tocar y tuve la suerte de que esa llegó a ser la manera de tocar del flamenco»[359]. «Tuve la suerte»: al saber le llaman suerte, dice el refrán refiriéndose a los virtuosos. Generosa forma de decir que arrasó imponiendo su liderazgo.

Sabía deslizar la idea sutil que quería transmitir, dejaba la banderilla puesta con la puyita perfectamente envuelta.

— Ante un desplante que le hizo Sabicas, saliéndose del teatro en medio de una actuación suya, diciendo que en la guitarra solo

---

357 Documental *Paco de Lucía Francisco Sánchez* vídeo nº 122, *Paco de Lucía Francisco Sánchez* (año 2003) localizable en el buscador de YouTube introduciendo «Francisco Sánchez, Paco de Lucía english subtitles»

358 Documental Michael Meert, Vídeo nº 2, localizable en el buscador de Google introduciendo «Paco de lucia light and shade daily motion». Paco criticaba como vimos la falta de técnica a veces de los guitarristas clásicos, porque paraban el ritmo —*ritardando*— para poder llegar a la nota siguiente, si el pasaje presentaba dificultades de ejecución.

359 Lo dice al final del mismo documental.

habían evolucionado los dedos, respondió: «Sí, pero yo no me enfado. Yo estaba delante y lo decía por mí, me atacaba mientras yo a él le echaba flores todo el tiempo. Él ha estado sentado en la poltrona durante toda su vida y de pronto ve que su manera de tocar ya no se hace, aunque todavía tenga fieles. Las nuevas generaciones siguen otra manera de tocar [la manera de Paco de Lucía, claro está] y Sabicas no lo puede admitir porque eso sería afirmar que ya no vale lo que hace. Es lógico que todo lo que diga sea justificándose»[360]. Paco de Lucía sabía que Sabicas estaba ya acabado —y superado por él— y que *el de las Habicas*, le dijo a su propio hermano —quien lo refirió al padre de Paco— que «como este niño no ha habido, ni hay, ni habrá otro jamás»[361].¿Qué ganaba Paco, sabiendo eso, humillando a un viejo que ya se había rendido? La generosidad, en cambio, lo hacía más grande a él.

— «Camarón era un músico —decía como ya hemos anotado—, tenía la mentalidad abierta de un guitarrista, porque no se limitaba a hacer el cante de Triana, de Alcalá, de Jerez o de Cádiz, o el cante grande o el cante chico; eso lo dominaba, pero también tocaba la guitarra y eso le daba una apertura de mente fundamental»[362]. Mientras le alaba, deja claro que tocar es lo que le abre la mente a Camarón y le aporta la genialidad.

— Y las tres mejores: Su hija Casilda le pregunta si uno no se siente inmortal cuando sabe que dentro de doscientos años se seguirá hablando de él, y le responde tan pancho: «¡Qué va! Para entonces ya habrán descubierto que soy un bluff»[363]; a Victoriano

---

360   Téllez Op. cit. Pág. 103
361   Pohren , op. cit, pág. 24. Vídeo nº 35, localizable en el buscador de YouTube introduciendo «la saga de los lucia», 00:18:15, «Cuando a Sabicas se le mentaba a Paco, preguntaba ¿tú te imaginas a un niño de cuatro años que tenga cuarto y reválida? ¿A que es imposible? Pues ese es Paco, con la guitarra». Una vez en Málaga estaba Sabicas sentado junto a su esposa, en la fila delantera: «Y yo veía a Sabicas dando botes en el sillón mientras Paco tocaba. Hasta que se levantó diciendo «esto no hay ya quien lo aguante» y se salió, de tanto como le gustaba y le asombraba lo que estaba haciendo Paco». Paco sabía esto y esto le bastaba, no necesitaba zaherir a un maestro en su ocaso.
362   Téllez cit.
363   «Hasta siempre maestro». Casilda Sánchez Varela *Telva* 2010 cit. (18)

Mera le dijo, tras saludar al final de un concierto, entre bastidores: «Ya los he engañado otra vez», frase que a Victoriano le costó oír bien a causa de la ovación ensordecedora que el público le estaba dedicando. Y en la tercera casi se supera: «Me he pasado la vida pensando que no sabía tocar», dejó como titular en una entrevista publicada por *Diario de Sevilla* en 2014[364]. Estas tres, como comprenderán, ni las comentamos.

Fin de la clase por hoy, pasemos a la siguiente asignatura.

4. ENTREVISTAS Y ADMIRADORES

Debe ser tedioso para los personajes notorios que existan admiradores, biógrafos, periodistas y gente pesada. Hoy este fenómeno está desbordado. Hace poco leía una entrevista a George Clooney en la que el actor se mostraba tan incómodo con el acoso de la gente, que se planteaba cancelar sus redes. Decía que los periodistas le provocaban, hasta el punto de insultar a su bebé cuando lo llevaba en brazos, llamándole gordo y feo, para hacer saltar al padre y captar la foto. Afirmaba sentirse preso. Solo podía moverse por sus propiedades y le estaba vedado ir a un restaurante, comprar en un supermercado o pasear por Central Park, a causa del acoso que sufría. Pero los admiradores, a la vez que insufribles son indispensables. O no existiría el personaje. O no se conocería su vida, lo que casi equivale a no existir.

Paco de Lucía trataba de aceptar muy pocas entrevistas, porque era muy amante de la privacidad, pero si se le compara con el resto de los flamencos, fueron muchas las que acabó concediéndolas. Cierto también que la talla de su figura era superlativa y era muy demandado por los medios, sobre todo fuera de España. Pese a no ser muy proclive, Paco de Lucía no dejaba de exhibirse cuando era menester y colocaba bien el titular. Acusaba mucho cuando una entrevista le gustaba y cuando no. En el escenario y cortas, no parecen disgustarle, ni le descentran. Durante la conversación citada antes con Pedro Ruiz, se le ve cómodo, y con Miguel

---

364   «Me ha pasado la vida pensando que no sabía tocar». *Diario de Sevilla* 2014 cit. (39).

Ríos en un programa de televisión, también se muestra afable y relajado,[365] atendiendo con corrección y amabilidad. En cambio, con José María Iñigo se le ve tenso, acudiendo frecuentemente a rascar la guitarra como asidero de seguridad, para compensar el estrés y tener las manos ocupadas en algo mientras habla.

Manuel Bohórquez, crítico de flamenco, recordaba —y me contaba en su casa debajo de una parra— el trato amable que Paco le dispensó en una Bienal en Sevilla. Manuel —de jovencillo— cubría para Radio Aljarafe el acto de entrega del Giraldillo del toque en 1984. Lo ganó Manolo Franco y Rafael Riqueni fue finalista y Paco era miembro del jurado. Paco de Lucía era entonces el *Messi* del flamenco y le había prometido a Bohórquez, un modesto reporterillo, atenderle después de la entrega del premio. El concurso fue muy reñido, despertó una gran expectación y hubo un gran revuelo después del fallo. El pobre Manuel, viendo la nube de guitarristas y otros allegados que envolvía a Paco y le hacían inaccesible —todos, camino de tomar una copa— dio por perdida la entrevista. Pero no fue así, él le vio y se desembarazó de la escolta: «Señores, disculpen que no los acompañe, pero tengo que atender a este hombre». Uno de los acompañantes se acercó, cogió a Paco por el brazo para llevárselo y él se soltó: «Que me dejes, ¡hombre!, que tengo que atender a este señor», y le dedicó a Manuel el tiempo pactado[366]. Las entrevistas que le apetecían, las respondía con mucho tacto y si eran medios modestos, tenía una especial consideración con ellos, concediendo respuestas muy extensas a sencillas revistas flamencas locales —como el fragmento siguiente— [367], o diarios de Algeciras o sus alrededores.

Incluso atiende a un niño francés, en una curiosa entrevista en inglés que hemos localizado, contribuyendo a que el chaval se sintiera cómodo.[368]

---

365   Vídeo nº 203 de 00:14:50 a 00:16:00. Entrevista con Miguel Ríos localizable en el buscador de YouTube introduciendo «lo flamenco especial paco de lucía 2014».
366   Manuel Bohórquez, entrevista personal
367   *Sevilla flamenca* nº 77, cit. en Bibliografía. Léanse las impresiones del periodista antes de acceder a Paco y una vez que lo consigue. Normalmente no le gustaba ser entrevistado, pero cuando se pone a hacerlo no se tapa.
368   Vídeo nº 1, cc «Paco de Lucia interview aguadulce».

Es cortés y ameno cuando la ocasión lo requiere, se emplea con toda profesionalidad en los actos que sus representantes le organizan para atender a medios locales en los conciertos de sus grandes giras, incluso en los países del Este, alejados en principio de la cultura flamenca, tratándolos con cortesía en conferencias de prensa bien organizadas. En Moscú, en 1986, departe durante larguísimo rato, amena y distendidamente con un grupo heterogéneo formado por periodistas y admiradores que se sientan en torno suyo. Incluso observa como uno, sentado junto a él con una guitarra en la mano, lleva un peinado exacto al suyo. Un Paco de Lucía soviético, que no esperaba encontrar en tierras rusas[369].

Indiscutiblemente hablar de Paco de Lucía no resulta fácil, tanto por lo mucho que de él ya se ha dicho y escrito, como por la complejidad que entraña glosar su personalidad artística sin estar influenciado por la desmedida admiración que siento por su música, y desde hoy también por su persona. No ha sido fácil entrevistarle, ni mucho menos. La compleja maraña humana que rodea a los grandes artistas no suele dar facilidades para un encuentro de este tipo. Pero curiosamente, a medida que se van sorteando obstáculos y se acerca uno a su entorno, las dificultades van desapareciendo y todo toma un cariz distinto. Cuando el contacto es, por fin, directamente con Paco de Lucía ya todo son facilidades. Me cuenta algo de su última gira, me dice que está muy "mosqueao" con un problemilla de salud que le acaba de aparecer, y se muestra abierto y encantado de atenderme para fijar el encuentro que ha resultado ser lo más gratificante que ha podido ofrecerle nuestro arte a este humilde aficionado.

En un mundo en el que la improvisación, la vulgaridad y la chavacanería son algo cotidiano, no deja de sorprender la caballerosidad, la seriedad y el sentido de responsabilidad de un hombre que lo es todo en su género y que ha llevado la guitarra flamenca a su punto más álgido.

pieza fundamental no solo para la eclosión a nivel internacional del flamenco sino también para la consideración y dignificación de nuestro arte.

La personalidad artística de Paco de Lucía se podría definir como un fenómeno aislado, único y desconcertante dentro del mundo del toque tradicional. Toda su aventura creativa parece responder al lema de que la verdadera pureza es lo que la sensibilidad y los sentimientos de cada uno hace emanar en cada momento.

Paco, se ha mostrado siempre como un artista extraordinariamente perceptivo que ha sabido recrear con su imaginación las formas que desde el principio han sido la base para la "construcción" de la guitarra flamenca que todos conocemos hoy día.

Francisco Sánchez Gómez, un nombre sencillo como él mismo, para un artista inconmensurable. Una persona entrañable que irradia paz y humanidad por todos los poros de su cuerpo, modesto y sabio a la vez, aunque no vanidoso. Se sabe el mejor, aunque jamás alardea de su indiscutible supremacía y recuerda constantemente a sus maestros.

Para el guitarrista más grande que jamás haya dado el flamenco, su auténtica razón de ser en el escenario musical es el flamenco, del que jamás se ha ido y en el que siempre estará.

– Paco, a estas alturas ¿cómo recuerdas el año

Entrevista *Sevilla Flamenca*, nº 77

---

369   Vídeo nº 101. A partir del minuto doce, aparece su doble ruso. El verdadero es el de la camisa negra entera, cuesta diferenciarlo. Localizable en el buscador de YouTube introduciendo «Paco de Lucia Moskow 1986 Concierto y Entrevista 3º».

Hoy, a la velocidad que corre la información, esto no es llamativo, pero llegar a Moscú en 1986, siendo un artista de un género tan minoritario en aquel lugar del mundo y encontrarse allí a veinte guitarristas esperando, e incluso imitando su imagen, debió darle a Francisco Sánchez la medida de la dimensión que estaba alcanzando su amigo Paco de Lucía. Algunas de estas entrevistas se editaban, insertando actuaciones en recitales en otras ciudades, en aeropuertos, en llegadas al hotel, etc. y conformaban un auténtico documental promocional que se emitía en las televisiones del lugar, creando el ambiente y la publicidad adecuados para los conciertos que tenía previsto ofrecer allí.[370]

También en España, en promociones de discos o actos importantes, acude puntual y profesional a las comparecencias. Al presentar su disco *Luzía*, concede una entrevista larga, intimista y distendida[371] mostrándose inteligentemente cercano y atento. Con las cosas de comer…, ya se sabe. En camerinos —salvo antes del concierto, cosa que le ponía negro— también suele recibir a alguna prensa después de los recitales o en ensayos y contesta a entrevistadores locales con cortesía, dando juego y titulares[372]. Las personas amables son mejor aceptadas que las descorteses en las relaciones interpersonales y era necesario obrar así; Paco de Lucía sabía ser amabilísimo.

En otras ocasiones no le va la entrevista y sucede todo lo contrario, muestra un visible desdén, un gesto de indiferencia o desprecio. En la televisión francesa en los años setenta, la cara de Paco, tras la perorata de introducción del presentador, es un poema. Pone cara de entenderlo —e igual lo entiende que no—, pero también parece rumiar: «¿Qué estará diciendo este "gachó" de mí? A ver si toco ya y nos vamos, que hace calor aquí». Al final, remata desganado como Camarón: «Voy a tocar un poquito por Alegrías».[373]

---

370 Vídeo nº 107, para la televisión japonesa. En España no recibía ni el 1% de esta atención

371 Vídeo nº 9

372 Varios ejemplos en vídeos nº 43, localizable en el buscador de YouTube introduciendo «zjzznrfw_d8»; o nº 90 localizable en el buscador de YouTube introduciendo «paco de lucia estudiando».

373 Vídeo nº 149 principio, localizable en el buscador de YouTube introduciendo «paco de lucia recuerdo a patiño».

Cuando a Paco de Lucía no le gustaba una entrevista o lo asaltaban, la hacía sin ganas, le recetaba al interesado una entrevista de lata que tenía muy bien ensayada, con la mirada errática: medio kilo de «mi padre me metió en el cuarto a tocar con ocho años»; un cuarto de kilo de «la gira con José Greco» y trescientos gramos de «me chifla Camarón y voy al Caribe a relajarme». Bien despachada y punto; que pase el siguiente, que le cuento otra vez lo mismo. Entrevistas *de bote*. Otras veces, cuando termina la broma que le apetece «como la de conocer en la cárcel a un guitarrista, engañando al entrevistador»[374], ya no le interesa más el periodista —se le nota— y lo despacha con una de estas largas cambiadas.

Casilda decía que cuando Paco andaba de gira y ella leía en Madrid un artículo en prensa, cabían dos posibilidades: entrevista larga, la periodista estaba de buen ver y pudo pasar de todo; solo tres líneas, la tía era un callo, o el tío era un malaje, o Paco estaba más *p'allá que p'acá*.

Normalmente solía tener paciencia y era correcto con la prensa, sobre todo en las entrevistas escritas y si se habían preparado bien; en ese caso dejaba altamente satisfecho al reportero, poniendo interés y prestándole toda su atención.[375] La privacidad que tanto reivindicaba es un rasgo antagonista de la tendencia a la apertura del individuo; sin embargo, sus entrevistas no suelen ser relatos de sus itinerarios de conciertos o datos sobre su obra, sino que son intimistas, versan sobre las emociones, sus propias emociones. A veces concede entrevistas en prensa —algunas de cuyas declaraciones figuran insertadas entre estas líneas— en las que muestra descarnadamente su interior, desnudándose con crudeza, presentándose absolutamente vulnerable al hacerlo. Sus angustias sus miedos, su pasión por componer, sus neurosis, sus agotamientos y sus frustraciones las relataba con frecuencia. Remitimos aquí al lector a la entrevista que concedió a *ABC de Sevilla* en 2003[376], algunos de cuyos fragmentos hemos citado a lo largo de esta obra. Da la sensación de que, en lugar

---

374 Vídeo nº 14, localizable en el buscador de YouTube introduciendo «8fbvop3wa08».
375 Magníficamente hilvanada la de Sol Alameda en *El País*, cit. (11). E incluso rechazando un interprete y esforzándose en responder en ingles. «Paco de Lucía a new tradition...» cit.
376 Localizable introduciendo en Google «paco de lucia fantasmas abc»

de una entrevista, se trata de la transcripción de una conversación entre amigos. Le pide consejo al periodista sobre bares: «Oye, ahora cuando terminemos, ¿tú sabes dónde podemos ir a comer un rabo de toro antes de coger el AVE? Es que mi mujer lo comió por primera vez en Sevilla y le encanta», y le da una magnifica entrevista prácticamente hecha, le dice lo que piensa, sin importarle aparecer como una persona débil que muestra sus vergüenzas, en lugar de mostrarse como una estrella internacional. Mucho más a la altura estuvo el entrevistado que el periódico, que colocó un insultante pie de foto —borrosa y mala, además— que rezaba: «El guitarrista jerezano, en un momento de la entrevista»[377].

Llegó a decir que cuando leía una entrevista suya, le daba coraje de tanto como se quejaba. El justificaba esa exhibición de emociones porque le aliviaba, necesitaba vomitar esas angustias, como una forma de terapia que le liberaba de la tensión, la intranquilidad que le producía la guitarra[378].

Las entrevistas «de lata» respondían también a unas preguntas del mismo corte, porque *el plumilla* no se había preparado bien su trabajo. Hemos leído algunas con preguntas muy malas, que volvían a martillear sobre lo que ya había declarado mil veces y lógicamente, ante eso —en un artista que concedía muy pocas— no cabían más que respuestas de bote. Otras veces eran verdaderos asaltos, que le interrumpían antes de un concierto, cosa que le molestaba muchísimo.[379] En esos casos llega a decírselo con evidente incomodidad al impertinente que se había colado en su camerino: «No es que no quiera hacer la entrevista, es que toco dentro de una hora y no es el momento ahora» [380].

---

377   ¿Es presentable eso en una entrevista de *ABC de Sevilla*? ¿Dispensar ese tratamiento a Paco de Lucía en Sevilla por el primer diario de la ciudad? La entrevista la realizó Alberto García Reyes, cuando aun no era director del medio, y me contó personalmente, que se fué con Paco y Gabriela a tapear, y que por supuesto se pusieron tibios de cola de toro. Alberto García Reyes. Entrevista personal cit.

378   Casilda Sánchez entrevista *Telva* cit. (18)

379   Como afirma Gabriela su mujer Vídeo nº 4, localizable en el buscador de Google introduciendo «un año sin paco de lucia el país» de 00:48:00 a 00:01:20

380   Vídeo nº 90 localizable en el buscador de YouTube introduciendo «paco de lucia estudiando»

En este bloque incluimos también su relación con los biógrafos que se han ocupado de escribir sobre su vida.

Con Donn Pohren, no sabemos si trabó buena relación, pero con Félix Grande su amistad era muy especial, lo quería y lo frecuentaba asiduamente en su casa de Madrid, porque le aportaba serenidad y sosiego estar con él y con Paca, su mujer. «Háblame de lo que sea para que me tranquilice, Félix», le decía a veces. Con él se abría y se sentía relajado y le permitía entrar en su intimidad, hasta el punto de compartir algunas noches de hospital durante la enfermedad de Lucía, su madre, en las guardias que le tocaban en turno a Paco. En Félix se apoyó nuestro hombre (hasta físicamente) durante el funeral de su madre y no se separó de él hasta que lo llevó a casa en su Mercedes —comprado a Paco Cepero—[381], una vez finalizado el duelo y antes de partir al cementerio de Algeciras con su familia. Félix era su segundo padre y le servía de bálsamo, de contrapunto como veremos más adelante. En los momentos de ofuscación del joven Paco de Lucía a causa de la reciedumbre con que le trataba su padre, Félix le serenaba y contribuía a calmarle, explicándole con afecto que, con esa disciplina militar, don Antonio trataba de fortalecerle y de forjarle el carácter, porque él mismo había sido víctima también de los rigores espartanos y las calamidades vividas en su propia infancia, que también se le robó, explicándole que esa rudeza tenía allí su origen[382]. Más adelante, Paco solía acudir a ver a Félix acompañado de Casilda, para que ella introdujese alguna broma o algún chascarrillo, porque de tanto filosofar con su amigo el poeta, al que tanto quería, se estaba volviendo un pedante que le buscaba explicación racional a todo, olvidando la gracia del absurdo, de las cosas ilógicas que tanto le hacían reír. Pensaba que se estaba poniendo muy serio, trataba de razonarlo todo y empezó a sentirse aburrido, viniendo de una tierra donde hay mucho sentido del humor, sobre todo absurdo, que era lo que más gracia le hacía. Así que, poco a poco, dejó la filosofía[383].

---

381 El propio vendedor nos lo contó: «Na más verlo se enamoró de él y no paró hasta que se lo vendí».

382 El padre de Paco de Lucía quedó huérfano a los ocho años y fue recogido por unos familiares. Félix Grande op. Cit

383 Sol Alameda. *EL PAÍS* cit. (11)

Cuando a Juan José Téllez, el último de sus biógrafos, se le preguntaba por su relación personal con Paco de Lucía, respondía que llevaba treinta años tratándole y había pasado cientos de horas hablando con él, tal vez la persona que más lo haya hecho nunca, pero a su vez decía que no era amigo suyo.

«Yo no me considero amigo de Paco, ni de lejos, porque creo que Paco tenía muy pocos amigos íntimos. Tenía amigos que lo acompañaron toda la vida como Carlos Rebato, José Luis Marín, otros que se le fueron uniendo muy pronto, como su compadre Victoriano Mera, pero yo no formaba parte de esa intimidad que algunos me han adjudicado. Yo tuve el privilegio —decía— de tratarle más de treinta años de forma esporádica, de mantener numerosas entrevistas y de poder aproximarme a su círculo».[384]

Téllez, también algecireño, se desplazó en una ocasión al Caribe para entrevistarlo por cuenta de la Diputación de Cádiz, para los actos de conmemoración de cierto centenario. Siendo para algo de Cádiz y siendo Téllez de Algeciras, Paco no se negaba. La entrevista, en su planteamiento y en la forma en que se preparó no daba para el Pulitzer y años después se proyectó en bucle continuo y sin editar, dejando incluso alguna indiscreción, en la exposición que se realizó en el espacio cultural Santa Clara de Sevilla durante la Bienal de 2014. No era demasiado original, más bien una entrevista de carril y a Paco le pilló sin ganas, se aprecia incluso en los *making off*. Téllez había interrumpido su descanso mejicano y obtuvo de su paisano *la entrevista enlatada*, que el periodista se sabía de memoria, después de cruzar el Atlántico para obtener unas declaraciones.

No era muy amante nuestro hombre tampoco, de las recepciones sociales en los actos de los premios que le concedían.

—¡Que yo no voy! ¡Que Téllez con la pajarita esa que se pone, habla mucho!, decía en el hotel con su bata china, una hora antes de recoger uno de esos galardones.

---

384   Vídeo nº 18 localizable en el buscador de YouTube introduciendo «flamenco andalucía especial paco de lucía» 00:16:28 a 00:17:00. Entrevista Diario Cádiz cit

> —Paco tienes que ir, que van autoridades y mucha
> gente. Además, deberías valorar el esfuerzo de Téllez,
> que se toma mucho interés por tu figura.

Y otra vez:

> —¿Pero se tiene que poner esa pajarita? [385]

Paco era un caso con los cables cruzados. Y Téllez no tenía la culpa. El hombre tenía todo el derecho a usar su pajarita y la recopilación de información que ha compendiado sobre Paco de Lucía es única. No se sabrían muchos detalles y hechos de su vida de no ser por su titánico esfuerzo, que ha contribuido mucho a la factura de este trabajo.

Su biógrafo americano, Paco Sevilla, escribió su trabajo en 1995 sin tratar a Paco. Solo basándose en artículos de prensa y testimonios.

> «Esta biografía de un artista flamenco ha sido
> compilada sin la ayuda directa de Paco de Lucia.
> Hay distintas ventajas al escribir una biografía no
> autorizada. El autor tiene la libertad de dar opiniones,
> ser crítico, incluir material que puede no ser halagador
> para el tema de la biografía e incluir mucho material
> complementario. Quería contar la historia de Paco de
> Lucía tanto desde el punto de vista de los observadores
> externos como basándome en las palabras que ha
> pronunciado ante la prensa a lo largo de su carrera. He
> intentado retratar no solo la vida de un artista, sino
> también la biografía del flamenco durante el importante
> período de transición de los últimos veinticinco años:
> las tradiciones del flamenco ya no son las que eran antes
> de Paco de Lucía.»[386]

Hizo un soberbio trabajo Paco Sevilla y es una auténtica pena que no haya sido traducida y editada en España. Tal vez nos pongamos a ello en serio, una vez terminemos este ensayo.

---

385   Entrevistas personales cit.
386   «Paco de Lucia a new tradition...» cit.

Y los admiradores... ¡Oh, Dios mío! ¡Los admiradores! Cierto torero decía que lo mejor de los partidarios es cuando acaban partiendo. Paco de Lucía suele ser enormemente paciente, pero también se le ve muy forzado con los admiradores. Es para ponerse en su lugar, continuamente asediado y solicitado allá donde fuese y más en Andalucía, donde se le abordaba en cualquier parte con la espontaneidad directa propia del carácter. Nadie lo expresa mejor que el:

> «Si te ponen en el pedestal, te están exigiendo una responsabilidad de por vida. Esta circunstancia me ha coartado enormemente. Imagínate que estoy en una reunión tomando una copa y que llevo quince días sin tocar; de pronto aparece una guitarra, ¡y me pongo enfermo!, porque sé que tarde o temprano va a caer en mis manos. ¿Por qué me obligan a hacer una «genialidad», precisamente esa noche que no estoy más que para relajarme, oír a otros y charlar con los amigos?».[387]

La verdad es que sí. Si a uno le pidiesen en una reunión en vacaciones, después de un año duro de trabajo, que relatase las excepciones procesales del último juicio celebrado —y que está deseando olvidar— para entretener a la concurrencia, también acabaría fuera de quicio. Paco no se prodigaba aceptando peticiones del tipo «tócate algo que te escuchemos». En ambientes informales, en entrevistas de televisión o en reuniones donde no tuviese previsto tocar, no tocaba. Hemos localizado vídeos de la TV de Brasil en los que Rafael Rebello se pasa media entrevista tocando su guitarra de diez cuerdas y él —también invitado— se excusa muy cortésmente con la entrevistadora brasilera. Ella le insiste y dice que están buscando una guitarra de seis (un *violao*) para que él pueda tocar y Paco se escapa diciendo que mejor otro día, «cuando este bien, no hoy que estoy como una burra». No cede y no toca[388]. Para él era su trabajo, saldaba temporadas frenéticas, con miles de horas de

---

387 Téllez cit.
388 Vídeo nº 74, localizable en el buscador de YouTube introduciendo «Entrevista Paco de Lucia e Raphael Rebello Raríssimo parte 03», 00:04:00.

dedicación y tras una gira de conciertos, uno debe acabar agotado y saturado de guitarra y de todo lo que se la recuerde.[389]

El episodio filmado en vídeo —citado anteriormente— en que le aborda el Payo Humberto después de un concierto, tiene tela, y el estoicismo de Paco escuchando al pésimo guitarrista que le ponen delante mientras cena, más aún. El hartazgo lo manifiesta a su estilo: «¿ah que va a seguir tocando? Qué bien. ¿Hay vino por ahí?»; o mascullando: «Me voy a lavar las manos que antes de dármelas, con ellas os tocáis los huevos».[390]

5. ANTE EL PÚBLICO Y EN EL ESCENARIO

Es corriente observar muletillas gestuales automáticas en guitarristas. Ramón de Algeciras, por ejemplo, abre y cierra la boca a veces cuando toca[391]. Paco de Lucía —al igual que Manolo Sanlúcar— más allá de algún gesto asimilado al dolor o al énfasis, suele tocar muy derecho, gestualiza poco y no sigue el ritmo con el torso o la cabeza sino solo con el pie. Son las manos las que trabajan, la derecha casi en ángulo recto con el antebrazo que permanece quieto.[392]

Paco —salvo en los últimos tiempos— era una estatua en el escenario. Espalda y cabeza rectas, piernas cruzadas. Gélido, serio, hierático. *Esaborío,* incluso. Entre dos temas en un concierto solo decía un escueto «gracias» durante los aplausos y no siempre; no dedicaba normalmente unas palabras al público explicando lo que iba a tocar ni glosaba alguna anécdota o dedicatoria, salvo en escasísimas ocasiones. Entre dos piezas, un momento en que todos los artistas dan las gracias efusivamente o saludan y aprovechan para empatizar con el público, él permanecía ausente, con una actitud apática y no se

389   Vídeo n° 87, localizable en el buscador de YouTube introduciendo «Paco de Lucia interview after performance in Moscow» 00:02:36 a 00:03:25.
390   Vídeo n° 19 Localizable en el buscador de YouTube introduciendo «Paco de lucia sena con el payo humberto».
391   Vídeo n° 35, localizable en el buscador de YouTube introduciendo «la saga de los lucia», 00:25:45, entre otros muchos
392   Cada guitarrista tiene su estilo, Diego del Morao por ejemplo toca encorvado y mueve mucho el torso

muestra ni satisfecho ni eufórico por lo que acaba de hacer, como acostumbran a hacer la mayoría. Lo achaca a que necesita concentración para tocar. En cierta ocasión que no encontró la suficiente, incluso le echó la bronca al público del Palacio de los Deportes de Madrid a mediados de los 80: «Paco de Lucía empezó a tocar ante un público que iba y venía de sus asientos, hablaba, comía, bebía, reía y mucho más. Pronto se pudo ver que Paco no estaba en sintonía con el público ni con el escenario... En un momento concreto, el guitarrista se dirigió al público asistente: "A ver si os podéis callar un momento... ¿Podrías callar un momento para que pueda afinar la guitarra? ¡Ni siquiera puedo escucharme a mí mismo!" Suele mostrarse cansado al terminar de tocar, sudoroso, jadeante incluso a veces y siempre serio o casi incómodo por los aplausos, que llegan a intimidarle si se prolongan mucho. Espera que terminen y aborda el siguiente tema del concierto. Ni siquiera en actuaciones de reducidos aforos, dadas a interactuar con el público, solía amenizar haciendo uso de la palabra. Fue una constante en su trayectoria. Eso no se finge; así se es»[393].

A veces, cuando fingía, se le notaban tanto las pocas ganas de hacerlo, que estaba más guapo callado. En su propia tierra, dio su último concierto en Cádiz en agosto de 2013 en el Castillo de San Sebastián. Cuando ya llevaba más de una hora tocando, el público se enardecía, lo vitoreaba y él no decía ni «mu». El público podía aclamarlo lo que quisiera, que, si no estaba de Dios que él hablase, no hablaba. En un momento, y sin venir mucho a cuento al principio del «bis» del final, se acerca al micrófono y suelta: «¡Viva Cái!». Y se acabó.[394] A lo mejor recordaba cuando le tocó dar las gracias en el escenario a Sanguinetti, el presidente de Uruguay y le cambio el nombre. «Me lo tengo merecido —dijo recordando aquella ocasión— nunca hablo y cuando lo hago mira lo que pasa».[395] El cansancio, y tal vez alguna dosis de hastío o de falta de motivación, podían ser la causa de determinadas actitudes ausentes en escena. Con la edad las va acusando. «El Farru» llegó en una ocasión a per-

393 «Paco de Lucía a new tradition...»
394 Demasiado hizo, —cabe decir tambien en su defensa— para la atención que le dispensó la prensa de Cádiz al concierto.
395 Casilda entrevista Telva (18) y comentario de lectores.

der un tacón bailando, pero consiguió terminar las bulerías con el zapato roto —¡bravo Farru!— y recogió al final el tacón del suelo para mostrarlo al público. Paco no dijo ni pío. Solo levantó una mano y dijo: «¡Antonio el Farru!», como siempre solía decir cuando bailaba, ni una sílaba más, ni al público ni al bailaor.[396]

> «Me gusta estar solo, y necesito estar solo en el escenario para poder tocar. Siempre pido ponerme un foco en la cara para que no pueda ver a la gente. Cuando voy a un lugar donde puedo ver, y veo las caras, (o escucho una tos en un momento inesperado) no estoy en mi mejor momento; me pone muy tenso... Sobre todo, los ojos vacíos de esas mujeres que acompañan a sus maridos. Aunque no les gusta la guitarra, van con sus maridos para que luego no salgan con otras mujeres después del concierto. Y las ves sentadas ahí, con esa cara, esos ojos vacíos, y las ves durmiendo, y te trastorna por completo».[397]

Lo cierto es que tocando le costaba relajarse desde joven. En esa época, en que temía a los puristas —y llevando a dos hermanos de tal corte en su grupo, que no le permitían ni tocar con barba— le penetraba la idea de que el flamenco no puede ser chistoso, tiene que aparecer digno, fruncir el ceño y mantener el entrecejo marcado[398]. Pensaría tal vez, que así aplacaría a los rancios. Si encima de la que estaba formando, le da por hacerse el gracioso, lo hubiesen expatriado de su mundo. Fíjense si no, cómo lucía su padre —imagen viva de la ortodoxia purista— cuando Paco tocaba en la fiesta del bautizo de su hijo. Y eso era en ambiente familiar.[399]

Su hermano mayor, Ramón, aparecía serio también en los conciertos y Paco lo tenía sentado a la derecha. Era como su segundo padre y tal vez se lo recordase.

---

396   El video localizable en el buscador de YouTube introduciendo «Farru bailando sin tacón».
397   «Paco de Lucia a new tradition...» cit.
398   Pardo entrevista cit.
399   También en Vídeo nº 213, documental *Paco de Lucía, la Búsqueda,* 00:20:20 a 00:20:30

Don Antonio Sánchez, el padre de Paco, «de fiesta», en el bautizo de su nieto Curro. Foto: Manuel Nieto Zaldívar

No obstante, alrededor de Paco, aunque fuese en el escenario, no faltaba nunca algo de humor. Al terminar Paco la primera gira con José Greco, en 1965, Emilio de Diego —que lo había oído tocar en Oklahoma, en aquella habitación de las literas del hotel de Tulsa, poco tiempo antes— consiguió que Paco de Lucía, que por aquel entonces contaba 18 años, se integrase como segundo guitarrista en la compañía de Gades, haciendo giras por Estados Unidos. Pepe de Lucía también se apuntó acompañando al cante a «El Gómez de Jerez» y a Joselito Mercé. Emilio era la primera guitarra del bailaor, pero ya Paco daba muestras de que el segundo puesto que ostentaba era solamente nominal. Ambos se llevaban de maravilla, como hermanos. «Más despacito cabrón» —le decía Emilio cuando quería copiarle alguna falseta— y Paco le respondía: «¿Tú no eres la primera guitarra? ¡Pero no si no sirves ni *pa* comprar cuerdas!». Emilio le devolvía la «andanada» y así marchaba la pareja de amigos, entre bromas y ocupaciones.

Paco y Emilio eran muy aficionados a los garitos nocturnos y después de las actuaciones en los teatros, buscaban alguno abierto, se llevaban sus guitarras y tocaban por aquí y por allá en juergas y fiestas que se montaban con otros artistas de la compañía o con quien se terciase. Los pillos se escapaban después de la función, y Pepe, cual vieja del visillo les decía: «¡Hay que dormir, so golfos! ¡Yo aquí lavando vuestras ropas en el lavabo sin que me lo agradezcáis, y vosotros de juerga! ¡A papá vas a ir Paco, le voy a escribir y se lo digo! ¡Que te gastas el dinero en borracheras! ¡A papa vas!». Cuando la pareja regresaba a las claras del día, despertaban a Pepe que dormía en su misma habitación y recibían otra sesión de sermón de la montaña.

Cierto día faltando diez minutos para salir a escena, Paco abrió el estuche de su guitarra, y vio que se había dejado puesta la cejilla en el tercero, la noche anterior. La juerga había sido dura, y la guitarra aún estaba tal como cayó en su funda al terminar. Pepe la vio y estalló: «¿¡Qué has hecho!? ¡Papa siempre dice que eso no se puede hacer! ¡Dejar la guitarra con la cejilla puesta en el estuche! ¡Ahora se desafinará!». Cierto. Si Paco quitaba la cejilla después de horas colocada, cada cuerda estaría a su aire y no tenían tiempo de afinar. La guitarra de Emilio estaba al seis donde cantaba Pepe. Total: una tragedia que Pepe se encargaba de divulgar: «¡La cejilla puesta, claro, las juergas, sabrá Dios como acabasteis y la soltaste ahí...! ¿Ahora qué? ¡Yo canto al seis y Emilio no puede hacerlo todo! ¡Vas a ir a Papá, y se lo voy a decir a Antonio [Gades] verás!». Paco dejó la cejilla puesta donde estaba y sin escuchar a Pepe, le hizo a Emilio un gesto de «tu tranquilo, no importa» y le dijo, «dame tono por medio». Emilio se lo dio, y Paco se puso a buscar equivalencias. «Ahora por arriba Emilio», y Emilio se lo dio. «Listo» —dijo Paco. «Vámonos». Se abrió el telón y salieron. Paco tocó en los tonos equivalentes del tres lo que Emilio tocaba al seis y Pepe pudo cantar perfectamente. Y no solo eso, Paco descubrió en el propio escenario, que tocando en esa equivalencia podía meter una falseta que llevaba tiempo practicando, y le dijo a Emilio que lo iba a hacer. Este le advirtió «Ojo Paco que a Gades no le gusta que le tapes con falsetas». Pero Paco hizo la falseta: una larga bella, rápida y ajustadísima falseta a compás perfecto. Gades a la vez que bailaba, les clavaba la vista a los dos jóvenes guitarristas para que se dejaran ir, y no floreasen, pero Paco seguía improvisando. Gades aprovechaba los momentos en que la coreografía le hacía pasar por delante de los guitarristas y mascullaba entre dientes a la vez que tocaba las palmas y taconeaba su caminar de encajes: «¡Pa Madrid! ¡Mañana hacéis los dos las maletas y pa Madrid! ¡Pa Madrid los dos!». Lógicamente la ovación final del público enardecido, hacía que a Antonio Gades se le pasase la ofuscación y los dos chavales seguían a bordo y se dirigían hacia el próximo destino de la gira, dispuestos a hacer otra como esta o más gorda.[400]

De jovencillo como hemos visto, no estaba tan rígido en el escenario. Eso vino después cuando el peso de la responsabilidad le abrumaba. Sabiendo lo tenso que salía a escena, a veces Casilda desde la primera fila, lo interpelaba en recitales de solista, con gestos para hacerle reír o ponerle nervioso, diciéndole que tenía las botas sucias, que el pelo no estaba bien, o alguna broma parecida. Paco mismo también lo hacía cuando acudía al recital de algún compañero, como Cepero, diciéndole, «está desafinado» o haciéndole el gesto de que «no se oye» y poniendo frenética a la víctima.[401]

Poco a poco se fue liberando y acababa a veces riéndose o bromeando discretamente en el escenario con los músicos jóvenes del sexteto, cuando ya iban cogiendo confianza[402]. Si alguno fallaba alguna falseta, o en el ritmo, los demás lo detectaban y justo en ese momento le decían ¡óle! Cuando le tocaba la censura a Paco, él humillaba ante los músicos devolviendo una sonrisa, a medio camino entre *touché* y «qué mamones sois». Delante de un público, por ejemplo, del ruso, que se enteraba lo justo, se permitían algunas chanzas, que no osaban hacer por supuesto en Jerez o en Triana, con doscientos guitarristas flamencos en el patio de butacas. Esos conciertos en su tierra le sacaban de quicio y le hacían sudar. Por eso aparecía con frecuencia más tenso en escenarios de España que en el extranjero.

Aportamos algunos ejemplos que nos extraen una sonrisa, al cazar también algún comentario jocoso de Paco en escena.

---

400 Emilio de Diego entrevista cit. Se le llama encajes o enganches al modo de bailar en que el bailaor —en lugar de quedarse en el sitio— camina hacia adelante a la vez que taconea.

401 Vídeo nº 152 , localizable en el buscador de Google introduciendo «rtva a la carta el legado de paco de lucia» 00:24:30, y entrevistas con Casilda y Paco Cepero.

402 Pardo, entrevista cit.

— En Bulgaria, en 1988, Pepe se jacta lanzando un oportuno «ole» a un desliz de Paco por alegrías que este arregla de forma magistral.[403]

Ese concierto se dio en el mismo escenario donde el sexteto hubo de suspender otro poco antes y estuvo también, el segundo, lleno de problemas. Faltaba desde sonido a toallas para limpiarse el sudor. Recomendamos verlo, porque les pasa de todo y tal vez por ello, se sentía en la obligación de dedicar unas palabras a la gente. Saluda al público búlgaro, diciéndoles que está muy contento de estar en su país «que se siente como en casa porque ustedes son todos muy buena gente». Para nuestro amigo, en su afán de agradar, no había búlgaro malo.

Acto seguido en el mismo concierto, presenta a su grupo, «a mi gente», dice él, despojando momentáneamente a Pepe de los galones del apellido y presentándole como «Pepe de Andalucía»; a Rubem Dantas, su percusionista brasilero, lo presenta como «el conde de Calatrava» por alguna clave interna que ellos conocerían. En fin, lo citamos como excepción, porque fue todo un alarde de facundia el que desplegó en Bulgaria.

En este aciago concierto, también se aprecia perfectamente su dominio de la escena donde ejerce siempre de comandante en jefe: detecta que los bongos no suenan, o que le pita un micrófono acoplado. Cuando el sudor no le deja tocar, Rubem le arrima una toalla que agradece con un «ole» y al final de unas bulerías, que baila maravillosamente bien Manolito Soler, siguiendo los picados de Paco con los pies, vuelve a notar que falla uno de los bafles que tiene a su izquierda. Hay muchos detalles que apreciar en ese concierto. No estaba mal de reflejos el maestro que, llevaba además en la cabeza, la lista de temas que tocar, con ocho millones trescientas mil falsetas entre todos.[404]

---

403 Vídeo n° 221, localizable en el buscador de YouTube introduciendo «paco de lucia bulgaria 1988», 00:20:27. Lo añadimos para que se vea que hasta rectificando hace buena música nuestro artista.

404 También en ese mismo vídeo n° 221, localizable en el buscador de YouTube introduciendo «paco de lucia bulgaria 1988», en el minuto 00:17:15 se da cuenta que los bongos no suenan; en 00:17:50 que le pita un micrófono. En el 00:18:15 agradece con un olé la toalla que le acerca Rubem y en el 00:29:45 vuelve a notar

— En Bratislava, en un concierto el mismo año, también se ve a Paco a gusto con los músicos, sonriendo mientras toca. De pronto una nota suena mal y Paco, que captaba el vuelo de una mosca, no la pasa inadvertida y tuerce un poco el gesto.[405]

— En Barcelona, en el Palau, en 1992 —un tanto incómodo, como siempre, por tener que hablar— presenta al público a su sobrino José María y a Cañizares como miembros de esta nueva generación de guitarristas «jóvenes, guapos y solteros, con mucho dinero; ricos».[406] Igual el camerino se llenó de admiradoras después del concierto, quién sabe...

— Antonio Serrano era su músico preferido del segundo grupo, a Paco le encantaba.[407] Alicantino de nacimiento, de madre uruguaya y padre español, al principio se encontraba un tanto inseguro en las armonías y los ritmos flamencos. En uno de los primeros conciertos en que lo acompañaba —en Montreux, en el año 2010— y en el que Antonio, tímido como era, se empleó a fondo con su armónica mágica, Paco le habla mientras el público aplaude, pasando olímpicamente del respetable y dedicándose a animar a su joven ayudante, con unas tablas en escena acaudaladas durante toda una vida. Si suben el volumen y oyen con atención escucharán como Paco le dice con toda la gracia y la retranca del mundo: «Mucho "hocico".[408] La gente ya te quiere a ti, ¿ves? Están contigo», a la vez que se desternilla de risa de ver a Antonio nervioso.

---

y decir con gestos que no se oye bien. En el minuto 00:59:00 a 01:24:00 presenta a su grupo.

405 Vídeo nº 222 localizable en el buscador de YouTube introduciendo «paco de lucia bratislava 1988» 00:52:47 y para colmo, Pepe pierde el compás en el minuto 00:53:35

406 Vídeo nº 11, localizable en el buscador de YouTube introduciendo «palenque paco de lucia palau barcelona» 00:25:00

407 Casilda Varela, entrevista personal

408 Mucho hocico aludía a que la armónica se toca con el hocico. Vídeo nº 6, localizable en el buscador de YouTube introduciendo «paco de lucia montreux 2010 720» 00:17:30

También sucede que —cuando los espectadores esperamos que nos den ese día lo mejor de su arte— pasan cosas en los conciertos, que los públicos no vemos, pero que los artistas padecen y les ocasionan tensiones tremendas y dolores de espalda y de cabeza. Ciertamente no puede uno estar de chistes cuando está concentrado siempre en escena como lo estaba Paco. Él siempre estaba pendiente del ritmo, de dirigir al grupo entero, del sonido, las luces y hasta del «tío que vendía refrescos» por las butacas, si lo hubiese habido y se hubiese salido de su sitio. Lo controlaba todo. Absolutamente todo. Al final ya de un concierto en Pula, cualquiera sabe por qué, «la Tana» no esperó a los aplausos ni saludó con el grupo. Se levantó y se fue como alma que lleva el diablo y se ve a Paco ya con los títulos de crédito del video, al final del último tema en los saludos, mascullando entre dientes: «Hijo putas, vámonos», y se largan todos dejando la ovación a la mitad. No sabemos si ambos hechos están conectados o es que el público no se callaba durante el concierto, o si «la Tana» tenía que ir al servicio.[409]

Paco también es una artista cortés y comparte escenario e invita a músicos a veces a tocar con él. Chick Corea, Winton Marsalis, Al Di Meola, etc. Si se nos permite señalarlo, recomendamos oír la versión *Altamar* de *Entre dos Aguas* que toca de joven, a principios de los años ochenta, compartiendo estrados con Jaime Torres y su charango, en Lugano, Suiza. Es la vez que más a gusto hemos visto tocar a Paco de Lucía. Toca riendo, animado, hasta saltando en la silla —cosa rarísima— tirando de incontables recursos sonoros con que adornarse (glissandos ascendentes y descendentes), gustándose, interactuando con los músicos y como una-auténtica-bestia. Paco siempre decía, que si tienes ese día mágico en el escenario y sacas una improvisación que ni tú mismo te la crees, sin perderte en la armonía, ese día pruebas la droga que te enganchará para siempre. Vean ese vídeo, sobre todo de la mitad hacia el final. Ese día en Lugano pudo ser así.[410]

---

409 Vídeo nº 51, localizable en el buscador de YouTube introduciendo "paco de lucia pula 2006", 00:59:40
410 Vídeo nº 3 localizable en el buscador de YouTube introduciendo "entre dos aguas paco de lucia jaime torres"

Solía colaborar a veces en escena y en discos también, ya en su etapa de gran figura, con músicos a los que superaba, o con los que no cupiese competencia, caso de Serrat, Alejandro Sanz, Malú, Duquende o «la Tana», jamás con alguien que le pudiese hacer sombra, aunque sí que le gustaba medirse con primeros guitarristas, como Manolo Sanlúcar, Al Di Meola, Maclaughlin o Santana, porque sabía que se los comería.

La relación con el cante, en cambio, hasta en su propio grupo, era capítulo aparte: cuando ya alcanzó la fama, nunca tocó con un cantaor de primera fila. Él podía hacer música sin cante o «cantar» incluso con los instrumentos, poniendo a los cantaores a su servicio. Su mensaje implícito a nuestro parecer, era nítido: «Solo me rindo ante Camarón (y está muerto, por cierto). Quien me canta a mí, va de segundo y entra cuando yo digo, pero no me tapa nunca a mí. En mi mundo, la guitarra manda».

7. LAS RAÍCES

Cambie de opinión, mantenga sus principios;
cambia tus hojas, mantén intactas tus raíces.
Víctor Hugo.

Abuelos, padres y tíos.
Con los buenos manantiales
se forman los buenos ríos.
Letra popular cantada por Camarón
con Paco de Lucía a la guitarra.

«¿Por qué se escucha aguda?» El profesor Norberto Torres se hacía esta pregunta, con relación a la música de Paco de Lucía, dado que, a su juicio, los acentos tienen una capital importancia: son los que «hacen cantar a la melodía».

«Tenemos —decía el profesor Torres— nuestra particular interpretación. Pertenece Paco de Lucía a la cultura mediterránea, a una cultura de determinados instrumentos, los de cuerdas pulsadas. Se puede hablar de correspondencia entre los sonidos de la naturaleza que rodea al artista y su obra. En este caso, los sonidos de Paco son los del sur, los de Andalucía. No hay cultura de sonidos graves en Andalucía: se habla y chilla fuerte, el entorno suele ser estridente. Aquí tenemos quizá otro motivo, otra clave de su lenguaje musical y de su popularidad: su sonido es el de su pueblo, de su gente. Por otra parte, sus melodías suelen ser con intervalos conjuntos, siguiendo la tradición flamenca, imitando en este caso el cante».[411]

La tierra donde se nace, la infancia, el clima, la familia, el entorno y los amigos, la clase social a la que pertenecemos, nos atan a la vida, construyen nuestra personalidad y la van moldeando, lo son todo. Y más aún —con permiso— en Andalucía, donde agarra todo lo que se siembra: el andaluz que sale fuera de su tierra suele regresar; en cambio. el foráneo que viene a Andalucía, se suele quedar. Paco de Lucía cerraba circularmente el itinerario vital, diciendo que «la infancia no es de donde se viene, es el destino a donde se termina llegando».

1. INFANCIA Y JUVENTUD

En lo vivido durante la infancia y la juventud, se halla la base fundamental que define a un ser humano y condiciona su futuro. El sistema límbico de nuestro cerebro, el que aloja las emociones, inmaduro cuando nacemos, se cincela a tierna edad y sin tener siquiera, en esa etapa, memoria positiva o recuerdos conscientes de ello, esos ecos marcan nuestra impronta emocional. Es la fase vital en la que aún somos moldeables y capaces todavía de asimilar emociones y conceptos nuevos. A partir de cierta edad, uno se endurece, el carácter se forja y se pueden añadir conocimientos, pero difícilmente se alteran las bases que se plantaron.

Si tirando una vez más de marcadores del carácter, evaluamos el grado de «espontaneidad y sociabilidad» de cualquier sujeto, frente a la seriedad, la «retracción o la introspección», aquí tenemos a un niño —un Mozart de Algeciras— que desde los ocho años se pasa diez horas diarias estudiando la guitarra, mientras los demás juegan, van a la playa o al cine e interactúan, en un pueblo donde se vive de puertas afuera, como pasa en todos los pueblos del sur de

---

411 *Claves para una lectura musical de Paco de Lucía.* Prof. Dr. Norberto Torres. Servicio de Publicaciones de la Universidad de Murcia. Revista de investigación del flamenco, «La Madrugá» cit. (55)

España por simples razones climáticas y socioculturales. Esa reclusión influye en la personalidad, en la asimilación de experiencias y en lo que luego será la sociabilidad futura del individuo en algún modo. Está tan presente esta etapa del desarrollo de la persona, a lo largo de la vida, que mejor que concentrar toda la referencia a la infancia de Paco en este apartado, iremos acudiendo a ella a lo largo de este relato como ya hemos venido haciendo. Es más real hacer referencias a esta niñez particular que vivió nuestro artista, según vayan surgiendo evocaciones a lo largo de su vida que relatarla aquí exhaustivamente.

Tomemos al propio Camarón como test de contraste. José Monge Cruz, Camarón de la Isla, llegó a ser un mito, y al volver a San Fernando, estaba asediado por sus vecinos a cada paso que daba. Pese a ello, fijó su hogar allí y en La Línea, donde también lo acechaban, y aunque era tímido también, como Paco, a él no le resultaba traumático y mejor o peor lo sobrellevaba. En cambio, Paco de Lucía no soportaba que lo parasen por la calle en Algeciras en cada esquina y nunca fijó residencia en su pueblo. Camarón de niño no se recluyó, vivió hacia fuera como todos los gitanos, tuvo infancia y correteó todo lo que quiso por las calles y los andurriales de la Isla de León. Su infancia no fue una silla en un dormitorio, fue la Venta de Vargas, llena de gente que por allí pasaba, con los que no paraba de relacionarse hasta que se fue a Madrid a los catorce años. Paco, hasta los catorce años veía solo la silla, la guitarra y su habitación. Y a su rígido padre tomándole la lección cada día, cuando regresaba a casa. Camarón tenía pues más memoria real, más referencias sensoriales directas de los lugares de su infancia que Paco, que sentía una fuerte atracción y un gran apego por Algeciras, por una realidad física no tan palpada, sino tal vez algo más idealizada.

Si el confinamiento de la COVID-19 motivó que tras unos meses en casa encerrados, nos costase salir a la calle, qué no sentiría Paco sometido a periodos de reclusión recurrentes toda su vida, cuando pasaba desde su cuarto, con un sofá, un cenicero y una guitarra, a ser aclamado por miles de personas en un evento o un concierto.

No debió ser fácil transitar este cambio, pero lo conseguía. Salía airoso. Y mordiéndose las ganas de salir corriendo a esconderse, soportaba los baños de multitudes que su profesión le imponía, daba ruedas de prensa, firmaba autógrafos y realizaba entrevistas con bastante desenvolvimiento, pese a que era en los ambientes más controlados o reducidos, grupos de amigos, de flamencos, etc. donde de verdad estaba encantado y disfrutaba más. ¿Era entonces «retraído o sociable»? Poseía ambas aptitudes, aunque la primera era la innata y la segunda la trabajada. Parece no caber duda de que era de natural adusto, que su carácter era tímido, pero que finalmente no era un bicho raro; en todo caso resulta de nuevo inclasificable.

Paco de Lucía no tuvo niñez, ni juventud normal tampoco, porque creció muy rápido: tenía que ayudar en casa y comenzó muy joven a trabajar lejos de su hogar y de la tutela paterna, a desenvolverse solo y a vivir, en definitiva, una vida de adulto a los dieciséis años. Y en esa puericia que añoraba porque no la pudo disfrutar, también había fotogramas que no quería volver a revivir: la pobreza, la angustia de su padre por no poder proveer a la familia y otros fantasmas que, en su vivencia, retenía y le afectaban[412]. Cuando se casó con Casilda, una mujer con una economía y posición sobradas, su pensamiento seguía siendo trabajar mucho para que a su propia familia no le faltara de nada.[413] Si en el ADN de la mujer está impresa la maternidad como instinto primario, en el del varón lo está la necesidad de proteger y proveer. Al margen de absurdas teorías neofeministas, lo que decimos es zoológicamente humano. Está escrito en las paredes de las cuevas del paleolítico, desde que éramos cazadores y recolectores, y evolutivamente, no hemos sufrido la más mínima transformación fisiológica en nuestro cerebro desde entonces, que altere esa realidad. Paco de Lucía —que además era un macho *alfa*— no quería volver a sentir ni a vivir una situación en la que el jefe del clan no pudiese proveer a la manada que pensaba formar con Casilda.[414]

---

412 José María Bandera —*Entrevista*, cit.— contaba que su madre, hermana de Paco, sabía que cuando su padre cogía la guitarra era que no había dinero en casa. Eso podía interiorizarse de dos formas: bien odiando la guitarra porque era el recuerdo de la penuria, o bien amándola porque traía dinero. Paco optó por lo segundo.

413 Entrevista *El Mundo*, cit.

414 Casilda Varela, entrevista personal cit.

2. PADRES

El padre de Paco de Lucía era don Antonio Sánchez Pecino y se ha escrito mucho sobre su severidad, su sentido de la disciplina y su rigor docente. «El Gómez de Jerez», que no habla de oídas, comentaba que era más serio que el retrato de un toro y que en los ambientes flamencos se le llamaba «Hitler»[415]. Pero para una correcta contextualización, no podemos quedarnos solo con este cliché, el más extendido respecto del personaje de don Antonio. Resulta obligado —si queremos comprender bien la relación padre-hijo— pararse un poco a conocer la vida de este hombre, nacido en 1908 y fundamental en la vida de nuestro artista. El Paco de Lucía maduro, se hizo a sí mismo. Pero al joven Paco de Lucía, lo esculpió don Antonio a partir del mármol de su hijo Francisco Sánchez.

Sin abandonar el rigor, tiremos un poco de fantasía para aliviar al ensayista, y que descanse un rato.

I

El *Joaquín Piélago*, pudo ser perfectamente el buque mixto de vapor y vela, que hizo sonar por última vez la sirena, mientras soltaban las estachas de la boya a la que había estado amarrado junto a la Isla Verde, en la desembocadura del Río de la Miel, que dividía en dos Algeciras. Cubría la línea de servicio de mercancías y pasaje, entre Cádiz, Tánger, Algeciras y Gibraltar. Los faluchos llevaban a los pasajeros a bordo y volvían cargados de fardillos salidos de su bodega, para descargarlos, varando en la margen de ese mismo Río de la Miel, el arroyo que desembocaba en la bahía, y al que vertían las alcantarillas de la ciudad.

* * *

El año 1914, con una guerra mundial en puertas, Antonio Sánchez Pecino cumplía seis años y uno

---

415   Vídeo 213, documental la Búsqueda, 1:20:15 a 1:20:33 en el bautizo de su nieto, donde supuestamente todo era alegría, sentado a la derecha de su hijo Paco con gafas doradas y traje oscuro.

cualquiera de los días de ese año, mientras jugaba en la calle con los chiquillos, o afanaba higos de alguna higuera de pie de alberca de cualquier huerta cercana, encaramado a su tapia, le dieron recado de que su madre le estaba buscando. Al llegar a su casa, ella lo sentó en una silla y le dijo:

—Antoñito, tu padre se va. Para no volver.

Bien pudo mandarlo a la caseta de los faluchos donde embarcaba la gente a los vapores, e indicarle el *Piélago*, el de Tánger, para que su padre viese al niño desde la cubierta al partir en el vapor, y se quedasen ambos con esa imagen grabada de por vida.

En la Algeciras de principios de siglo, la pobreza se masticaba y golpeaba más duro que el levante. La falta de un hombre en la casa era la ruina absoluta.

II

Al cabo de dos años, desde que su padre se marchó al moro, en 1916, en la Villa Vieja todo el mundo hablaba de una guerra muy grande y Antoñito cumplió ocho años. Ese año falleció su madre. Solo ocho años. Y a esa edad, en virtud de lo dispuesto en la ley de la solidaridad de los pobres, fue entregado a unos familiares a los que no conocía, que vivían en el campo, y fue separado de su único vínculo afectivo, sus hermanas, que fueron recogidas por otros parientes. El chico dormía en un esterón de esparto sobre la paja, con una manta, en un establo. Al rayar el día tenía que aparejar una burra, abrevarla y cargar el serón de estiércol que iba vendiendo por los huertos de la zona para abono. Para acallar los ruidos de su estómago, iba a la puerta de atrás del Cuartel de Infantería del Calvario, situado al final de la calle del Convento, con una lata, y se la llenaban de las sobras del rancho del día. Si había suerte, conseguía también un chusco duro de los que volcaban en los pesebres, para los caballos del acuartelamiento.[416]

El joven Antonio Sánchez Pecino, crecía y se buscaba la vida. Hacía tratos, vendía telas y sabía de animales;

---

416   Relatado tal cual, por Pepe de Lucía, entrevista personal, cit.

cargaba en una mula su género y mercadeaba por todas partes con todo lo que caía en sus manos. Con el tiempo consiguió un puestecillo de verduras en la entrada del mercado y se hizo un experto en el regateo, curtiéndose en el arte de buscarse la vida día a día. Tenía mucha imaginación y era muy tenaz. Se casó con Lucía Gomes, una simpática portuguesa que llegó a Algeciras con su familia, desde la aldea de Montinho en Montegordo.

En el verano de 1936, Antonio pudo oír desde el calabozo donde estaba detenido en el Gobierno Militar de Algeciras, a su querida Lucía gritando, *¡Não mate a meu Antonio, por favor não mata-lo!* [417]

En esas fechas, los paseos que uno y otro bando recetaban a sus contrarios no eran cosa de broma, aunque es de suponer que el motivo de la detención de Antonio, casi seguro, tuvo que ver con alguna falta de estraperlo o algún escamoteo para llenar la barriga. En los años de la posguerra civil, había mucha necesidad. La familia de Antonio vivía tan apretada como un torniquete y la vida fue forjando y endureciendo su carácter.

Antonio Sánchez se convirtió en un hombre hosco y serio. Vivía para sobrevivir y hacer sobrevivir a su familia. Veía una peseta detrás de un tabique e iba a por ella, pero esos años cuarenta fueron muy duros en España y más duros aún en el Sur. Por más que luchaba, terminaba algunas noches desesperado, sentado en la cama, imaginando como aportar a la economía familiar, pero no apañaba más que para comer y no abundantemente. Lucía le reconfortaba, le frotaba la espalda sentada a su vera, consolándole con la medicina de las mujeres dulces, pero no sabía cómo decirle que estaba de nuevo embarazada, esperando su quinto hijo. No sabía si ilusionarse —quería ponerle de nombre Francisco, si era niño— o ir a la gitana abortera que vivía en La Línea. Corría la primavera del año 1947.

Unos meses después, once días antes de que «Islero» matase a Manolete en Linares, reventó el polvorín de

---

417 Traducción tomada de la obra *El hijo de la portuguesa* de J. J. Téllez, Planeta 2015, pág. 1 cit.

Cádiz. La magnitud de la deflagración fue tal que el resplandor pudo verse desde Algeciras. Una columna de humo como un hongo atómico, fue visible en todo el golfo de Cádiz y parte de la provincia de <u>Sevilla</u>. El ruido de la detonación se escuchó incluso en Portugal, donde el recuerdo del terremoto de Lisboa les hizo pensar que se trataba de un nuevo movimiento sísmico. Y ese año, en diciembre, el día 21, nació Paco de Lucía, la explosión de la guitarra flamenca.

Si con todo lo que Antonio hacía no daba para llenar la despensa, y la verdad era que no daba, Antonio no se arrugaba. Con los años aprendió a restaurar y tocar algunos instrumentos musicales. Daba algunas clases de violín o de bandurria y sobre todo de guitarra, instrumento que aprendió a tocar medio bien. Se iba a medianoche con su guitarra al «Pasaje Andaluz», el café al que iban los pudientes de Algeciras y los alrededores, a tocarle a algunos de los cantaores que iban allí, a lo mismo que él: a sacarse unos durillos extra para sortear el malvivir. Su hija María lo veía salir cansado a esas horas, y sabía de sobra, que cuando su padre cogía la guitarra, era que había poco que echar a la olla.[418]

—Échame un *puito* café Lucía, —le decía a su esposa— que están esos en la puerta y me voy *pal* "Pasaje"

—Antonio, le decía Lucía —ya en bata y camisón antes de irse a dormir— si acabas de llegar desde esta mañana que te fuiste, descansa un poco *meu fillo*.

—No *mujé*, que llegan los de Gibraltar que manejan dinero y hay que empezar a camelarlos pronto. Si se van a otra reunión, ya las propinas no vienen *pa* esta casa. Alárgame la guitarra, que me lo tomo *bebío* y me voy, que me están esperando esta gente.

Antonio hizo allí en el Andaluz, buena amistad con «el Chaqueta», «el Tuerto», «el Flecha», «Brillantina

---

418 Paco de Lucía lo relataba con precisión, dándole al discurso el tono lúgubre que el relato pedía, en el documental de Michael Meert. Vídeo nº 2, localizable en el buscador de Google introduciendo «Paco de lucia light and shade daily motion». No nos cansaremos de recomendar ver el documental completo.

de Cádiz», o «Paco Laberinto», ilustres titulares de la cofradía del arte flamenco de tablao y señoritos. Era difícil decir cuál de todos ellos llevaba el traje más raído, tenía más hijos que alimentar o estaba más tieso, pero en su penuria vital, cuando cantaban en el Pasaje y cuando Antonio les tocaba, aquello les reportaba cierto nombre y algunas pesetas.

Algunas noches el grupo terminaba sus dos pases y cuando cobraban y recogían las propinas de los señoritos, con algunas copitas ya encima y bastante alegres, se iban a casa de Antonio, y allí, en el patio, al fresquito, Lucía les preparaba un desayuno o lo que se terciase y cantaban y tocaban a su aire, a gusto y no por dinero. En esos amaneceres, era cuando en realidad el flamenco bueno y por derecho brotaba de sus voces y de sus manos y les liberaba. Les quitaba las penas y por un rato, les evadía de sus miserables vidas cotidianas. Allí se sentían artistas. Se ungían todos por unas horas, de la dignidad y el orgullo de ser un flamenco. Algo que al igual que la torería, marca un estilo de vida y de ir por el mundo, con la barbilla alta y la espalda recta. Antonio disfrutaba tanto esos ratos en el patio, que a veces, despertaba a sus hijos para que lo viviesen y los chiquillos se unían a la fiesta, porque les gustaba ver a su padre contento. Los flamencos, con dos copitas de más, además de artistas, eran muy graciosos y a los hijos de Antonio y Lucía les gustaba esa gracia espontánea, que también brotaba pura de sus ingenios.

Antonio frecuentaba cada vez más el «Pasaje Andaluz» y entre pase y pase, aprovechaba para alternar con gente del espectáculo que acudía al café cantante. Agudo observador y sagaz buscavidas, rápidamente captó que en esa España deprimida y triste de posguerra, el entretenimiento tenía futuro y el Régimen veía con buenos ojos una imagen de España de toreros y flamencos a la que le podía sacar partido. Antonio pensó que su familia también podía obtener beneficio. A sus hijos los educó don Antonio en la férrea disciplina del trabajo, avistando en la vida artística la única escotilla por la que podía entrar un poco de aire para refrescar ese ambiente.

Lo vio claro. Con las telas, las verduras y el estraperlo nunca saldrían del pozo. Su mundo era pobre, había crecido pobre y vivía, en un pueblo pobre y una familia pobre, Andalucía era el lumpen de España y Algeciras más aún. En aquella época, o eras artista o torero, o de allí no salías ni con una mula tirando. Y lógicamente, solo tres de treinta mil que lo intentaban, alcanzaban su meta. Antonio lo captó al vuelo. Había que ir por ese camino, pero hacerlo en serio, no por diversión, ni arrastrándose ante los señoritos y para esa labor, afortunadamente, aunque ya no era un jovenzuelo, le sobraba tesón y su afán de trabajar era infinito.

Se puso a enseñar a sus hijos —la única tropa de que disponía— el único arte que sabía, y era muy buen maestro. A Ramón le enseño a tocar y el muchacho aprendió en poco tiempo. Juanito Valderrama se lo llevó de gira en su espectáculo, y entraron buenos dineros a la casa y Antonio comprobó con satisfacción que el camino era ese. Sacó a Pepe y a Paco de la escuela. Y los chiquillos, con diez y ocho años que tenían entonces, sabían ya las cuatro reglas y estuvieron encantados de no volver al colegio de Isidoro Visuara, en el barrio algecireño de La Bajadilla. A Pepe se le daba bien cantar y Paco ocupó el lugar de su hermano Antonio como alumno de guitarra, porque Antonio no tenía facultades. Rápidamente el pequeño aprendió a tocar con una destreza soberbia y donde un buen guitarrista metía tres notas con el pulgar, el pequeño «Mambrú»[419] plantaba un alzapúa o colocaba un picado de dieciocho notas sin perder un segundo el ritmo.

—¿Cuánto has estudiado hoy Paco?

—Ocho horas papá.

—Bien hijo, bien, sigue así.

---

419 «Mambrú» era el apodo infantil de Paco. En la familia había un perro que se llamaba así, y el cariño que Paco le tenia al animal, motivó que heredase su nombre. Manolo Nieto, entrevista personal cit. «Editorial Mambrú, S. L.», llamó a una sociedad depositaria de sus derechos.

Nada de lo narrado arriba carece de rigor en los hechos, la licencia solo afecta a la expresión. Don Antonio le impuso al crío una disciplina castrense que surtió efecto, consiguió el objetivo y convirtió al pequeño Paco en el remolcador que tiró del buque de la familia.

Llegó a figura por su padre, Paco así lo reconoce siempre y Casilda también piensa que el padre de Paco ha sido injustamente tratado: «Porque, aunque su padre se pasó con él y eso lo sufrió más de lo que lo decía, si no hubiese sido por él, Paco no hubiese hecho nada, por lo indolente que era. Es además un hecho objetivo, a que negarlo, fue el padre de Mozart». [420]

Retomando el hilo del ensayo después de este paréntesis que ayuda a comprender la severidad de la disciplina paterna que recibió Paco de Lucía, Félix Grande —que se consideraba uno más de la familia, en el nº 8 de la calle Ilustración de Madrid— es el mejor guía que podemos escoger para seguir describiendo al padre de nuestro artista.[421]

Como dice Félix: «Es verdad que el padre de Paco fue autoritario con él como aprendiz de guitarrista. Pero lo mismo que lo fue el padre de Beethoven o el padre de Mozart». Hasta ahí, perfecto. Y aunque ese tipo de padres, si agarran a un niño frágil, lo puedan despedazar, ese no fue el caso, porque Paco no era frágil, se aclimató y estudió desde los ocho años hasta los catorce cuando don Antonio lo levantó de la silla para enviarlo con el Greco a Estados Unidos. Como decía Félix: «Eso le imprimió tanta seguridad en su técnica, que ahora se permite el lujo de dar un concierto después de haber estado un mes sin tocar».

Hasta en el ejército ejerció don Antonio su influencia, para cuidar su «plan maestro»[422] trajinándose a un oficial flexible y consiguiendo que Paco fuera relevado muchas veces de asistencia, mientras hacía el servicio militar en Torrejón.[423] Todo iba como la seda.

---

420 Casilda Varela entrevista cit.
421 Félix Grande. *Paco de Lucía y Camarón de la Isla*. Op. cit.
422 Ese, *El plan maestro*, es el título de la obra que Donn Pohren escribió sobre la familia Lucía
423 XL Semanal, cit.

Pero no pensamos que fuese tan bonito ni tan fácil. Ni Félix Grande tampoco: «La relación de Paco con su padre es una vinculación estremecedora», decía el periodista. Y lo vamos a ver seguidamente.

No juzgamos a las personas —faltaría más— ni hacemos valoraciones absolutorias o condenatorias, solo constatamos hechos y extraemos conclusiones de ellos, según nuestro criterio, más o menos acertado.

A su padre, Paco siempre le dedica el cliché que hemos referido en los párrafos anteriores: reconociendo que el éxito del que disfrutó derivó de aquella dureza «pedagógica». Pero algunas cosas se almacenan en las entretelas de la mente y emergen cuando menos las esperamos. De momento, por mor de su padre, perdió la infancia y también por su causa, temporalmente perdió a Camarón. Igualmente, la idea de don Antonio de lo que era el flamenco —de guitarra y palmas— casaba mal con lo que Paco hacía. «Paco, hijo, ¿esto que chuflerío es? Esto del bajo, como suena… eso parece cosa de espiritismo…», decía el pobre don Antonio ante las primeras innovaciones del joven guitarrista y su sexteto[424]. Y el hijo hacía de la necesidad virtud, ponía al mal tiempo buena cara y sonreía ante las cosas de su padre. El código de la gente de pueblo de Andalucía entonces establecía que ningún pobre de pueblo reniega del padre. Basta que este hiciese dos cosas y media y no fuese un golfo para venerarse como un semidiós. El padre en la casa era sagrado. Este era también el código de la familia de Lucía y lo metieron en la maleta, llevándoselo de Algeciras para Madrid donde seguía estando vigente y aplicable.

Don Antonio no tenía esa fama de ogro porque sí. Se la ganaba a pulso, le temían en los ambientes y ante el menor contratiempo, si las cosas no estaban en condiciones en los estudios de grabación, se plantaba en las oficinas de las discográficas «poniendo al que pillase de hijoputa p'arriba», e incluso motivando que algún empleado llegara a meterse debajo de la mesa del escritorio para evitarlo.[425]

Félix Grande y Paco de Lucía eran amigos del alma. Un domingo por la mañana, Félix escuchó el teléfono de su casa y lo descolgó su

---

424   Vídeo nº 213, documental "Paco de Lucía, "la Búsqueda"" 01:17:00 a 01:17:15
425   Jorge Pardo entrevista cit.

mujer. Félix veía que ella no decía nada, balbuceaba, decía palabras entrecortadas y colgó con las lágrimas saltadas. Era don Antonio el que había llamado, para poner como los trapos a Félix porque había escrito un artículo en *El País*, diciendo que la familia de Paco de Lucía pasó necesidad: «¡Dile a tu marido —le soltó como un torrente a gritos a la mujer de Félix— que no escriba más porquería, que en mi casa nunca faltó la comida!». Paca lloraba, porque temía que esa diatriba pudiese dar al traste con la amistad tan bonita que mantenían Félix y Paco. Y el poeta llamó a don Antonio a renglón seguido y se desahogó diciéndole de todo menos bonito; en suma, que no le perdonaba que fuese la causa del llanto de su mujer. Y se dejaron de hablar un largo período, hasta que pudieron reconciliarse.[426]

Cuando Paco tenía ya veinticinco años, era ya una figura consagrada: Premio Nacional de Guitarra del Concurso Nacional de Arte Flamenco de Córdoba, Premio Nacional de Guitarra Flamenca de la Cátedra de Flamencología de Jerez de la Frontera y respetadísimo solista y concertista por todos los teatros del mundo.

Por aquella época llegó cierto día a Madrid desde Estados Unidos al final de una larga gira y cuando entró en casa, cansado del vuelo y cargado de equipaje, dejó el estuche de la guitarra sobre una mesa, llamó a su padre, lo abrió y le mostró con orgullo, los fajos de dólares que había ganado en América y se los entregó para la casa, toda vez que aún estaba soltero y esa era la norma. Su padre no dijo nada, sacó la guitarra del estuche, la miró y lo abroncó porque traía una grieta por un golpe en la madera. «¡Pero tú en que piensas niño! ¿Qué con esto nos ganamos la vía!». Paco se ofuscó: «¿Esto me dices cuando te traigo un taco de dólares que tu no has visto nunca en tu vida?». Dio un portazo y se marchó desesperado para no volver, camino de la casa de Félix Grande en busca de consuelo.[427] Tal vez en el trayecto iba rumiando aquello que cantaba Camarón:

---

426 Félix Grande. *Paco de Lucía y Camarón*, cit., pág. 70. No lo dice Félix Grande, pero tal vez entre ambos amigos incluso sin proponérselo, ajustaron las cuentas al padre, porque Paco de Lucía se prodigaba en todas las entrevistas diciendo que en su casa de infancia, la necesidad era acuciante y faltaba de todo. Así que don Antonio tuvo que tragar.

427 Ídem pág. 84

Dos corazones a un tiempo
están puestos en balanza,
uno pidiendo justicia
y el otro pidiendo venganza.

Tal vez iba tascando que Camarón no lo aguantó con razón y dio la espantada, buscando aire más fresco. El caso es que llegó a casa de Félix y allí se desahogó.

La madurez que dan los años hizo a Félix aconsejarle sosiego: «Paco, tu padre es imposible, que me vas a decir; te saca de quicio, pero es un hombre que te quiere, que quiere lo mejor para ti. Lo pasó mal, vivió tiempos duros y no quiere que paséis por eso ninguno de vosotros». Cosió la herida y sanó el ánimo de su joven amigo. Paco ese día, durmió en casa de sus padres.[428]

Don Antonio, en efecto, era de armas tomar. María, hermana mayor de Paco, refería que su padre la vio a los catorce años paseando por Algeciras con un muchachito, un pretendiente que luego fue su marido, pero no le dijo nada al verla.

«Cuando llegué a mi casa —dijo María— me dio tal paliza que un zarcillo que llevaba puesto no me sirvió más. Después empecé a trabajar de cajera, con diecisiete o dieciocho años, cuando no había hora para cerrar los comercios. Había noches en que llegaba a las once, hartita de trabajar. Y mi padre me pegaba primero y luego, me dejaba explicar por qué llegaba tan tarde».[429]

Ramón era el mayor de los hermanos y trabajaba ya con la compañía de Valderrama, en el Price de Madrid, donde terminaban a las doce de la noche. Un día se tomaron allí unas copas y llegó a

---

428 Félix Grande Op. cit.
429 Téllez, *Paco de Lucía en vivo.* Cit, pág 51. Ramón desmiente que su padre les pegase nunca. Vídeo n° 35, localizable en el buscador de YouTube introduciendo «la saga de los lucia», 00:14:21

la una de la madrugada, y siendo ya Ramón un hombre, su padre también le formó la grande por llegar a deshoras.[430]

En la vida personal de Paco —ya incluso siendo una figura— también influía don Antonio y endosaba a los amigos de Paco el sambenito de estar alrededor de su hijo solo para sacarle los cuartos. Cuando Paco después de mucho trato de tira y afloja le compró un Mercedes de segunda mano a un amigo que se lo trajo de Alemania, su padre, paladín de la austeridad, culpó a Victoriano Mera de haberle inculcado a su hijo ese derroche innecesario y le soltó con retranca:

> —¿Para qué necesita Paco gastarse esa cantidad de dinero, más de un millón, en un Mercedes? Seguro que tú sabes algo de eso.
> —Yo, que usted lo sepa, no me he llevado nada en el trato[431] —respondió el pobre Victoriano, conociendo su propia fama de avispado y como discurría la cabeza de don Antonio.

Don Antonio no veía tampoco con buenos ojos que Paco se casase con Casilda[432]. Tal vez fuese por devolver el mismo rechazo que la familia Varela mostraba ante el enlace o por temer que su hijo se descentrase de su carrera o porque debido a la alta posición de la novia, Paco se acomodase a la vida regalada y pudiera destruir toda la obra realizada. O Tal vez, quien sabe, solo fuese por la desconfianza que le suscita a quien lo ha pasado mal, todo lo que no ve claro, a causa de tantos palos sufridos en la vida.

En una cultura como la alemana o la británica esa rigidez paterna podía tolerarse, e incluso ser socialmente valorada y fomentada con orgullo. Pero en nuestro mundo latino sureño, más condescendiente, la exigencia máxima, es difícil de soportar. Cuando las cosas no salen por falta de esfuerzo, para eso está el refugio del lamento, que es muy flamenco, además. Nuestro personaje, desclasado y atípico, era un gran diplomático y un pragmático enfocado

---

430 Téllez, cit. Pág. 51. Tal vez este tipo de reacciones obedecía a la aversión que sentía don Antonio a que sus hijos actuasen en fiestas por dinero, y prefiriesen eso que labrarse una posición de artistas. El ambiente de las fiestas de señoritos era de infausto recuerdo para él.
431 Téllez, cit.
432 Entrevista personal Casilda Varela 2016 cit.

a lo útil. Y gracias a esas cualidades soportó la disciplina. Nunca renegó de su padre y dijo amén a su escolástica. Supo ver —consciente o subconscientemente— detrás de la neblina de la inmediatez, la utilidad futura de lo que en principio le atormentaba. Lo supo ver desde pequeño y con una precocidad asombrosa, se sobreponía a las rigideces que le aplicaba su padre, superando en progreso y madurez a sus propios hermanos mayores.

Paco no solo respetó siempre a su padre, sino que se aplicó a fondo a satisfacerle y se enorgullecía cuando podía decirle, de niño, con unos dedos que a duras penas abarcaban entonces el diapasón, que había estudiado diez horas según sus órdenes[433].

También lo respetó y se negó a grabar con Camarón, cuando Ricardo Pachón se lo pidió —lo que más le gustaba del mundo—, por no ofender a su padre, ante lo reciente que estaba aún la espantada del gitano. Y no solo eso, también le cuidó cuando fue un anciano y estuvo enfermo. Ya casado y con hijos, Paco se iba cuando era preciso a casa de sus padres con Casilda a dormir, para acompañarle por las noches. En alguna de estas guardias se dieron episodios hasta jocosos, que evidenciaban que el león —aunque tenía la cabeza ya algo perdida por la edad— todavía rugía. De madrugada, don Antonio se levantó una noche, abrió de golpe la puerta de la habitación de Paco y Casilda y sotaneó al que ya era el número uno de la guitarra mundial:

—¿Tu qué es lo que haces so mancebo?[434]

Paco se despertó asustado de un salto y alborotado dijo:

—¡¡Apaá...!! ¿Qué «jaces»? ¡Que son las cuatro la mañana! ¡No seas «sislachón»[435]! ¡Vete a la cama, hombre!

---

433 Entrevista Sol Alameda. *El País*, cit. (11)

434 Mancebo puede ser: «Persona joven, especialmente un hombre que ha dejado de ser niño, pero todavía no es adulto», y en femenino: «Mujer que convive con un hombre sin estar casados entre sí». Amancebada. En su memoria deteriorada, don Antonio no tenía archivado correctamente el casamiento y en su estricta moral, recriminaba a la pareja.

435 El término se ha usado con pronunciación libre. En realidad, es «sirlachón». De sirla, cuyo significado es «Atraco en que el delincuente amenaza con una navaja u objeto contundente»; y en segunda acepción, «Navaja». Con lo que,

Y don Antonio que no dejaba títere con cabeza respondió:

—¿A la cama? ¿Y esta quién es? ¿La dama de las camelias?

Genio y figura don Antonio y paciencia de santo la de su hijo y su nuera[436].

¿Pese a todo ello cuál fue el balance final de la relación padre e hijo? Pues es arriesgado mojarse la verdad, porque solo contamos con estos escasos retazos de información que incluso pueden no ser fidedignos, y enjuiciar una vida por estos cuatro o cinco episodios es atrevido, pero pese a todo, avanzaremos nuestra opinión.

En pocas palabras, del tiempo de su infancia, cuando su padre aplicaba jarabe de severidad a María y a Ramón, si a Paco —que vivía en la misma casa— se le preguntaba que recordaba de aquella época, evocaba:

«Felicidad es lo que recuerdo de mi niñez. Mucha. Aquella sensación de no tener ningún tipo de responsabilidad y la de haber ido a la escuela hasta los once años, nada más[437]. Eso lo recuerdo con alegría, porque empecé a vivir muy rápido. Ese estímulo de llevar dinero cuanto antes a casa, de empezar a ser hombre pronto para no ver a mi padre dando vueltas por el cuarto en las noches en que no había dinero. No pasamos hambre, pero poco faltó. No tener un duro estimula para luchar».[438]

---

en su duermevela, mezclado con la exageración de la expresión andaluza y obviamente en sentido figurado, Paco le increpaba llamándole algo parecido a atracador nocturno.

436   Entrevistas personales.
437   Los datos precisos no son el fuerte de la familia. En otras ocasiones habla de ir a la escuela solo hasta los ocho años y en el discurso en el paraninfo de la Universidad de Cádiz al recibir el doctorado honoris causa —localizable en el buscador de YouTube introduciendo «Paco de Lucía Honoris Causa por la UCA»— dijo que asistió hasta los nueve En nuestra humilde opinión nos inclinamos por los once, vista la pulcritud en la escritura de Paco, que apunta a algo más de tiempo de escuela.
438   Sol Alameda cit. (11)

Paco era el tipo que veía la botella medio llena, porque si te pones a mirar lo que hay vacío, te abrumas, te agobias y te paras, de modo que lo mejor es tirar hacia adelante. Y Paco, como dice su hija Casilda, nunca tuvo edad, siempre anduvo deprisa, de modo que, cuando se emancipó se compró otros Mercedes, se casó con Casilda[439], tocó con el bajo espiritista de Benavent y volvió a grabar con Camarón cuatro discos más en vida de su padre, conciliando de manera ejemplar todas las lealtades: al padre, a la innovación y a Camarón. Paco superaba con nota la más estricta auditoría, era Joselito y Belmonte o Messi y Ronaldo, la pasión y la razón en relación simbiótica y en la misma persona. De la forma que fuese, no acabó traumatizado por los rigores, ni rebelado contra su padre, ni rompió jamás relaciones con él. Le dispensó cuidados personales y acató su docencia y su tutela profesional incluso en fijaciones de caché y negociaciones de contratos para grabaciones de discos, cuando ya era un artista reconocido. No sabemos si le profesaba afecto íntimo o no, porque en su cultura, la exteriorización de signos afectivos entre hombres era impropia, pero al menos las formas externas eran impecables, de modo que armonizó la relación sin que se evidenciasen distanciamientos ni quedasen cicatrices aparentes. Emilio de Diego, trató mucho a los dos, y era un gran observador de la relación entre ambos. Le maravillaba el respeto que Paco dispensaba a su padre, y la docilidad que mostraba a cada palabra suya cuando ya era un artista encumbrado. Emilio recordaba que cuando él perdió a su padre, Paco le preguntaba frecuentemente: «¿Qué se siente Emilio? ¿Qué se siente cuando lo pierdes? Yo sé como es mi padre, pero cuando llego a casa me reconforta que él esté. ¿Cómo es cuando llegas y no está?» —le preguntaba Paco a su amigo.

No tardó en saber lo que se siente. Paco se encontraba de gira por Estados Unidos en 1994 y al regresar a Madrid, ya su padre no estaba. Había fallecido el 23 de junio. Camarón se le fué en 1992; al año siguiente le robaron su guitarra; en marzo de 1994, se cortó el tendón del dedo medio de la mano izquierda buceando y en junio perdió a su padre. Y Paco pese a todo, seguía en el partido. Este hombre, como conciliador de equilibrios, era una escuela de vida.

---

439   Su padre censuraba ambas cosas.

Con su madre en cambio, tenía una relación completamente diferente, como casi todos nosotros, con ella si exteriorizaba afectos y no se recataba al hacerlo. Paco se lo refirió con una sentencia a Félix Grande: «Mi madre es muy pura; cuando me falte se me van a caer los palos del sombrajo».[440] Paco la añoraba continuamente. Cuando iba por América de gira siendo un chaval, lo que más echaba de menos era a su madre «y todavía hoy lo hago», le dijo a su hija con sesenta y tres años.[441]

Podría ser pasión de hijo, pero no lo parece, la verdad es que doña Lucía se ganaba el afecto y el cariño de todos. Murió dando gracias a sus cuidadores y besando a los enfermeros que la atendieron en el hospital, tras una enfermedad muy sufrida[442].

Médicos de mi familia me han referido muchas veces que cuando los enfermos mueren, lo hacen llamando a su madre en los últimos instantes de vida. Va a ser verdad entonces que la infancia no es el sitio de donde se viene, sino el sitio a donde se termina regresando. El propio don Antonio, en sus delirios seniles, llamaba a su madre perdida a los ocho años y Lucía, en los de su enfermedad, llamaba también a la suya. Según Pepe de Lucía, su madre, segundos antes de expirar, llamaba a Paco; con su nombre en los labios se marchó Lucía de este mundo[443]. Y el nombre artístico de Paco, era el de su madre. Eso, como decía Félix Grande, psicoanalíticamente tiene una significación impecable. Y en el flamenco, los mejores versos para resumir sentencias emocionales los aportan los fandangos de Huelva:

> *Cuando se muere una «mare»,*
> *le ponen «sinco» coronas,*
> *y cuando se muere un pare,*
> *no le ponen ni una sola.*
> *Siendo cariños iguales.*[444]

440 Félix Grande. Op. cit. Pág. 93
441 Entrevista *Telva* cit. (18)
442 Félix Grande. Op. cit. Pág. 92
443 Pepe de Lucía entrevista personal. También en Téllez, *El hijo de la portuguesa*, cit. pág. 26
444 La madre y la compañera en las coplas flamencas. José Cenizo Jiménez.

Suponemos que al lector no le harán falta aditamentos para podrá reflexionar.

Ella —que no hizo nada por su carrera profesional— irradió la fuerza suficiente, para que Paco bautizase unos soberbios y acrobáticos fandangos de Huelva con el nombre de la aldea de Montegordo, donde Lucía nació: «Montiño»; titulase un disco con el nombre de *Castro Marim*, pueblo portugués adyacente a Montegordo;[445] y para que le dedicase a su madre otro disco, *Luzía*, con «Z», como su nombre en portugués. En él cantó por primera vez en su vida, en honor de su madre: una seguiriya. Paco tornó su primer nombre, como hemos dicho de «Paco de Algeciras»,[446] a Paco de Lucía. ¿Sería una revancha subconsciente al padre? No es por competir con Sigmund Freud, pero lo cierto es que dedicó composiciones a sus hijos, a Casilda, a su segunda esposa Gabriela y a su madre.[447] En las contraportadas de los discos es siempre agradecido, hasta los ínfimos detalles: a su hermano Ramón, le llega a agradecer hasta la afinación de las guitarras en *Luzía*; y a Pepe, la sugerencia de incluir un tema en *Canción Andaluza*. Dedica también temas a sus maestros: a Camarón una minera en *Luzía*; a Sabicas, la taranta «Tío Sabas»; a Niño Ricardo su «Gloria» y a Patiño unas alegrías en atípicos tonos menores. Hasta Chick Corea tuvo su «Chick» propio[448]. Todos sus afectos y los lugares de su niñez tuvieron su rinconcillo en la discografía.

Signatura Ediciones, pág. 121

445 Castro Marim sonaba mejor que Montegordo y cambió el nombre por el del pueblo vecino. Téllez en el simposio cit.

446 Antonio Sánchez Pecino era conocido por «Antonio de Algeciras». Pohren Op. cit. y Documental la Saga de los Lucía Vídeo n° 35, localizable en el buscador de YouTube introduciendo "la saga de los lucia", 00:07:17 muchos flamencos se apodaban con el nombre del pueblo o del padre. Camarón de la Isla, Ramón de Algeciras, Farruquito, Enrique de Melchor, Diego del Morao, etc. Normalmente el padre (o el abuelo) era el flamenco. Paco adoptó el de su madre que no era flamenca y a partir de ahí hubo algún que otro más.

447 «Mi niño curro», a su hijo Curro; «Casilda», a su primera mujer; «Piñonate» —apodo cariñoso que Ramón de Algeciras puso a su hija Casilda— a su hija mayor y «Lucía» a su madre y a su hija menor que llevaba su nombre. «Te he de querer mientras viva», a Gabriela y «Antonia» a su tercera hija. Cuyo nombre no sabemos si recuerda al padre o al hermano Antonio, con el que mantenía una relación entrañable

448 Chick Corea ejercía una influencia muy notable en Paco de Lucía. Se da la

No le dedica —que hayamos podido localizar— ni una falseta a su padre, al maestro iniciático. Reconocimiento formal, sí; todo el que quiera usted, pero detalles afectivos, no. Ni siquiera un recuerdo combinado a ambos padres.

Como lo explica Félix Grande, nos cuadra perfectamente: «Lucía, ante las alegrías de la vida respondía con placidez y contagiaba a sus hijos la calma que no encontraban en el padre. Antonio vivía moralmente a compás y emocionalmente perdido. Lucía biológicamente a compás y emocionalmente relajada».[449]

A nuestro maestro le pasó también algo parecido con sus propios hijos. Cuando hablan de él, lo describen como un músico visionario excepcional, un vividor increíble con mucho sentido del humor y se rinden ante su talento y sus cualidades. Casilda Sánchez en su relato intimista, *Papá*, incluido en el libro del documental *La búsqueda*, cuando la visita desde el más allá, lo evoca con cariño y añoranza, pero también con algún reproche tácito. Sus hijos mayores mantienen afectivos recuerdos de infancia, qué duda cabe, y se nota que son placenteros. Pero si pasamos de la zona paterna a la materna, Casilda es el pilar de la familia. Casilda hija dedica su novela —sobre la vida de ambos— «a mi madre, mi ideología». Curro señala a Casilda como «esa mujer tan guapa que está ahí sentada en la primera fila, que es mi madre», cuando recoge el Goya por el documental de su padre. Y Lucía en la entrevista que mantuvimos con ella, para este ensayo, hablaba casi más de ella que del personaje central de este ensayo.

¿Qué tendrán entonces las madres? Yuval Harari, en su estudio *Sapiens* sobre la especie humana, dice que el único concepto que no está contaminado por el ansia de dinero o de poder y que permanece puro frente a todo, es el amor de las madres[450]. ¿Son para nosotros la infancia? ¿El sitio a donde se regresa al final? Cabe pensar —si solo utilizamos la lógica— que si no sabemos a dónde vamos cuando morimos, tal vez sea al mismo lugar —también desconocido— del que venimos cuando nacemos y esa tendencia regresiva

---

circunstancia, que Chick, también había empezado a tocar el piano siendo un niño y bajo la tutela de su padre.

449   Félix Grande Op. cit. Pág. 92
450   Sapiens. Op. cit. Pág. 345

nos hace felices. Un lugar o un estado que no se recuerda, que no se define, que no sabemos si existe. ¿Será que no hemos vivido nunca mejor que en el claustro materno? ¿Será que —como todas las hembras mamíferas— las madres nunca se marchan buscando otros devaneos y siempre se quedan hasta que es la prole la que se les va?

No somos científicos, solo constatamos hechos y extraemos modestas conclusiones y así vamos añadiendo trazos, para intentar completar el dibujo de nuestro hombre. Y ahí lo dejamos por si alguien desea completarlo.

3. COMO PADRE DE FAMILIA

> Creo más en el amor filial que en el romántico, que es menos puro. En el fondo el otro te importa siempre menos que tú.[451]
>
> Paco de Lucía

Se puede ser un buen padre o un padre bueno, pero no se puede ser un padre dedicado y Paco de Lucía a la vez. Paco de Lucía fue un padre ausente de sus primeros hijos, Casilda, Lucía y Curro. Lo refiere cada vez que le preguntan, elogiando sin disimulo el papel de padre y madre que hubo de desempeñar Casilda, mientras él andaba por ahí con su guitarra[452]. La consecuencia es patente. Cuando llevamos ya mucha información leída y docenas de páginas escritas sobre nuestro personaje, ya la cosa va encajando, aunque antes no. Uno ve y oye hablar a los hijos de Paco de Lucía sin conocer nada más y lo primero que piensa es que a primera vista no le cuadran mucho unos hijos tan refinados y preparados. No concuerdan con la traza que suele mostrar la descendencia de los artistas y más aún de los flamencos. Casilda es socióloga, periodista y escritora, autora de la novela que citamos frecuentemente sobre la vida de sus padres y de multitud de buenos relatos y artículos de prensa. Lucía psicóloga criminalista y abogado y Curro docu-

---

451   Paco de Lucía a su hija Casilda Sánchez, Entrevista *TELVA* cit. (18)
452   Entrevista El mundo cit.

mentalista. Son gente instruida, culta y muy desenvuelta. Casilda madre nos decía que sus hijos eran unos privilegiados, porque podían codearse con la misma soltura en una boda en Bilbao con la gente bien de Neguri, que con quince gitanos de Algeciras en una fiesta[453].

Suponemos que para «ambos», Francisco Sánchez y Paco de Lucía, debió ser muy difícil compatibilizar ambas figuras de padre y artista. La situación del padre ausente se sufre mucho (por experiencia), y él la sufrió:

> «Siempre he tenido sentimiento de culpa por no haber estado ahí como debería, pero no he tenido otra opción. Y encima, los artistas somos muy egoístas. Uno se encierra en sí mismo y se olvida de todo el mundo. Llevo una cruz porque nunca me comporté como me tenía que comportar como padre».[454]

Paco de Lucía creció en una familia estructurada, donde el fuerte vínculo entre padres e hijos fue parte importante de lo que él llegó a ser. Es frecuente que de adultos tendamos a reproducir los modelos vividos y mucho más en culturas como la suya, donde el apego a la familia, el respeto a los mayores y la pertenencia a un clan se consideran un dogma. Cuando le tocó el turno de hacerlo, Paco comienza a forjar una familia del modo más ortodoxo posible, asemejado al que había vivido. Se casó por la Iglesia, con su novia de varios años, tuvo hijos que llegaron pronto, todos dentro del matrimonio y una vivienda familiar en Mirasierra, donde criarlos y educarlos, en un ambiente asemejado a cualquier hogar de buena clase social y buen nivel económico del Madrid de la época.

Sobreviene, sin embargo, que su trayectoria artística ya imponía estar fuera de España varios meses al año y el esquema inicialmente pensado se quiebra. De pronto este proyecto familiar se torna inviable o se tuerce, en parte por obligación y en parte por

---

453   Si quieren conocerles, busquen esta entrevista en internet: Curro, Casilda y Lucía S. Varela: la emoción de retratar al genio y al padre.

454   Entrevista *El Mundo* cit. Desde luego se galopa mejor por la pradera cuando otro (otra en este caso) te cuida el cortijo.

deseo, porque era tremendamente atractiva la vida que llevaba, siendo joven, con el éxito de cara y yendo de un lugar a otro del planeta con un grupo de músicos que también eran amigos para la diversión. Y al final de la temporada de conciertos, al Caribe con los amigos a seguir la fiesta.

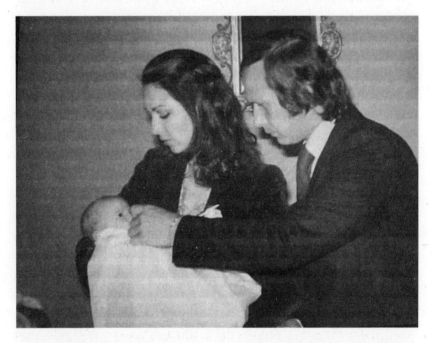

Paco y Casilda en el bautizo de su hija. Foto cedida album de familia.

El sexteto trabajaba muy profesionalmente, pero en los conciertos también se lo pasaban en grande y entre concierto y concierto, ni te cuento. No viajaban por el mundo con un maletín y una corbata, como representantes de artículos textiles o maquinaria agrícola, sino haciendo música, conociendo mundo, representando a España —a veces con fiestas y recepciones en embajadas— en buenos hoteles, buenas cenas, admiradoras solícitas y todo el rosario de sensaciones que un joven de treinta y pocos años podía llegar a soñar. Ramón de Algeciras, recordaba como tocando en Venezuela, les escoltaba la policía, como si fuesen jefes de Estado, a un polideportivo —donde reunieron a diecisiete mil personas en los años ochenta— evocando que unos pocos años antes, su padre solo le tocaba al «Tuerto» o al «Chaqueta».[455] Al volver a Madrid, Paco de Lucía desaparecía y se quedaba solo Francisco Sánchez, que se encontraba en un país apagado y con una moral más abrochada. Y en su casa, los cambios propios habidos durante su ausencia: «Me encuentro con facturas que pagar, con mi mujer y los niños danzando, con compromisos sociales. En fin, con una serie de cosas que no me permiten vivir la atmósfera adecuada que se requiere para crear música».[456]

Esos regresos a Madrid no siempre eran armoniosos, Casilda a veces tenía que retener a los niños para que no fuesen a saludarlo, hasta ver como venía de humor, porque la adrenalina de la temporada de conciertos daba paso al bajonazo y hacía que a veces llegase a casa insoportable.

Lógicamente en casa se echa de menos la vida excitante de las giras internacionales, cuyo ritmo superaba con creces las actuaciones en España, donde el mercado era más pequeño. Los recitales, eran en lugares más reducidos y espaciados, cada diez o quince días. Esta cadencia permitía regresar a casa, no generaba la excitación del concierto diario —e ingresos análogos— que sí se daba en el extranjero. Salir de gira mundial era una necesidad mezcla de ambas cosas; por un lado, deseaba ese *glamour*, esos subidones en todos los ámbitos, y por otro, era obligado porque su carrera musical prosperaba si salía y mermaba si se quedaba en casa. Si quieres el éxito de Paco de Lucía, sacrifica la familia, era el veredicto severo que le dictaba el presente. Y aunque se debatía incesantemente entre las dos cosas, tratando de compatibilizarlas, eligió el éxito, pagando por ello con moneda de remordimientos.

Mejor que nosotros lo explica él mismo en la breve entrevista que Mercedes Martí le hizo en su camerino cuando tenía cuarenta y tres años. Comienza haciéndose el interesante con la bella entrevistadora con una sonrisa pícara, pero cuando ella nombra a los hijos, se para en seco, le cambia el semblante y el tono. Se le viene encima la losa que le abatía y que no lograba conciliar con su

---

455   Vídeo nº 35, localizable en el buscador de YouTube introduciendo «la saga de los lucia», 00:41:00
456   Téllez. Op. cit. Pág. 214

intensa vida: «No se compatibiliza bien», le dice[457]. Merece la pena que el lector busque el video y vea la entrevista.

Pero si fue capaz de conseguir cuadrar el círculo con su padre, anudando el respeto con la obligada desobediencia, en una *casi perfecta* conciliación, no iba a ser menos con sus hijos. Claro que, como en todos los consensos, algún pelo en la gatera hay que dejar en forma de íntimo dolor o de cuestión no resuelta: una negociación nunca tiene un ganador absoluto.

Somos conscientes de lo complicado y arriesgado que es emitir juicios de valor o extraer conclusiones hablando de cuestiones y sentimientos tan reservados, archivados en lo más íntimo de cada uno, pero nos hemos documentado y como ya hemos dicho, este trabajo comporta ese riesgo, no trata de sentar cátedra, solo trata de aportar un punto de vista más. Deseamos ser prudentes, más que osados, en la reflexión que vamos a añadir; la hacemos con todo respeto a los miembros de su familia, pidiendo indulgencia —al igual que les agradecemos la generosidad que nos han dispensado— por las intromisiones obligadas de este estudio, en su entorno personal.

Los individuos somos moléculas o compuestos bioquímicos, integrados por elementos de la tabla periódica, debidamente ordenados, o al menos, eso es lo único constatable. A grandes rasgos, nuestra conducta está condicionada por nuestra herencia genética y por ser zoológicamente una especie animal de mamíferos primates. Bases puramente biológicas que tiran de nosotros de modo instintivo en su dirección. Por otro lado, también somos individuos sociales y las actuales normas de convivencia —cada vez más aplastantes a medida que nos apretamos en un planeta superpoblado— tiran de nosotros en la dirección opuesta.

Exageraremos un poco para explicarnos mejor. Si un impulso biológico indiscutible, como por ejemplo la maternidad, encuentra en la sociedad un reconocimiento en forma de aceptación, todo va bien. Pero si otro impulso biológico —también innegable— como el impulso sexual en el varón, encuentra las lógicas limitaciones que impone la monogamia, todo va mal.

---

457 Vídeo nº 5 localizable en el buscador de YouTube introduciendo «reportaje de mercedes marti a paco de lucia 1990»

Resulta que el macho de cualquier especie mamífera tiene el irrefrenable impulso de no permanecer en el «nido», de salir a buscar hembras y provisiones todos los días «fuera de la cueva». Ningún mamífero macho alimenta a la prole o se queda junto a la hembra al pie del árbol, viendo como amamanta a las crías: fecunda cuando le dejan los demás y se marcha; o provee y se va.[458] Esa es su naturaleza. La hembra sí se queda con la camada, alimentándola, es su naturaleza también. Ambos sexos satisfacen sus instintos haciendo cada cosa y en zoología nunca se cambian los papeles.[459] En la naturaleza, los cerebros tienden al placer (a comer, beber o tener sexo), temen al castigo y huyen del peligro. La generosidad o la solidaridad no existen, salvo en la relación materno filial

La caza que proveía del sustento al humano del paleolítico ha sido sustituida en las sociedades avanzadas por el trabajo, rol que en la España de los años sesenta y setenta desempeñaba el varón. El alimento y crianza de la descendencia, que incluye también la educación, estaban asignados a la mujer.

Nuestro hombre tenía un arma para traer presas a casa, su guitarra, de modo que siguió su instinto atávico y se fue a cazar tocando, dejando el cuidado de sus hijos a su mujer.

Pese a ello, se reprochaba no estar presente en la educación de los hijos, porque indudablemente vivimos en sociedad, no en las cuevas; no nos regimos, afortunadamente, por los impulsos zoológicos que nos hemos permitido describir. Para conciliarlo —no siendo una hipótesis plausible colgar la guitarra para dar biberones— nuestro guitarrista trataba de compensar en lo que podía a sus primeros hijos. Y nos da que, en los últimos años, tal vez viendo que se le agotaba el tiempo, se dedicó con más intensidad a esta labor.

De pequeños hacían vida familiar en casa cuando él regresaba y en vacaciones iban a algún lugar apartado de los focos, donde la familia aprovechaba para convivir. Si hacía falta irse a África, se iban todos.

---

458 No todos proveen. Normalmente las aves —y no todas— en que el macho sí alimenta a la prole.

459 No son tesis frívolas, son defendidas por reputados autores como Desmond Morris en *El mono desnudo* un estudio zoológico de la especie humana, cit.

En África, Paco y casilda con sus hijos. Fotos cedidas album de familia.

Cuando los hijos fueron adultos y sobrellevando una compleja relación paterno filial, el padre procuraba compensar las ausencias de su época de trotamundos, ofreciendo lo que tenía a su disposición.

Paco de Lucía, en los últimos tiempos, integró a algunos de sus hijos en su actividad, sus viajes y conciertos.

En contraportadas de alguno de sus últimos discos se cita al despacho de abogados de Lucía, «Menta Abogados», como encargado de algunas producciones y contratos de su padre.[460] Hoy Lucía es patrono de la Fundación Paco de Lucía y asume la tarea de velar por que la obra y el legado de su padre se difundan con la dignidad y el nivel que ellos creen que merece. Acude a actos públicos relevantes, haciendo un enorme esfuerzo ante autoridades y prensa y a veces soportando compañías no del todo gratas. Su naturaleza como la de su padre, es más de observar que de que la observen, pero cumple disciplinadamente su función en lo que toca, hasta los ínfimos detalles. Incluso con esta humilde obra. Cuando me ha atendido en la preparación de este trabajo, llevaba los fragmentos que le envié, leídos y analizados y señalaba cualquier detalle desajustado por mínimo que fuera, proponiendo con elegancia darle una segunda vuelta al tratamiento de alguna cuestión. «Lucía, muchas gracias por tu interés —le decía algo apurado cuando notaba que no miraba el reloj durante un largo almuerzo—, pero me temo que esto lo van a leer quince o veinte, no va a ser un *bestseller*». «Aunque lo leamos tú y yo solos, Manuel, que quede bonito por él. Tú te lo has currado y mi padre merece el nivel que él se impuso a sí mismo». Te animo, querido lector, a hacer lo que dice Lucía. Paco nos regaló música y enseñanzas para toda un eternidad, correspondámos nosotros manteniendo la máxima dignidad a su figura y su recuerdo. Estamos moralmente obligados.

Curro Sánchez —patrono también de su fundación— pudo asistir a la gala de los Goya —siendo estudiante de audiovisual— porque Paco había ganado uno y también pudo despuntar en su profesión de documentalista, con la dirección del documental de la gira

---

460   En *Cositas Buenas*, el dialogo figurado de Paco con «la música»; y en el disco de *Conciertos en vivo de 2010*

de 2010 de su padre y del *biopic* de *La Búsqueda* con el que consiguió un Goya propio. Lo logró con su esfuerzo y la coparticipación de sus hermanas y su madre, pero indudablemente, dadas la fuerza y las influencias del padre, conseguir declaraciones e información de personas relevantes fue más sencillo.

Casilda su hija mayor —vicepresidenta de la Fundación— escribía textos hermosos para sus discos y conseguía entrevistas con él para la revista en la que trabajaba, siendo recibida ella, los redactores y fotógrafos con toda la hospitalidad que se regala a una hija:

> «Mientras el fotógrafo termina de convertir la terraza en un bodegón siciliano, papá unta sobrasada para todos y nos ofrece pan con aceite, su desayuno de siempre, "probadlo es un aceite buenísimo lo hacen con los olivos de la casa de Campos. ¿No os queréis llevar una garrafita pa casa?"»[461]

De su padre recibió el consejo y el ánimo para ponerse a escribir, logrando con su novela semibiográfica un éxito muy notable.

Francisco Sánchez decía que Paco de Lucía le saturaba, pero que de vez en cuando le venía bien, porque le quitaban las multas de tráfico y le daban mesa en los restaurantes. Sus hijos dirían algo parecido. Aunque le echasen de menos de pequeños y algunas veces sufrieran «la fama» cuando les recogía del colegio con pintas raras y pelos largos, también pudieron gozar de ventajas y conocer a Bryan Adams o Alejandro Sanz, clímax del sueño de una adolescente. Gracias a él descubrieron mundos sensacionales.[462]

En fin, como todo en la vida, había ventajas e inconvenientes. Lucía andaba en preparativos de su boda a finales de 2013 —que su padre y futuro padrino seguía muy de cerca— y a causa del fallecimiento la suspendió.

Por lo inesperada que fue su partida, pensé que tal vez Paco se les marchó demasiado pronto a sus hijos, justo cuando los mayores ya eran adultos y autónomos económicamente y tenían la posibilidad

---

461   Entrevista *Telva* cit. (18)
462   Vídeo nº 152, localizable en el buscador de Google introduciendo «rtva a la carta el legado de paco de lucia», 00:35:25 a 00:35:40

de desplazarse donde él estuviese y disfrutar con él en esta etapa, lo que no pudieron en la juventud. Por eso le pregunté a Lucía si tenía la sensación de faltarle elementos para poder componer unas trazas completas de su padre y me respondió rotunda que no. Que ella y sus hermanos pudieron conocer completamente a su padre. No hubiese cambiado por nada del mundo el tiempo que vivió con él —poco o mucho— por un padre presente día a día pero amargado. Sí era cierto que pudiese llegar algo alocado de las giras y que los desencuentros de las llegadas que refería su hermana Casilda eran ciertos: esos cambios de humor eran lo que más le desesperaba a Lucía de su padre. Pero en seguida esas situaciones dejaban paso a un padre feliz de regresar, cariñoso y amante de sus hijos, que les traía de niños neceseres y carteras de la clase *business* de los vuelos, y regalos de los *duty free* de los aeropuertos y se acurrucaba con ellos en un sofá para ver una *peli* de videoclub un domingo por la tarde. Y siendo mayores, les permitió a sus hijos entrar tanto en su vida que la plasmaron en un documental y, en el caso de Lucía, hasta ocuparse de las relaciones con su discográfica y de sus derechos de autor. Parece que no cabe dar más de sí como padre. Lucía no tenía dudas: prefería menos tiempo de calidad con él, que un día a día de penitencias con un lobo enjaulado en el jardín del chalé de Mirasierra, en plena sintonía con lo que su madre y sus hermanos pensaban. De lo expuesto en este capítulo, queremos deducir, que las cosas quedaron bastante equilibradas entre padre e hijos y de alguna manera, como hacemos todos, consiguieron encontrar un decente ensamblaje entre ellos hasta última hora[463].

Me consta que Casilda y Curro tampoco hubiesen preferido un padre presente de los que corrigen los deberes y te llevan al cine, a un padre ausente, pero *Paco de Lucía*. Con todo lo que comportan de bueno y malo cada uno de los modelos. Probablemente esta pregunta tendría diferentes respuestas según la edad que tuviesen los hijos al responderla. Cuando se la formulé a Lucía, no lo dudó (y respondió por todos):

---

463 Lucía Sánchez entrevista personal.

«Manuel, tengo amigas cuyos padres las llevaban a pasear todos los domingos al parque o al cine, pero ninguna ha visto el *backstage* de un teatro con todo lo que hay ahí, ni han conocido a Camarón, Alejandro Sanz o Bryan Adams, ni han estado en una isla desierta tres días buceando. Yo sí. Mis hermanos también. Gracias a él. Y además de eso te diré, que si alguna vez tenía dificultad con algún asunto del colegio, se lo planteaba, le daba tiempo para situarse y cuando él me lo explicaba a mí, era como ver la luz, tenía un don, no sabes lo bien que lo definía todo. Tengo también, guardados para mí —añadió después de un momento de reflexión— su olor a tabaco y colonia, y los pellizquitos que le daba en el brazo cuando me recostaba sobre él, que le encataban.».[464]

Visto para sentencia.

Diego y Antonia no recibieron menos: disfrutaron de él jugando en casa y conviviendo día a día, conociendo su mundo en algunas giras y a los Príncipes de Asturias, en brazos de su padre.

Estos hijos del matrimonio con Gabriela fueron casi nietos y a ellos sí les dedicó tiempo y se adaptó a sus preferencias y necesidades. Ya no era el desenfreno de juventud el que mandaba en su vida, sino una posición estable y sólida en el mundo musical que le permitía llevar la batuta, en mayor medida que cuando escalaba la pared rocosa que le llevó a la cima. Pese a ello, y para su edad, la familia se movió bastante. Vivió con Gabriela en Méjico, Toledo y Mallorca, alternando algún tiempo también en Cuba; y en Mallorca, del campo a la ciudad, por causa de los colegios de los chicos. Los matricularon en el Liceo Francés para no separarse durante la temporada de conciertos internacionales y beneficiarse del método de enseñanza que la Institución dispensa en cualquier lugar del mundo, sin exigir acudir a un centro fijo. Se los llevaba de gira con su segundo grupo cuando podía, porque las cenas postconciertos y las diversiones ya no eran tan descocadas como las del sexteto primero. Les dedicaba tiempo

---

464 Ídem

y los integró en su vida y también en su obra. Hizo cantar con él a Antonia, cuando era un bebé, en la soleá por bulerías que lleva su nombre[465], mezclando un «ole» infantil de su hija con su ajada voz de cantaor aficionado. En ese mismo disco, *Cositas Buenas*, rebuscando entre maquetas de pruebas antiguas desechadas, resucitó también la voz de Camarón, que llevaba ausente de este mundo ya muchos años y con ese material montó. con la voz de su gitano querido, unas bulerías que toca con Tomatito. Ambos confiesan que, en el estudio de Mallorca, donde se terminó el disco que empezó en Toledo, las lágrimas les iban cayendo por las mejillas mientras tocaban y se iban vertiendo sobre las guitarras a la par que sobre la memoria del amigo común. Por el mar de su obra navegan juntos en armonía, su tierra, sus maestros, su madre, sus hijos, sus esposas y su querido cantaor. Nuestro queridísimo guitarrista nunca perdió las raíces, fue siempre el mismo y era una persona de sentimientos muy arraigados y puros. ¿No va sintiendo el lector, deseos de haber conocido a este hombre?

4. CON SUS HERMANOS

Ramón era el hermano mayor de Paco, su maestro de juventud y su segundo padre, persona también de orden y de recio carácter [466]. Ramón acompañaba de adolescente a su padre al «Pasaje Andaluz» de Algeciras a las juergas de señoritos y a esa sombra se formó[467]. Paco admiraba el oído de su hermano y era al único a quien permitía que le corrigiese una afinación. «Tienes oído de tísico»[468], le decía. «El Gómez de Jerez», yendo con la compañía de Antonio

---

465 En Cositas Buenas.
466 Victoriano Mera me contaba, que era una persona excelente, un caballero formal, pero tenía sus cosas. Como le cogieses del último paquete de tabaco que le quedaba se ponía negro. Escondía siempre una reserva de tabaco para emergencias en la guantera de un R8 que tuvo y como se te ocurriese descubrirla te formaba la mundial.
467 Vídeo n° 35, localizable en el buscador de YouTube introduciendo «la saga de los lucia», 00:13:00
468 Aquél que padecía de tuberculosis pulmonar, o tisis, era tísico y su sensibilidad auditiva es mucho mayor a la común, por lo que alcanzan a escuchar sonidos que cualquier persona no puede. De ahí el dicho popular.

Gades, coincidía en los años ochenta en los mismos teatros por Japón y otros países con el sexteto y se visitaban mutuamente en los camerinos. Y cuenta que Ramón, cierto día, afinaba allí la guitarra de su hermano pequeño antes de salir a escena: «¿Paco cómo la ves? Si la has afinado tú —decía Paco—, está perfecta».

La primera vez que Ramón asistió a su hermano fue en pleno escenario cuando Paco de Lucía, aún portaba pantalón corto. Paco andaba algo aturrullado, nervioso por no dar con la afinación y Ramón subió a tranquilizarlo y le solucionó el problema.

Ramón afinando la guitarra de Paco niño.

Muchos años después, el mismo Paco, en los textos de su álbum *Luzía*, recuerda sus asistencias y agradece a Ramón la afinación de las guitarras en la grabación.

Debió ser tremendamente duro para Ramón de Algeciras, como dicen sus amigos Enrique de Melchor y Jorge Pardo,[469] verse superado por su hermano menor, el pequeño «Mambrú». Él tenía ya una carrera montada, que dejó cuando Paco despuntó. Tocaba en la compañía de Juanito Valderrama, que era una gran figura entonces, y acompañaba a los mejores, Antonio Mairena y Fosforito,

---

469   Vídeo nº 35, localizable en el buscador de YouTube introduciendo «la saga de los lucia», 00:26:26 y 00:38:24 a 00:39:36

ambos Llave de Oro del Flamenco. Este último lo valoraba muchísimo, como un gran profesional, serio y muy formal; puntual en las citas artísticas y una persona muy considerada y atenta. «Ramón —decía Fosforito— siempre acudía a los camerinos para ofrecerme hacer voz antes de cantar y cuidaba mucho al cantaor[470], sin molestarle cuando le acompañaba».

Ramón fue el primero que aportó dinero a la casa. Pero la disciplina imperaba en la familia y Ramón, persona sensata y moderada, noblemente asumió su inevitable papel de segunda guitarra en el dúo. Así figura en muchos títulos de los primeros álbumes, en el recital del Teatro Real [471] y en la propia rumba *Entre dos Aguas*, que Paco y él fueron tocando por todos los escenarios que Jesús Quintero fue capaz de apalabrar.

Ramón sentía pasión verdadera por su hermano.[472] Cuando de joven regresaba de una gira, traía en su cabeza falsetas nuevas que había compuesto o pillado a Niño Ricardo o a algún guitarrista y se las ponía al *Mambrú*, que, siendo aún un chiquillo, ya las deconstruía y las adaptaba a su forma. Ramón, más ortodoxo, se enojaba con la profanación[473], pero no tenía más opción que rendirse al talento de su hermanillo. Hace falta mucha nobleza para decirle al propio Fosforito, que lo llevaba como guitarrista:

—Cuando escuches a mi hermano te va a encantar.
—¿Tu hermano...? —dijo Fosforito.
—Mi hermano es mucho más chico que yo.
—Pero —insistía el cantaor— ¿toca como tú?

---

470   Vídeo nº 35, localizable en el buscador de YouTube introduciendo «la saga de los lucia», 00:20:00 y 00:26:10

471   Pohren. Op. cit.

472   Jorge Pardo en el vídeo recién citado.

473   Sobre todo, si las falsetas descompuestas eran de su admirado niño Ricardo. A Ramón le ponía negro que Paco alterase las falsetas de Ricardo, que era considerado un Dios. Para la familia Lucía, Niño Ricardo era el ideal: flamenco, pendenciero, borrachín y mujeriego. Paco llegó a tocar con él, acompañando a Lebrijano y al parecer, según manifestó el propio Lebrijano, abusó de su superioridad técnica y tapó mucho a Ricardo en el disco cuya guitarra no destacaba nada frente al virtuosismo de Paco. Entrevistas personales cit.

—No tiene «ná» que ver, él se escapa. Si lo sabré yo
—decía el noble Ramón.[474]

Y el resultado fue que Fosforito eligió a Paco.

En los primeros años setenta, antes de que cuajase el sexteto, hubo una época en que Paco y Ramón formaban un dúo de concertistas flamencos, llegando a grabar varios discos e incluso asistir al festival de Montreux bajo esa presentación.

Con mucho compás y una base rítmica y melódica muy buena, Ramón poseía una técnica muy depurada y apreciada por los cantaores. Ramón de Algeciras era el colchón musical para que Paco de Lucía pudiese hacer de trapecista diabólico cuando tocaban juntos. Los componentes del sexteto, diez años más jóvenes todos que Ramón, le recordaban como un hermano mayor. Benavent y Pardo lo decían con afecto: «No solo era el hermano mayor de Paco, era también nuestro hermano mayor, el alma del sexteto». Era el jefe de la manada, que ponía orden en la banda de críos que saltaba de ciudad en ciudad y ni el propio Paco rechistaba. Salvo en cuestiones musicales, donde él reinaba solo, lo que dijese Ramón se hacía.[475]

No había más remedio que contar con un sargento que metiese en vereda a la tropa, si querían llegar puntuales a los sitios y embarcar a tiempo en las docenas de vuelos y otros medios de transporte que los mánager del sexteto debían coordinar para cubrir una temporada. Después de tocar, él marcaba el paso: «Cenamos y al hotel». Y no había más que hablar.[476]

Otras veces cuando se permitía juerga después del concierto, fijaba normas para poder cumplir el siguiente compromiso. «Haced lo que queráis, pero mañana a las ocho "tó dios" en la cafetería de la terminal de salidas del aeropuerto». El miraba para otro lado y se iba a la cama. No bajaba a tierra a gozar de los encantos de las tahitianas, se quedaba a bordo, en el hotel en este caso, porque cumpliendo su papel, como decía el capitán W. Bligh de la Bounty, «no

---

474 Téllez pág. 106 «Si lo sabré yo» decía el pobre Ramón, tanto que no le veía ni la matrícula
475 En el mundo flamenco la jerarquía de los mayores se respeta mucho
476 Entrevista Simposio con Ramón Sánchez hijo.

se podía esperar la debida disciplina del compañero de juerga de la noche anterior»[477].

Daba igual cómo cada uno llegase al sitio, mientras no se perdiese un avión o un autobús. Si alguno no se presentaba, o llegaba solo cinco minutos tarde —aunque fuera Paco—, Ramón lo abroncaba y lo ponía firmes y después trasteaba sibilinamente entre las ropas del pendejo de turno y le colocaba un candado «así» de grande que pesaba medio kilo, en el ojal de la solapa del abrigo, guardándose la llave. Y el tunante que había ido de picos pardos, quedaba retratado y amargado con el regalo durante el tiempo que Ramón estimase oportuno. «Ramón que hace mucho frío en Rusia y no me puedo abrochar y no tengo más que este abrigo». «Pues no haberte enamorado tanto anoche y haber llegado a tu hora».[478]

Ramón inspiraba confianza y seguridad a su hermano y juntos, con Casilda, constituyeron la sociedad PARACA, (Paco, Ramón y Casilda) en la que depositar la gestión de partituras de Paco y otros activos económicos. Pero igual que hemos visto ya en otro lugar, no era lo mismo Ramón con Paco, que Paco con Ramón. Paco no compartía su trono con nadie y jamás hemos leído ni visto en un escenario una alabanza de Paco al toque de Ramón o un jaleo o un «ole» al terminar de tocar o durante la ejecución, cosa que el maestro sí podía dedicarle a otro músico, pero nunca a otro guitarrista. También podía deberse a que un «ole» de Paco pudiera entenderse como un aprobado condescendiente y ofender más que elevar al hermano mayor, que, aunque menor musicalmente, no por ello dejaba de tener cierta superioridad moral sobre él. Los flamencos antiguos eran muy suyos para estas cosas del respeto; ya lo hemos referido. Eran poco afectivos, no eran de abrazos ni caricias, sino más bien hombres duros, quizá porque la vida los había tratado con dureza como le sucedió al padre de ambos.

Le reconocía —como a su padre— su figura de tutor, pero como un estereotipo testimonial, no un reconocimiento expreso. Le dispensaba respeto, pero indiferencia musicalmente hablando. El

---

477 *Rebelión a Bordo*, película cit. Para los que no la conozcan, en la película, cuando el barco llega a Tahití, los tripulantes bajaban a la isla a gozar con las bellas chicas tahitianas, pero el capitán se quedaba a bordo.

478 Jorge Pardo entrevista cit. Ramón Sánchez hijo, conversaciones en Simposio

código del flamenco, impregnado hasta la médula por esos fluidos tan gitanos de la ambigüedad y de los dobles sentidos, tiene en todo una dualidad o una lectura paralela de donde es difícil extraer una versión cierta o una «verdad» objetiva. Pero esto ya lo sabíamos al iniciar este ensayo y pese a ello, nos arriesgamos a caminar por una pista resbaladiza.

No es lo mismo el de *alante* que el de *atrás*, el que toca o que el que acompaña, y no digamos ya, *quien me afina a mí las guitarras.*[479]

A veces Paco pudo ser poco delicado con Ramón como guitarrista. Paco llegó a manifestar que Ramón se le iba quedando corto, que no avanzaba lo suficiente tocando para seguirle y algunos miembros del grupo no veían con agrado que solo fuese considerado un afinador distinguido, porque Ramón hacía mucha labor de organización y de intendencia aparte de la faceta musical y además sacrificó enormemente su propia carrera por su pasión por su hermano.[480] Parece que en la cumbre no se admiten acompañantes y la singularidad y el nivel que quería imponer Paco no era negociable, así que Ramón, también por razones de edad, dejó el sexteto.

Puede parecer cruel, pero realmente pensamos que era lo justo. O si no era justo, al menos era necesario o inevitable. Sucede en todos ámbitos, que a veces, excelentes personas que dan lo mejor de sí mismas en lo personal, no alcanzan un rendimiento suficiente —técnicamente hablando— en el proyecto que desarrollan y deben ceder el paso o deben ubicarse en el lugar adecuado. Lo ideal es que salga del propio afectado dando un paso al lado. No es falta de consideración, es la inexorable ley del paso del tiempo o el símil de tener que «matar al padre». Si se les mantiene por afecto, se malogra el proyecto. Es simplemente el peso de los hechos. Paco actuó correctamente no confundiendo los planos y estamos absolutamente seguros que Ramón coincidía con él. Si se hubiesen dejado llevar por el cariño fraternal ambos se habrían equivocado.

Manteniéndole el respeto, la consideración e incluso la autoridad en los terrenos en los que no afectaba a lo musical, consiguió de nuevo la aleación perfecta. Siempre formó parte del grupo del

---

479 Entrevistas personales
480 Entrevistas personales.

tío Pringue, la banda de amigos del círculo de íntimos de Paco y mantuvieron una estrecha relación. Solo ellos dos sabrían cómo se gestionaban ambos mundos[481].

Pepe era muy diferente a Paco. Todos los entrevistados han querido pronunciarse y coinciden con lo que además hemos podido comprobar en directo, algo que dan en llamar «las cosas de Pepe». ¿Quién —por otra parte— no tiene las suyas?

Pepe de Lucía es una persona muy próxima al artista estudiado, desde el inicio de su carrera. Seguro que habrá a quien le guste o le encante su personalidad y su obra y a quien no, es completamente natural. Para gustos, colores. Casilda su cuñada, le tiene un enorme aprecio y a ella le gusta mucho su cante.[482] Y lo mismo le sucede a su hija Lucía.

En el tren, Pepe, Paco y su padre saliendo del sur, camino de Madrid. Foto cedida por Ziggurat films.

Todos los estudiosos de la biografía de Paco de Lucía sitúan el primer paso de su camino artístico en el concurso de Jerez del año 1962[483]. Pepe (entonces Pepe de Algeciras) era la estrella de la «familia Lucía» y quien ganó el premio de treinta y cinco mil pesetas, y Paco, con catorce añitos, fue una revelación de tal dimen-

---

481   Dése una vuelta el lector por el Facebook de Manuel Nieto Zaldívar y en su álbum de fotos podrá visualizar la cordial relación de los hermanos.
482   Entrevista personal Casilda Varela 2016 cit.
483   Anteriormente hubo alguna actuación benéfica en el cine Terraza de Algeciras. *Contra las cuerdas* ... Vol. 1, pág. 147 cit.

sión que por aclamación del público (con Parrilla en el jurado del Villamarta), hubo que crear sobre la marcha, un accésit de cuatro mil pesetas *ex professo* para dárselo a él.

Con ese dinero y con el de Pepe, don Antonio padre completó los caudales que le faltaban para dar el salto e irse con sus hijos a Madrid y de ahí al éxito.

Y allí en Jerez, pasó algo, una de esas cosas que se nos clavan de pequeños y nunca se borran de nuestra memoria.

> «En aquella época era tan tímido, que era un enfermo —decía Paco de Lucía—. Cada vez que subía a un escenario era empezar a sudar, me encerraba dentro de mí mismo, escondía la cabeza debajo de la guitarra y tocaba. De aquel concurso (en Jerez) lo que más me acuerdo es una anécdota relacionada con Pepe. El primer día, Pepe cantó muy bien y tuvo mucho éxito, pero el segundo día le pilló mal, se descentró y no cantó tan bien. Entonces, terminó de cantar y con lo tímido que yo era, va y le dice al público: «Perdonen ustedes que haya cantado tan mal, pero es que mi hermano me ha puesto la guitarra muy alta». Con la vergüenza que yo llevaba, lo miré en el escenario y no le pegué ahí mismo porque había gente delante, pero en cuanto me bajé del escenario le pegué dos o tres rachas».[484]

«Lo que más me acuerdo». Del concurso que le dio el empujón, Paco no recuerda aplausos, ni dinero, ni un premio personal creado para él; este es su recuerdo más intenso. Mezclando en el estudio el disco *Canción Andaluza*, con sesenta y cinco años, lo relataba todavía.

> «El Pelleja, ¡jé...!, el Pelleja. Todavía me estoy acordando, con la vergüenza que yo pasaba de chiquillo con mis muslos gordos, cuando en el teatro de Jerez le dijo a todo el público que cantó muy mal porque yo le había tocado muy mal. "Es que mi hermano me ha

---

484 El mismo Pepe confiesa esta anécdota, de la que se arrepintió muchísimo. Téllez. *Paco de Lucía en vivo.* Op. cit. pág. 482; *El hijo de la portuguesa*, cit. pág. 89

tocado muy malamente". Ca ve que me acuerdo me pongo de mala leche, ese era el Pelleja»[485]

No sabemos quién fue de los dos el que sugirió la posición de la cejilla y Pepe se arrepintió mucho de aquello, como él mismo cuenta noblemente. Hubo de sufrir que le llamase al orden hasta Manolo Escobar: «Eso no se hace, chaval, eso no se puede hacer nunca con un artista», le dijo el cantante de «Mi carro» durante el rodaje de una película algún tiempo después, por haber soltado aquella impertinencia de juventud.[486]

Pepe como cantaor, es más de potencia y compás que de afinación. En el acto de entrega de un reconocimiento póstumo a Paco, el mismo año que falleció, en Lo Ferro, Murcia, Pepe da las indicaciones al guitarrista, de tono y cejilla y comienza a cantar su propia letra, «Como el agua». Pero desafina.[487]

En el simposio de Sevilla, ese mismo año 2014, el público que asistíamos a las jornadas estábamos acomodados en un salón del Palacio de Congresos, con buena megafonía y unos sillones de sala de cine muy confortables. Pepe no formaba parte de la organización, pero como ya hemos referido, desde el patio de butacas asumía el papel de jefe. Sacó a todo el público de la sala —más de cincuenta personas— y nos «acomodó» en sillas de madera de tijera en el pasillo, porque allí había más *reverb*. Se hizo el amo de la sesión de clausura. En un rellano de escaleras y sin micrófono para los ponentes de aquel día (Javier Limón y Manolo Nieto entre otros), discurrió la sesión, con ruido por todas partes y tránsito de personas que acudían a otros eventos en salas contiguas del Palacio de Congresos. Intervino leyendo y entremetiendo cantes en el discurso: «Canto sin guitarra —dijo—, no hace falta, «pa que» más instrumento que la voz, esto sale de aquí…». Muy oportuno no quedó el comentario, la verdad sea dicha, en un simposio dedicado a su hermano, genio precisamente de la guitarra.

---

485   Entrevistas, cit. «Pelleja» era el apodo de Pepe.
486   El hijo de la portuguesa, J. J. Téllez, Planeta, 2017, cit. pág. 89
487   Vídeo nº 159, localizable en el buscador de YouTube introduciendo «pepe de lucia en homenaje lo ferro» 00:09:40

Ambos hermanos eran muy diferentes. Paco de Lucía, nunca amenizaría un homenaje o un premio de los que recogía tocando una *falsetita* por medio. Podía tocar en *petit comité* en el estudio de Manolo Nieto, donde se estuvieron reuniendo los amigos mas íntimos los viernes, durante treinta años; o en una fiesta entre amigos, pero jamás sirvió de amenizador de veladas.

Entre Paco y Pepe había un enorme reconocimiento profesional, pero tal vez menos química en lo personal. Da la impresión de que a Pepe le salía a veces la estrella que un día fue y añoraba el papel de *prima donna*.

En una gira internacional por Sudamérica, en las que Paco de Lucía coincidía con la compañía de Gades, ambos se emplazaron para cenar al final del concierto en San Felipe (Venezuela), con algunos miembros de sus grupos. Por la banda de Paco de Lucía acudieron Pepe, Ramón, él, y alguno más del sexteto. Pepe, tras la cena, iniciaba cantes a ver si alguien le seguía —para formar fiesta—, pero con otro concierto al día siguiente, no había ganas ni estaba previsto. Ramón terciaba: «Pepe, hoy no.» Pero Pepe insistía, tratando de tentar a la concurrencia, cuando esas iniciativas siempre las marcaban Ramón o Paco. Y Paco de nuevo: «Pepe, no, déjalo». «Pero... Paco... hombre...no seas...». ¡Pepe...! ¡Qué he dicho que no!».[488] Las jerarquías en un clan familiar flamenco como el *Lucía*, cuyos miembros se criaron en la cultura gitana son inquebrantables. Pepe debió tenerlo en cuenta, aunque ellos fuesen payos.

No sabemos si fue en ese mismo año, pero finalmente Pepe acabó saliendo del grupo, volviéndose a España en plena gira.

Alejandro Sanz decía que en los últimos tiempos Paco iba mucho a su estudio en Miami:

> «Me pedía que le pusiera las canciones y me soltaba olés. Su hermano Pepe (cantaor) se enfadaba mucho. "A mí nunca me dice olé y a ti te ha dicho tres", se quejaba. Porque un olé de Paco era como una medalla».[489]

488 Entrevistas personales cit.
489 Alejandro Sanz: «Desde que era un crio quería tocar como Paco de Lucía». www.megustaleer.com, 2018, cit. (50)

Tal vez esa falta de reconocimiento obedeciese a ese algo sociocultural del que hemos hablado: una cuestión de respeto. Los hombres antiguos y más aún si han pasado tiempos duros, no se creen el cariño. Mostrar sentimientos, darse una caricia o un abrazo era síntoma de debilidad, cosa de mujeres.

Mi madre cuenta que mi abuelo, que tuvo trece hijos, cuando quería acunar a alguno recién nacido o cogerlo en brazos, le decía a mi abuela que cerrase la puerta para que no lo viesen, no le fuesen a tomar por lo que no era. Tal vez esa frialdad entre hermanos responda a eso, y más aún en el ambiente flamenco. Paco era el hermano menor, y además guitarrista, escudero del cante hasta hacía dos días, de modo que quizá un reconocimiento afectivo pudiera parecer aprobatorio o condescendiente con su hermano mayor.

Paco en cambio, sí hace una referencia al talento artístico de su hermano en el festival de «Starlite» en Marbella, donde acudió invitado por su sobrina Malú, hija de Pepe, a disfrutar de su concierto. Paco responde a una reportera diciendo: «Malú tiene la fuerza de los Sánchez, de mi familia, que le viene por su padre. Su padre ha sido un artista con una fuerza [...] y esa misma energía la trae de su padre».[490]

Lucía Sánchez tiene una relación muy estrecha —de hermana— con su prima Malú. Es una mujer que escucha magníficamente bien, analítica, curiosa y muy perspicaz; una mujer que prefiere el segundo plano al primero, así la verán en cualquier aparición pública. Paco decía: «Nací para observador, no para estar en lo alto de un escenario, y tengo que cargar con un personaje público. Ya digo que me ha gustado siempre observar y no estoy preparado para que me observen a mí, para estar en lo alto del escenario»[491]. Y justo así es su hija Lucía. Es dulce, tremendamente observadora y lanza las cosas a la cara sin rubor alguno, pero con la habilidad extraordinaria de no molestar lo más mínimo. Es la que más se parece a su padre,[492] tanto que a veces su tío Pepe le dice: «Niña, Chía, corta ya que me das miedo, que parece que estoy

---

490 Vídeo nº 70 00:01:00 a 00:01:20 alabanza localizada a Pepe de Lucía localizable en el buscador de YouTube introduciendo «gracias paco de lucia starlite».
491 «Paco de Lucía: "He llegado a ver fantasmas…"». *ABC* 2003 cit. (70)
492 Casilda Varela entrevista personal.

hablando con tu padre»[493]. Justo por tratarse del padre de su *hermana* Malú, cierto día, Lucía preguntó a su padre en la intimidad del hogar familiar, cómo era Pepe de Lucía cuando actuaban juntos. Paco no lo dudó y llegó a confesarle a su hija que como cantaor le fascinaba: «Tu tío a veces era tan potente y cantaba con tanta fuerza, que me descentraba y si no me concentraba mucho, la voz de Pepe arrastraba a mi propia guitarra»[494]. Salvo con Camarón, no conocemos un elogio semejante del maestro a un cantaor.

A los dieciocho años, Pepe estaba muy solicitado por figuras como Valderrama, Gades, Antonio el Bailarín, Miguel Molina y artistas buenos de la época que se lo rifaban en sus cuadros siendo un chaval.

Fue el propio Pepe —según él mismo nos cuenta— el que primero dio la voz en la familia, de que había que escuchar al gitano rubito que había aterrizado en Madrid desde La Isla.[495] Cabe pensar que debió ser muy duro para Pepe ver como se volcó la familia con Camarón y no con él como cantaor. Empatizamos sinceramente y sin reservas con esa frustración. Pasar de estrella a cantaor de atrás —a las órdenes de la guitarra de su hermano menor, en los tiempos en que el cantaor era Don Quijote y el guitarrista era Sancho Panza— no es plato de buena digestión. Y eso es comprensible y muy doloroso, mucho más aún cuando se tiene carácter y personalidad de «primero».

Sucedió el *sorpasso* a muy temprana edad.

En la primera gira con Greco en 1963, Pepe iba de estrella en la compañía y demandaba la presencia de Paco: «Que venga Paco, que venga Paco», le pedía sin cesar a Greco[496]. Don Antonio dijo a Greco que, o llevaba a Paco, o Pepe se volvía a España, y a Paco lo embarcaron en un vuelo desde Barajas y se incorporó en Chicago en mitad del itinerario previsto. Pero en cambio en la segunda

493 Lucía Sánchez Varela y Pepe de Lucía, entrevista personal.
494 Lucía Sánchez Varela, entrevista personal.
495 Pepe de Lucía entrevista personal. Paco en cambio, no lo ha referido nunca y en todos los textos que hemos leído se atribuyó personalmente el descubrimiento, sin citar la intermediación de Pepe.
496 Pepe de Lucía entrevista personal: «Yo fui el que llevó a Paco a América», nos refirió. Y cierto es, en el propio documental *La búsqueda* lo comentan ambos hermanos.

tournée de 1967, Greco llamó a Paco y no a Pepe, porque a este le había cambiado la voz y don Antonio no insistió a Greco, ni Paco tampoco, cosa que también debió ser durísima para Pepe. Ricardo Modrego, excelente guitarrista que formaba parte del cuadro en esas giras, comenta:

> «Pepe sabe de cante una enormidad... Lo que pasa es que en la pubertad le cambió la voz y su organismo no la conservó toda, son cuestiones de foniatría y se quedó sin graves ni agudos, solo con medios. Pero Pepe es un portentoso cantaor».[497]

Si se nos permite, personalmente destacaríamos lo bien que canta por guajiras en la película *Flamenco*, de Carlos Saura y, también su participación en el disco *Live in América*, en particular en las bulerías «Alcázar de Sevilla».

A nuestro juicio, Pepe es lo mejor que se ha escuchado en cante en las actuaciones de ambos grupos de Paco de Lucía. Montse Cortés canta muy bien y David de Jacoba también, muy *acamaronado*; Duquende y la Tana, en nuestra opinión, bajan un poco el nivel: no vocalizan lo suficiente, enfatizan en exceso lo quejoso, amplifican desmedidamente el grito, y el cante, como dijo el clásico, no es para sordos. Pepe de Lucía también tiraba mucho del lamento tal vez en exceso, pero cantaba más limpio que ellos y con mejor vocalización también[498].

Es cierto, también, que Pepe de Lucía no se cultivó de niño como sus hermanos. Mientras los demás se preparaban, aprendían y estudiaban metódicamente por propia voluntad y con deseo de crecer y aportar a la familia, Pepe —de chiquillo— pedía un duro a su padre por estudiar y formarse, despistándose a la menor ocasión, para irse a jugar con sus amigos, cosa de la que él mismo se vanagloria incluso hoy día.[499]

---

497   *Contra las cuerdas*. Pablo San Nicasio. Ed. Oscar Herrero, 2014. Vol. 1 pág. 41
498   Rogamos que estas opiniones se tomen como las de un mero aficionado nada experto. Y respetuosas con los artistas y con las de cualquier otro.
499   Pepe de Lucía entrevista personal.

Destacó mucho por ser precoz, en una época en que no había niños cantaores y a esa edad lo hizo francamente bien, exhibiendo una voz clara y potente, que tal vez no cuidase debidamente. Después, ya de adulto, lo que hizo lo hizo al cobijo de su hermano de Paco, aunque grabó también discos en solitario o en colaboración con otros artistas. ¿Pudo eclipsarle la irradiación de su hermano? Puede ser. ¿Le benefició esa estela? Sin duda.

Ramón de Algeciras tuvo su carrera propia —acompañó a tres distinguidos con la Llave de Oro del Cante Flamenco: Mairena, Fosforito y Camarón— y decidió dejarla para formar un dúo con Paco. Cumplía una función, para su hermano y el grupo, de capital importancia y obtuvo un alto reconocimiento de todos. El documental *La Saga de los Lucía* se dedica a su figura, ocupándose la primera parte de su padre, la segunda de Ramón y la tercera de Paco, pero no dedica una parte a Pepe que solo es citado de modo colateral en la película.[500]

Como compositor sí destacó en el mundo discográfico, con éxitos como «Al alba» y «Como el agua» (que dió título a un disco de Camarón). Sus letras destacaron más, apuntaladas por la voz de Camarón y la guitarra y los arreglos rítmicos y armónicos de su hermano. Algunos entrevistados afirmaban que «como compositor, Pepe no era Neruda»; otros incluso apostillaron, «ni como músico Tchaikovsky»; y otros dijeron que en cambio «roneaba en exceso de ambas cosas».[501]

Pepe sabía que, permaneciendo a la sombra de su hermano, se colocaba bajo el árbol que mejor le cobijaba —y mejores frutos le daba— y lo siguió en todo, pisando en la huella que Paco dejaba cuando levantaba el pie. Lo emulaba en su aspecto y hasta llegó a cambiar su nombre artístico —el de "Pepe de Algeciras"[502] por el de Pepe de Lucía— para asemejarse a Paco cuando este comenzó

---

500   Vídeo nº 35, localizable en el buscador de YouTube introduciendo «la saga de los lucia».
501   No implica esta cita que el autor coincida con esas apreciaciones. Vaya por delante que quien escribe tampoco es Cervantes ni García Márquez.
502   Con este nombre llegó a aparecer en la portada de un disco acompañado por las guitarras de sus hermanos.

a destacar, cosa que no hizo Ramón, que siempre conservó el «de Algeciras».

En lo personal y lo artístico, Pepe trata de identificarse y hasta incluso medirse con Paco, queriendo a veces superarle; él mismo refiere con orgullo que Miguel Molina le dijo en cierta ocasión: «Pepe, tu hermano me rompe el alma, pero tú me rompes el culo»[503].

Pepe se prodiga en apariciones desde la muerte de Paco de Lucía, con voz y gesto de arrobo filosófico, de tipo recién llorado, usando al hablar, el tono rogativo y suplicante de los flamencos pedigüeños. «Una mezcla entre Jeremías y Gandhi»,[504] radicalmente opuesto al de su hermano menor, asertivo y conciso.

En suma, Ramón asumió con todas las consecuencias y voluntariamente, el papel de *segundo* que los hechos implacables determinaban, su carácter no protestaba por ello; pero Pepe pudo no asumir de buen grado que lo relegaran. Sería sometido, tal vez, que es diferente, y a la menor ocasión, su naturaleza le llevaba a destacar: tenía personalidad de primera figura, pero no todo el talento necesario para serlo. Una de las cosas más duras que le puede suceder a una persona, es que la posición que la vida le depara no encaje con lo que su temperamento está dispuesto a aceptar y en el caso de este hombre, estamos convencidos de que algunos de los hitos que protagonizó no tenían intención alguna, sino que eran dictados por una personalidad noble, pero a la vez fuerte, que a veces le jugaba —sobre todo a él mismo— alguna mala pasada.

Pepe —debe constar a su favor— con su carácter más lanzado, ayudó mucho a Camarón a relacionarse con Paco, haciendo una gran labor de intermediación entre ellos, que eran dos personas muy reservadas, incluso entre sí mismos. Atesoró más capital y se organizó mucho más eficazmente que muchos cantaores superiores a él, tuvo buena relación con las discográficas y fue muy comercial en el campo del flamenco pop o componiendo temas aflamencados. Registraba en autores cada estrofa y en los estudios de graba-

---

503 Vídeo nº 158, localizable en el buscador de You Tube introduciendo «8kk8nicjyyy» 00:23:08

504 Entrevistas personales. Sin que implique juicio de valor ni coincidencia por nuestra parte, algún entrevistado sintetizó que «Pepe no es sincero ni cuando estornuda».

ción, cuando llegaban los músicos a grabar, decían: «Ya está Pepe con el bolígrafo haciendo caja».[505]

Manuel Domínguez, el Rubio, genial guitarrista sevillano con gracia por los cuatro costados, decía que «Rancapino» era capaz de sacarle dinero a un avión de mármol[506]. En este aspecto hacendoso, Pepe se parecía a «Rancapino»: en las giras, lavaba y planchaba en su habitación las camisas de los músicos del sexteto y las entregaba a sus dueños, listas para el día siguiente. A cambio de un dólar por camisa[507].

Era una persona muy organizada con su economía, una hormiguita. Dentro del flamenco cundía el derroche y el descontrol y para muestra sirve el botón de cómo condujo Camarón su carrera. Pero Pepe administraba bien sus caudales y sacó un elevado rédito a sus capacidades, llegando a alcanzar dos Premios Grammy. Al contrario que Paco, que rechazó varios por su escaso valor, Pepe exigió que la entrega de uno de sus Grammy fuese televisada, no por él, sino porque —buscando mimetizarse con su hermano— él representaba al flamenco.

«—¿Qué le parece que haya un Grammy especialmente para el flamenco?

¿Tiene el mismo impacto que los otros Grammy Latinos?

—Mira, me da mucha pena que no se haya visto la entrega de este premio por televisión. No solo por mí, pero por mi cultura, por mi gente, por el flamenco, por artistas tan grandes como Pilar López, Antonio Gades, Paco, Camarón... Me ha hecho mucho daño. Porque el Grammy es el mismo para todos, es igual, pesa lo mismo, es del mismo color, pero me duele mucho que el flamenco, que es muy grande, que tiene una mezcla de culturas inmensa, que es súper reconocido en todo el mundo y muy querido por todo el mundo y que es algo autóctono nuestro, de nuestras raíces, no se muestre por

---

505 Entrevistas personales, cit.
506 Manuel Bohórquez: «Manuel Domínguez El Rubio». El Correo de Andalucía cit. (32)
507 Entrevistas personales, cit.

televisión. Yo quisiera saber cómo y por qué ha pasado esto. Si es por intereses, por dinero o porque el flamenco no gusta o no tiene sentido para ellos. Necesito una explicación. Quiero reivindicar que la entrega mía tiene que salir. Porque mi pueblo y mi gente lo demanda. Que me aclaren por favor por qué no ha salido, no Pepe de Lucía, pero la representación flamenca por la televisión. ¿Qué daño he hecho yo?»[508].

Recientemente ha obtenido la medalla de Andalucía[509]. Antes del acto de entrega, los Morancos le gastaron la broma de que había que rellenar los papeles para conseguir la paga de mil quinientos euros que la medalla aparejaba. «¿Tú ya los habrás rellenado no Pepe? Nosotros venimos ahora de hacerlo» —le dijeron los cómicos. En la recepción ofrecida a los premiados con la medalla, los hermanos Cadaval oyeron a Pepe preguntar al presidente de la Junta, acerca de la paga. Imagínense el resto.[510]

Debió haber mucho trasfondo en esa relación fraternal que desconozcamos y no es el tema de este estudio desentrañarlo, toda una vida juntos en lo personal y en lo profesional, exige que exista una atracción mutua, que sin duda había. Lo mejor que podría suceder es que otro autor con iniciativa y con fundamentos rigurosos aporte su punto de vista y más datos para el análisis, y si es el caso, apoye o refute nuestras tesis y las corrija. Todos ganaríamos y además sería un placer modificar nuestras deducciones, lo haríamos encantados y a toda prisa. La ciencia avanza a base de rendirse ante la verdad, no lo hace por atrincheramientos en los propios postulados. Eso solo genera mediocridad y pobreza.

En los flamencos existe una especie de *omertá* que hemos podido constatar: son temerosos y nadie quiere figurar como autor de una censura o una crítica, aunque por detrás se hartan de largar unos

---

508 Pepe de Lucía: «Reivindico la entrega de mi Grammy por televisión» ABC 2003 cit. (33)

509 Llamó a artistas, alguno de ellos entrevistados para este trabajo, para pedirles su firma como apoyo.

510 Conocido de primera mano referido por Cesar Cadaval, mi «casero de verano». También vídeo nº 170 localizable en el buscador de YouTube introduciendo «los morancos medalla de andalucía y la paguita».

de otros. Eso a nosotros no nos afecta, porque este no es un trabajo artístico, ni una jaculatoria para quedar bien con todos. Es más, huimos de eso. Nuestras constataciones no poseen ninguna intencionalidad, más que referir hechos objetivos que el propio cantaor ha relatado personalmente en entrevistas y de los que incluso se enorgullece, y que el lector extraiga de ellos las conclusiones que cualquiera podría inferir.

No es nuestra misión valorar la figura de Pepe de Lucía y mucho menos censurarla porque el estudio no versa sobre él. Quien lo piense se equivoca. La razón de traer a colación estos episodios la suscita explicar por qué, reconociéndole un gran mérito artístico, la relación personal de Paco con él a veces en ocasiones puntuales, pudo no ser tan fluida como solía ser con el resto de su ambiente. No podemos incluir declaraciones en este ensayo, que apuntan a que Paco de Lucía tropezaba a veces con Pepe —algo notorio, y frecuente en muchas casas entre hermanos— y no completar el contexto. El relato quedaría cojo. No dictamos sentencias ni enjuiciamos a nadie, sino que constatamos hechos y de ellos cualquiera puede deducir un cierto antagonismo entre las personalidades de ambos hermanos.

Cabe preguntarse en tal caso, ¿por qué Paco estuvo tan unido a él en la profesión, cuando Pepe presenta un perfil tan dispar con su línea? Volvemos a arriesgarnos a pronosticar según nuestro discernimiento, con el riesgo consecuente de caminar por terreno resbaladizo, pero en esto justamente consisten estas letras.

Félix Grande era huérfano de madre y hablaba amores de Lucía, la portuguesa, le encantaba su persona, su función en la familia y le gustaba mucho tratarla. Adoptando posición de hijo adoptivo, llegó a escribir de ella algo muy bello: «Ella lo comprende todo y nos comprende a todos, porque sabe que es la más fuerte, que a nadie en este mundo le es posible contradecirla ni desobedecerla y que nadie en este mundo tiene la astucia necesaria».[511]

El propio Pepe de Lucía, refirió a Juan José Téllez:

---

511   Félix Grande op cit.

«A raíz de conocer a Jorge, [Pardo, flauta y saxo] y a Carles, [Benavent, bajo] empezó a constituirse el sexteto. Mi madre le dijo a Paco: "Pepe podría ir también contigo". Y como mi madre es la reina de la casa, Paco le hizo caso. Ya estaban Rubem [Dantas, percusión] y Jorge, que llevaban tiempo con él».[512]

Paco de Lucía tenía pasión por su madre y aunque sobre música no era una experta, bastaron cinco palabras suyas para obrar la incorporación. Lucía según describe Félix Grande, era una santa, y su palabra iba a misa. No hay más que hablar. *Pa dentro Pepe*. Paco, como buen forofo del fútbol, vio que el partido estaba decidido y lo aceptó. Y, por otra parte, pese a ser dispares, no consta que existiese tampoco una fuerte tensión personal entre ambos hermanos, que pasaron gran parte de su vida juntos compartiendo frecuentes encuentros familiares, entre los que destacaban, por citar algunos, las nocheviejas en casa de Pepe, donde todos se reunían y acababan cantando, tocando y bailando y donde Paco en alguna ocasión se animó a hacer compás con el cajón, su aportación instrumental genuina a la música flamenca.

Lo cierto es que, en aquella época de juventud de los principios, como dijimos, quedaba pendiente en la familia —una familia con una gran conciencia colectiva que iba pareciéndose a una compañía empresarial de artistas— una deuda con Pepe de Lucía pendiente de saldar. Todos los hermanos estaban orientados, salvo él. María bien casada, lo que en la época equivalía a solución; Antonio, que no era artista, colocado en el Hotel Alcalá de Madrid y Ramón y Paco en el grupo. Ese pollo suelto que quedaba era algo que no escapaba a una madre gallina como Lucía, con un instinto natural —como todas las madres— para percibir las debilidades de uno de su camada. Los padres no solemos ocuparnos de los fuertes, tanto como de los que presentan más dificultades para remontar el vuelo. Lucía le susurró al oído la vida misma a su hijo, que corría ya como caballo suelto por la pradera. Algo como:

---

512 Lucía fue también quien recomendó a Pepe que se inscribiera en «autores» la SGAE, consejo que Pepe agradecería toda su vida, porque fue su sustento principal.

—Paco, hijo, tu hermano…

—Ya lo sé mamá, pero es que…

—Paco, mi vida, ni «es que», ni nada; es tu hermano, para toda la vida, tiene familia y es uno de los nuestros.

Es probable que Paco reuniese al grupo y sin aclarar las razones íntimas de su decisión dijese: «Mi hermano Pepe se viene con nosotros». Paco cumplió siempre con su hermano. Hasta el final. En la polémica de los derechos de Camarón, Paco afirma que por él cedería todo lo que se hubiese generado a la familia de «la Chispa»: «Yo puedo ceder ese dinero, porque me sobra, pero mi hermano Pepe y su familia viven de ello y de las composiciones que ha escrito para otra gente».[513]

Canción Andaluza, último disco de Paco de Lucía, se terminó de grabar poco antes de su muerte y se editó y salió a la venta póstumo. En los textos del disco, Paco había dejado escrito que agradecía a su hermano Pepe de Lucía el consejo de incluir determinado tema en el álbum. No es frecuente mencionar colaboraciones que consisten en una simple sugerencia, suponemos que recibiría muchas y no figuran en los textos. Pero esa era la de su hermano.

Su sobrino José María afirmaba estupefacto que Paco de Lucía era de esas personas que sabían a ciencia cierta y con absoluta seguridad que se moriría en breve y esto nos lo han confirmado otros familiares también. Que intuía que le quedaba poco y que estaba cerrando etapas. Se le escapaban demasiadas veces expresiones como «esto no lo hago yo más», «aquí yo ya no vuelvo más», «esta es la última vez que…», etc. Hasta a su hija Lucía le pedía que examinase como estaba su situación con la discográfica, propio de quien está poniendo orden en sus cosas. Ciertamente, el diálogo en el coche con su amigo Carlos Rebato, en el final del documental *La búsqueda* parece premonitorio: «[…] pero fuerzas… pocas me quedan ya».[514]

La propia vida unió a los dos hermanos, su madre Lucía pulimentó el trabajo y eso fue suficiente. Su palabra siempre fue ley y a cierta edad hay que ir cerrando puertas, porque si no entra corriente, que es mala para la salud. Así que, con las mismas, es

---

513 Entrevista en *El País*, Sáenz de Tejada. 1992, cit.

514 Vídeo nº 213, documental *Paco de Lucía, la Búsqueda* 00:22:42 a 00:23:27

conveniente que cerremos nosotros también el tema, porque ya está suficientemente ilustrado.

Sus otros dos hermanos eran María y Antonio.

María era su segunda madre y lo cuidaba de niño ayudando a Lucía en estos menesteres. Los ecos de las coplas que su hermana le cantaba para dormirlo aterrizaron en el disco *Canción Andaluza* muchos años después de que Paco fuese acunado con ellas. Ahí están las «María de la O» y los «Ojos verdes» de la niñez de «Mambrú».[515]

María era guapísima y no solo de joven. Se parecía a Elisabeth Taylor, pero más guapa todavía. En el documental de Michael Meert, habla y gesticula como una auténtica dama andaluza, con toda la gracia simpática que atesoran las mujeres bellas y elegantes del sur. Su elocuencia combina las palabras con los gestos y las onomatopeyas, como una piriñaca expresiva: «¿Mi padre como profesor?, es fabuloso, ¿él? fabuloso: empezaban con las escalas y los arpegios y... y tacatácatá y tacatácatá...», decía mientras arpegiaba el aire con sus preciosos dedos. Con la forma que tiene de mover las manos... parece que canta por *Marifé* cuando habla.[516] No se puede tener más donaire.

Ella es la madre de José María Bandera, quien acompañó a su tío Paco en la etapa del trío con Juan Manuel Cañizares y con quien conversamos largo rato en su casa de Bolonia, en el verano de 2020. María sufrió los rigores de un padre severo que le cortó las alas como artista y pasó su juventud ayudando a criar a sus hermanos y trabajando y aportando a la casa hasta que se casó.

Antonio Sánchez Gómez, el último de los hermanos que nos queda, no fue artista. Dejó la guitarra para estudiar idiomas[517]. Encontró un trabajo de recepcionista en el Hotel Alcalá de Madrid, donde Paco de Lucía, Camarón y otros muchos flamencos acudían a reservados que Antonio apañaba, para reunirse y hacer fies-

---

515   Vídeo nº 213, *Paco de Lucía, la Búsqueda,* 01:15:48 a 01:17:12(«Mambrú» era el apodo de Paco de niño, recordamos)

516   Vídeo nº 2, localizable en el buscador de Google introduciendo «Paco de lucia light and shade daily motion». 00:07:12, 00:08:06

517   «El músico de la Isla Verde», Félix Grande, *El País,* cit. (8)

tas o tocar en un ambiente más recogido y privado. El director del hotel estaba encantado con la clientela que Antonio aportaba, y el «Alcalá» se convirtió pronto en lugar de cita obligado del Madrid flamenco y taurino de los años setenta en adelante. Ambientes que atrajeron en torno suyo en su día, a lo mejor de la sociedad y la aristocracia española del momento, a actores de Hollywood como Orson Welles o Ava Gardner y a escritores de culto como Hemingway.

Hablaba Antonio correctamente inglés y francés y participaba en segundo plano de las actividades artísticas de sus hermanos. Él es el padre de Antonio Sánchez, joven guitarrista y último escolta de su tío en el septeto. Era amigo, además de hermano de Paco y era el Tío Pringue, el líder de la pandilla de íntimos suyos y de Paco, que pasaban en el Caribe largas temporadas entre camaradas. Hombre de aguda inteligencia, Antonio captaba al vuelo los estados de ánimo de su hermano pequeño. Sabía de qué pie cojeaba en cada momento y sabía estar al tanto o al quite, porque nuestro guitarrista a veces necesitaba guardaespaldas de confianza absoluta. Acudía a los camerinos a verle cuando actuaba y detectaba al vuelo las situaciones, porque conocía al grupo de músicos y al entorno de Paco al dedillo. «Cuidado con este que esta hoy rebotado. Ahí fuera está fulano, Paco, mejor que no entre, etc.»[518].

María y Antonio fueron hermanos muy queridos. Paco de Lucía mantuvo estrecha relación con ellos y con sus hijos también. Y si el lector desea conocerlos, de nuevo le remitimos al album de Facebook de Manuel Nieto Zaldivar

5. CON SUS SOBRINOS

Paco de Lucía incorporó a su grupo, en dos momentos distintos, a sus sobrinos José María y Antonio, hijos de María y Antonio Sánchez.

Paco, como ya hemos visto, se trasladó a Madrid muy joven con su familia, en los años sesenta, en busca de oportunidades, cuando la capital era un imán para los flamencos andaluces que querían hacer

---

518   José María Bandera, entrevista cit.

carrera y encontraban en sus tablaos las posibilidades de trabajo que el sur no ofrecía. Cuando se hizo mayor, le gustaba mucho bajar a Algeciras y paraba en una casa de la familia que su padre compró al lado de la de su hermana María. Llegaba en un Citroën verde desde Madrid, o en un Tiburón granate que le dejaba un amigo, y su sobrino, un jovencillo José María Bandera aún adolescente, avizorando como la vieja del visillo, en cuanto veía aparcado el coche se plantaba a escuchar a su tío, sentándose frente a él y empapándose de su forma de tocar. Paco le ponía algún que otro acorde a muy temprana edad y a los pocos meses le preguntaba por los progresos. Paco no era un docente reglado o paciente, solo orientaba y todo lo más decía: «Tú toca y yo te digo lo que está mal».[519]

En una de estas arribadas del Citroën —un 21 de diciembre, cumpleaños del genio— José María se acercó y Paco le preguntó si recordaba los acordes que le había puesto el verano anterior. Le pidió que le acompañase y comenzó a tocar las «Czardas de Monty». Paco estaba de pie, tenía la guitarra apoyada sobre una mesa y miraba despistado alrededor, e incluso se rascaba de vez en cuando, sin irse un ápice del ritmo. Tocó como una metralleta, como una bestia, José María le acompañaba alucinado y ojiplático. Cuando terminaron Paco le dijo: «Niño, ¿tú que tienes que hacer esta tarde? Y sin esperar respuesta le dijo: Pues arréglate y coge la guitarra que te vienes conmigo a tocar a Ronda». Y allí tocaron juntos por primera vez, inoculándole al sobrino una dosis de alucinógeno que le duró para toda la vida.

José María se debatía entre las solicitudes de su tío y los imperativos de su madre. María Sánchez recordaba que cuando su padre cogía la guitarra y se iba de fiesta, era porque la venta de telas o el puesto de la plaza de Algeciras no habían dado lo suficiente y hacía falta apañar unos duros a la economía familiar de los Sánchez. Ese recuerdo la perseguía y reñía a su hermano menor para que no despistase a José María de los estudios.[520]

Cuando ya inició carrera de guitarrista, Paco le avisaba de modo ocasional para los desavíos o cuando le faltaba algún guitarrista por

---

519   Jose María Bandera, entrevista personal, cit.
520   Llegó a cursar unos años de ingeniería pero no terminó.

enfermedad. A Paco le molestaba que el joven cogiese trabajo y no le atendiese como suplente, pero también le molestaba al sobrino —que ya ganaba dinero con giras sobre todo por Alemania y otros países de Centroeuropa— que su tío lo llamase de ese modo discontinuo. De modo que pusieron fin a esa temporalidad esporádica y se incorporó con carácter estable al sexteto, y al trío después.

Inicialmente el trio lo formaron Paco de Lucía, Ramón de Algeciras y José María. Ramón ya tenía una cierta edad y los años y el empuje del joven sobrino pusieron de manifiesto a Ramón que había que dejarlos correr libres, saliendo del trío y ocupando Juan Manuel Cañizares su lugar.

José María veía en su tío a su hermano mayor. Prácticamente se crio a su lado durante los años que estuvo con él, más tiempo que con su propio padre. Se iba con él y con Manolo Nieto a pescar a Ibiza, y lo pasaba en grande gozando de una juventud de película. Le ahuyentaba moscones que se le acercaban y ayudaba a la cohesión del sexteto, informando al jefe de lo bueno y lo mejorable que sucedía en su interior. Ese papel no es fácil porque a veces padece el mensajero, pero una figura como Paco de Lucía necesitaba a una persona fiel, un incondicional a su lado que le asistiese en directo y vigilase las consecuencias de lo que el propio Paco denominaba *la intensa vida del sexteto*. La posición de sobrino le llevaba a veces a hacer de intermediario entre los músicos y su tío. Situación comprometida a veces, que le valió que Paco le bautizase con el apodo de «sindicalista».

Paco de Lucía, a la vez que conquistaba a muchas personalidades interesantes y notables, también atraía a todo tipo de aprovechados, filibusteros, vende motos y chupaculos que había que mantener a raya, porque cuando llegaban a él, ya era más difícil. Y Paco no era la Virgen de Lourdes, le gustaban la gracia y hacer el gamberro más que comer con los dedos. A veces se metía en líos de faldas o copas o en los restaurantes liaba la mundial si se terciaba. Le gustaba reírse más que a nadie y era usual que deslizase en las cenas cuchicheos infundados, sobre falta de potencia sexual de algún comensal, confesados —según la inventiva de Paco— por la mujer de otro de los presentes que estaba ajeno a la trama, para tirarse de risa cuando la conexión motivaba que los dos se pusiesen como los trapos; o si se daba el caso, tirándole bolitas de pan a la mesa de al lado y quedándose muy serio cuando los tocados buscaban el origen del proyectil. En alguna ocasión alguno llamó a la policía y el joven José María tuvo el tiempo justo de olerse el percal, soltar la servilleta y coger a su tío: «¡Por aquí Paco, por aquí! Corre que dormimos en el calabozo, ¡vámonos rápido!». En fin, ese tipo de situaciones era frecuente y tener a una persona al lado con la que reírte y que te cuide la retaguardia es conveniente.

Con algún altibajo por desacuerdos —que los hubo— encajable en la normalidad de una relación larga, hasta última hora sobrino y tío permanecieron unidos. En los estudios de Boadilla en Madrid mezclaron juntos el disco de *Canción Andaluza*. Juntos arreglaron las coplas que María Sánchez, probablemente, les cantase a ambos para acunarlos en sus brazos. Ella los crio a los dos.

El sobrino admiraba la potencia con la que su tío tocaba a los cuarenta y pico años con el trío. «Estaba en su mejor momento, las daba todas y no fallaba una sola nota en más de diez conciertos seguidos; fuerte, joven, con experiencia y madurez». Pero José María debía olvidarse de que estaba tocando *con el primo de Dios* y quitarse la tensión, porque cuando tomaba conciencia del bicho que tenía tocando al lado, se agarrotaba y no podía seguir. «Ahí estaba la cuestión: en no dejarte avasallar por esa mirada». Paco lo sabía y ayudaba. En el escenario, aunque estaba siempre concentrado y controlando desde la música hasta la última bombilla de la iluminación, a su vez, relajaba el ambiente y fijándose en la espectadora dormida de la segunda fila, les decía por lo bajo: «Cuando se despierte miramos a la gachí ésta fijamente los tres, hasta que se mee la tía». Y lo hacían. Eran compañeros de música, de bromas y de hermosas e inolvidables batallas.

Cuando ya llevábamos casi tres horas hablando de todo, José María entró en la misma fase que todos los demás entrevistados sin excepción. Se evadía un poco, pensaba un momento en silencio y decía, gozándolo para sí mismo:

«Fueron tantas cosas buenas… Tú no sabes "Manué" cómo era Paco, lo fácil que lo hacía Paco todo; tenía solución para cada cosa y no se guardaba nada. Y no se le iba ni una, te lo largaba todo a la cara, pero tenía la virtud de decirlo sin herir, creaba un ambiente tan bueno, que te corregía sin dejarte rayado y que en el siguiente concierto no pudieses tocar. Teníamos la sensación de que él podía con todo».[521]

Antonio Sánchez hijo era más joven y tenía más diferencia de edad con su tío. Paco lo escuchó tocar en el bautizo de su nieta Casilda. «Hay que ver lo bien que toca Antoñito», le dijo a Casilda su mujer[522]. «Ven y sígueme», le dijo al sobrino. No hizo falta más que esa indicación para que el joven cogiese su guitarra y se incorporase a su grupo. El maestro no se pensaba las cosas mucho. Si no toca, ya tocará, ya lo haremos tocar.

Antonio Sánchez, sobrino también de Paco, hijo de su hermano Antonio, fue el último edecán que le acompañó. Fue la última segunda guitarra del septeto. Antonio tenía la conciencia de que estaba a los pies de una leyenda, por los años que ya Paco llevaba de primer espada mundial. Conocía su música, había podido estudiar su técnica y sus conciertos en vídeo (nada que ver con el aprendizaje tortuoso de antaño), y pertenecía a una generación de guitarristas «post Paco de Lucía», con una preparación técnica de base muy importante. Como a todos los guitarristas con los que tocó, su tío no le dispensaba reconocimientos explícitos, como sí que hacía alguna vez con otros instrumentistas o bailaores, pero cuando su sobrino sustituyó a Niño Josele, su titularidad en el grupo se afianzó. Vivió una época muy buena, de grandes conciertos y giras muy difundidas por Internet, lo que hizo que fuese más conocido que otros guitarristas que quizá hubiesen estado más tiempo en el grupo. En la era de Internet, un artista se da a conocer en dos meses, más que en toda una vida «de antes». Que se sepa en la red que eres sobrino y segunda guitarra de Paco de Lucía era algo colosal para un profesional y Paco estuvo en activo hasta el último día, de modo que Antonio lo acompañó bastante tiempo y un tiempo muy provechoso para él.

---

521 José María Bandera, entrevista personal cit. Con él y con todos los entrevistados tuve la misma sensación, gozaban hablando de Paco de Lucía, les salía fácil y les resultaba placentero hacerlo.
522 Casilda Varela entrevista cit.

6. CON AMIGOS Y CONOCIDOS

La amistad y el contacto entre personas de distintos tipos es beneficioso y fructífero. Todos deberíamos buscar la compañía de personas que pertenecieran a otro arquetipo diferente al nuestro y cuanto más diversos mejor.

Paco de Lucía tuvo siempre muy buenos amigos: Manolo Ramírez, Carlos Rebato, Manolo Nieto, Victoriano Mera, José Luis Marín... Tenía su grupo selecto y variopinto, como son las pandillas sureñas: uno vendía electrodos, otro era fotógrafo, otro arquitecto, otro ingeniero, otro trincaba comisiones; de todo un poco y ajenos al flamenco profesional. Necesitaba respirar, olvidar quien era públicamente y salir con gente diferente, sana y con las que se sentía confiado.[523] Desde Madrid, a Paco le gustaba volver al sur y frecuentar a sus amigos, en esas rondas por las ventas y los pueblos del Campo de Gibraltar que contaba con tanta gracia Victoriano. Le encantaba poner apodos originales a conocidos y amigos, en esa obsesión que profesaba por vivir en un mundo de permanente culto a la risa y al cachondeo. Ya hemos hablado de —Nemesia la costurera» pero no fue el único: A Rubem Dantas lo bautizó como «Conde de Calatrava»; a Benavent como «La Garza»; a Carlos Rebato lo presentaba —cuando tocaban juntos— como «El Borrico de Estepona», y a su hermano Antonio le puso «El Tío Pringue». Él mismo era «Mambrú» y Camarón, solía llamarle «Alberto» a él para jalearlo cuando tocaba.

Los amigos de juventud que hemos citado, los del Tío Pringue y sus hermanos, eran la esencia, el núcleo duro de sus relaciones.[524]

Paco —y esto ha sido una constatación unánime extraída de todas las entrevistas que hemos realizado— lo daba todo por un amigo. Le encantaba ponerles apodos, gastarles bromas, irritarlos, o hacerles perrerías (y recibirlas de ellos) pero era el amigo más leal que se podía tener.

---

523   José María Bandera. Entrevista cit.
524   Casilda. *Papá*, cit.

Durante el breve lapso de tiempo que Emilio de Diego ejerció como representante de Paco —la peor decisión, según Emilio, que dos personas pudieron tomar jamás— tuvo lugar un concierto en una localidad catalana a finales de los setenta. Tras la actuación, Emilio dijo a Paco que les habían invitado a cenar, unos señores importantes en una casa preciosa que tenían en Bagur. Aceptaron y en efecto, cuando llegaron al lugar, quedaron maravillados. Era un casa construida sobre un saliente de roca de la costa, que daba la sensación de estar volando sobre el mar. Había criados en cada habitación, impresionistas y Dalís colgados en las paredes, buena mesa y buena bodega y sobre todo, chicas muy monas, algunas de las cuales habían asistido al concierto, y estaban muy solícitas en agradar a Paco en todo lo que necesitase. No lo dudaron: allí se quedaron los dos, disfrutando del mar y la fiesta tres días. Y se dejaron agradar mucho.

En un despertar de una siesta, Emilio tropezó por casualidad con la libretilla donde apuntaba anotaciones y de pronto se quedó muerto en vida. Se convirtió en estatua de sal. Al activarse, se calzó, se puso un camisa y busco un teléfono. No había en la casa. Fue al pueblo y en un poste de madera, encontró un teléfono público. No sabía que hacer o a quien acudir. Estaba preso del pánico. Se le caían las cosas de las manos. Finalmente se decidió y llamó a Jesús Quintero, la única persona que podía aportar ayuda. Al otro lado del auricular, sonó la voz del Loco de la Colina, igual que sonaba en las madrugadas de radio: «¿Sabes Emilio, -¿lo sabes?- que os buscan a los dos en hospitales, comisarías, y depósitos de cadáveres? ¿Lo sabes, Emilio?». Emilio estaba paralizado. Y Quintero continuó: «Y eso no es lo peor, Emilio. Lo peor, Emilio, es que el padre de Paco lo sabe. Agarraos». Y colgó.

Emilio no había dicho ni una palabra, solo dijo al principio, «Oye, Jesús…», y se acabó. Con oír lo que había oído, ya se sintió sepultado. De vuelta a la casa, iba calculando la distancia al suelo, desde el balcón que daba al acantilado, y recordó que no daba directo al mar, sino a un farallón de roca que se interponía. Eso le causó un extraño alivio, al comprobar que tirándose, no sobreviviría de ningún modo.

Despertó a Paco.

—Paco, nos vamos.

—¿Qué? dijo Paco desperezándose.

—Que estamos muertos. Vístete.

—¿Qué..?

—Que tenías que haber tocado ayer en Ayamonte. Y los reyes de Bélgica iban a ir al concierto. Quintero dice que nos busca la policía.

Se subieron a un taxi y tras una hora de trayecto, se aproximaban ya al aeropuerto sin haber cruzado palabra entre ellos. De pronto Paco se giró, y le dijo a Emilio:

—Así que después de quitarle el sitio «al Loco», vas y lo llamas... ¿Lo sabe mi padre?, lo de Ayamonte...

—Si.

—Pobre de ti. Tendrás que dimitir. ¿No?

Y Paco estalló en ese momento en la carcajada mas amplia y mas espontánea que Emilio había escuchado jamás.

El sentido de la amistad de Paco era infinito.[525]

Con el paso de los años llegó Félix Grande, su amigo/hermano mayor y el padre afectivo que le faltaba y le calmaba los dolores del alma. Vivían ambos una estrecha amistad, frecuentando sus respectivas casas particulares. Salían por Madrid, iniciando con una cerveza en casa de Félix, cenaban después los dos matrimonios en «Los Remos» (un restaurante sencillo en la Carretera de la Coruña que le gustaba a Paco, con un pescado excelente, su menú preferido) y después a Mirasierra, a casa de Paco con las copitas hasta las tantas de la mañana.

En una de esas coincidencias en su casa, Paco dispensó un regalo singular a su amigo Félix: le invitó a oír la maqueta de *Siroco* cuando aún no se había editado. La grabación del disco se realizó en unas condiciones técnicas de compresión sonora soberbias, con un equipo de última generación en la empresa Philips, en Holanda. Los asistentes, entre los que se encontraba el guitarrista clásico José María Gallardo, no daban crédito al cúmulo de sensaciones que estaban disfrutando. Los tres guitarristas (profesionales y aficionado distinguido) y en un ambiente íntimo, amenizado con los

---

525   Emilio de Diego, entrevista cit.

comentarios del propio autor de la obra, gozaron de uno de esos momentos que se guarda uno en el corazón para siempre. Muertos en vida se quedaron Félix y Gallardo cuando escucharon lo que Paco de Lucía había hecho en *Siroco*.[526]

En el círculo de Paco de Lucía, todos o casi todos tocaban, entendían su lenguaje expresivo. Unos de forma profesional y otros semiprofesional o al menos aficionados, o eran guitarristas o sabían tocar.[527]

Carlos Rebato, su mejor amigo, y lugarteniente de la Banda del Tío Pringue, incluso le acompañó en algunas actuaciones al principio de la formación del primer sexteto. Carlos era especial para Paco. Se conocieron de chavales, «en la calle» como sucedía en esos tiempos. Carlos era de familia acomodada, y vivía muy cerca de la pensión, que fue la primera parada y fonda de D. Antonio, Pepe y Paco cuando llegaron a Madrid desde Algeciras. Eran como hermanos.

Manolo Nieto cuenta que en una ocasión en Méjico, Paco se enfadó con él, porque se había fumado sin compartirlo, el último canuto que les quedaba. Manolo sorprendido, le dijo: «Paco, tu sabes que yo no he sido, que he estado fuera todo el día, y que ha sido Carlos». Y el otro le contestó «¿Y que quieres, Manolín, que me enfade con él? ¡Si sabes que no puedo, coño!».

La Banda del Tío Pringue estaba integrada por amigos y hermanos.

Tras la temporada de conciertos, Paco solía irse a la Ibiza salvaje de aquellos tiempos a pescar, con Manolo Nieto, Carlos Rebato y su sobrino José María. Cuando la isla se masificó, Ibiza fue sustituida por el Caribe mejicano. Paco anhelaba pasar dos meses en aquel Méjico salvaje de Playa del Carmen, de los 80 y 90. Aquel retiro caribeño, le permitía desconectar del frenesí de las giras y los conciertos. Buscaba estar siempre en bañador, playa, pescar en

---

526 Vídeo nº 144, localizable en el buscador de YouTube introduciendo «entrevista a josé maría gallardo 1ª parte» 00:20:45 a 00:22:53. Félix Grande le dedica su obra sobre Paco y Camarón a J. M.ª Gallardo

527 Por citar ejemplos de varias: Camarón, Luis Landero, Carlos Rebato, José María Gallardo, Raimundo Amador o Ricardo Pachón; los Ketama, Javier Limón, Juan de Angélica, Alejandro Sanz, etc.

una patera con un motorcito fueraborda que ellos mismos reparaban, cocinar lo pescado, diversión y juerga. Buscaba, su juventud. La que no tuvo.

Todo empezaba en Galicia. Allí se concentraba la *Banda* porque, un piloto amigo de Paco, les proporcionaba vuelo gratis al Caribe y el avión iba —según comentan por ahí— algo sobrecargado de azafatas, que junto con el piloto gallego, se quedaban con ellos en la casa mejicana de Xpu Ha algunos días, a cambio del transporte.

Allí se apañaban con un Seat 600 rojo y un Volkswagen, que eran dos «hierros» pero les daban el avío. Hacían compra de vinos y víveres en el único supermercado en 50 km, y muchos días comían lo que pescaban. Los mejores pescadores: Carlos Rebato y Paco. Los cocineros principales: Manolo Nieto y Paco. Invitaban a vecinos, se dejaban invitar y recibían a todo personaje peculiar, o bicho raro, que como ellos, anduviese por aquel rincón apartado del planeta. Por allí había en tiempos, unas chicas periodistas que les suministraban «cigarritos» y todo tipo de aliños para pasarlo bien. Cerca, vivían unas catalanas muy listas, que conocían la zona, y les enseñaban los alrededores, la selva, las ruinas y los paisajes vírgenes que en la zona existían aun. Y les llevaban muchas amigas simpáticas para que la *Banda* no se aburriese. Ellos a cambio, salían a pescar langostas y boquinetes, para que las señoritas no les faltase de nada. Se diseñaron el paraíso en la tierra: aguas turquesas, marisco, pescado, bebida, amigas y «maría». Los episodios que vivían eran de película.

Cierto día, apareció por allí de la mano de una de ellas, otra que decía haber sido la secretaria de Walt Disney —vaya usted a saber— y que les traía unos hongos de San Isidro, el alucinógeno con el que ella decía, que el genial dibujante se colocaba. ¿Hace falta explicarlo? Les faltó tiempo. Uno decía que los fumasen, otro que los masticasen y finalmente se abrió paso la versión prudente y decidieron hacer una infusión. La bebieron en el desayuno, y según parece, a las siete de la tarde todavía los armarios de la casa se estaban moviendo. Cuando los muebles por fin se asentaron y todo volvió a la normalidad, Paco con toda la retranca de Cádiz, y con la melena algo alborotada soltó: «¡Sus muertos con las setas esas! ¡Coño; ahora entiendo yo como el tío este inventaba ratones que hablaban, patos millonarios y elefantes que volaban con las orejas!»[528].

Paco vivía en esos retiros rodeado de lo que le gustaba: sencillez, carcajadas y amigos. Le encantaba poner apodos originales a todo el mundo, en esa obsesión que profesaba por vivir en un mundo de permanente culto a la risa y al cachondeo. Ya hemos hablado de «Nemesia la costurera» pero éste no fue el único: A Rubem Dantas lo bautizó como «Marqués de Calatrava»; a Benavent como «La Garza»; a Carlos Rebato lo presentaba —cuando tocaban juntos— como «El Borrico de Estepona», y a su hermano Antonio le puso «El Tío Pringue». Él mismo era «Mambrú», y Camarón, solía llamarle «Alberto» para jalearlo cuando tocaba.

¿Y Camarón, era amigo? ¿Y Manolo Sanlúcar? Ambos merecen un apartado propio en cuanto a su relación con Paco de Lucía.

Su hijo Curro decía que su padre:

> «Nunca fue amigo de Camarón. Grabando "Potro de rabia y miel", último disco de Camarón, con Tomatito y Manuel Marsella, mi padre y Camarón compartieron una conexión única, pero no la amistad. Eran compadres, se iban de juerga, Paco fue a su boda, pero Camarón era reservado y había esa famosa división payo-gitano tan interiorizada por el de La Isla. Para Paco era algo extraño, porque en Algeciras todos se mezclaban [529]».

Debió ser una relación fuerte y afectiva, pero dispar y muy compleja; coincidimos con Curro Sánchez en que no fue de verdadera amistad. Gabriela, la segunda esposa de Paco de Lucía, afirma lo mismo. Es más, reprocha algunos comportamientos de Camarón hacia Paco, afirmando que «eso no lo hace un amigo».

No es esencial compartir los mismos hobbies o inquietudes para cuajar una amistad, pero lo cierto es que ellos dos tenían pocas coincidencias. Paco jugaba al fútbol, buceaba y pescaba en sus ratos de ocio; Camarón no cultivaba ese tipo de aficiones. Hay personas muy afines con gustos dispares, qué duda cabe, y pese a ello se com-

---

528 Manolo Nieto, entrevista personal cit
529 Curro Sánchez, *XL Semanal* cit. (12)

plementan mutuamente, discurriendo su relación sin problemas. Pero, aunque la cosa fluya, la amistad requiere cierta confluencia de planos o de trayectorias y eso no pasaba entre ellos. Camarón sentía que Paco era superior, le guardaba un respeto reverencial y con él no se permitía determinadas confianzas. No se «colocaba» mucho en su presencia, le abochornaba que le viese en mal estado y le profesaba una especie de veneración que llevaba a lo físico[530].

La familia Sánchez tenía una pequeña casita en la playa del Rinconcillo de Algeciras, con un par de habitaciones con dos camas cada una, una cocinilla, un aseo y poco más; suficiente para que Paco y Camarón o alguno más de la familia andurreasen por allí, alrededor de la guitarra y las composiciones. En cierta ocasión Paco había salido y estaban Camarón y José María Bandera en la casita, echados cada uno en una cama. Camarón miró debajo de la cama del otro y le dijo: «Semaría, esa es la guitarra de Paco, ¿la tocamos?». José María sabía que Paco no era maniático y le dijo: «Claro, saca el estuche, tócala». Camarón la cogió y dijo al otro: «No sé... como él no está aquí...». «¡Anda ya José, toca, si él no se va a molestar!». Pero el otro no se la terminaba de acercar al pecho. «Sí, si ya sé que no se va a molestar, pero... es que ésta es la que toca él y él no está aquí...»[531]

A veces Camarón buscaba intermediarios en el estudio para transmitir mensajes a Paco, porque no se atrevía a interpelarle directamente y usaba a Pepe de Lucía o a otro para sugerirle algunas cosas. Es difícil, adoptando ese rol de sumisión, configurar una verdadera amistad entre dos personas.

Y, por otro lado, estaba el *modus erraticus* de Camarón: las *espantás*. Un profesional metódico como Paco, que cortaba de raíz y se iba de una juerga o una fiesta para coger un vuelo, no podía compartir vida con una persona que entraba en un sitio y no sabía cuándo ni cómo iba a salir. Faltaba a citas, llegaba tarde, no llegaba

---

530 En el episodio relatado de la tarde de toros de Jerez, Camarón, preguntó si estaba Paco por allí, tal vez temiendo que lo viese sabiendo que iba muy fino ese día. Fuente: Entrevistas personales cit.

531 José María Bandera. Entrevista personal. Video nº 27 00:09:12 localizable en el buscador de YouTube introduciendo «Ziryab Live in Sevilla».

en condiciones, no entrenaba y su devenir era puro instinto. Vivía suelto y estaba a lo que saliese.

Existía por otra parte un reconocimiento público de Paco hacia Camarón, en cada ocasión que se le presentaba, que no era recíproco. En suma, descompensaciones que no son compatibles con la correspondencia que exige una amistad auténtica.

Y, por último, estaba la cuestión racial; el sentimiento de clan es tan fuerte en los gitanos que rara vez incluyen en su círculo a los que no lo son, pese a haberlo jurado mil veces. A la hora de la verdad lo hacen notar y el payo se queda fuera y atónito después de haber oído mil veces que lo querían como a un hermano.

La vida les permitió a los dos disfrutar juntos de episodios o capítulos ocasionales (enormemente jugosos y gratamente disfrutados, sin duda), pero no de la fusión que requiere una verdadera amistad.

Manolo Sanlúcar merece una consideración diferente. Si Salieri tuvo su Mozart para volverlo loco, Manolo Sanlúcar tuvo a Paco de Lucía. La coincidencia en el tiempo fue fatal para aquél y estamos seguros de que marcó su vida y le obsesionó hasta casi la demencia. *Artísticamente murió de pena.*[532]

Manolo Sanlúcar, queridísimo por Casilda y por Paco, fue el padrino de bautizo de su hijo Curro[533]. Es un guitarrista excepcional, con una calidad técnica inigualable y un método de trabajo y de estudio completamente organizado, más incluso que el de Paco, y tan disciplinado y profesional como el suyo. Ambos guitarristas siguieron la doctrina de trabajo, trabajo y trabajo. Por *la zona de Sanlúcar* se creía en el duende, pero «cuando llega te tiene que pillar con la guitarra y no jugando al tenis»[534] y *por Algeciras* se decía lo mismo, que «el éxito es un diez por ciento de inspiración y un noventa de transpiración»[535]. Manolo amplió horizontes para el flamenco importado de la guitarra clásica y estudió música; y Paco derivó a los ritmos brasileños, caribeños o jazzísticos incorporándolos también. Ambos enviaban a los flamencos el mismo men-

---

532   La frase es de Ricardo Pachón, entrevista personal cit.
533   Casilda Varela. Entrevista cit. Ella sentía verdadero cariño por su compadre y afirmaba que Paco también.
534   Entrevista *Europa Sur. Manolo Sanlúcar,* 2008 cit. (49)
535   Frase repetida en muchas declaraciones de Paco de Lucía.

saje: dejen ustedes de quejarse y lamentarse —que eso lo hacen muy bien— y pónganse las pilas y a estudiar, que eso lo hacen menos.

Ambos buscaban la respetabilidad del flamenco. Dignificarlo y sacarlo de los arrabales. Luchaban porque un guitarrista flamenco y su música pudieran sentarse al mismo nivel o más, que cualquier otro músico sin tener complejos por ello.

Ambos vieron que esa dignidad se pisoteaba y se rebelaron. Paco —por ejemplo— rechazando los cinco millones por tocar con Julio Iglesias en Sevilla y Manolo Sanlúcar negándose en un momento dado de su vida a volver a tocar en España, que se dice pronto, pero no se comprende nunca.

> «Si yo pongo una escuela de guitarra flamenca, que soy el único guitarrista flamenco que tiene un Premio Nacional de Música, no puedo emitir un título. Y si quiero darlo, tengo que faltarme el respeto a mí mismo y someterme a que ellos me digan si yo soy digno de dar clases de guitarra o no. Como forma de protesta me retiré de los escenarios, pero solo de los españoles. Si me llaman de fuera para dar un concierto, iré. He dejado de dar conciertos en España porque estoy en contra de esa idea de que, ahora que al fin ha llegado la guitarra flamenca a los conservatorios, los que llevamos con este instrumento toda nuestra vida y lo hemos hecho grande, nos hayamos quedado fuera. Eso es una felonía»[536].

Esto es sencillamente dramático. España es mucha España: el único país capaz de negar aptitud a Manolo Sanlúcar para enseñar guitarra flamenca. Hubiésemos sido capaces de pedirle un título oficial a Velázquez para enseñar pintura, a Alfredo Kraus para enseñar a cantar o a Juan Sebastián de Elcano para navegar.

A otros muchos también se les ha ninguneado. Guitarristas flamencos premiados y consagrados como Niño de Pura afirman:

> «El sitio que tiene la guitarra flamenca en cualquier otra parte del extranjero es mucho mayor que aquí. En mi caso los conciertos los doy en Méjico, Francia,

---

536   Manolo Sanlúcar. Entrevista en *El País* cit

Alemania... Al final son esos países los que de verdad sustentan mi afición por la guitarra»[537].

Gerardo Núñez —poseedor de la Medalla Rubinstein del Conservatorio Tchaikovsky de Moscú, sin haber estudiado música— se lamentaba de lo siguiente:

> «Hay poca gente que me conoce en España, pero afortunadamente sí en otras partes del mundo porque me he movido yo. Aquí, vas a un ayuntamiento a proponer un ciclo de guitarra y los técnicos del Área de Cultura se mosquean, les trastocas los planes y te miran mal, porque solo aceptan cosas como el día de la paella, el campeonato de futbolín o la partida de cartas».[538]

Procedía también Manolo Sanlúcar de una familia de guitarristas flamencos, con un padre docente y unos hermanos también guitarristas[539]. Comenzó igualmente acompañando al cante y al baile y después desarrolló una gran carrera como concertista, con una producción musical tremenda y una escuela de guitarra erigida en su pueblo natal y financiada con su propio dinero. Más organizado y escolástico que Paco de Lucía, ofreció a sus alumnos una atención reglada y académica, que nunca dispensó su compadre, más centrado en su figura personal. No se dedicó solo a ganar dinero con los conciertos y los discos, sino que se preocupó siempre por enseñar, por formar a jóvenes —a los que alojaba en su propia casa, caso de Vicente Amigo, nada menos— y por educar a los aficionados, labor que muchos desconocen. Hubiese sido el número uno indiscutible de su época de no haber coincidido con Paco de Lucía. Pese a ello, defendió con absoluta dignidad su nivel de primera figura indiscutible y nunca fue sumiso.

Manolo Sanlúcar tenía un carácter más lóbrego, se torturaba estudiando y se dejaba la vida en ello. Después de horas ensayando, se sentaba a la mesa a almorzar con la guitarra y cuando su mujer

---

537 *Contra las cuerdas...* Vol. 2 pág. 121 cit.
538 Ídem, vol. 1 pág. 234. Eran panaderos de oficio y guitarristas por devoción.
539 La familia «Sanlúcar» (Muñoz Alcón) fueron panaderos de profesión y alternaban el oficio con la guitarra.

le ponía la comida y le pedía que lo dejase, le respondía que tenía que seguir estudiando porque sabía que Paco de Lucía estaba ahí.[540] Su misma mujer cuenta en primera persona que, en cierta ocasión, volvían de un viaje y al llegar a Sanlúcar a las tres de la mañana, cansados, ella se acostaba y Manolo se iba al estudio porque ese día no había podido ensayar y tenía que tocar antes de irse a dormir.[541]

Paco y Manolo fueron los únicos guitarristas flamencos que, si los ves tocar, acarician las cuerdas en el diapasón sedosamente y a toda velocidad, aparentando no aplicar fuerza alguna al presionar la cuerda. Eso —que no se note el esfuerzo— solo se consigue estudiando un número de horas colosal, y se aprecia más y más mérito tiene en Manolo Sanlúcar, porque tenía unos dedos cortísimos y gruesos que dificultaban los alcances.

Pese a esa obsesión, tan grande como su virtuosismo, la caballerosidad y el afecto de Manolo Sanlúcar por su compañero de Algeciras era enorme. Pronunció sentencias hermosas y acertadas, que solo pudo asentar un gran señor del flamenco. Y afirmaba sin tapujos:

> —¡Paco es tan completo! […] Tiene un sentido rítmico absolutamente sorprendente, tiene un sentido armónico increíble, tiene elegancia, tiene contrastes, cuenta la música, la explica con mucha naturalidad. Yo no he conocido a nadie, ni creo que haya existido nadie que reúna tantas condiciones como él. Todo esto que te digo lo he sentido siempre así y la testigo más clara que podemos tener es mi mujer. Ella se ha reído muchas veces mientras me veía pegar botes en el sofá escuchando a Paco».[542]

Cuando Paco de Lucía conoció estas expresiones en boca de su compañero correspondió, pero no de un modo tan generoso, fue simplemente correcto:

---

540 Ricardo Pachón entrevista personal: Referido por la esposa de Manolo Sanlúcar
541 Documental *Manolo Sanlúcar, el legado*. Netflix
542 Vídeo n° 122, *Paco de Lucía. Francisco Sánchez* (año 2003), localizable en el buscador de YouTube introduciendo «Francisco Sánchez, Paco de Lucía english subtitles» 00:20:36 a 00:21:12

«Eso es muy bonito de parte de Manolo —dijo— porque entre los flamencos eso no es usual. Otro hubiera dicho que sí, que muy bien, pero nada más. Me pareció muy noble por su parte, eso demuestra la clase de persona que es, porque entre dos guitarristas que estamos al mismo nivel, aunque seamos compadres, siempre hay una cierta competencia y todos barremos para casa, pero a él se le vio una generosidad que es de agradecer. Es un señor ante el que hay que quitarse la gorra».[543]

Sucede aquí —aunque no tanto— un desequilibrio en los elogios parecido al de Paco y Camarón. Tal vez por la personalidad particular de cada uno, Manolo se empleaba a fondo en glosar las virtudes de Paco de Lucía y este se limitaba a agradecer su generosidad, sin pasar de la línea de la moderación ni corresponder con honras equivalentes a las que recibía. Paco en esta ocasión, incluso, admitió —cosa rara— estar al mismo nivel, compartir el trono por un momento, pero no cederlo como hizo Manolo. Eso jamás. Nos arriesgamos, sin embargo, a afirmar que, aun siendo competidores y en parte rivales, existía verdadera amistad entre ellos.

Ambos matrimonios —Paco y Casilda y Manolo y Ana— convivieron en ocasiones, compartían viajes y se alojaban juntos, preparando trabajos o grabaciones en los que los dos guitarristas tocaron al alimón guardando gratos recuerdos de esas experiencias compartidas. Se admiraban y a veces se retaban en los ensayos: «¿Lo dejamos ya?» —decía uno. «Cuando lo dejes tú»— respondía el otro[544].

Cuando ambos se acercan a sus sillas entre risas, para regalarnos unas deliciosas sevillanas al alimón en la película de Saura, su trato ante las cámaras permite intuir esta cordialidad: «¿Cómo nos sentamos? —dice Manolo. «Déjame a mi aquí, que este es mi perfil bueno» —responde el otro. «¿Tu perfil? ¡Que poca vergüenza tienes!»[545]

Eran dos compadres, dos competidores que se apreciaban, se encantaban y respetaban. Mi conclusión es —a falta de datos en

543 Téllez Op. cit. Pág. 105
544 Casilda Varela entrevista personal, cit.
545 Vídeo nº 113 localizable en el buscador de YouTube introduciendo «saura sevillanas a dos guitarras». Pese a ello, Saura contaba que se pactaron los mínimos detalles, hasta quien entraría primero a escena y quien después.

contra— que había competencia, pero no envidias. Reconforta esa ausencia de rencor, cuando a menudo en nuestra tierra pasamos por envidiosos. Paco incluyó en su disco *Zyryab* unas bulerías tocadas con él, de nombre «Compadres» y también las tocaron juntos en directo en los Jardines del Retiro en Madrid[546].

Aparte de estas relaciones principales referidas, Paco también trabó relación con personas bastante más jóvenes que él, algunas de las cuales las hemos citado ya: Diego del Morao, los hermanos Carmona de Ketama, Sara Baras, Estrella Morente y algún que otro de fuera del flamenco como Richy Castellanos, Javier Limón o Juan d'Anyélica. Bautizó a un hijo de Vicente Amigo y a otro de Alejandro Sanz y ellos eran los padrinos de Antonia y Diego respectivamente, los dos hijos de Paco y Gabriela.

Su facilidad para contactar con la gente de cualquier edad era absoluta. Todo el que trataba a Paco se deshacía glosando sus virtudes humanas, su cercanía y amabilidad.

Paco de Lucía no vivió en Mallorca más que unos cuantos años, y no seguidos, porque alternaba con temporadas en Méjico y las ausencias de las giras. En cambio, allí encontró la paz, los mallorquines le dejaban tranquilo; menos emocionales que los andaluces, son gente discreta y no lo avasallaban. Cuando alguien lo reconocía —decía— bajaba la vista con discreción en señal de respeto en lugar de asaltarle, cosa que le encantaba. Pese a ello, sus amigos y vecinos de la isla no pueden contener las lágrimas cuando le recuerdan en el exquisito documental que la Televisión Balear le dedicó a su figura. Para no volcar aquí mil palabras, vean una imagen, vean el documental, por favor, es una delicia.[547] Refleja la impronta que nuestro hombre dejó en la gente sencilla que le trató ya de mayor y mucho de la idea que este ensayo persigue describiendo su personalidad. No necesitarán más explicaciones si lo ven.

---

546 Vídeo nº 62 localizable en el buscador de YouTube introduciendo «paco de lucia manolo sanlucar compadres bulerías».

547 Vídeo nº 71. Recomendamos ver entero el vídeo *Paco de Lucía a Mallorca, una vida entre dues aigües* (subtitulat) - Documental IB3", localizable en el buscador de YouTube introduciendo «una vida entre dues aigües». Es un reportaje-documental magníficamente hecho por la TV Balear.

Es inusual que una figura tan destacada, con una buena fortuna económica a sus espaldas y con un acceso facilísimo para relacionarse con personajes de primera fila, «pase por completo de las élites» —si se nos permite la coloquialidad— y elija a su grupo de afines entre gente tan sencilla: sus amigos de la banda del Tío Pringue y los payeses mallorquines. Paco de Lucía podía codearse si quería con políticos, empresarios poderosos, actores de éxito y estrellas de Hollywood. Sin embargo, evitó grabar con los Rollings Stones (que se lo pidieron) o con Julio Iglesias porque no le apetecía[548] y nadie lo ha visto pisando alfombras glamurosas, ni dándose lustres de ese tipo. Incluso rechazaba premios —los Grammys— solo por no acudir a la gala a recogerlos, cuando otros mataban solo por estar nominados a ellos.

Su amigo Juan Reyes (Juan Estrada), también guitarrista, tuvo que pelearse con él para hacer una página web, editar sus partituras para registrarlas o comercializar guitarras. Paco no quería página en Internet porque pensaba que estaría controlado y lo encontrarían mucho más fácil, y lo de la comercialización de guitarras acabó en tensión entre ellos. Paco amaba las relaciones directas y la vida sencilla, por eso caía tan bien a todo el mundo.

De joven, cuando se desataba de las cuerdas de la guitarra se iba al Caribe, y no alquilaba un yate pudiendo hacerlo. Se agenció una pequeña patera que él mismo pintaba y reparaba con sus amigos, con un fueraborda de veinte caballos y se dedicaba a pescar, a jugar al fútbol y al billar con sus hermanos, sus amigos de la infancia y dos más, cocinando él mismo en casa lo que pescaba ese día[549].

De mayor, no cambió. Cuando se libraba de compromisos, en su tiempo libre se iba a una matanza con Gabriela y sus hijos, a casa de los vecinos de Mallorca a disfrutar de una buena mesa. Su equipaje estaba completo con un sombrero de paja, unas sandalias de cuero y una camisa vieja por toda dotación, sin olvidar una botella de vino y un surtido de embutidos, aceitunas y pan con aceite. Su placer no era reventar un casino ni comprarse un barco para ama-

---

548   Le pidió una burrada de dinero para que Julio Iglesias tuviese que desistir. Después Paco conoció a Julio en Miami a través de Alejandro Sanz y se cayeron muy bien.
549   Manolo Nieto, entrevista personal cit.

rrarlo en Marbella o Porto Pí, sino simplemente dejarse la barba, cultivar cuatro plantas y pescar un pargo para comérselo. O llevar a su hijo Diego a la playa a darle puntapiés al balón.

Si ser un sabio es valorar lo importante y quieren encontrar uno, no busquen más. Estudien a este hombre como aquí hacemos. Paco de Lucía, además de regalar la mejor música del mundo, era un referente a la hora de elegir y de ir derecho por la vida.

7. CON LAS ESPOSAS

Paco se casó dos veces, con Casilda Varela y con Gabriela Canseco. Ambas estuvieron presentes en la capilla ardiente de Madrid donde se conocieron[550] y en el funeral en la Iglesia de Nuestra Señora de la Palma, en la Plaza Alta de Algeciras. La primera asentó en su corona de flores: «Te quiero Paco», en presente. La segunda, rotuló en la suya, en futuro permanente: «Te he de querer mientras viva», el título de la canción que Paco le dedicó en su último disco y que relata el amor de una joven mujer, por un hombre ya maduro. Trabajándose los afectos y haciéndose querer por todos, no parecía torpe el maestro.

No era un hombre romántico, no disfrutaba cortejando en serio a una mujer, ni viviendo amores apasionados.

Si no en las formas, que no lo era, en el fondo sí era fiel.

> «Ves una mujer por ahí y te gusta y eso, pero... tienes una familia y unos hijos; ¿cómo vas a jugar al amor por ahí? Lo máximo a que puedes aspirar es a echar una canita al aire. Yo me enamoré de mi mujer y nunca más me volví a enamorar".[551] Solo me enamoré una vez y fue de ti; y que sepas que no fue una sensación agradable para mí. Quería que se solucionase pronto», le dijo en su momento a Casilda.[552]

---

550   Gabriela: *Memoria de una ausencia* cit. «Ahí conocí a Casilda Varela [su primera esposa]»
551   Sol Alameda entrevista cit. (11)
552   Casilda Varela entrevista cit.

No resultó agradable hacerle la corte, le dijo a su primera mujer.

Si se nos permite tirar un poco del humor, haremos un inciso para apostillar la afirmación.

Bajo nuestro punto de vista —aunque no estemos ya en el mercado— la experiencia, de vivir el cortejo asociado al enamoramiento, es tremendamente estresante. Se sufre mucho. Hay que emplear un tiempo y unos recursos enormes sin certeza de llegar a buen puerto. Tu trabajo, tus relaciones con los amigos y demás se deterioran, andas medio idiota salivando una obsesión que lo embelesa todo. Hay que trabajar mucho concertando encuentros y siempre hay una madre o una hermana a la que le pasa algo de repente y la cita se estropea. Además, viendo como enredan las mujeres, nunca sabes si son excusas de verdad o te están tangando. Después, todos se enteran de la bola menos tú. Si aciertas y triunfas, pues bien, descansas; pero si fracasas después de tanto empeño, has dilapidado todo un caudal de emociones y entregas que te dejan machacado anímicamente. Piensas que ya no te van a pillar más en otra, pero no; vuelves a caer. Y a empezar otra vez a construir el edificio desde los cimientos. Un horror.

Cuando de verdad lo estás haciendo bien no te lo dicen tampoco, tú no te enteras de casi nada que ella no quiera que sepas. Si eres «correcto y educado», aburres; si te pasas de golfo, peor. «Dale tiempo», te dicen todos. *Así es más bonito* (dicen). ¿Bonito? Lo bonito es no padecer. Algo como: *Quilla ¿qué? Pues que no. O que sí.* Vale, pues fin de la historia y punto.

Si a Paco de Lucía no le resultó agradable el cortejo y quería que se solucionase pronto lo comprendemos, porque una persona que debe tener sus cinco sentidos en el talento creativo no puede soportar esa situación que te tritura la mente.

Curro, su hijo, relata el primer encuentro de sus padres diciendo:

> «"Mi madre puso a Paco en su sitio". Cuando se conocieron mis padres, Paco ya tenía éxito entre los flamencos. A él le atrajo mucho mi madre, pero al coquetear, ella le dio un buen corte. "Tú, deja de 'ronear' tanto y toca algo". Acostumbrado a que todos hiciesen

corrillo a su alrededor, mi madre —que era una rebelde de familia bien— le puso en su sitio». [553]

Tal vez si hubiese comenzado a tocar de primeras, ella le hubiese dicho: *Tu qué, ¿sólo sabes tocar y no dices nada?* No lo duden.

La cuestión es que a ellos les salió bien hasta que se separaron. E incluso separados, su afinidad perduraba. Paco llamaba con frecuencia a Casilda:

> «"Cazirda, cómprame una casa en Cái, que me viá retirá allí. Cazirda, ¿me estás buscando la casa?, mira que se lo voy a encargar a otro… Búscamela tú, ¿no?"
>
> "No, Paco, que están muy caras y las casas de Cádiz tienen mucha humedad". "¿Tóas?" "Si todas Paco, todas". "¿Toas, toas, toas las casas de Cái son húmedas? ¡Búscamela japuta!"»[554]

Tal vez Paco, aunque sabía que no podría vivir en Cádiz, añorase las piedras ostioneras, los canastos de mimbre con cartuchos de bocas y camarones y cangrejos morunos tapados con un paño blanco; los altramuces, el Balneario de la Victoria en la Caleta con olor de bajamar, o dejarse caer por la calle Corralón de los Carros esquina San Félix, las coordenadas donde se localiza el paraíso en la tierra: «Casa Manteca».

Sinuhé el Egipcio decía, evocando su tierra:

> «[…] que quien ha bebido una vez agua del Nilo, aspire a volver a ver el Nilo, porque ninguna otra agua apagará su sed. Que el que ha nacido en Tebas aspire a volver a Tebas, porque no hay villa como ésta, con su olor de fuego de boñiga y pescado frito».

---

553   Curro Sánchez, «Paco de Lucía mi padre». *XL Semanal* cit.(12)
554   Casilda Varela entrevista cit. *Japuta* era el término al uso para llamar a Casilda. Podría parecer soez esta expresión, pero de Paco a Casilda era cariñoso, así es como el propio Paco lo explica en el documental *La búsqueda*. El hijoputa allí es como un halago. El hijoputa, que buen artista es y como le gusta la gracia. Vídeo nº 213, documental *Paco de Lucía, la Búsqueda*, 01:20:35

Sinuhé no conoció Cádiz, pero Paco sí; *Cái* es mucho *Cái*, para quien ha conocido *Cái*.

Hay un pasaje en la novela de Casilda Sánchez, que ilustra lo que Casilda madre y su hijo Curro refieren (en las citas anteriores), acerca de la relación entre Paco y Casilda. El escritor que encarna a Paco andaba de promoción con su *bestseller* en Nueva York y cita a su mujer allí. Cuando ella llega al hotel, el escritor se ha ido con sus amigos, dejando una nota para ella, afirmando que volvía en breve. Él se lía de copas con gente del ambiente literario, regresa al hotel a las tantas y se encuentra a la esposa esperando y echa una furia. *¡Quería haber llegado, te lo juro...!* La otra, llevaba en la habitación del hotel ocho horas sola, después de haberla hecho venir de España. Imaginen la escena... *déjame, no me toques, lo tuyo no tiene nombre, etc.* Y así, media hora de bronca sorda y el otro mudo. Ni una palabra. Se acuestan, espalda con espalda; y con la luz ya apagada, el escritor abroncado se gira un poco y le dice a su esposa «Mucha pena, mucho llanto y muchos cojones, pero el minibar te lo has jamado entero.» [555] No le había dejado ni un «Toblerone». Hay que ser muy de Cádiz para cuajar una faena así. Ella, tal vez se tuvo que tapar la boca para que no se le notase la risa, pero igual el temblor de la cama la delató. Igual ya no durmieron espalda con espalda. Me apuesto la camisa, a que eso pasó en la realidad entre Paco y Casilda.

Fue Casilda la que le pidió la separación antes del divorcio, en una época en la que las resignadas mujeres no solían dar el primer paso. Fue por carta. Entregada en mano al pie de la escalera de un avión en el que Paco embarcaba para una gira mientras él encargaba a sus niños que hiciesen «mucho caso a mamá» en su ausencia. Cuando se la dio —¿esto que es *Cazirda*?— ella intuyó en su expresión, que sabía lo que contenía el sobre cerrado. Paco la leyó durante el vuelo. Casilda prefirió no estar presente. No fue fácil decirle adiós a Dios. A su amigo de juventud que tanta ternura le despertaba cuando lo conoció, veintitantos años atrás.

Así definía Casilda, (la persona que más me conoce, según decía Paco) al Paco joven del que se enamoró presentados a mediados

---

555 Casilda Sánchez. Te espero en la última esquina del Otoño cit. Pág. 226-227 el pasaje no es literal pero casi.

de los años sesenta por la bailaora Regla Ortega. Casilda hizo el siguiente retrato del guitarrista en la época en que irrumpiera en el estrellato nacional en España y comenzara a ganar reconocimiento internacional.

«Paco es un hombre que atrae enormemente a las mujeres. Atrae a la gente, se mete en su piel. Aparte de un gran instrumentista, sin duda es un fenómeno social. Su inaccesibilidad, esa mirada en su rostro que lo aísla del público, la expresión seria, los ojos cerrados sin mirar dónde pone los dedos, ese aire de misterio lo hace atractivo para los jóvenes que, desde sus asientos en el teatro, son capaces de fantasear con un Paco de Lucía a la medida de sus deseos. ¿Una pose? Quizás. Cuando toca la guitarra entre amigos, nunca cierra los ojos. Quizás lo he presentado como demasiado presuntuoso, pero no demasiado. Con la rumba *Entre dos aguas* empezó a mistificar su imagen, ver en sí mismo una personalidad vendible. Pero Paco sabe que todo eso es circunstancial. Quiere difundir el flamenco y para ello es necesario que el público capte primero lo más fácil. Es como un gran globo, con lo que queda después de desinflarlo, Paco construirá el que realmente le interese a él....

Lo más destacado del carácter de Paco es su sensibilidad. La sensibilidad, genera intuición e inteligencia. El segundo rasgo fundamental es su gran sentido de la justicia.

Me recuerda al patriarca del Antiguo Testamento: bondad, pero severidad, y una protección que no se impone. Paco y yo hemos llegado a un nivel en el que tenemos una comunicación perfecta. Este nivel de comunicación no lo he logrado con personas más sociables que él. Es comprensivo, posesivo en el amor, celoso. Tiene un gran cariño por su familia, que para él representa un símbolo, la tradición que en gran parte ha inspirado su obra: familia, Andalucía, infancia. Paco nunca ha sido un niño.

Por eso, Paco siente nostalgia por la infancia. Me habla con nostalgia de Algeciras, de su barrio, La Bajadilla, del patio de la casa con su árbol de olor dulce -una dama de noche- y del mar. Recuerda una escuela a la que asistía donde el maestro solía golpearlo con una vara.

Para mí es un hombre torturado. La guitarra lo tortura más que lo satisface. Lo coacciona. Ha conocido la fama, pero lo irrita. La necesita, pero le ha robado la paz y la soledad.

¿Inquieto? ¿Perezoso? Si algo lo motiva es capaz de una gran actividad, pero es más perezoso que activo. Sin embargo, piensa, sopesa, concluye y actúa con gran rapidez. Convence. Muy independiente. Muy opuesto al método y al orden. Odia la rutina, los horarios y las obligaciones. Pocas cosas son importantes para él. La guitarra es una de ellas. Hubo un período —el período del padre— en el que se vio obligado a perfeccionar su técnica. Hoy no se encierra en un cuarto para "hacer sus manos". Se preocupa más por las ideas, por la expresión. No aprendió a leer música. En los momentos de inspiración, generalmente durante la noche, graba lo que se le ocurre. Y luego lo oye y lo perfecciona o lo desecha. Puede tocar durante horas. Pero nunca ha dicho: "¡Hoy he tocado bien!" No está ni feliz ni triste. Puede estar ambas cosas, porque vive en un estado de constante sensibilidad. Su vida se puede resumir en una palabra: ¡sensibilidad!

Vive mucho de noche. Le gusta dormir. Le encanta la naturaleza, la playa y el mar; son un alivio del duro invierno. Disfruta de las pequeñas cosas. Busca la compañía de gente sencilla; con ellos puede relajarse. Con su amigo de toda la vida, Carlos. Con Bartolo, un perro sin raza ni pedigrí. Con su papagayo brasileño, que le canta flamenco por canasteras»[556].

Cuando Casilda le entregó el sobre, al pie de la escalera del avión, la saliva les sabía a los dos, a tornillos y a cristales rotos.

Paco no quería divorciarse ni a tiros, era un deshonor para su machismo y su figura. No fueron los devaneos lo que esencialmente motivó la ruptura, ella sabía que existían. Y aunque no fuese

---

556 «Paco de Lucía a new tradition...» cit. (citando una entrevista de Ángela de la Yglesia a Casilda, en la revista *Jaleo*, 1978) La traducción en nuestra.

algo a celebrar ni a fomentar, para su escala de valores no era lo más importante que ocasionalmente uno u otro disfrutase de un cuerpo ajeno o que las ausencias fuesen prolongadas o que tuviese que ocuparse sola de los hijos, cosas que ya sabía que sucederían cuando se conocieron. Lo peor fue que hubiese distancias o huidas emocionales, que faltase la amistad y la complicidad entre ellos, que con el tiempo se fueron desvaneciendo. Y cabe decir que a ella no le faltaron proposiciones muy atrayentes durante esas ausencias. Su problema era cuestión de sensibilidad, de estabilidad anímica o de falta de ella. De no saber qué conversación sacar cuando estaban juntos o donde soltar el bolso, por si le va a molestar lo que has dicho o donde lo has soltado.[557]

En la casa se habían vivido fuertes desencuentros a causa de la vida licenciosa y despendolada del artista y no solo entre el matrimonio, también hubo grietas con los hijos. Pese a todo, se seguían viendo, ya divorciados, cuando iba a ver a sus hijos. Los hijos le decían: «Mamá no te vayas, porque nosotros sobramos, cuando nos dejas solos con él, no nos habla, se queda callado, solo viene porque quiere verte a ti».[558]

En los primeros tiempos de la ruptura, Paco llegaba a la casa a estas visitas «haciéndose el divorciado». Lacónico, serio. «Hola que tal» y de ahí no pasaba. Casilda sabía que él pensaba «Debo estar serio porque estoy divorciado» y le decía burlona: «¿Porque hablas así Paco, te has tragado a un notario?», y la cosa se iba relajando. Charlaban, bromeaban y se chinchaban el uno al otro, lo que siempre habían hecho, ahora liberados del yugo de la obligación de convivir. Pero no terminaba nuestro artista de asimilar del todo el divorcio. «¿Y es verdad eso que dicen de que se está separando de su mujer?» «No. ¿Separarme de mi mujer? ¿Quién lo ha dicho? No sé de dónde ha salido eso… Será por lo de que me quiero ir a Méjico»[559]. Cuando le preguntan eso, tenía cincuenta años era 1997 y se estaban separando.[560]

557   Casilda Varela segunda entrevista cit.
558   Casilda Varela entrevista cit.
559   *El Mundo* entrevista cit.
560   Si nuestros datos son ciertos se divorció en 2006; en 1998 conoce a Gabriela y se

Casilda fue madre y padre cuando el andaba loco por ahí, pensando solo en su guitarra y en su mundo.[561] Pero no solo le prestó ese inestimable servicio. Fue mucho más. Le abrió en sus comienzos las puertas de un espectro y un nivel social y cultural más ilustrado, que Paco no alcanzaba por orígenes y no sabemos si lo hubiese descubierto por sí mismo. Casilda cree que sin duda sí, porque más allá de una pequeña contribución a la cultura que ella pudo aportarle, la inteligencia sobrenatural de Paco, unida a su independencia absoluta de todo el mundo y la curiosidad permanente que mostraba por todo, lo hubieran propiciado. Sería cierto si ella lo decía, pero el hecho de mostrarse algo esquiva y su lenguaje gestual en este punto, nos llevaron a pensar que pecó de modesta cuando nos comentó este aspecto y que sí colaboró en gran medida a crear al flamenco ilustrado. Francisco Sánchez estaba al mando en el puente del «Paco de Lucía», pero el oficial de máquinas del buque era ella. Tal vez el piloto de derrota en las primeras millas, pudo ser Jesús Quintero, hasta que ya en alta mar el rumbo lo marcaba solo Paco. «Él siempre lo decidía todo en ese dejarse llevar», decía su hija mayor.[562]

Casilda Varela procedía de una familia aristocrática y acaudalada como se sabe. Su madre, D.ª Casilda Ampuero Gandarias era vasca, vernácula de la oligarquía más selecta de Neguri, el exquisito barrio bilbaíno de estética inglesa. Su padre fue el único general bilaureado en España, segundo ministro de Franco en importancia en los años cuarenta y alto comisionado en Marruecos al caer en desgracia en la corte. Era anglófilo y su carrera se vio perjudicada por el cuñadísimo germanófilo, Serrano Suñer. Casilda es hija de un personaje histórico: el general José Enrique Varela Iglesias, marqués de San Fernando, a título póstumo, de donde era natural. Era considerado el Moki —el jefe— por los regulares en la harka de Melilla y se le condecoró allí cuando solo era teniente. La primera cruz la obtuvo en los combates de Muires y Ruman, en 1920; y la

---

casan en 2000, si bien sobre 1997, el matrimonio con Casilda estaba separado o en horas bajas.

561 Sol Alameda. EL PAÍS, cit. (11)
562 Papá. cit. (06) Casilda Sánchez.

segunda en combate en Adama, en 1921 y fue él quien personalmente le impuso la misma laureada a Franco después de la guerra.

Había sido gentilhombre de Cámara de Alfonso XIII, era monárquico hasta el punto de pedir por carta al Caudillo, después de la Guerra Civil, que cediera el mando a un gobierno de la Corona, lo que supuso su defenestración como ministro del Ejército y su destierro a Marruecos apartado de Madrid. A su fallecimiento, su cadáver sería trasladado a Cádiz por una escuadrilla de destructores y camino de San Fernando se le dispensó un funeral de príncipe, con escolta de *askaris* de la guardia mora[563]. Casilda vivió una infancia de princesa en Marruecos de la que conserva algunos recuerdos en forma de olores o sonidos, hasta que su padre falleció en 1951 cuando ella tenía solo cuatro años. Estudió en Suiza, donde se educaban los hijos de los reyes en esa época, se licenció en Derecho y era de joven —y sigue siendo— una mujer muy culta, irónica y divertida. Y sobre todo posee la flexibilidad mental de los inteligentes. Lo demostró aplicando el acierto necesario que se requería para adaptarse. «Ni ella es tal como la enseñaron ni yo soy tal como mi educación me hizo. Tratamos de ser coherentes», decía Paco[564]. De donde cabría deducir que Casilda no iba a pasarse la vida empolvándose la nariz, bordando o leyendo rimas de Bécquer; ni Paco de Lucía iba a imponer en su matrimonio la vida básica e intelectualmente vacua de los flamencos de entonces. El definía a Casilda —cuando la conoció— como una mujer hermosa, inteligente y buena, que estudia derecho en la Universidad de Madrid[565]. Digamos que eran dos desclasados a su modo que se esforzaban en «tratar de ser coherentes», en buscar un punto de encuentro entre ellos que les permitiese compartir ambos mundos, sumando más que renunciando. En definitiva, amoldarse el uno al otro.

Cuando estaba en Madrid, Paco nunca faltaba a la cita de los viernes por la tarde en el estudio de Manolo Nieto. Era el bullicioso Madrid postfranquista, el de la transición democrática. Allí

---

563   Entierro del General Varela (27.03.1951) cit. en Bibliografía (34)
564   Sol Alameda *El País* cit. (11)
565   «Paco de Lucía a new tradition...» cit

se juntaban Carlos Rebato, Manolo Nieto y otros íntimos, con algún invitado ocasional a charlar, tomar una copa o ver una película. «Manolín pon alguna de la trilogía de Kieślowski», solía pedir Paco a su amigo.

Pero Paco también comenzó a frecuentar a amigos y conocidos de Casilda, ajenos al mundo flamenco, y Casilda también alternaba y se divertía por Madrid con la pandilla de Paco a los que debía mantener a raya para no soliviantar demasiado a su madre. Solo cuando la madre no estaba, de vez en cuando se les permitía subir a la casa. «Subid —les decía Paco a sus compinches, a veces, cuando la pareja y el grupo iban de correrías por Madrid— que hoy no esta la Sra. Marquesa» Y allí contemplaban una decoración de ensueño y una casa con servicio y cuadros buenos, que no formaban parte de su entorno diario. La madre de Casilda pintaba, y cierto día de esos, Paco levantó la tela que cubría un lienzo a medio acabar donde figuraban unos cuantos flamencos en un tablao, y le dijo a Manolo Nieto: «Manolín ¿en quien te crees tu que se habrá inspirado la buena señora para pintar al guitarrista ese tan feo, de los pelos largos y las uñas negras?».

Casilda era muy aficionada al flamenco y bailaba. Había tomado clases en una academia en Madrid, en la que le tocaba la guitarra Luis Landero, entonces guitarrista y hoy afamado escritor, y en ese Madrid flamenco de finales de los sesenta, en «Sherry», un local de moda que frecuentaban andaluces en la capital, conoció a Paco en 1969.

Pero ella no era la mujer del flamenco al uso —machista por naturaleza, como era Paco— destinada a la casa, a la cocina y a criar a los hijos. Sin embargo, en la época en que se casaron y en los ambientes flamencos, tampoco podía ejercer públicamente de mujer liberal. En privado se podían permitir una relación de iguales, pero en público y en esos entornos debía ser cauta con las iniciativas, so pena de hacer de menos a su marido. En la única entrevista que conocemos en la que hablan juntos, el rol clásico predomina relegando a Casilda exclusivamente al papel maternal y asumiendo Paco el de líder, pegando un tirito a las feministas y sentando cátedra ante las preguntas del entrevistador, en el programa «Cantares» de TVE.[566]

Pero Paco se divertía mucho con las cosas de Casilda. Cuando Javier Limón se las daba de erudito de flamenco, ella le sugería —con toda la pícara intención en el Potaje de Utrera— que les cantase un poquito por serranas, dejándolo en el sitio clavado. Paco se tronchaba con esos momentos, sus hijos decían que su padre solo se reía a carcajadas con ella[567]. Casilda es del norte por su madre, del sur por su padre y de Marruecos por afición y sentimientos. En ocasiones se hace neoyorkina, cuando se va a pasar un tiempo en la casa que compró allí. Casilda tenía —y tiene— el destello, la chispa ingeniosa y graciosa que tiene esa precisa nota aguda, esa que dan los tanguillos tan gaditanos como ella, que su marido le dedicó. En un preciso segundo, en ese y no en otro, esos tanguillos dan un agudo punzante, que, para mí, que la he conocido, representa el humor afilado de Casilda.[568]

Estamos convencidos de que Casilda contribuyó a darle seguridad y lustre a su exmarido. Paco de Lucía podía asistir durante una gira en tiempos de Franco a una embajada, siendo yerno de un exministro; si iba a San Fernando a ver a Camarón, el marqués de la Villa, con estatua ecuestre, era su suegro y cuando vivió en Toledo, pudo ronear con sus amigos, porque la fortaleza del Alcázar fue liberada por él en la guerra, al frente del ejército de Marruecos, recibiendo «el sin novedad en el Alcázar» del coronel Moscardó. También podía contarles a sus hijos que, condenado a muerte Miguel Hernández tras la Guerra Civil, la pena fue conmutada por su abuelo, el general José Enrique Varela, ministro del Ejército.[569] Paco de Lucía pre-

---

566 Vídeo nº 38 00:00:30 en adelante localizable en el buscador de YouTube introduciendo «pequeña entrevista a paco de lucía». Paco aparece sobrado, tanto que llega a decir que el solo toca cuando quiere para divertirse, cuando por aquella época se encerraba horas y horas con la guitarra. Dando a entender que si hace lo que hace por diversión, imagine usted lo que haría si me pusiera en serio con esto. Lo más probable es que estuviese vacilando a Lauren Postigo como lo hacía en muchas ocasiones en entrevistas que no le agradaban.

567 Último día Simposio 2014 cit.

568 Vídeo nº 124, justo en 0:01:10 a 0:01:11; localizable en el buscador de YouTube introduciendo «paco de lucia tanguillos casilda».

569 El general Varela cedió ante las gestiones de José María de Cossío y le contestó con esta carta: «Tengo el gusto de participarle que la pena capital que pesaba

paraba conciertos europeos con John Mac Laughlin, en la galería decorada por Zuloaga en «Etxe Zuría», la casa familiar de Casilda en Durango, donde Inés Oruna —la cocinera y guardesa vasca que adoraba a Paco—[570] los ponía tibios de alubias. La misma galería donde compuso parte de *Siroco* y *Zyryab*.[571]

Si Paco quiso en verdad volver a Cádiz, podría haberse sentado al sol en un banco de los «Jardines de Varela». La casa que Casilda habita allí es nada menos que el «Chalet de Varela», un palacete que en su día Cádiz donó a un hijo predilecto de la provincia, cuyos jardines fueron después cedidos al ayuntamiento por la familia y hoy son un parque. Las dos veces que acompañé a Casilda a su casa de vuelta, la vi atravesar esos jardines. La primera me señaló la fuente donde Paco la besó la primera vez; la segunda —era muy tarde, pasada la medianoche— la vi alejarse de espaldas, caminando con la cadencia pendular que la edad nos receta a todos. Me había rogado que no me bajase del coche: podría haber vecindonas asomadas entre los visillos y no tenía necesidad de que rajasen diciendo que llegaba a esas horas con «compañía desconocida». Señora hasta la muerte, diga usted que sí.

Casilda le planteaba al joven Paco de Lucía una vida más liberal, acorde con los tiempos de apertura, frente al ostracismo que suponía el ambiente flamenco de la época. Cuando conoció a Paco, que entonces no tenía un duro, vivieron juntos en Madrid antes de casarse, algo inaudito en Algeciras en los años setenta, y su primera casa fue un apartamento de la calle Orense de Madrid.

Ambos tenían las mismas ideas progresistas, más o menos de centro izquierda. Frecuentaron a artistas como Serrat, Gades o Aute; gente avanzada como Ricardo Pachón y ambientes intelectuales diversos durante la Transición. A Paco le parecían exóticas

---

sobre Don Miguel Hernández Gilabert, por quien se interesa, ha sido conmutada por la inmediata inferior, esperando que este acto de generosidad del Caudillo, obligará al agraciado a seguir una conducta que sea rectificación del pasado».

570 «El refugio de Paco de Lucía en Durango». *El Correo, 2014.* (42) El refugio de Paco de Lucía en Durango, la casa blanca donde Paco componía y jugaba a pelota mano, cit. En el artículo, la cocinera vasca se deshace en elogios hacia Paco de Lucía, no había persona que no quedase encantada con su trato.

571 *XL Semanal.* «Paco de Lucía, mi padre», cit. (12)

estas gentes y aunque al principio permanecía callado en las reuniones —como el personaje de la novela de su hija— después contribuyeron a aportarle una «cultura» que allí conoció y eso le quitaba parte de la presión, inseguridad y preocupación, que padecía por no sentirse ilustrado. Pero Casilda no se limitaba a frecuentar esos entornos en exclusiva, al contrario, ella lo acompañaba a los ambientes flamencos. Con él fue hasta la mismísima Venta de Vargas, donde ambos se alojaron, para acudir a los funerales de Camarón. Allí vieron a Curro Romero acurrucado en un sofá del ayuntamiento hasta la mañana siguiente, llorando y negándose a hablar con nadie. Allí vieron a Tomatito, que se cortó las uñas en carne viva, proclamando que con esas uñas no tocaría para más nadie. Allí vieron como un gitanito de 12 años que había venido de Badajoz, había dormido en el dintel de la puerta de la Venta de Vargas, porque Joselito o María Picardo le habían prometido una foto de Camarón el día anterior. Dura plaza donde la pareja hubo de lidiar con el miedo, ante el toro del desprecio gitano reflejado en la cara de loco aterrado de Paco, cuando le gritaban desde la calle por el lío de los derechos. «Ahí estaba yo, en su entierro, decía Paco tiempo después, y tenía una cara de angustia, de, de, de... Era un loco, mi cara era la de un loco. De pronto recordé todo lo que sentí y siento desde entonces y no pude dormir en toda lo noche».[572]

Impresiona ver al primer guitarrista mundial, metido en ese tumulto hostil con la polémica en todo su auge. Expuesto y vulnerable sobre un volcán en erupción, pero agarrado al féretro de José, el primero por la derecha. Otro lo hubiese evitado. Él no. Iba de frente y derecho por la vida.

La oposición familiar a la relación de la pareja era fuerte: «O lo dejas o te vas de casa», fue la sentencia que su familia dictó a Casilda. Ella aceptó el reto y pagó un alto precio económico, quedó casi desheredada a causa de la futura boda. Pero no le importó. A ella, más que la riqueza material le importaba la riqueza interior, porque es la que te acompaña siempre[573]. Y a Paco le sucedía lo

---

572 Casilda entrevista cit. y *Paco de Lucía en vivo*. J. J. Téllez, cit. pág 184. Pueden ver fotos en internet buscando en Google "entierro de Camarón"
573 Ídem. Casilda dice eso siempre.

mismo. Manolo Nieto relataba, que «Paco "se jugaba" el noviazgo con Casilda a cada dos por tres. La trataba muy bien y muy consideradamente, pero mantenía su independencia por completo. "Paco, que se te va a escapar, y como esta no hay otra", recuerda Manolo haber oído alguna vez, que alguno le decía. Pero Paco no movía un dedo por un supuesto braguetazo. Le interesaba solo la persona. Los dos eran personas muy auténticas[574]».

Don Antonio, el padre de Paco, tampoco ayudaba, porque su carácter orgulloso y fuerte le llevaba a corresponder de la misma forma y a oponerse con la misma fuerza al enlace.

Con felicidad recuerda Casilda los primeros tiempos de novios, cuando todavía Paco entregaba su dinero a la familia y la pareja se apañaba aportando cada uno su escaso peculio, para poder vivir juntos en el apartamento de Orense, en esa época de juventud en la que con cualquier cosa se arregla uno. Finalmente, se pusieron el mundo por montera y se casaron en Ámsterdam, en Flandes, de donde son los flamencos. Era invierno y allí brindaron los dos tras la boda, en una barcaza navegando por un canal, mientras el sol entraba tímidamente por las ventanillas. De la familia de Casilda, solo su madre asistió al enlace, conociendo allí mismo a Paco y a su familia. Manolo Nieto, Carlos y los demás amigos, no daban crédito a que la Sra. Marquesa viuda de Varela de San Fernando, hubiese asistido a la boda. Tiempo antes, aunque eran amigos de Casilda, casi no les dejaba subir a la casa, y alguna vez que lo hizo, la recordaban, sentada muy derecha en una silla antes de salir a misa, mientras una criada procedía a ponerle con parsimonia, los guantes blancos de seda. Todo un carácter D.ª Casilda Ampuero[575].

Ambos tuvieron familias rígidas y severas, pero lejos de adoptar una postura radical de ruptura, fueron inteligentes y supieron conciliar y sellar las fisuras, logrando las deseadas cohesión y armonía que acabaron sobreponiéndose a las tensiones.

Tal vez fue Casilda la que trajo de Marruecos la *baraka* que le acompañó y que tenían rotulada en la puerta de su casa de Mirasierra, bautizada con ese nombre.

---

574 Manolo Nieto entrevista, cit.
575 Manolo Nieto entrevista cit.

Pero Paco no era un consorte fácil, se la jugaba una tras otra. No sabemos si era recíproco, pero sus tiritos se daban. Después de seis meses de gira y volver a casa —no precisamente de buen humor— nuestro artista en su papel de rey de la selva era capaz de censurar que había una nevera nueva y nadie le había dicho nada a él. Eso es arte. Pero claro, te lo respondían con un: *¡Tequiyá!* Haber estado aquí o haber preguntado y te hubieses enterado. En fin... lo normal.

Aparecían cada vez más estas tensiones alimentadas por los vacíos de las ausencias. Esas ausencias, que más que físicas son anímicas. Cuando él faltaba de casa, ya los ritmos y los hechos van desacompasados. Cuando vuelves, las cosas son otras, no coges la cadencia y tampoco te interesa, porque estás ya fuera de la sintonía. Y cuando pierdes el compás, malo; seas o no flamenco, malo. Llegaba como un visitante ajeno y no se integraba, ni quería. Y al poco se iba a Méjico con los amigos y otra vez empezaban las giras y así sucesivamente, hasta que se pierde la continuidad. «¡Mamá, ha llegado un hombre!» —decía Paco en tono de broma— que era el recibimiento de algún hijo suyo, cuando era pequeño.

El maestro no era precisamente el hombre blandengue del Fary,[576] ese hombre de bolsa de la compra y de carrito que sacaba la basura. No; ese no era Paco de Lucía.

Paco de Lucía era machista hasta el exceso y además flamenco. Para los flamencos la mujer es la que cocina, cose y cuida la casa. Todas las demás son *lumiascas*. Punto.

En el sexteto, incluso siendo músicos jóvenes, todos estaban casados, pero tenían claro que «como se estaba fuera de casa, no se estaba en ningún sitio».[577]

Y a veces, la mujer era más machista aún y estaba encantada también recibiendo el sobre puntualmente, en casa con los niños y los pucheros y sin hacer preguntas.

Casilda no era así, ni lo es ahora. Le encanta ir a su apartamento de Nueva York, a disfrutar de los paisajes urbanos de invierno, a

---

576 Vídeo nº 153, a partir del 00:00:20; recomendamos su visionado, es una pieza de museo, localizable en el buscador de YouTube introduciendo «el fary detesto hombre blandengue».
577 Jorge Pardo entrevista cit.

Durango a encontrarse con su juventud o a las exposiciones en Cádiz cuando están con poco público, y pasear por la playa sola, muy temprano cuando no hay gente, ni odiosas conversaciones de sombrilla que redundan en la trivialidad. Por tanto, no quedaba más camino para ellos que la adaptación mutua, hasta que ya no se pudo más.

Dejó mucho de su vida en la aventura, y debe tener cicatrices dolorosas como los toreros. Sufrió en muchos aspectos y fases de su vida, casi todas: problemas con su familia para casarse; problemas para mantener su gran apuesta vital y criar a los hijos; problemas como madre con padre ausente; y problemas en el flamenco por «abandonar» a un Dios.[578] No hubo un terreno donde no se dejase algún jirón de piel o alguna astilla se le clavase en el corazón. Los demás salían beneficiados a causa de su sacrificio: familia, marido, hijos y flamencos. Pero ¿y ella?

Ella, que lo había dejado y dado todo por él, mientras Paco de Lucía recibía el Príncipe de Asturias en olor de multitudes, ese día estaba sola en su casa[579].

Ella hubo de elegir, y eligió ser madre de sus hijos. ¿Qué tendrán —decíamos antes— el amor puro y la entrega de las madres? Nada compite contra la maternidad.

Pero Casilda sabía lo que hacía, sabía dónde se metía y fue siempre consecuente con sus decisiones.

Su amor por Paco es de novela, de los épicos y literarios, y no cesó jamás y el «Te quiero Paco» de la banda de la corona de flores sobre su ataúd, lo declaraba, en aquel lluvioso día de febrero de 2014 en Algeciras. Poco antes, ella acudió a recibir los restos mortales de su guitarrista, en cuya faz ya intuía hacía meses el semblante de la parca y me contaba, haciendo pausas evocativas, lo que sintió cuando hubo de reconocerlo:

> «Cuando llegó el féretro de Paco me asomé, lo abrieron y lo vi allí, inmóvil y me estremecí; pero me parecía que de un momento a otro me iba a lanzar una de

---

578 Algún charlatán que otro, la censura por divorciarse del gran genio.
579 «Casilda Sánchez Varela: una entrevista con la autora de la temporada», *TELVA* Libros, 2017 (67)

esas miradas suyas diciendo: "¿Ya estás aquí, 'japuta'"?[580] ¡Sabía que vendrías!».

Medio lloraba y medio reía al decírmelo, sin hacer ninguna de las dos cosas completas. Se ensimismaba como todos los entrevistados, reservándose unos instantes para ella misma recordando a Paco y volvíamos a la conversación mediante un «Paco era muy especial, muchísimo. Único».

¿Qué si en realidad le mereció la pena todo? Yo diría que sí, es más, después de sus hijos, Paco vertebra su vida. Casilda sabe que hizo lo correcto por sus hijos y para conservar una amistad, y tiene a Paco en la memoria cada día. Creo yo.

Gabriela era esposa y jefa de gabinete de Paco. Él no hablaba con los mánager.

«Yo vivía —decía ella— para acomodarle la vida. Dejé de lado mi carrera como restauradora de arte para acompañarlo siempre que podía. Cuando nació Antonia (su hija mayor) la llevamos a Japón de gira. Vivíamos en una zona de selva en Méjico hasta que Antonia tuvo edad de ir al colegio, pero aquello no era sitio para un niño. Así que empezamos a buscar un lugar en el mundo para vivir. Podía ser Europa u otro continente. Cada vez nos íbamos más lejos. Paco no quería saber nada de las ciudades, necesitaba tener cerca el mar y la tranquilidad. No le gustaban las aglomeraciones ni que la gente lo parara por la calle. Primero estuvimos en Toledo hasta que la casa se convirtió en parte del recorrido turístico de la ciudad y salimos huyendo. Luego recalamos en Palma, los mallorquines son gente respetuosa y discreta. Su muerte fue un caos absoluto, nos lo quitaron de las manos, pasó de ser mío a patrimonio de la humanidad.

---

580 Casilda Varela entrevista personal cit. Pocas palabras como esta, *japuta*, indican tan bien el cariño de una persona por otra en Cádiz o en Sevilla, en nuestra tierra esto no ofende, todo lo contrario, aunque parezca poco respetuoso, en el contexto es un término afectivo. Insistimos mucho en este matiz, porque en el contexto, en modo alguno es irrespetuosa la expresión. Casilda me comentó si sería tal vez mejor no incluirla por respeto a Paco. Pero en este caso, intuyo que Paco la habría dejado y lo he hecho.

Paco no era uno de esos hombres que sacan la basura o que van a buscar a los niños al colegio. Era muy controlador y le gustaba meterse en todo; se comprometía mucho con los proyectos que le interesaban, ya fuera un documental con su hijo Curro o dirigir las obras de la casa. Mi misión era cuidarlo. Actuaba como secretaria, mánager y hasta le tomaba las fotos, porque un día decidió que fuera yo la que lo retratara. Ni siquiera hablaba con sus representantes en Europa o América, yo hacía de puente, revisaba las giras, los contratos y hasta los hoteles donde se alojaba. Él tenía sus momentos y yo sabía cuándo había que plantearle las cosas»[581]

La evolución de la vida familiar de Paco de Lucía sigue un patrón clásico y coherente, apreciado en muchas personas que han desarrollado una trayectoria similar a la suya.

En la época joven de un español cualquiera en los años setenta, el modelo social imperante imponía casarse por la Iglesia y tener hijos y proviniendo de una familia tradicional y estructurada, se tiende a reiterar el patrón del modelo vivido.

Andando el tiempo, como muchas personas que desarrollan una actividad muy potente, en el ámbito político, profesional o artístico, nuestro hombre padece las secuelas de no poder compatibilizar la familia con la dedicación al trabajo a ese nivel. Uno de los dos campos sale perjudicado. Uno de los integrantes de la pareja debe sacrificarse en aras de que el otro culmine o satisfaga sus objetivos. La consecuencia frecuente suele ser la ruptura, a causa del desequilibrio que produce la dedicación intensa al oficio. Lo hemos vivido muchas veces desde nuestra profesión. No hay un patrón fijo, pero sí frecuente.

Al rompimiento, suele suceder una época de un cierto desenfreno o liberación de las ataduras, mas con el paso del tiempo y las experiencias ya vividas, pronto se apagan las euforias y se tiende a volver a reproducir un modelo de familia estable, con otra pareja, y a reconstruir las relaciones deterioradas con los hijos. Se añora un

---

581 Gabriela. Memoria de una Ausencia. *El País* cit. Vídeo nº 4 localizable en el buscador de Google introduciendo «Gabriela Memoria de una Ausencia».

hogar cálido. No se buscan ya las excitantes sensaciones, porque se han revelado faltas de autenticidad y se busca la afinidad que permita una segunda vida más tranquila. Los hijos, si vienen de nuevo, son casi nietos y la nueva esposa, que suele ser bastante más joven —veinte años en el caso de Paco— se desea ahora complaciente, serena, que no cause muchos dolores de cabeza.

Mi abuela solía decir a sus hijas cuando se casaban: «Mira mi vida, tú procura que tu marido crea siempre, que es él quien manda. Que lo crea... —remarcaba— que lo crea».

Se aprecia más en la madurez el valor de las zapatillas y el sofá que las noches de desenfreno. Se suele complacer más a la segunda pareja que a la primera, tratando de evitar así volver a vivir tensiones que produjeron crispación en el pasado: «eso conmigo no lo hacía y con ella sí»; «esta lo ha entendido muy bien, le da lo que le gusta y hace con él lo que quiere», etc.

Paco de Lucía dió con una segunda mujer, que gustosamente prescindió de sí misma y que le hacía la vida fácil. [582] Lo que en absoluto equivale a ser simple, sino serena y generosa.

En el sexteto había una regla de oro: «mujeres en las giras no». Solo se permitían coincidencias puntuales en algún destino, donde la mujer de uno o la novia de otro, acudían a verlos algún día de descanso o de concierto. Previo aviso, para que todos pudiesen vestirse de santos, aplazando los escarceos.

Paco fue el primero que rompió la regla, incorporando a Gabriela a las giras y a los postconciertos o yéndose a cenar solo con ella, en vez de con los músicos. La consecuencia no se hizo esperar: adiós juergas.

Paco dejó de ser el compañero de antes, cuando se trataban sin distancias y viajaban tocando y pasándoselo bien. Faltaba algunas veces a pruebas de sonido o ensayo, acomodándoselas para más tarde y se inclinaba más por compartir el tiempo con Gabriela. Se dejaba llevar encantado, ella le aportaba más autenticidad que esa vida desenfrenada anterior.

---

582 Así y a bote pronto, siguieron ese patrón: Curro Romero, Felipe González, Julio Iglesias, Jesús Quintero, Carlos Herrera, Vargas Llosa, Camilo José Cela, etc.

Paco conoció a Gabriela en un chiringuito en Méjico, al que casualmente salieron unos cuantos de la «Banda del Tío Pringue» a tomar una copa en una tarde de aburrimiento. Allí coincidieron con un grupo de arqueólogos, entre los que se encontraba Gabriela. Algunos amigos y conocidos de Paco opinan que lo apartó en demasía de su entorno de relaciones anterior. Incluso lo distanció de Berry su mánager de siempre, aunque luego volvieron a conectar de nuevo. Gabriela sedujo a Paco, y él se entregó encantado a Gabriela.[583]

En Toledo, Paco vivía en una zona peatonal con un acceso muy complicado y compró una casa colindante, atraído por el garaje tan bueno que tenía. El proyecto era que los padres de Gabriela pudiesen vivir allí algún día junto a ellos. Pero finalmente abandonaron Toledo, porque las campanas de las iglesias, volvían loco de la cabeza a nuestro protagonista, y para colmo de males los turistas tomaron la casa de Paco de Lucía como un hito más de la ruta y se le colaban dentro. «Maolito —le decía Paco a su amigo Manolo Nieto— me estoy volviendo loco. Los campanazos suenan a cualquier hora, y se me meten en la cabeza, y como han incluido la casa en los itinerarios turísticos, me encuentro el patio lleno de chinos a la menor ocasión, como si yo fuera un mono de feria»[584].

Paco y Gabriela se fueron a vivir a Campos, en Mallorca, buscando intimidad y la cercanía del mar. La casa de Toledo quedó cerrada, e incluso hubo algún episodio de pillaje nocturno, al fallecer Paco, hasta que la heredó su hija Lucía y se convirtió en hotel.[585]

En Mallorca aún conserva Gabriela la casa y allí, en el campo, con sus vecinos y con sus hijos pasa parte del año, con resignación ante la pérdida de la persona a la que entregó su vida. Nos hubiese gustado mucho conocerla y entrevistarla para conocer más a fondo la etapa de madurez, que ella compartió con Paco, pero no nos resultó posible. Por esto el relato del segundo matrimonio es

---

583 Entrevistas personales. Lo dicho no es ni bueno ni malo necesariamente, sino cosas que pasan en las secuencias de la vida de las personas.
584 Entrevista Manolo Nieto, cit. Cuando yo escuché la primera vez el comienzo de los tangos «Cositas Buenas» me sonó a son de campanillas. ¿Serían las campanas de Toledo? Porque ese disco se empezó a componer allí.
585 Entrevistas personales

más conciso que el primero y solo se basa en constataciones obtenidas de declaraciones hechas por Gabriela, porque en determinados terrenos es osado especular a base de testimonios indirectos, de modo que hemos preferido lo breve a lo falto de rigor.

8. PACO Y LAS MUJERES

> *Mamá contaba siempre que cuando la marquesa de Carrión, una de sus íntimas amigas, le contó obligada, pues ya era la comidilla de la ciudad, que su marido se veía con una viuda francesa, ella, después de escuchar con calma y pensarlo un rato, exclamó: ¡Chica, es tan pesada la cruz de la alcoba que casi es un alivio poder llevarla entre dos!*
>
> Casilda Sánchez: *Te espero en la última esquina del otoño.*[586]

Se cuenta que tres científicos viajaban en un tren por Escocia, y al mirar por la ventanilla, uno de ellos vio una oveja y dijo: «¡Oh, no sabía que en Escocia las ovejas son negras!». El segundo le corrigió: «Deberías decir que en Escocia hay al menos una oveja negra». El tercero precisó: «En puridad lo único que sabemos es que al menos un costado de una oveja escocesa es negro».

Mucho se comenta sobre la tendencia del varón a la promiscuidad, a la infidelidad o a la falta de compromiso en una relación, más allá del sexo a veces, y la gran mayoría de afirmaciones en ese sentido podrían ser ciertas. Y aunque no todas las ovejas escocesas son negras, el hombre —permítasenos la generalización— es efímero, busca episodios esporádicos de placer, más que felicidad perdurable en el sexo. Como decíamos en capítulos anteriores cuando diferenciábamos placer y felicidad, podríamos decir que el hombre,

---

586   Te espero en la última… cit. Pág. 155

en este campo, necesita más dopamina, más satisfacción instantánea, y la mujer es más de serotonina, de complacencia o bienestar a largo plazo, cosa que se acrecienta más aún tras haber cumplido la función de madre. El varón busca pues más cantidad y la mujer —más acertada en este aspecto— prefiere menos episodios pero más auténticos y de más calidad: mejor una ración de jamón ibérico de vez en cuando, que mortadela cada dos días.

Realizada la crítica, porque es justa, poco en cambio se habla de la apatía cercana a huelga indefinida, cuando no a la dimisión de algunas señoras —como la marquesa de Carrión— respecto a las, digamos, tareas de alcoba. A veces sus parejas son grandes incomprendidos, cosa que se visibiliza poco.

Lo decimos, no con ánimo justificativo ni mucho menos aplicable al caso, sino solo ilustrativo. Nada hay más diferente que el comportamiento sexual del varón y la mujer. Son agua y aceite; Sevilla y Betis. Casilda hija lo ilustra perfectamente, retratando en su novela a las parejitas en la playa de la Caleta, una noche de septiembre:

> «Ellos, buscando en la playa un rincón oscuro y sin viento desde el que avanzar por la carne hasta el manotazo; y ellas, reconociéndose en las letras de los boleros, anhelando brisa y abrazo, estremeciéndose de futuros con la luz intermitente del faro.»[587]

Unas líneas de una prosa muy bella que describen una realidad: nada que ver los unos con las otras.

¿Son buenos amantes los guitarristas? —le preguntaron en una entrevista a nuestro músico—: «¡Creo que sí! Los guitarristas viven con tanta ansiedad la creación que se toman el sexo como algo muy placentero, algo que les libera de tensiones. Y ligan mucho. Que conste que hablo de oídas, yo siempre he sido [guiño] muy cartujo».[588]

No tanto. Y hacía bien, pensamos. Las personas estamos en este mundo para disfrutar unas de otras, procurando no hacer daño a nadie. Ya bastante mayor, en Bratislava en 2010, charlando con un

---

587 *Ídem*, pág. 119
588 *El País*. «El regreso del maestro». Diego A. Manrique. 8 febrero 2004 cit.

grupo a la puerta de un aeropuerto, Paco detectó al vuelo a una azafata de buen ver y allá que lo indicó al tipo que le estaba grabando en vídeo: «¡Uf... Fíjate! Filma a esa..., filma a esa, le dice al cámara»; [589] y en otra ocasión, en una entrevista que concedió a la Televisión Balear, al final, disimulando con un «bien María, bien», aprovecha y le pega un buen arrimón a María Zabay, que no era precisamente fea.[590]

Y eso era de mayor. De joven, de cartujo nada. A Paco no le estorbaban nada las mujeres, al contrario. Ricardo Pachón recordaba que cuando Paco rondaba los veintitantos y le llamaban para alguna fiesta, su respuesta era invariable: *¿Hay gachises? Si hay gachises voy.* Si la fiesta no estaba muy animada, al poco de llegar se perdía por ahí con alguna. Y si estaba animada también. No dejaba alma viva. No ha habido ningún entrevistado que conociese en aquella época a Paco y dijese lo contrario. Casilda hija decía que le gustaban rellenitas y que cuando le decía a ella que estaba muy guapa, se ponía a dieta[591].

Matilde Coral me contaba que, desde chaval, en las giras por América en los 60, las volvía locas. Recordaba que una vez, descansando en un motel con piscina, Paco —que estaba de muy buen ver entonces— roneaba con un par de chicas y las piropeaba haciéndose el interesante. En un momento dado se olvidó de ellas y cogió un pollo asado que se había comprado y se subió a un árbol enorme a comérselo. ¿Dónde acabaron las chicas al cabo del rato? —decía Matilde con toda su gracia de Triana en la expresión mirándome con los ojos muy abiertos— En la rama del árbol con él, comiéndose el pollo. Es que era un caso como las engatusaba, como el que no quiere la cosa, hasta que se las llevaba.[592]

Año arriba o año abajo, del episodio del pollo asado en el árbol, Paco formó parte de la compañía de Antonio Gades como segunda guitarra con Emilio de Diego. La compañía actuaba en Sao Paulo,

589   Vídeo nº 7, 00:00:45 a 00:01:06 localizable en el buscador de YouTube introduciendo «Paco de Lucia Bies Bratislava».
590   Vídeo nº 76, localizable en el buscador de YouTube introduciendo «qao4h14fhhq» 00:16:10
591   Entrevista *Telva* cit. (18)
592   Entrevista personal con Matilde Coral.

Brasil, cuando la pareja se enteró por dos chicas extranjeras muy monas, en un garito, que todo el mundo estaba revolucionado porque el Real Madrid iba a jugar en la ciudad dos días después. La imaginación voló y ambos se hicieron pasar por directivos del club, y con ello consiguieron de inmediato impresionarlas y la dirección del hotel y habitaciones donde las chicas se alojaban. El mismo hotel donde se iba a alojar el equipo.

—¿Pero Paco, como vamos a entrar al hotel? -preguntaba Emilio al rato, cuando ya las chicas se habían ido. Aquello estará controlado.

—Tu coge tu maleta, ponte la corbata y yo lo mismo. Decimos que somos empleados del club, que acabamos de llegar y venimos de avanzadilla para comprobar las instalaciones, pero que nos alojamos en otro hotel. Eso es muy corriente. ¿Quién va a decir na?

Funcionó. En la recepción todo fue amabilidad, les guardaron sus maletas en la consigna y les dejaron moverse por todas partes. Subieron a las habitaciones de las chicas y allí les estaban esperando.

Al cabo de media hora, Emilio aporreaba la puerta de la habitación donde estaba su amigo.

—¡Abre Paco! ¡Abre!

—¿Qué dices *sislachón* —respondió una voz desde el interior— Tú estás tonto? ¡Que estoy...!

—Ya quillo, pero abre por tus muertos, que no tengo donde ir —insistía Emilio hablando al quicio de la puerta cerrada.

—¡Que rápido has sido! ¡Vete abajo a la recepción y espérame allí!

—No puedo Paco, con la pinta que tengo nadie creería que soy un directivo del Real Madrid.

—¿Qué? Respondió el otro desde dentro...

Finalmente Paco, entreabrió treinta centímetros de la puerta en calzoncillos, y vio a Emilio con la camisa rajada, despeinado y con un arañazo en el cuello. Cuando Paco le preguntó qué le pasaba, Emilio se abrió un poco la camisa y le enseño más arañazos.

—Pero ¿qué te ha pasado? —le preguntó. ¿Te has peleado con un gato?

—La tía esta loca Paco. Es de las que les gusta que le peguen y esas cosas, y así se lo pasa bien.

—¡Pero si el que viene «estrozao» eres tu! —decía Paco conteniendo la risa.

—¡Ya, porque esto me lo hacía para provocarme y que le diera una soba! Yo allí a la habitación no vuelvo quillo.

Paco estalló en una carcajada y Emilio compungido, le pedía refugio.

—Pero Emilio yo no puedo dejarte pasar. ¿Qué quieres sentarte en el sofá mientras yo…? Eso como va a ser. ¿Qué le digo yo a esta? ¡Vuelve allí y dale tú lo mismo! ¿No es lo que quiere? ¡Pues dale fuerte coño! —decía Paco con las lágrimas saltadas de reírse.

—No sé, Paco… No tengo carácter para eso —decía el otro, mientras se escuchaba desde dentro: «Paco, come back; what's up?»

Finalmente Paco, doblado de reírse, accedió.

—Bueno Emilio. Un amigo es un amigo —dijo— y a esta gachí, yo no la conozco de ná. Que se le va a hacer. Si es que es lo que te digo, no sirves ni pa comprar cuerdas. Vámonos, no sea que ésta se vuelva loca también como la tuya.

Se adecentó, y dejando la faena a medias, cogió sus cosas, le dijo adiós a la chica y ambos se marcharon. Iban ya saliendo del hotel y Paco seguía destornillado de risa. Emilio algo menos.

Emilio, a sus lúcidos ochenta años, con una memoria y una facilidad de expresión asombrosas, nos contaba la anécdota sucedida sesenta años atrás, a su primo Manolo Nieto y a mí, y ambos, entre risas, me decían: «¡Ese era Paco, Manuel, ese era Paco! Reírse y estar de jaleo con sus amigos, era lo que más le podía gustar del mundo»[593].

Casilda lo definía como un ligón pasivo. Él encendía las lucecitas de aviso, ponía el gusano en el anzuelo y no hacía más, hasta que acababan interesándose por él. Cuando estaba de gira por el extranjero y ella leía una entrevista muy larga en un periódico, con lo poco que le gustaba concederlas, deducía que la periodista era hermosa. Aunque Casilda también se las jugaba a él. En una ocasión, durante una gira, acudió por sorpresa a un hotel donde sabía que iba a alojarse, pidió la llave diciendo en la recepción que era su mujer, pero que le dijesen a Paco de Lucía, que una joven admira-

593 Entrevistas con Manolo Nieto y Emilio de Diego, cit.

dora le esperaba en su habitación. Cuando el otro subió a comprobar, abriendo la puerta y preguntando con una sonrisa quien era, salió Casilda del baño. «Pues yo. ¿No me conoces? Se ponía negro con esas cosas ¡Que japuta eres! me decía.»[594]

En la época del sexteto, según referían algunos entrevistados, eran jóvenes y vivieron intensamente el fenómeno «fans»: tenían que quitárselas de encima. No cuesta mucho suponer que en ese ambiente de admiración y de euforia emocional, después de un concierto, ambas partes —músico y admiradoras— estaban por la labor. Los unos estaban de paso —y luego, si te vi no me acuerdo— y las otras no tenían otro objetivo que saciar su obsesión y complacerse con el ídolo. Era un *quid pro quo*. Se las llevaban de cena y Ramón tenía que imponer la disciplina y usar su candado para que el orden retornase. A la mañana siguiente, un desayuno —*baratito ¿eh? Nada de huevos ni bacon... Tostadita con aceite*— y a «juir». Intimidades personales no se cuentan, pero relatos y ejemplos, haberlos hay muchos del afanoso interés de las fans por los músicos y de estos por lo femenino.

La compañía de Antonio Gades coincidía en los 80 con el sexteto por Japón, y en actos protocolarios en embajadas o consulados, Paco y Antonio acudían y se sentaban en la mesa de presidencia con las banderas detrás y todo el ballet estaba detrás de ellos. Paco y «el Gómez» se comunicaban por señas o por lo bajini: «Guarra, ¿y esta? Tú la conoces, ¿no?». «¿Yo, Paco?... ¡Yo qué sé...!» «¡Déjate ya de "yo que se", maricón, dime...!». «Nada..., esa olvídate... Luego te digo»[595]

Su hermano Antonio no pertenecía al mundo artístico, pero a veces, como dijimos, acompañaba a Paco, y le ayudaba a mantener un poco de orden a su alrededor. Era un gran observador: gente que se le acercaba, músicos, cantaores y también cantaoras o bailaoras. «Paco, muy suelta veo yo a esta, ¿qué pasa aquí?» Y siempre acertaba.[596]

---

594 Casilda Varela entrevista personal cit.
595 Entrevistas, cit. Paco y «el Gómez» como dijimos, se llamaban mutuamente «guarra» como cariñoso apelativo. Quien no sea de Cádiz o de Andalucía occidental, no lo entenderán los que sí lo somos, decimos cosas de estas.
596 Entrevistas, cit.

Paco se contentaba con ser promiscuo como forma de evasión, pero sin implicarse ni enamorarse.[597] Diferenciaba con cabeza, sabiendo estar y sin meter la pata ni dañar a nadie.

> «Las gitanas son muy guapas. Siempre he respetado su cultura, en la que no se ve muy bien que se casen con un payo. A una gitana no se la liga normalmente, te casas con ella. Ligar para acostarte es muy feo. Nunca intenté nada con una gitana».[598]

Pero ya está; gitanas y se acabó. Del resto todo vale y se disparaba hasta en la veda.

La juventud tiene esas cosas, y dejémonos de hipocresías, el que pueda o la que pueda, que tire la primera piedra, porque en esa época joven, quien más y quien menos ha toreado en esa plaza, y a esos años, hasta igual pidió el sobrero.

---

597 Casilda Varela entrevista personal cit.
598 Sol Alameda El País, cit. (11)

9. SU TRAYECTORIA PROFESIONAL

¡Los puristas, ufff; los puristas...! ¿Por qué no investigar e improvisar?
En cierto sentido eres una especie de funambulista, caminas sobre la cuerda floja, te puedes caer, y alguna vez te caes cuando improvisas tocando. Pero lo único que puede sufrir es tu ego, así que ¡no pasa nada!

John MacLaughlin, guitarrista;
«Juanito» para Paco de Lucía

Con la venia del lector: permítasenos una segunda incursión de alivio en el mundo de la fantasía.

I

Antonio Sánchez y Lucía la portuguesa dejaron la casa de la calle Barcelona en Algeciras y el matrimonio con los cinco hijos se mudó a la Bajadilla, a la calle San Francisco. Faltaba poco para que terminase la temporada de fútbol 1962-1963 y el Algeciras iba el segundo de la tabla. Si todo iba bien podía subir a 2ª división.

Paco, el benjamín de la familia, estaba ansioso por ir al campo de «El Mirador» junto a la playa de los Ladrillos al partido con el Puerto Real; le encantaba el fútbol. El encuentro era para la semana siguiente y su amigo Marín le había dicho que podían colarse por la puerta del botiquín, porque la dejaban abierta.

* * *

En la calle Munición las mujeres barrían las aceras, adecentando un poco la entrada de los locales nocturnos preparándose para abrir pronto. A su paso, de vuelta a casa Antonio las saludaba distraído, iba rumiando que la venta de telas no había ido bien y tampoco había llegado café ni tabaco de estraperlo y cuando los días se daban así, se sentía desvalido y le venía a la memoria la última imagen que conservaba de su padre en la cubierta del *Joaquín Piélago,* mirándole fijamente sin decir nada, mientras el vapor iba soltando amarras de la boya junto a Isla Verde para zarpar al moro.

—¿Estará de Dios que pase mi familia mis mismas fatigas? —se preguntaba descorazonado, caminando de vuelta a casa.

Antonio Sánchez volvía a su casa muy cansado esa tarde. El olor de las verduras cociéndose en la cocina de Lucía le devolvió a la realidad. Entró en la habitación de los chiquillos, como siempre, a comprobar el progreso de su hijo, y Paco tuvo el tiempo justo de apagar el transistor, pero el auricular quedó en su oreja y se veía el cable.

—¿Qué haces *sislachón?*[599] ¡Te he visto, estabas con la radio *pendiente al fúrbo* en vez de tocando! ¿No?

Paco sabía cómo las gastaba su padre, primero arreaba y después preguntaba. Hacía poco que le había dado una soba a su hermana porque llegó tarde a casa, sin darle tiempo a explicar que venía de trabajar en la tienda y que ese día habían cerrado dos horas después. Cuando María pudo explicarse ya se la había ganado.

—No papá, yo estaba tocando y haciendo escalas, puedo hacerlo con la radio y pongo este trapo en las cuerdas para no molestar a los vecinos.

---

599 El término se ha usado con pronunciación libre. En realidad, es «sirlachón». De sirla, cuyo significado es «Atraco en que el delincuente amenaza con una navaja u objeto contundente» y en segunda acepción podría ser navajero. Con lo que, según la exageración de la expresión andaluza, y obviamente no con rigor sino en sentido figurado, su padre le increpaba llamándole algo parecido a delincuente.

—¿Con la radio? ¡Niño, no me tomes el pelo que te doy una racha! ¡Yo toco el violín, la bandurria y la guitarra y a mí no me engañas tú!

Paco temblaba, pero miró a su padre que estaba de pie frente a él, sacó la radio de debajo de la almohada de la cama donde la tenía escondida y muy despacio la prendió y empezó a tocar.

—Pídeme algo papá.

—Toca la soleá que le acompañaste al «Tuerto» la otra noche, ahí en el patio nuestro.

Paco se sacó la cejilla del bolsillo, la puso en el tono que cantaba «el Tuerto» y empezó a tocar la primera falseta mientras su padre lo escuchaba, sin oír la radio que solo sonaba por el auricular que Paco tenía puesto todavía. Don Antonio le observaba con atención y en un momento le acercó la mano a la cara y Paco se retiró pensando que venía el bofetón, pero su padre le hizo un gesto de paz. Cogió el cable, tiró suavemente, le quitó el auricular y se lo llevó a su oído, comprobando que sonaban los pitidos de las señales horarias de las ocho y el locutor de deportes estaba cantando resultados de partidos.

—¿Cómo puedes tocar oyendo esto? Pensé que me engañabas y que la radio estaba apagada.

—Puedo hacer esto y más papá, yo nunca miento y como ves no me voy de compás ni fallo una nota. Hoy he estudiado siete horas.

Antonio Sánchez acarició la mejilla de su hijo con el dorso de la mano y se sentó en la cama junto a él. Le puso la mano en la rodilla y le habló mirando a la pared de enfrente.

—Hijo mío, la vida es una mierda. Todo es mentira. La política, la gente, los que te dicen que te van a ayudar y no lo hacen; todo. Tu abuelo nos abandonó cuando yo tenía seis años. Todo es mentira Paco. Lo único que es verdad, es que nos ganamos el pan con el esfuerzo. Nadie da nada. Trabajar es lo único que se puede hacer para salir de pobres y nosotros vivimos en un agujero. En el agujero más pobre, del sitio más pobre de España y no nos saca de aquí ni una grúa del puerto si no nos partimos los cuernos trabajando. ¿Me entiendes?

Hoy, esa falseta que me has tocado es lo único bueno que me ha pasado en el día desde las cinco de la mañana que me levanté, hasta ahora que me *viá* a tomar un poco de pan con aceite y me *viá echá* un rato.

No lo olvides Paco, sigue estudiando. No hagas como tu hermano, sigue, trabaja hijo mío. Cantaores hay muchos, pero guitarristas buenos no hay, hasta a mí me buscan con lo poco que sé, porque no hay buenos guitarristas. Ahí hay futuro y eso es lo que nos saca de aquí.

El tono no era amable, era solo un tono no agresivo. Don Antonio no gastaba amabilidad más que con su mujer y en privado, o cuando estaba achispado. Ser amable era ser débil en su código moral.

—El miércoles vamos a ir a Jerez —continuó, mirándolo ahora— Reyes Benítez os ha apuntado a Pepe y a ti a un concurso en el Teatro Villamarta que dura tres días. El Premio «Antonio Chacón» tiene 35 000 pesetas y dice Reyes que Pepe puede llevárselas cantando las malagueñas esas tan bonitas. Ensáyalas, porque el miércoles nos vamos.

Me voy a echar un rato y a las doce me voy al «Andaluz», que esta noche vienen unos ingleses de Gibraltar, de los ingenieros esos de los ferrocarriles, que quieren flamenco y dan buenas propinas.

—¿Este miércoles papá?

—No, pasado mañana no, el día 8. ¿Por qué?

—Juega el Algeciras aquí para subir a segunda...y Marín y yo...

No pudo seguir. El león volvió a rugir. Se levantó de la cama lo encaró y sentenció.

—¡Pues te llevas la radio esa y escucha lo que puedas por el camino! ¡Son 35 000 pesetas y le vas a tocar a tu hermano! ¡Tú en que mundo vives niño? ¿Quieres que le diga a Reyes que te vas a ver a los peloteros? ¡Me voy a descansar! —y salió dando un portazo.

Paco volvió a su cuarto después de cenar, pensaba seguir tocando, pero tras la conversación con su padre se le hundió el ánimo y abandonó la guitarra sobre la cama. Se echó hacia atrás mirando al techo con las manos en la nuca y de pronto pensó que la vida era una mierda, como decía su padre. De pronto odiaba a su padre y a la guitarra, como solo puede odiar un adolescente. Ninguno de los dos le daba lo que él les daba a ellos y se quedó dormido. Cuando el abatimiento y la frustración son suficientemente intensos, obran como soporíferos.

De pronto entre sueños escuchó un portazo, a su madre llorando, se despertó del todo y oyó también a su padre irritado. No era el tono severo con que don Antonio solía bramar. Parecía abatido. Miró el reloj y eran las dos de la madrugada. Muy temprano para que don Antonio estuviese de vuelta del Pasaje Andaluz. Siempre volvía al amanecer. Fue a la habitación de sus padres y vio que la cosa no pintaba bien.

—¿Qué pasa papá?

—Nada hijo —dijo Lucía con la voz entrecortada— vete a la cama ¿Por qué estás vestido?

—Me quedé dormido y me he despertado cuando he oído llegar a papá. ¿Por qué lloras mama?

Lucía se secó las lágrimas con la manga del camisón de dormir, pensaba decirle de nuevo que no era nada y mandarlo a dormir, pero su naturaleza espontánea no se lo permitió.

—A tu padre le ha roto la guitarra un señorito esta noche en el Pasaje Andaluz. No tiene arreglo creo —dijo señalando la guitarra de su marido que estaba medio desarmada en un rincón del cuarto—. ¿Não meu, Antonio?

Paco no dijo nada. Miró a la guitarra y a su padre, que negaba con el gesto, sentado en una silla de enea, con los codos en las rodillas y con la cabeza apoyada entre las manos. Aún no había soltado una sílaba.

Paco aún tenía el pelo desordenado de recién levantado y se lo alisó. Se acercó otra silla y se sentó junto a él, posó su mano en la pierna de su padre y le habló.

—Papá con las 35 000 pesetas del premio hay para todo. Hasta para una guitarra nueva, y me cago en *toa* la madre que parió a los mierdas de los señoritos. No te llegan ni a la suela de la bota a ti. Y dentro de poco ellos serán los que estén abajo y nosotros arriba. Te lo digo yo.

Le dio un beso en el hombro y otro a su madre en la mejilla. Y se fue al patio a sentarse junto a las macetas de geranios. Escuchó a su padre por la ventana diciendo en voz baja: no sé qué es, Lucía, pero este Paquito es especial. Tiene algo. Toca ocho horas sin quejarse mientras sus amigos juegan en la playa y hace cosas con catorce años, mejor que las hace Ricardo. Y no es solo como toca. Es como es. No sé qué tiene, pero tiene algo que no he visto en nadie. Es un viejo en un cuerpo de niño.

Paco había borrado de su cabeza el fútbol, se sacó un cigarrillo liado del calcetín, se aseguró que nadie le viera fumando y lo encendió con una brasa que aún quedaba en el lebrillo bajo la trébede, donde su madre había ahumado un bonito. Esa noche agradable y templada de mayo, en calma, oliendo la dama de noche del patio, vio en el humo del cigarro que subía, la música que iba a tocar en Jerez. Estaba absolutamente relajado.

II

El sol de primavera empezaba a bañar las calles de Algeciras, proyectando aún sombras largas de primera mañana. El Hotel María Cristina estaba cerrado todo el día por inspección de plagas y era el principal cliente del taxi de Alberto Rincón, un Seat 1500 de nueve plazas, que ahora estaba aparcado en la puerta del número ocho, la casa de los Sánchez, a las nueve menos cuarto de la mañana del diez de mayo de 1962. Toda la calle San Francisco era un bullicio de chiquillos y de vecinas curioseando.

Reyes Benítez, amigo de Antonio Sánchez, había convencido al taxista para que los llevase a Jerez solo por la gasolina, a cambio de una entrada para ver a Pepe y a Paco de Algeciras, nombre artístico con el que había inscrito a la pareja en el concurso del Villamarta.

Pepe, a sus dieciséis años, con el brazo apoyado en la puerta abierta del taxi, roneaba a los chiquillos que iban camino del colegio, contándoles que él no necesitaba ir a la escuela, porque iba a ganar un premio de mucho dinero. Las mocitas se le acercaban diciéndole lo guapo que estaba con su traje y su corbata, mientras él departía como una estrella, disfrutando el momento.

Paco estaba dentro de la casa. En el zaguán. Sentado en una silla. Serio, repeinado y mirando al suelo, con el estuche de la guitarra entre las piernas. Lucía se rociaba colonia en las manos y se la aplicaba por el pelo y las solapas del trajecito de pantalón corto que ella misma le había cosido, animándole para que saliese a despedirse de sus amigos, pero Paco negaba con la cabeza.

—Que no, que están todas las vecinas y Teresa y «la Boquerona» me dicen que tengo los muslos gordos y me dicen «Mambrú». Yo no quiero que me digan eso mamá. No quiero que me vean. ¿Me puedo tomar otro pan con aceite?

—No paco que te manchas la chaqueta, dale un bocado a un buñuelo de los que me ha traído la Esperanza, de esos que hace en la Feria de Sevilla en el puesto. Los gitanos los hacen muy ricos. Es muy buena con nosotros.

Don Antonio salió de su cuarto y sin pararse, camino de la calle, tocó a Paco en el hombro, indicándole que era la hora.

Lucía, niño, al taxi. Paco mete la guitarra en el maletero. La cejilla y las cuerdas de repuesto, ¿las llevas? Niña —dijo a Lucía— ya he cortado el butano. Venga, que tengo que cerrar con llave.

En el taxi ya estaban sentados Alberto Rincón, Ramón —que no quería perderse el debut de la pareja en el teatro— y Reyes Benítez con un clavel blanco en la solapa. Paco cerró el portaequipaje después de guardar la guitarra, sus padres y Pepe ya estaban acomodados y él fue el último en subir al taxi, que olía a colonia y a «Maderas de Oriente», el afeite con que Lucía se había empolvado generosamente para la ocasión.

—¡Ramón! ¡No sabía que ibas a venir! —dijo Paco a su hermano, con los ojos muy abiertos agarrándole el brazo con las dos manos— ¿No ibas con Valderrama a Málaga?[600]

—¿Y perderme el concurso? Lo hablé con Juan y lo arregló para que me sustituyese Modrego. Y Mañana y pasado no hay nada en cartel.

—¡Ah! ¡Qué bien! —la compañía de Ramón le reconfortó— así me ayudas a afinar la guitarra, porque con las clavijas estas, no puedo a veces, me cuesta *musho trabaho*.

—Tu tranquilo «Mambrú» —terció Pepe— si está afinada o no, la gente no lo nota. Lo que se tiene que oír es el cante.

—No me llames «Mambrú», ya te lo he dicho, y no estoy tranquilo, nada tranquilo. En Jerez la gente sabe mucho y en el teatro habrá gente muy puesta, buenos aficionados, cantaores y guitarristas, y en Jerez, si te mueves del sitio no sale bien y se dan cuenta. ¡Ojú que lío! ¿Como quieres que este tranquilo?

—Y tú, *Fangio* —dijo don Antonio dirigiéndose a Alberto Rincón que ya enfilaba la carretera de los Barrios— que solo se te paga la gasolina, que lo sepas, y no se te ocurra pedir más porque no hay, que aquí quiere trincar todo el mundo y no quiero que haya confusiones.

—No se preocupe usted don Antonio, que yo no me llevo nada de lo que no me pertenece —respondió muy digno el taxista, conociendo como las gastaba Antonio Sánchez en temas de dinero.

III

Eran los siguientes. Estaba cantando una pareja de Puerto Real y el regidor del Teatro Villamarta les dio el aviso. Pepe hacía voz en el sótano húmedo que habilitaron como camerino colectivo para todos los aspirantes. Paco no necesitaba calentar y se entretenía charlando con una muchacha de Chipiona que ya había actuado, cantando fandanguillos de Huelva.

—Quilla, ¿qué? ¿Tu cómo te llamas? —le dijo.

---

600   Ramón hacía «la mili» en Madrid entonces (según Téllez, El hijo de la portuguesa cit. pág. 91) pero nos hemos permitido la licencia de incorporarlo.

—Yo Rocío, ¿y tú?

—Yo Paco. Francisco Sánchez, pero me apodo «Paco de Algeciras».

—Yo también me cambié el nombre, porque Mohedano que es mi apellido no me gusta, me puse Jurado. ¿Tú estás nervioso?

—Temblando.

—¿Por qué no calientas?

—No me hace falta, yo tocar sé, pero no me gusta la multitud, las bullas. Se van a meter conmigo porque...—Paco levantó la vista y se calló al ver que Rocío le miraba fijamente a los ojos.

—Tu échale cojones, como hago yo, Paco. Que me como a la gente. Yo pienso que soy la más guapa, la mejor y la que mejor canta.

—Ojalá pudiera, me pongo rojo. ¿Ves a mi hermano? Él es como tú, pero yo no.

—Pues a mí el que me gusta eres tú, que lo sepas.

—Gracias. Te está llamando tu padre, creo, Rocío —dijo Paco.[601]

—¡Ah sí! Me voy. ¡Suerte!

Cuando se iba, Paco le dijo:

—Me ha gustado mucho como has cantado, tienes muy buena voz, Rocío.

El piropo la hizo volverse y le guiñó un ojo a Paco, que esbozó una sonrisa de agradecimiento y encogiéndose de hombros le dijo:

—¡A ver qué sale!

Era el tercer día de concurso y los dos hermanos eran los únicos que quedaban por actuar. El teatro estaba hasta la bandera porque después de su actuación, el jurado, sentado en una mesa perpendicular al escenario, proclamaría el ganador del certamen. Los jueces tenían de frente, el perfil de los artistas y girando la vista a la derecha, veían el patio de butacas y la reacción del público.

Primero salió Pepe, confiado y resuelto. Hizo una exagerada inclinación de saludo y se acercó al micrófono

---

601 El padre de Rocío Jurado era Fernando Mohedano Crespo, zapatero y cantaor en sus ratos libres. Falleció en 1958, pero nos hemos permitido también la licencia.

a saludar. Miró hacia atrás y vio como su hermano pequeño avanzaba con su guitarra hacia su silla. El público estaba charlando, distraído y sin prestarles atención. En la primera fila estaban sus padres, Ramón, Alberto y Reyes Benítez.

—Pelleja, dijiste que salíamos juntos y no me has dado tiempo a sacar la guitarra del estuche cuando te has adelantado —masculló Paco entre dientes, sentándose con su trajecito en la silla.

—El artista es el artista, niño, no seas *caldeoso*[602] —dijo Pepe como si fuera un ventrílocuo sin quitar la sonrisa al público. Y cállate que los micrófonos lo cogen todo.

—Está todo el mundo distraído, nadie nos echa cuenta, comentó Paco para sí colocando su mano izquierda en posición a la vez que corría el pulgar de la derecha hacia abajo por las cuerdas, para comprobar la afinación.

De pronto se puso blanco, le entró el pánico. El quinto estaba bajo y la tercera también, tenía que tocar el clavijero. También comprobó que el micro estaba regulado muy alto, a la medida de un adulto. Instintivamente miró a Ramón que había notado el desafino y le hacía gestos con la mano como el que gira una llave en una cerradura indicándole que afinase. Paco asintió, sabía que tenía que afinar, pero no se atrevía. Podía dejarla peor. Dudaba y sudaba. El público del flamenco no es el de la ópera, seguía distraído comentando actuaciones anteriores. Algunos estaban de pie, aprovechaban para saludar a los de las butacas vecinas, fumar o charlar. Paco no escuchaba nada concreto, solo murmullo gris, pero en su enorme timidez, se le figuró de pronto que todo el mundo decía: «¡...la guitarra está desafinada, que gordito está, que muslos más gordos tiene...!» Y se bloqueó. Encogió el cuello como una tortuga que se ocultase detrás del caparazón de la guitarra. El rumor del público sonaba cada vez más

---

602 Expresión local que en la Algeciras de entonces equivalía a susceptible. No te calientes, no te caldees.

lejos y él solo escuchaba su respiración, y los latidos del corazón, que como un martillo acelerado le golpeaba las sienes. Se quedó absorto mirando al infinito, hasta que de pronto, notó que le quitaban la guitarra, habían sido veinte segundos que le parecieron tres días. Ni siquiera había visto subir a su hermano mayor que acudió al rescate en pleno escenario. Ramón apoyó la punta del pie derecho en la silla de Paco, pegando el oído a la caja. En un instante, la guitarra estaba tan afinada como el piano de Beethoven.[603]

—Perdonen ustedes, pero mi hermano no podía afinar la guitarra —dijo Pepe por el micrófono, hecho el amo del cotarro— les pido disculpas.

—Paco, no eches cuenta y tranquilo —decía Ramón, secándole las manos sudorosas con su pañuelo sin que se notase— y no tiembles hijo, que temblando no se puede tocar. Haz la falseta de Niño Ricardo en la malagueña, pero no como yo te la puse, métele lo que tú le añadiste. Métalo, Paco. Aunque yo te diga siempre que no varíes las cosas de Ricardo, hazlo, hazme caso.

—¡Si es que es muy chico, hombre! —gritó uno desde las butacas— ¡A quién se le ocurre traer a un niño tan chico a acompañar, si no le llegan ni los dedos, por Dios! ¿Qué quieren que haga la criatura?

Eso fue lo primero audible que Paco escuchó del público y le molestó. Le irritó enormemente que lo menospreciasen.

Instintivamente miró a la primera fila donde estaban los suyos y vio a su padre serio, hierático, como siempre, con las piernas cruzadas y ambas manos entrelazadas sobre la rodilla. Miró a Reyes, a Alberto el taxista y a Ramón que le hacían gestos con la mano para que no echase cuenta. Y de pronto su mirada se paró en su madre. Lucía no gesticulaba. No le indicaba nada, pero lo miraba con ternura y con su sonrisa bondadosa, mientras se abanicaba con la cabeza ligeramente ladeada. Paco desmayó la mirada en el rostro de su

---

603 No en ese concurso, pero si en otro recital, Ramón subió a escena a ayudar a Paco a afinar.

madre, la fijó en sus ojos, y con ese lenguaje no verbal de gestos pequeños con los que las madres siempre tranquilizan a sus hijos, Lucía le sonreía, le lanzó un suave beso, hizo como que se lo enviaba con el abanico y se llevó la mano abierta al escapulario del pecho. Paco sonrió, se serenó, se acercó al micrófono —que Ramón también le había ajustado a su altura— y empezó a tocar. Dio unas primeras pulsaciones de desecho para que la gente se callase, el jurado mandó callar y cuando se hizo un poco de silencio empezó abriendo plaza con la falseta de Ricardo.

El teatro se quedó mudo como si hubiese pasado un ángel.

Estaba tranquilo. El pánico de los momentos previos dio paso a una seguridad aplastante en cuanto sintió las cuerdas en los dedos. Sabía lo que hacía, sabía que no se le iba a ir un compás ni una nota. No se oía una mosca entre el público. Vio claramente a Parrilla, un guitarrista que su padre le había presentado y que antes había acompañado a un sobrinillo suyo que también concursó. Don Antonio le dijo que los Parrilla eran una estirpe de guitarristas venerada en Jerez, siendo Jerez, uno de los templos del flamenco. Le observó con la vista clavada en él, escrutando asombrado lo que estaba haciendo y Paco le mantuvo la mirada para que Parrilla notase que él no necesitaba verse la mano izquierda para tocar como un reloj. Como un reloj suizo.

Pepe cantó superior y el público se rompía las manos aplaudiendo en pie.

—¡Bravo! —decían sin parar— ¡Así se canta! ¡Bravo!

El teatro se vino abajo. La pareja notaba en la cara la vibración de la turba ovacionando. Paco se puso también en pie —con su guitarra vertical delante suya, apoyada en la punta de sus zapatos para que no tocase el suelo— y miraba fijamente al público. Era la primera vez que sentía una ovación tan grande. Pepe hacia gestos de agradecimiento, saludaba y recogía el aplauso como los toreros, moviendo radialmente el brazo derecho alargado y presentando al público el dorso de la mano con los dedos hacia arriba. Señalaba de vez en cuando a Paco, al modo que los cantaores comparten parte del triunfo con el guitarrista. Cuando la aclamación se calmó, Pepe se acercó al micrófono.

—*¡Musha grasiasss*, público. *Mushasss grasia!* Yo hubiese *cantao* mejor *toavía* si mi hermano no me hubiese tocado tan alto, que me ha forzado. Pero he hecho lo que he podido para *ustede*.

Paco era más corpulento que Pepe, apretó los dientes lo miró fijamente y se juró a sí mismo, que esa se la pagaría. «Ya te cogeré Pelleja», pensó. Pero en ese momento no movió un músculo. Ni dio las gracias ni saludó. Se quedó detrás de su guitarra puesta en vertical, y se escuchó de pronto a Parrilla:

—¡Óle los guitarristas buenos de verdad! ¡Óle, y óle!; así se toca, ¡niño!

El reconocimiento de Parrilla levantó de nuevo al público de los asientos, pero esta vez era para él. Otra ovación solo para la guitarra.

—¡Ole, chiquillo, bravo! ¡Ole Paquito, viva Algeciras chaval! ¡Paquito!, ¡Paquito! ¡Un premio para Paquito de Algeciras! —comenzaron a pedir insistentemente desde el patio de butacas.

Paco permaneció impasible. Solo movía la cabeza levemente —como asintiendo con media sonrisa— pero nada más. Ni gracias, ni saludo. Ni una palabra por el micrófono. En cuanto terminó el último remate de la malagueña, la pieza que habían ejecutado, la timidez se volvió a apoderar de él, no sabía dónde meterse y solo pensaba en tapar sus rollizas piernas con la caja de la guitarra, no fuera a ser que alguno le llamase gordito.

El jurado no terminaba de deliberar. Manuel Morao, uno de sus miembros, llamó a Parrilla que subió y se unió al debate del tribunal flamenco en el escenario. Los miembros conversaban y los gestos eran de asentimiento general, pero no se sabía que hablaban.

—¡Venga ya, que es para hoy! —gritó una voz del gallinero.

—Disculpen señores un poco de paciencia, el jurado necesita cinco minutos más, por una circunstancia extraordinaria —dijo por un micrófono el presidente del conclave.

A los dos minutos, el jurado proclamó a Pepe vencedor del certamen en cante por malagueñas con el premio de 35 000 pesetas, y un accésit de 4 000 pesetas *ex professo* para Paco como guitarrista.

La entrega de premios se celebró en el restaurante «El Bosque», el jolgorio fue enorme, acudió hasta Dávila el alcalde de Jerez y Rocío y sus padres fueron a saludarlo y a enseñarle también el premio que Rocío había ganado.

—¿Cuánto te han dado Paco? —dijo Rocío.

—Cuatro mil pesetas, dice mi padre, pero le va a dar algo al hijo de Parrilla que ha tocado muy bien y no se ha llevado nada.[604] ¿Y a ti?

—Una copa y 20 000 pesetas ¿no papá? —el padre de Rocío asentía— pero es que yo soy mayor que tú y estoy ya en el sindicato.

—Yo no puedo figurar como profesional por la edad, lo mío ha sido un regalo que me han hecho. De todas formas, a los cantaores os pagan más.

—Pero a las cantaoras menos, tu hermano se ha llevado 35 000 por malagueñas. Pero me ha encantado como tocas.

—Bueno, ha *zalío* bonito esta vez —dijo Paco.

—Por cierto —le dijo Rocío tapándose la boca con la mano— ¿Qué le ha pasado en la ceja?

—¿A quién? ¿A Pepe? Que se yo, alguno le habrá dado una racha por decir lo que no debía, sonrió Paco.

—Si, alguno, ja, ja, no sabe *tu ná*.

* * *

Paco llevaba apoyada la cabeza sobre el hombro de su madre, dormida en el taxi de vuelta. Las euforias de la celebración habían terminado y habían dejado paso al reposo; todos iban en silencio. El *run, run* del motor le inducía un duermevela, e iba rememorando fotogramas de lo vivido: Rocío Mohedano...que horror de nombre

---

604 El hecho es cierto según Téllez, *El hijo de la portuguesa...* Cit., pág. 92

—pensaba. Jurado sí es bonito, es el apellido de su madre, el de su madre, el de su...

Se quedó dormido recordando la imagen de Lucía en primera fila con su abanico, enviándole un beso, cuando sudaba en el escenario. Se despertó al instante a causa del traqueteo de un bache. Se incorporó con los ojos muy abiertos y se le alumbró una imagen tan clara como las de la pantalla del cine de verano «Terraza» de la calle Pomponio Mela de su pueblo. El pensamiento le salió a media voz, y dijo:

—Me voy a llamar a partir de ahora, Paco de Lucía.

Los de delante iban despiertos, pero no lo oyeron y los de detrás iban como él, dormitando, y tampoco respondieron. Él se quedó de nuevo dormido sobre su madre, oliendo su aroma a bondad, esa fragancia que un chico de catorce años, con todo el cambio de edad a cuestas, necesita para poder respirar calmoso, pastueño.

Ahí empezó todo. Lo que vino ya después, fue subir y subir.

Regresamos desde la ficción a la realidad. Nos gustó tanto el relato imaginario que escribió Casilda hija en el libreto del documental de *La búsqueda*, recibiendo la visita de su padre desde el cielo[605], que no hemos podido resistir un atrevimiento aproximado.[606]

605 *Papá*. Casilda Sánchez, cit. (6)
606 Rocío Jurado tres años mayor que Paco, ganó en efecto el premio por fandangos con veinte mil pesetas y coincidieron allí. Pepe fue campeón en malagueñas con treinta y cinco mil y a Paco le crearon uno específico de cuatro mil. Ramón no le afinó la guitarra en el escenario en esa ocasión, pero Pepe dijo al público su frase sobre el tono de la guitarra de la que después se arrepintió. El lugar de la celebración, el importe de los premios y el premio *ex professo*, son ciertos. Puede verse la crónica en prensa de la época en bibliografía (63) cit. Los diálogos, el periplo de ida y vuelta a Algeciras en taxi son novelados.

1. ACOMPAÑANTE, SOLISTA Y GRUPOS. EVOLUCIÓN

Paco de Lucía dijo a su hija Casilda, que el horizonte de un guitarrista en los años sesenta alcanzaba a actuar en una compañía de variedades con bailarinas, malabaristas o algún cómico y como mejor alternativa, acompañar a un cantaor y que le dejasen hacer un solo de guitarra.[607] Y exactamente así fue como empezó él en las giras de Greco y la compañía de Lippman y Rau.

Por entonces empieza a tocar de atrás, para baile, cosa que a su padre no le gustaba porque la mano sufría mucho con esa clase de toque[608]. Después delante, él solo, le permitían dos o tres intervenciones dentro del espectáculo, mientras las bailaoras se cambiaban. La mayoría de los artistas, en sus comienzos, lo pasan mal. Empezando desde abajo hay que rogar e implorar a muchos empresarios o dueños de tablaos para que concedan al talento en ciernes una oportunidad. Y aunque Paco comenzó humilde, su talento y su preparación pronto lo destacaron y su travesía del desierto duró poco, porque enseguida estuvo cotizado y nunca tuvo que suplicar. Llevado por la curiosidad insaciable del investigador, pregunté a Manolo Nieto, íntimo amigo de Paco desde los dieciséis años, (y gran maestre de la Banda del Tío Pringue), cómo era Paco cuando tenía que rebajarse o «suplicar», ante discográficas o productores. Su respuesta fue refleja: «Paco jamás suplicaba. Ni se disculpaba. Paco mostraba interés por algo, pero si era necesario rebajarse o rogar, jamás lo hacía. Y te digo, tocayo, que conseguía lo que quería» Si algo hubo que rogar en los principios, esa labor la hacía su padre y él se dejaba llevar. Lo cierto es que muy pronto llegaron conciertos, programas dilatados a su medida y recitales en solitario. Comienza a ser popular, seguidamente famoso y de pronto un mito. En un parpadeo, puso la velocidad *Mach 1* y su hábitat fueron los grandes escenarios y las ovaciones.

---

607   Casilda Sánchez, entrevista *Telva*, cit. (18)
608   Don Pohren, cit pág. 63-65.

En 1970, en el Palau de Barcelona se celebró un Festival, dedicado casi en su totalidad a conmemorar el bicentenario del nacimiento de Beethoven y el vigésimo quinto aniversario de la muerte de Bela Bartok. Dentro de ese festival, la guitarra flamenca de Paco de Lucía —que no pintaba mucho por allí— fue aclamada por músicos profesionales, grandes instrumentistas y antiguos abonados del Palau, viejos y jóvenes melómanos. A Paco de Lucía se le empieza a aplaudir de pie, a pedirle bises y a decirle ¡bravo! como a los tenores de la ópera. Le llaman desde los cuatro puntos cardinales y toca en los más reputados escenarios del mundo.[609] Exportó el respeto y la admiración por la guitarra flamenca a públicos exóticos y forasteros, ajenos a nuestra música abriendo camino a sus compañeros. Impuso a los demás guitarristas una nueva forma, mucho más técnica de tocar, inició una nueva etapa en la guitarra flamenca, no solo musical, sino estética incluso.

> «De la noche a la mañana, los guitarristas de siempre se habían quedado anticuados. Es más, pertenecían ya a la prehistoria. La tarjeta de presentación no era ahora una soleá tocada con hondura, sino... una pierna en escuadra cruzada sobre la otra, como Paco, y en la cara los gestos típicos de Paco».[610]

«Yo empecé a hacer mi propia música y a ejecutar mi manera de tocar y tuve la suerte de que esa llegó a ser la manera de tocar del flamenco», dijo modestamente en el documental de Michael Meert, cuando lo cierto es que no fue suerte, sino que lo arrasó todo, motivando la rendición incondicional del mundo flamenco ante sus formas. Surgió una nueva era en el calendario: guitarristas antes de Paco o después de Paco. Inauguró una dinastía.

Un ascenso como ese en cualquier lugar del mundo indica, como un destellante faro, que ha nacido una estrella con talento singular, una mutación, y que el fenómeno que acontece es excepcional. En cualquier lugar del mundo menos en nuestro país, donde las únicas figuras que se seguían masivamente eran futbolistas, toreros

---

609 «El músico de la Isla Verde», *El País*. Félix Grande cit.
610 Luis Landero cit. (60)

o músicos pop, pero no el flamenco, la identidad musical que más marca española posee en el mundo y nos identifica como nación. Tuvieron que pasar nada menos que cinco años más, y en 1975, cuando ya llevaba años tocando en teatros nacionales de la ópera de grandes capitales del mundo, antes no, Quintero consiguió el Teatro Real para Paco de Lucía en solitario. Lo abarrotó. La gente se sentaba en el suelo en los pasillos y en los bordes del escenario. Fue la locura. España se dio cuenta que un guitarrista flamenco serio podía tocar y dar un concierto solista en el Teatro Real. Veinte minutos duro la ovación final con el público de pie. Paco jugaba ya en la liga de las estrellas de rock y competía, siendo demandado al nivel de estrellas de la canción y cantantes superventas como Julio Iglesias o Raphael. ¡Qué españoles somos los españoles! Hoy, aun nos tememos que la mayoría de la gente, incluidos críticos, *flamencólicos* y opinadores profesionales, en realidad «no tienen ni idea de quien se nos ha ido» —dijo Alejandro Sanz.[611]

Paco se paseaba por el mundo nuestra cultura: «[…] que si algo significa hoy fuera de nuestras fronteras es en parte a su labor y la de otros como él. Y esto significa mucho más que charanga y pandereta que dicen los tópicos. Paco de Lucía nunca toco la pandereta que yo sepa…», dijo José Manuel Gamboa.[612]

Hace unos años, el día que nuestro músico hubiese cumplido sesenta y nueve años, le envié a Casilda madre —pasmado al tropezármelo de pronto— el *doodle* de Google dedicado a Paco de Lucía[613]. Se trataba de un reconocimiento absoluto y universal. Ella me escribió asombrada también: «Manolo, hoy tienes a tu maestro en Google… ¡Quien nos lo iba a decir, cuando poníamos 50 pesetas cada uno para comprarnos un pollo asado!».

El gran acierto de Paco de Lucía fue verlo claro muy pronto (o saber hacer caso a quienes se lo indicaron) y pegar el salto. Liberarse de complejos y salir de España echándose el mundo a la espalda, a

---

611 «Uno, dos, tres cuatro…». Alejandro Sanz. *Paco de Lucía. La búsqueda*, libreto del documental, Ziggurat films, varios autores, 2015. Cit. (59)

612 *Contra las cuerdas…* Vol. 1, pág. 299, cit. José Manuel es productor y un experto en flamenco de primer nivel.

613 Busquen en Google «doodle Paco de Lucía».

darse a conocer universalmente como acompañante y solista primero y con sus grupos después.

No resulta fácil para un hombre de sus orígenes asumir que su ámbito territorial es el planeta entero. Algunos contemporáneos suyos no salían de su pueblo y Camarón veía un avión y huía; para genial el gitano era una complicación actuar fuera de nuestra patria.

Pero si nuestro guitarrista quería hacer su música, tenía que ser así. Aquí en España, país de ciegos y sordos, no se le valoraba. ¿Cuánto hubiese durado —qué hubiese conseguido dejarnos con las facultades que tenía— acompañando a un cantaor en una silla? Sabía que el flamenco tenía sus límites y los respetaba, pero como escribió Donn Pohren: «¿Cómo sorprender si se modera?»[614].

Cuando abarrotó el Teatro Real —no sabemos si fue vanidad o falsa modestia— dijo que no le impresionaba ese escenario, porque había tocado ya en otros de ese nivel. Pero era triste, y eso sí que lo enfatizó, que hubiese tocado ya en primeros teatros nacionales fuera, y aquí en su tierra no. Lo que sí pensamos es que hizo lo correcto saliendo y explorando el mundo. De no haberlo hecho, no hubiese tenido los estímulos que le dio el éxito universal, para poder seguir creando su obra y nos lo habríamos perdido. No se puede amarrar un león en la caseta de un perro y que siga siendo el rey de la selva, hay que darle hilo a la cometa.

Siempre estaba ocupado por aquella época inicial con la grabación de algún disco entre manos, pero no abandonó nunca sus actuaciones en directo. Alguna singular hubo de esos primeros tiempos con Santana y otros guitarristas no flamencos.

Corría el año 1978 aproximadamente, cuando se fragua el primer sexteto que duró más de veinte años. Entraban y salían músicos del grupo, permaneciendo siempre fieles hasta el final Jorge Pardo (flauta y saxo), Rubem Dantas (percusión) y Carles Benavent (bajo). Los bailaores cambiaban, sin que ninguno alcanzase la maestría de Manolito Soler. Único. ¡Qué elegancia bailando y qué compás en la percusión cuando ayudaba a Rubem, tocando el cajón!

Como muchos de los hitos de su vida, el sexteto fue un encuentro casual, un tropezón con el grupo «Dolores» que grababa en los

---

614   Donn Pohren, op cit. Pág. 76

mismos estudios que él. Quedaron para tocar en el disco de Falla, salió bien y se juntaron. Por supuesto no conservaron el nombre del grupo; nuestro hombre absorbió la identidad. Nunca hubiese consentido girar como *Paco de Lucía y el Grupo Dolores*, con la fuerte identidad que él proyectaba.

Durante la época del sexteto alternaba actuaciones con «Juanito» Mac Laughlin, y Al Di Meola, etc., en su aventura americana por los mundos de las locas armonías. Comenzó siendo un aprendiz en esas improvisaciones no flamencas, pero en poco tiempo los eclipsó. De estar el último en los créditos del «Guitar Trio» en el disco *Live at Hammersmith*, pasó al primero en la portada de *Passion Grace & Fire. Live*.

Alguno no lo asimiló muy deportivamente, y en concreto, salió a tortazo limpio con Al Di Meola porque en las mezclas de edición final de uno de los discos en vivo que grabaron los tres, Al, subía el volumen de su guitarra y bajaba la de Paco[615]. No era fácil de trato el italoamericano. Vean si no, como Paco le mira al final de un tema, visiblemente molesto y se aparta de él porqué le anticipó el remate del cierre final.[616] Paco en cambio —que jamás criticaba a nadie— solo decía que Al era muy joven y a veces tenía un temperamento *diferente*.

El sexteto mantuvo algunos puestos fijos y otros temporales. En 1993 graban el último disco en vivo, *Live in América*; en 1995 Benavent sufrió un accidente que le apartó un tiempo; Pepe de Lucía salió en 1998 y el grupo se disolvió aproximadamente en 1998 o 1999, a los veintipocos años. Hastío, reiteración, cuestiones personales, etc.

Durante la pervivencia del sexteto, Paco también alternaba el trío con Banderas y Cañizares[617], preparó, tocó y grabó en directo el Concierto de Aranjuez en 1991 y dio algún recital solista. Grabó en ese mismo año el *Potro de Rabia y miel*, con Camarón. Además,

---

615   Ricardo Pachón, entrevista cit.
616   Vídeo nº 169, 00:08:15 es una de las escasísimas veces que hemos localizado un gesto desabrido de Paco en escena. Claro que el maestro lo presentó como «the hang son, Al Di Meola» (el hijo colgado); localizable en el buscador de YouTube introduciendo «bjg9ahl2jju».
617   Inicialmente lo formaban Paco Ramón y Banderas, pero Ramón lo dejó.

llevaba por delante la preparación del disco que tuviese en mente y, concretamente, el *Live in América*[618] en 1993 en el que su hermano Pepe canta magníficamente, y lo trabajaba en un estudio local que alquilaba donde estuviese, a la salida del concierto del día. La actividad que Paco desplegaba en las décadas de los ochenta y noventa, era sobrehumana.

A la etapa del trío, que se consolidó en el interregno de los dos grupos, siguió la formación del septeto en torno al año 2000 o 2001. Si el primer grupo lo formaban amigos que se trataban al mismo nivel, en el segundo integró a jóvenes músicos que habían crecido con su música y lo veneraban ya como a un maestro. En todos sus conjuntos priorizó la calidad humana de los fichajes sobre el virtuosísimo musical. Si ahora no toca, ya tocará, decía siempre Paco, pero lo que no soportaba era un músico liante que aportase mal ambiente en la banda.[619]

También rotaban algunos componentes en el septeto, incluso más a menudo que en el grupo anterior. Por allí pasaron segundas guitarras como Dani de Morón, Niño Josele y su último edecán: su sobrino Antonio Sánchez que le acompañó hasta última hora. Farru acompañaba bailando y Poti Trujillo o Piraña se ocuparon en diferentes etapas de la percusión. Alain Pérez, a quien Paco solía interpelar como «Delón», tocaba el bajo; y varios cantaores como Duquende, Montse Cortés, «la Tana» o David de Jacoba iban rotando según las épocas. Y, por último, un músico excepcional que a Paco de Lucía le encantaba por su versatilidad: Antonio Serrano. Tocaba los teclados, pero sobre todo la armónica, de manera magistral, haciendo unos solos con arabescos espectaculares[620] y se sentaba a la derecha del padre en el septeto. Sustituyó la maravillosa flauta y el saxo de Jorge Pardo en las melodías a dúo con Paco y era el preferido del maestro, por la amalgama de senci-

---

618 Su terminación fue una tortura y no quedó contento. Personalmente a mí me gusta mucho, cuando salió ese disco, yo descubrí el tema «Zyryab», no lo había oído antes. No daba crédito a lo que estaba escuchando, ante esa cascada de música, aún recuerdo quedarme boquiabierto.

619 Jorge Pardo entrevista cit.

620 Escuchen a Antonio Serrano en el solo de «Vámonos» del álbum en vivo de los conciertos de 2010.

llez, modestia y enorme talento musical que atesoraba.[621] En realidad tocaban muy parecido, la armónica de Antonio y la guitarra de Paco, ambas eran melódica y armónicamente frondosas dando un infinito de notas bien hilvanadas en cada compás.

Todo este baluarte, este largometraje musical que hemos relatado, descansaba sobre los hombros de Paco de Lucía: era obra suya. Exclusivamente suya. Él fue el director absoluto de toda su carrera musical, el artífice de la revolución de la guitarra flamenca y quién lo trastocó todo provocando el «big bang». No sucedió por evolución espontanea: salió de su cabeza. No se cambian las jerarquías en el flamenco, así como así. Se logra haciendo méritos y coronando cumbres.

Él fue quien aportó a los moldes de una guitarra flamenca en blanco y negro, el colorido de las nuevas formas. Creó... «arcos en los que el paisaje y la tierra parecen vivos, elevándose y hundiéndose por todas partes como un oleaje geológico y en donde los árboles flamean como antorchas y todo se retuerce atormentado desde el cielo que palpita hasta los colores que resplandecen como lumbre.»[622] Suyas son las primeras síncopas diabólicas, atrasando acordes medio punto para dibujar un nuevo acento en un compás; suyo el uso del diapasón entero, bajando hasta la boca de la guitarra, donde nadie había llegado y aflorando la música que no se había extraído antes de esos trastes estrechos.

Él, y no otro, nos regaló los *glissandos*, los picados vertiginosos completamente a compás y las melodías alegres y pegadizas que sonaban en sus falsetas. A él se le ocurrió variar las afinaciones de las cuerdas en el flamenco, haciendo cantar a la guitarra en otros tonos.

Si no todas estas innovaciones, sí muchas de ellas procedían de Brasil. Emilio de Diego, con conocimiento de causa y hablando con la propiedad de un guitarrista profesional, afirma rotunda-

---

621 Casilda Varela entrevista cit. Hay cientos de videos de Antonio Serrano haciendo saltos mortales con Paco al alimón en directo que pueden buscar. Recordemos aquí también al genial Jorge Pardo en uno de estos «duelos» acrobáticos que celebraban el maestro y él, en una exótica versión de «Entre dos aguas» localizable en el buscador de YouTube introduciendo «Paco de Lucía - Entre dos aguas 1986». Video nº 20.
622 *Genio y locura*, cit. Así definió K. Jaspers la pintura de Van Gogh. Lo bello tiene lugares comunes.

mente que «hay un Paco antes de Brasil y otro después de Brasil». Y Emilio viajó muchísimo con Paco por Brasil. «Cierto día —me contaba Emilio— a mediados de los sesenta, yendo con la compañía de Gades, estábamos los dos esperando en el trascenio de un festival masivo en Sao Paulo, celebrado en un enorme polideportivo. Allí estaban esperando turno con nosotros para actuar, Caetano Veloso, Jobim, Vinicius, Maria Creuza, Chico Buarque, y otras enormes figuras de la música local y foránea que participaban en el evento. Estábamos tan apretados, que Paco no encontró más sitio que sentarse en un bordillo en el suelo, y allí andaba rascando su guitarra, dando rienda suelta a su imaginación a la vez que calentaba para salir. Se le acercó entonces Naná Vasconçelos, destacado como el mejor percusionista a nivel mundial, interesándose por las bulerías que Paco estaba tocando asincopadas, contagiado por los ritmos brasileros. Para Naná Vasconcelos todo era percusión, pero nosotros no lo conocíamos y pregunté a Vinicius. Este me refirió, que durante un concierto de ambos, Naná quiso imitar el sonido de la lluvia cayendo sobre los árboles, y asignó sonidos que cada grupo de espectadores debía hacer a su orden. Y empezó a dirigirlos. «Eu, dijo Vinícius, me escondí para não molhar». (Yo, dijo Vinicius, me puse a cubierto para no mojarme). Ese es Naná, el que está observando a tu amigo.

—O que você toca com seu violão, amigo?— preguntó Naná.

—Bulerías de mi tierra a vuestro estilo— dijo Paco.

Como los artistas iban saliendo a escena por sus turnos, Naná nos invitó a Paco y a mí a su casa, para poder tocar juntos tras el show. Acudimos, nos acogió con toda hospitalidad y nos quedamos en su casa viviendo con su familia dos días. Paco estuvo tocando con Naná horas y horas. Uno decía, «Este jovem flamenco me deixou completamente apaixonado» y el otro, «A este negro no lo saca de compás ni el ruido de un avión. Le hago perrerías tocando por bulerías y no se pierde, siempre está en el ritmo exacto. ¡Y no ha escuchado una bulería en su vida!»

Como te digo, Manuel, hubo un Paco antes de Brasil y otro después de Brasil.[623]

---

623   Emilio de Diego entrevista cit.

Él, Paco de Lucía, fue el primero —incluidos guitarristas clásicos— que tocó a compás de metrónomo el *Concierto de Aranjuez*, tal como está escrito, aportándole un «inédito e inspirado fuego», según dijo el propio compositor; él fue quien trajo el cajón flamenco del Perú y lo convirtió en un hijo para el flamenco, el que bajó la guitarra de la postura diagonal a la horizontal y cruzó la pierna en el escenario; el primero que tocó con guitarras de concierto en el flamenco y el que giró la muñeca unos grados hacia abajo en relación con el antebrazo para que los dedos atacasen más perpendicularmente las cuerdas y las notas sonasen más limpias.

Él era el único que podía atreverse a combinar en una soleá como «Plaza Alta», una composición metódica y reglada, de guitarra y palmas hasta algo más de la mitad de su duración, que después —cuando ya ha demostrado a todos que pude tocar como lo harían los guitarristas más sobrios, cuando ya ha dejado patente que sabe tocar así— en la segunda mitad la acelera, y los arabescos, las armonías exóticas y fantásticas y los picados siderales lo dejan a uno sin palabras. Merece la pena oírla[624]. Paco consigue en esa segunda mitad de la soleá, que los pájaros se olviden de cantar para escuchar su música. Esta tan sobrado, que finaliza el tema abandonando a morir el volumen, en *fade out,* y en ese momento final, casi inaudible, deja —como despreciándolo— un picado soberbio que cualquier otro guitarrista hubiese considerado el fragmento estrella de la pieza. Él podía hacer ambas cosas: tocar ortodoxo e innovador en la misma pieza.

E incluso insólito y extravagante, como en el tema «Cositas Buenas», cuyo inicio parece música oriental, pero que en realidad son unos tangos rigurosos y ejecutados sin desfigurar la base del palo flamenco. Cuando los escuchabas por primera vez no lo pillabas, te sorprendías diciendo: «¿Esto que toca qué es? Es raro, pero me suena. Poco a poco ibas cayendo. «Son tangos? Sí, parece que son tangos. No; no lo parece, *son* tangos, tangos de toda la vida, ¡qué maravilla!». Y te quedabas atrapado: ya no querías oír más tangos que esos. Él mismo —refiriéndose al propio «Cositas

---

624   Se puede consultar en internet señalando en el buscador «plaza alta paco de lucia YouTube».

Buenas»— lo explicaba a la perfección: «Creo que, como la mayoría de mis discos, al principio la gente lo va a ver un poquito raro, pero eso está bien, porque se van a necesitar varias escuchas para ir descubriendo detalles».[625]

Eso era lo maravilloso de Paco cuando rompía una de esas barreras, como sucedía con temas como estos o con el mismo «Zyryab» otra de sus catarsis magistrales. Hoy parece que estas innovaciones fueron sucediendo sin más, pero no fue así. Él fue el autor: el acróbata que despertó y le dio alas para volar, a una guitarra flamenca que estaba dormida. Pagó su precio, ya lo hemos dicho, los puristas inmovilistas, los que según él querían un flamenco estático y muerto no se lo perdonaban. Como tampoco perdonaron a Miguel Servet que descubriese que la sangre discurría por las venas y le quemaron en la moderna Suiza[626]; o a Galileo que revelase que la tierra era la que giraba alrededor del sol, aunque este se escapó de la hoguera[627].

El ataque de los puristas obsesionaba a Paco y su amigo «Juanito» McLaughlin lo comprendía muy bien: *Oh the purist, uf!; the purist, bah!* [628] Pero Paco resolvió rápida y drásticamente la acometida de estos puritanos. De un tajo, como lo hacía todo: «La pureza es para los nazis»[629] fue la sentencia que le recetó a los inmovilistas.

625 «Paco de Lucía: "He llegado a ver fantasmas por las esquinas mientras componía"», *ABC de Sevilla*, Cultura. 24 de noviembre de 2003 cit. (70)

626 La condena fue por herejía, cercenando la vida de un médico aragonés que fue el primero en comprender la circulación pulmonar. Su sentencia rezaba así: «Por estas y otras razones te condenamos, M. Servet, a que te aten y lleven al lugar de Champel, que allí te sujeten a una estaca y te quemen vivo, junto a tu libro manuscrito e impreso, hasta que tu cuerpo quede reducido a cenizas, y así termines tus días para que quedes como ejemplo para otros que quieran cometer lo mismo». Y con su libro en la mano murió.

627 Como se sabe eludió la hoguera desdiciéndose, aunque abandonó el tribunal susurrando *eppur si muove*, (pero se mueve).

628 En el documental *La Búsqueda*.

629 La frase la toma prestada de Morente. Ver «Paco de Lucía, el genio que extendió el duende flamenco por el mundo». *El País*, febrero 2014. Miguel Mora, cit.(13)

2. FACULTADES: INTERPRETE Y COMPOSITOR

> Si la gente supiera lo duro que tenía que trabajar
> para ganar mi maestría, no parecería tan maravilloso
> en absoluto.
>
> Miguel Ángel

Cayo Julio César fue un personaje excepcional. Único, como militar, político y legislador. Posiblemente el gobernante más célebre e influyente de la antigüedad. Destacó tanto entre sus coetáneos que su figura se singularizó. Era tan brillante que Catón el Joven, su enemigo acérrimo declarado, llegó a abandonar el Senado romano, cuando se aprobó una ley de educación redactada por César. El texto era tan bueno, que no había como criticarlo sin quedar como un imbécil y Catón —que no lo era— prefirió ausentarse del Senado antes que verse obligado a aplaudir.[630] Tal fue su enorme legado, que el nombre de César, después de su muerte, sirvió designar a los sucesivos emperadores de Roma, zares de Rusia y sha de Persia.

El calificativo «único» también va unido a Paco de Lucía.

Hoy no se puede hablar de guitarra flamenca sin citarlo y así será por mucho tiempo, porque la personificó. Ser un «paco de lucía» equivale a atribuirle a un guitarrista lo sublime, la perfección. Paco transitaba por senderos vírgenes que no había pisado nadie, fue el primero en surcar esas rutas que en el capítulo anterior hemos descrito.

Hoy los guitarristas están atiborrados de técnica, pero en su época no existía nada. Enrique de Melchor, un guitarrista sensacional —hijo de Melchor de Marchena, el escudero de Antonio Mairena— y deseado por las primeras figuras flamencas, conoció a Paco de Lucía a través de una película, en la que hacía la banda sonora y tocaba «Mantilla de feria» y se quedó maravillado con el

---

630 Eso mismo le sucedió a Melchor de Marchena, en el episodio del congreso flamenco organizado por el conde de Montarco, referido en páginas anteriores. No pudiendo criticar la forma de tocar de Paco de Lucía, pero no soportando su maestría, le arrebató la guitarra y la guardó en el estuche, dando por finalizada la sesión.

toque de ese algecireño. Con el tiempo se trataron e incluso hicieron una gira por el sur de Francia. Paco tenía veinte años y Enrique diecisiete. Enrique recordaba:

> «Cogimos el avión y no habíamos mirado nada. Y entre los dos montamos con las guitarras cuatro o cinco temas. Al final de la gira teníamos un montón. Porque Paco lo tenía todo muy claro; se sabía la segunda voz, la primera, la suya y la mía mejor que yo... Era una esponja, lo cogía todo al vuelo».

Félix Grande pensaba, que la en ocasiones «violentísima pulsación de Paco de Lucía, la vehemencia tantas veces acongojante de su dulce y terrible música» no solo se debían a su técnica, sino principalmente a «la ansiedad de aquel chico por crecer más aprisa para ayudar a tapar los agujeros de su casa».[631] Este hecho proporcionaba un ingrediente motivacional que potenciaba sus dones y sus facultades naturales.

Sé por propia experiencia que un aficionado que toca de oído sin saber lo que es un «mi o un fa», debe crear una imagen mental de cada acorde y «visualizarlo» en su pensamiento, para recordar que el acorde «tal» combina por «abajo» con el «cual» y por «arriba» complementa con «aquel de allá».

Un guitarrista de conservatorio conoce los nombres, el lenguaje oficial, sabe que hay una secuencia de acordes dominantes, tónicos y subdominantes que tienen una correspondencia matemática, dos trastes más abajo o más arriba con equivalencias precisas. Quien toca de oído debe «crear su propio lenguaje» y su toque «suena a sí mismo», a nadie más[632]. Yo solía bautizar a los acordes con mis propios nombres: «el del dedo largo», «el diagonal», o «el raro», analizaba sus interacciones y cavilaba para mí: el *diagonal* en el primer traste, suena igual que *el de los tres dedos* en el tercero, luego entonces, *el raro* en el primero debe ser *el del dedo largo* en el quinto. Lo colocaba y ... ¡Eureka!, así era. Así memorizaba las secuencias y las equivalencias, mediante jeroglíficos mentales.

---

631 Félix Grande: «El músico de La Isla Verde». *El País*, cit.(8)
632 Casilda Sánchez entrevista en revista *Telva*, cit. (18)

Para los que saben música es fácil identificar estas elucubraciones en una partitura por su nombre real, como *mi*, *fa* o *do* sostenido y saber de entrada que son análogos a otros que también conoce. Y aunque las imágenes se fijan mejor en la memoria si son pocas, el sistema no sirve si hay que memorizar demasiadas. Cuando algún amigo con conocimiento musical venía a casa y me orientaba en mi selva de ignorancia, guiándome con tres coordenadas precisas hacia donde debía localizar las cosas, el progreso se multiplicaba y donde solo había maleza, la luz aparecía.

La comparación es pretenciosa, tratándose en el caso de quien escribe, de un aprendiz que asumía unas pocas memorizaciones, frente a las infinitas que integran la obra del maestro, pero quien se ha visto en esa situación puede comprender perfectamente en su ínfimo nivel, declaraciones de Paco de Lucía, diciendo que «si hubiese tenido conocimientos de solfeo o de armonía, hubiese sido más grande como músico, hubiese hallado de modo inmediato, acordes o equivalencias que le costaba meses localizar, a monte pelado por esa ruta tan agreste».

Por eso Paco de Lucía valoraba muchísimo tener una técnica depurada, para que el tránsito desde la cabeza —donde se imagina la música— hasta el exterior, ya que necesariamente ha de pasar por el instrumento, que lo haga del modo más fluido posible, para que nada se contamine o se pierda por un fallo de ejecución. «Se pinta con el cerebro, no con las manos», decía Miguel Ángel.

David Leiva, transcriptor oficial de Paco de Lucía, anotó:

> «Estar al frente de reactivar la colección oficial de partituras de los discos del maestro y realizar la transcripción de los veinticinco volúmenes de "Antología de Falsetas de Paco de Lucía, por estilos", es un trabajo apasionante, aunque sé que es de gran responsabilidad»[633]

El maestro legó pues veinticinco volúmenes de falsetas. Teniendo en cuenta que al no saber música le costaba «meses localizar acor-

---

633   «Análisis musical de PDL», David de Leiva. *Revista Alboreá* 2012 cit. (54)

des», cabe preguntarse qué hubiera legado, si hubiese cursado estudios musicales.

No obstante, reconocemos en este punto estar igual de perdidos que nuestro guitarrista. «Paco, ¿tú sabes música?» —le preguntaban en una entrevista en un sillón de escay de la salita de su casa, a un Paco muy joven— «Yo no». Respondía candorosamente con un asomo de culpabilidad o por la carencia. «Yo toco lo que sale y si no sale nada no toco».[634] Debió tener una memoria enciclopédica. Paco no sabía música y en cambio, retenía una enorme cantidad de música no escrita a base de recordar miles de acordes y falsetas como imágenes o iconos musicales.

Cuando le preguntaron si era mejor saber o no saber música, respondió que no lo tenía claro; unos le decían que sí y otros que no, porque tal vez la técnica pudiera restar frescura[635]. E igual no iba mal orientado.

Los cerebros de los animales trabajan con «objetos, signos o seres vivos concretos», pero no pueden elaborar «abstractos». El concepto abstracto «barco», por ejemplo, para cualquiera abarca desde una canoa a un trasatlántico. Pero solo un cerebro humano es capaz de hacer eso, el resto de los cerebros del mundo animal, no: basta que le cambien un atributo o un color para que ya lo identifique como otra cosa, no como un barco.[636]

Nuestro cerebro crea estos *abstractos* compuestos de muchos *concretos*, y con ellos crea otros abstractos: de barco puede evolucionar a *medio de transporte* y de ahí a *desplazamiento*. Si los *concretos* fuesen considerados ladrillos en la construcción del conocimiento, los *abstractos* podrían considerarse módulos prefabricados que contienen tabiques o incluso habitaciones, produciéndose un salto cualitativo que nos permite avanzar a una enorme velocidad si ensamblamos estos módulos en lugar de ir uniendo ladrillo a ladrillo.

---

634   Vídeo nº 115 *Rito y geografía del cante. Paco de Lucía,* localizable en el buscador de YouTube introduciendo «evf2yxhvlma», 00:29:55 a 00:30:10.

635   Vídeo nº 115 *Rito y geografía del cante. Paco de Lucía,* localizable en el buscador de YouTube introduciendo «evf2yxhvlma». Y entrevista en *Telva* cit. (18)

636   Seguimos en este razonamiento, de nuevo, al profesor Mora en la obra citada *Cómo funciona…*

De este modo, el músico que lee música se ciñe a su partitura concreta, pero el que toca de oído progresa a lomos de conceptos abstractos, imágenes musicales que avanzan a galope compuestas de miles de unidades concretas. Otra cosa será codificar o retener todo eso de modo ordenado, pero la aceleración creativa del músico de oído es mucho mayor, por la simple razón de que, pensando, enlazamos conceptos mucho más rápido que leyendo.

Además, este ejercicio —anudar estas redes que forman estos conceptos— modifican físicamente nuestras estructuras cerebrales y a cada paso dado en esta dirección, los procesos mentales se vuelven más potentes y nos hacen más diestros.[637]

Así avanzaba Paco de Lucía componiendo su música.

De modo que, la creatividad, realizar una obra nueva, necesita de ambos componentes, toda vez que, sin ladrillos, sin conocimiento previo, no podríamos subir a los escalones superiores de esas estructuras. O lo que es lo mismo: sin esfuerzo y trabajo, como Paco decía, tampoco habrá creatividad.

La creatividad sería algo así como el paso de una realidad objetiva que cada cual puede contemplar, una tempestad, por ejemplo, a plasmar a través de un lenguaje —sea en un cuadro o en una composición musical— nuestra idea de *cómo vemos o qué nos transmite* esa tempestad. Por eso los artistas nos comunican con su arte «su realidad», su modo de ver las cosas, de crear sus particulares abstracciones, que son únicas para cada individuo y cambiantes según su estado de ánimo concreto.

Jorge Pardo me refería que «en realidad Paco —¡qué fíjate la revolución que formó en la guitarra!—, sin embargo, repetía mucho las mismas secuencias musicales y reiteraba muchas veces lo mismo». Es cierto. Pero también lo es que, si escuchamos atentamente a Bach, las reiteraciones y variaciones sobre el mismo tema son redundantes e infinitas, y no nos referimos a su obra completa, sino a una misma cantata. En los *Conciertos de Brandemburgo* mismamente, el maestro de Leipzig no para de volver a las mismas melodías, añadiendo solamente una sutil variación en cada una de ellas. Y el resultado final, lejos de ser repetitivo, fascina precisa-

---

637 Según Mora, *Cómo funciona...* cit. pág. 257

mente por el hecho de que solo variando un armónico aquí o allá, conseguía un resultado uniforme, aparentemente igual, pero sutilmente diferente y sugerente a cada paso, retornando a una melodía que el oyente espera en el momento preciso e identifica como el núcleo central del argumento musical.

Eso precisamente, es lo que hace Paco en las bulerías «Río de la Miel» del disco *Luzía*: incluir una estrofa musical que vuelve cada cierto tiempo y que podemos predecir cuándo llegará. No digamos ya lo que hacen con este recurso, obras como la *Sinfonía nº 40 de Mozart*, o en su máximo exponente el *Bolero de Ravel* o el *Canon de Pachelbel*: obras maestras, pero en realidad, pura reiteración con sutilezas añadidas en cada nuevo compás.

Hay falsetas —como una que me fascina— que Paco toca en un concierto en Bratislava en 1988[638] y después la incluye en las bulerías «Soniquete» del disco *Zyryab*, en 1990,[639] y posteriormente la encontramos mejorada justo en el inicio del tema «La calle de los lunares» del disco *Potro de rabia y miel*, que salió en 1992. Con ella le da la entrada para cantar a Camarón, cuatro años después. Es la misma falseta. Pero tratándose del hombre que jamás repetía algo idéntico, en el disco de Camarón le añade un remate en forma de vertiginoso picado que no incluyó en la primera y segunda versiones citadas. Una sofisticación más, un rizo añadido incrustando un largo picado de más de veinte notas cuando parecía que ya no se podía incluir una sola nota más en ese compás. Al terminar ese picado, Paco como un buen subalterno de brega, le deja en suerte el toro al cantaor, en «La calle de los lunares» para que Camarón comience su faena:

«En el baúl de los recuerdos siempre miro tu retrato [...]»

Escuchen las tres falsetas cuando tengan tiempo y juzguen ustedes mismos. En el disco del *Potro de rabia y miel*, cuando la falseta de Paco termina con ese picado bestial y comienza a hacerle compás de entrada a José, uno se viene tan arriba que cree que puede empezar a cantar por bulerías.

---

638   Vídeo nº 222, 00:04:05; localizable en el buscador de YouTube introduciendo «paco de lucia bratislava 1988».

639   Minuto 5.20 de la bulerías Soniquete, en versión original grabada en el disco Zyryab.

Estas comparaciones que hemos relatado, que emparentan la música de Paco de Lucía con la de Bach, Mozart o Ravel, son rigurosas, y nos dan idea de la talla de la destreza musical que nuestro artista poseía sin haber seguido estudios reglados, simplemente captaba estos recursos oyendo la música de estos clásicos y las volcaba en sus composiciones. Eso es talento, un talento superlativo.

Paco de Lucía, como hemos dicho, nunca tocaba un mismo tema de nuevo, igual que cuando fue grabado por primera vez. La propia rumba «Entre dos aguas», nunca se ha oído de sus manos tal como se grabó. Pese a ello, las piezas presentan una identidad absolutamente reconocible, lo que evidencia de que son composiciones totalmente vertebradas —dotadas de una estructura perfecta, un argumento musical y sobre todo una melodía, una armonía compensada y coherente, tan flexible y equilibrada— que admiten variaciones de matiz sin sonar distinto.

Siendo piezas instrumentales, con un número inmenso de notas por cada compás —porque nadie metía tantísimas notas por unidad de tiempo como él— la mayoría de los fragmentos de sus falsetas son tarareables y pegadizos, no son una sucesión de picados o alzapúas abstractos carentes de melodía y armonía, son en realidad «canciones», composiciones llenas de musicalidad, que se memorizan y se pueden silbar o musitar. Y lo mejor es que, como acude a complejos recursos de afinación —como en los tangos «La cañada» por ejemplo, en los que altera la clásica afinación de las cuerdas salvo la 5ª y 3ª— consigue un ambiente nuevo impresionante, y cada vez que se oyen, se encuentra una nota o un golpe nuevo, algo que no se captó en la vez anterior. Eso pasa con las obras maestras, como las Cantatas de Bach, la 40 de Mozart o el Peer Gynt de Grieg: su melodía se nos queda fácil, la reconocemos, pero cada vez que la oímos descubrimos algo que nos suena diferente.

Haga una prueba el lector: escuche el trémolo del principio de la taranta *Fuente y Caudal* hasta que consiga, sino memorizar, sí familiarizarse con la melodía. Le sonará a trémolo de taranta puro. No hay duda. Escúchelo de nuevo una vez más por favor, pero en esta ocasión, vaya siguiendo la melodía, suponiendo que es usted, querido lector o lectora, un tenor o soprano de ópera que la va cantando con su mano al pecho. Hágalo, cante cualquier tarareo o invente una letra y cante impostando su voz como lo haría un lírico, siguiendo esa música. Encaja perfectamente. Podría ser dignamente un aria de Verdi o un fragmento de zarzuela. ¿Y si ahora imaginamos tocando esa melodía una banda de música de las que acompañan a los pasos de las vírgenes dolorosas de Sevilla? Pues lo mismo, también encaja.

La música de Paco de Lucía es versátil, es universal, es como la música sinfónica de Beethoven o cualquiera de los grandes clásicos, que igual podemos disfrutarla en un teatro en directo, que nos va como anillo al dedo para una escena de un largometraje. De hecho, Paco ganó un Goya a la mejor banda sonora con *Canción de amor.*

Hay un proyecto de hacer música sinfónica con las composiciones de Paco de Lucía que, si se lleva a cabo, nos brindará un descubrimiento colosal. Acuérdense.

Como interprete y ejecutor, poseía la soltura y la seguridad que proporcionan tantos años de encierro y de escenario con la guitarra. El instrumento era un apéndice más del cuerpo de Paco de Lucía.

Era capaz de afinar sobre la marcha en medio de la ejecución de un tema, ajustando una cuerda mientras tocaba. Controlaba el sonido, desde el propio escenario ante el público y tocando, dirigía al grupo con la mirada, con los gestos o con la barbilla, aprobando con una sonrisa lo bueno o con una mueca lo malo. Estaba pendiente en escena de todo lo que sucedía y captaba el más mínimo fallo. Cuando él fallaba, incluso, la forma en que reparaba lo mal ejecutado, debe incluirse también entre las destrezas: no dejaba estar el fallo y seguía tocando como si nada hubiese pasado, volvía un compás atrás como si rebobinase, envolvía el fallo en la melodía y lo hacía de nuevo como se debía hacer. Si no conocías perfectamente el tema que estaba tocando, o no apreciabas que los del grupo le lanzaban un «ole» con guasa, el gazapo pasaba desapercibido, de lo bien que lo enmendaba. Manuel Acal decía, rendido ante tanta pericia: «Hasta en los fallos hace música el niño de la Lucía».[640]

Juan Manuel Cañizares me definió perfectamente a Paco tocando, cuando le pregunté, compartiendo un café, cómo lo veía

---

640   Cuesta trabajo asimilar incluso, que Paco de Lucía fallaba.

él —siendo guitarrista— cuando preparaban un tema o cuando superaba una dificultad. Su respuesta fue inmediata.

«Manuel, cuando tú dices café, ¿tú piensas que dices c-a-f-é con acento en la é? ¿O que tu aparato de fonación debe subir la lengua para la /c/, abrir la boca para la /a/, etc.? No. Tú dices: "café". No lo piensas. Pues el aparato de fonación de Paco era la guitarra. Él tocaba como un ciego, sin mirarse las manos, sin ir paso a paso en lo que hacía. Igual que conduces o caminas. Salía y punto. De su cerebro a tu oído no había intermediarios. Tú le preguntabas cómo sonaba algo que él nunca hubiese tocado —lo que fuese— y en lugar de responder como cualquiera hubiese hecho, de palabra o tarareando, lo hacía directo con la guitarra e iba diciendo así, así, o así. Y no faltaba ni una nota. Perfecto. Inconscientemente automático. Como quien habla, él se expresaba con la guitarra. De hecho, a veces cuando estábamos de charla, conversando, solía tenerla en las manos rascándola, era para él como una prenda de vestir, estaba más cómodo si la tenía encima, que si no. Si le decías que hiciese alguna falseta más despacio para poderla ver, no le salía. Se había concebido deprisa y de una vez. Le costaba tanto como si nos piden hablar deletreando. Tenía que repetirla mucho y así la cogíamos». [641]

No debe olvidarse que su aprendizaje intenso fue en su infancia, etapa en que se graba todo de forma indeleble en el lóbulo frontal del cerebro, el responsable de los procesos cognitivos complejos y las funciones ejecutivas. A esa temprana edad, somos maleables, todo entra sin filtros ni condicionantes y se fija de por vida. ¿Quién no recuerda un hábito de la niñez que nunca se le ha borrado y que domina perfectamente muchos años después? Quien haya aprendido a tocar de niño y haya continuado de adulto, ejecutará mejor las primeras falsetas aprendidas hace años, que las últimas de hace meses. Y Paco de chaval, con quince o dieciséis años ya era un profesional, no solo avezado sino aventajadísimo.

---

641 Notas tomadas de entrevista en el Simposio.

El hombre nace con su cerebro en blanco, como un cuaderno sin estrenar. En él solo hay potencialidades concretas heredadas genéticamente, pero que, sin desarrollar, no son nada. Para que un cerebro consiga coordinar las órdenes necesarias que debe enviar a través de las terminaciones nerviosas, para que los cuarenta y cuatro músculos, más el resto de las estructuras que componen nuestros brazos y manos, consigan pulsar las cuerdas de una guitarra, hace falta mucho entrenamiento. Y para que se interpreten las señales táctiles de los dedos y se consiga formar con esos impulsos motores, una precisa melodía, hace falta un repertorio de actos coordinados casi infinito. Y todavía no hemos comenzado a intentar que además suene brillante en la ejecución y bonito en la interpretación.

Adquirir estas habilidades motoras requiere reiteración y en cada ejecución, se añade algo más de refinamiento que actualiza y mejora la labor. Nunca una operación de este tipo llega al nivel de destreza que se alcanza, cuando esta tarea se aprende siendo niño.

Pero en la infancia no solo se produce esta impregnación racional o cognitiva, sino también la emotiva. En el limbo de las emociones o de los sentimientos, en el sistema límbico de nuestra mente, se localiza esa «chispa» que enciende la conducta del ser humano. Sin este chispazo previo —emocional— que surge al inicio de una tarea, difícilmente esta se realizará bien. Porque, aunque logremos hacerla, la estaremos llevando a cabo del modo mecánicamente aprendido, sin *querer*, sin *desear* hacerla.

Las emociones son estos destellos de deseo —de *desear,* de *querer* hacer algo— que lubrican los procesos y facilitan el éxito de lo que se acomete. En cada tarea que tengamos por delante para emprender, uno escogerá o priorizará, aquello que más le guste, que más satisfacción o recompensa le produzca y le cause la menor desazón posible. De este modo, inconscientemente, tendemos a crear un hábitat a nuestro alrededor (a través de lo que hacemos) que nos cause sensaciones agradables, que nos haga sentir bien. La felicidad o el bienestar, no es la fama o un buen coche. Estos son los medios, los instrumentos de los que nos servimos para construir esa sensación límbica, que, convencionalmente hemos dado en llamar *placer* cuando es fugaz y *felicidad* cuando se convierte en estable y perdura. Y esa sensación es diferente para individuo. Para un lactante puede ser mamar, u oler a su madre; para un sádico torturar o para un entomólogo una exótica crisálida. O incluso para nosotros mismos, puede ser diferente según el momento vital en que nos encontremos. Quien lo logre en un momento concreto de su vida con la escritura, con la pintura o, en el caso estudiado, con la guitarra, obteniendo ese subidón sensacional que produce la magia de expresar o hacer música tocando excelsamente, no priorizará en ese instante el dinero o una buena casa.

Dicho lo cual y centrándonos en Paco de Lucía, nuestro guitarrista tampoco responde en esta línea —y una vez más— a un estándar definido, encajando de un modo claro en un patrón claramente emotivo o en uno racional. Siendo el arquetipo del genio, definía su método y el resultado del éxito de su trabajo como «un 95 por ciento de transpiración y un cinco por ciento de inspiración». Era un perfeccionista que rozaba lo anancástico. Ensalzaba las bondades del esfuerzo constante y la investigación y no lo fiaba todo a los efluvios mágicos de la inspiración, a la que —según él— debía añadirse mucho esfuerzo.

> «No creo —decía el mejor improvisador del mundo— en la genialidad espontánea. El talento que uno pueda tener no es suficiente. Uno debe continuar esforzándose siempre como el primer día. Yo practico —toco— más de ocho horas al día, desde que era niño y a eso en mi tierra le llaman duende».[642]

Cierto que nos cuentan que Arquímedes alcanzó su descubrimiento mediante un ¡eureka! casual, literalmente caído del cielo, mientras se sumergía en su bañera llena hasta el borde y reparando en cómo se derramaba el agua. Lo que no suele referirse, y conviene saber, es que el sabio de Siracusa llevaba meses devanándose los sesos, formulando, ensayando y acumulando conocimiento para poder interpretar correctamente ese *eureka* cuando llegó, porque a los que se habían bañado antes que él en esa misma bañera, el rebose del agua no les comunicó nada.

---

642 En un artículo en *ABC de Sevilla* esta frase de Paco de Lucía, la hizo suya, nada menos que Felipe Benjumea presidente de ABENGOA, citando a nuestro hombre como un modelo de esfuerzo personal.

Aseguraba pues Paco que, sin trabajar, sin sudar y sin estudiar, nada sale bien.[643] «Si la inspiración ha de llegar, mejor que te coja trabajando», decía Picasso; y nuestro guitarrista pensaba igual.

No sabemos si esos porcentajes que él citaba eran cifras rigurosas y sería también interesante saber si cuando formuló esa regla, se refería a la ejecución a la hora de tocar o a la labor de componer. Porque no debemos olvidar que Paco de Lucía componía toda su música desde que, siendo muy joven, Sabicas se lo recomendó.

Y difiere mucho la labor de intérprete —tarea en la que cuenta más la técnica (adquirida a base de práctica y entrenamiento)— de la faceta de compositor:

> «Cuando subes al escenario tienes que ser un buen técnico, tiene que haber una fuerza física, debes tener brillantez... Te subes y ya no puedes permitirte el lujo de dudar, hay que ir a por todas. En cambio, el Paco de Lucía que está encerrado componiendo está lleno de dudas y de ansiedad y de toda esa mierda que te hace polvo».[644]

Componer no se logra solo a base de entrenamiento y sudor. Tiene que surgir de las emociones y no es fruto únicamente de la persistencia, sino de sensaciones que se experimentarán si nuestro estado de ánimo nos lo permite ese día, y si no, no fluirán. En este aspecto, como compositor, los porcentajes que llevan al éxito de una creación bella tal vez no son tan asimilados a los anteriores.

Entonces, ¿qué es la creatividad?

Si recurrimos al concepto, según lo entienden los neurocientíficos, resulta ser «la acción o proceso de producir algo nuevo, diferente, original y útil»[645]. Pero ¿es la creatividad un proceso pasivo en el que las creaciones asoman sin más a la conciencia? ¿Es acaso un proceso cerebral que solo poseen los genios?

El producto de la creatividad es algo único y nuevo por definición, un proceso individual en el que la personalidad del autor

---

643   Vídeo nº 18, localizable en el buscador de YouTube introduciendo «flamenco andalucía especial paco de lucía», 00:14:35 a 00:15:20.
644   «Paco de Lucía: "He llegado a ver fantasmas por las esquinas …"» *ABC*, cit. (70)
645   Mora, *Como funciona el cerebro*, cit.

determina en grado sumo el resultado: no compondrá la misma música un introvertido que un eufórico, pero sea como fuere, si la creación es sublime, siempre serán los autores mentes brillantes, personas inteligentes.

En efecto, «las grandes creaciones han sido siempre producto de esos cerebros privilegiados que hemos convenido en llamar genios, como lo fueron Bach, Newton o Einstein y tantos otros. Cerebros cuyo ingrediente básico "creativo" es absolutamente desconocido»,[646] aun cuando nadie duda que deben confluir dos factores: «una impronta genética única expresada en circuitos cerebrales específicos, unida a una vida también desarrollada en ambientes familiares y sociales asimismo privilegiados para que surja un genio. Bach no hubiese sido Bach si hubiese crecido en un ambiente familiar y social rico en cualquier cosa que no fuese la música».[647] Francisco Sánchez tampoco hubiese sido Paco de Lucía, si no hubiese poseído cualidades y nacido en un ambiente impregnado de flamenco.

Pero hace falta además un tercer factor para culminar el proceso creativo: el contexto. Una creación no valdrá nada si no consigue encajar en el contexto de una cultura determinada que la entienda, la asimile y la siga, sin ello no tendrá sentido lo creado.

Se cuenta esta anécdota que referimos a continuación, sobre Demócrito la primera persona (un filósofo griego presocrático) que habló de átomos:

«Demócrito tomó una decisión. Y habló en el Ágora.

Y construyó, pieza por pieza, parte por parte, un mundo infinitamente pequeño.

—Los átomos se mueven en el vacío; agrupándose dan origen a las formas, los fenómenos, los cambios, el nacimiento y la muerte.

—¡Locura! — exclamó una voz.

—¡Está chiflado! —añadió otra.

—¡Tu átomo!... ¡Producto de tu fantasía!...

—¡Engendro de tu delirio!

Y toda el Ágora se llenó de carcajadas estrepitosas.

---

646 Mora, *Como funciona el cerebro*, cit.
647

—¡Por el alma del Universo! —gimió Demócrito con
ansiedad y tristeza— ¿Me
habré vuelto loco...?». [648]

Demócrito murió en el 370 a. C. Nadie lo entendía entonces.

Fuera del contexto, la creación puede no significar nada, tal vez
Van Gogh o Beethoven no hubiesen sido comprendidos en la Roma
clásica o el Renacimiento. De hecho, Van Gogh no lo fue ni siquiera
entre sus contemporáneos, y a Demócrito le sucedió lo mismo,
pese a la gigantesca intuición que demostró. Crear tiene sentido si
la gente entiende lo que hemos hecho, sea una pintura, un poema
o un teorema.

Volviendo a Paco de Lucía, a veces es difícil decidir qué parte de
su éxito global debemos atribuirlo a la destreza, al entrenamiento,
al duende o al genio. ¿Había más técnica o chispa? ¿Influyó más su
genética, sus facultades, o el entorno? Cada cual puede formar su
propia convicción al respecto.

También hay que tener en cuenta que los individuos inteligentes,
y él lo era en grado sumo, nos parecen más creativos porque tienen
más «memoria de trabajo», pueden recordar y localizar más información relacionada con la tarea que les ocupa, debido a la gran
cantidad de material que han ido almacenando, dando así la falsa
impresión de que su genial virtuosísimo les cae del cielo, como un
don sobrenatural que le regalan las musas en ese momento, cuando
en realidad están, por decirlo así, «procesando información acu-
mulada». ¿Son, o parecen creativos entonces? ¿Crean estas personas o recuerdan? Esa la cuestión. Es muy difícil acertar. La regla
proporcional de Paco en el momento que la formuló otorgaba un
cinco por ciento del éxito a las musas y noventa y cinco al sudor, y
cada cual, puede situar el fiel de la balanza donde crea conveniente.

Las emociones son iniciativas novedosas, destellos de deseo,
hemos dicho antes. Y la curiosidad y las emociones son fundamentales para crear. Son ese aguijonazo que nos mueve a resolver
cualquier situación de modo original, encontrando una solución
nueva, y esa ignición no la dominamos: es como un relé incons-

---

648   K. A. Schenzinger. «Átomo». Tomado de la obra *Como funciona el cerebro*
Francisco Mora, Alianza Editorial, 2007 cit. pág. 245

ciente que de pronto salta. Tal que así lo describía Mozart, que algo de composición musical sabía:

> «Cuando estoy, por así decirlo, completamente conmigo mismo, completamente solo, o durante la noche cuando no puedo dormir, es en estas ocasiones que mis ideas fluyen en mi abundantemente. ¿Cuándo y cómo vienen esas ideas? No lo sé. Lo que sí sé es que vienen solas, espontáneamente, y que no puedo forzarme a producirlas».[649]

Solo se torna consciente y se desarrolla este impulso, con el conocimiento que tenemos de la materia y así es como se convierte en una idea o una creación entendible[650].

Son tan fundamentales las emociones que la naturaleza les ha cedido otro cerebro dentro del cerebro: el cerebro límbico ubicado anatómicamente por debajo de la corteza más superficial. Sin ellas (y solo con inteligencia y entrenamiento físico) no habría creatividad, habría solo reiteración de comportamientos sabidos o aprendidos. Comportamientos que, en algún momento primigenio hubieron de ser tal vez creados, por tanto, podemos afirmar que sin emociones quizás no habría nada, o al menos y desde luego, no habría avance ni progreso. Por consiguiente, sin querer pecar de excesivamente teóricos, tal vez podríamos definir el proceso creativo como el paso de la curiosidad a la emoción, que desemboca en una obra de nueva creación que posteriormente podríamos aprehender y repetir.

No obstante, aunque las fronteras de estos mundos distan tanto de ser nítidas, como nosotros de ser expertos en esta materia, una vez analizados los aspectos más formales de la labor de componer, estamos seguros de que los porcentajes de dedicación aquí dan más margen a la inspiración que a la transpiración. Cuentan más para el compositor los efluvios del alma, y los centelleos inesperados, que el entrenamiento y sudor que requiere la faceta de interprete.

Si han oído (y si no lo han hecho, búsquenla y háganlo) la «Canción de amor» de Paco de Lucía, díganme si esa belleza puede

---

649 Wolfgang Amadeus Mozart. Tomado de *Como funciona el cerebro,* cit. pág. 245
650 Seguimos nuestra obra guía en la materia *Como funciona el cerebro*, Mora, F. cit.

nacer de un entrenamiento mecánico de actos y movimientos musculares. ¿Puede esta hermosa composición que le valió un Goya, proceder de un gimnasio? Claro que no. Eso llega por otra vía, tal vez por la «vía Mozart». Eso transita por el circuito de los sentimientos. Eso es pellizco. Paco, como describe Caballero Bonald: «Superada su desaforada perfección, quiso llegar a más: necesitaba posponer la técnica a la sensibilidad»[651].

Por tanto, Paco de Lucía, no solo era un técnico o un ejecutor sublime, eso solo lo piensan quienes no han oído bien su música. Era también un artista sensible, un inspirado ocasional. Ocasional, porque todos los días no se puede esculpir una *Pietá* o pintar una *Sixtina*, eso sale cuando sale, pero el día que eso aflora se acelera la respiración, el corazón late más fuerte, fluye sangre que ruboriza las mejillas y se abren las ventanas nasales, y todo ello sucede de modo automático e involuntario. En esos momentos sí puede haber *duendes* rondando al artista.

Por último, habiendo hablado ya de melodías y armonías, el análisis de una buena composición musical estaría incompleto si no tratásemos el ritmo: al compás de Paco hay que dedicarle un apartado especial.

Carles Benavent afirmaba:

> «En el flamenco es fácil que te pierdas porque tiene unas intensidades muy fuertes y es fácil que te aceleres. Pero Paco, es una máquina perfecta, pasa de un picado súper agresivo o un rasgueo potente, al trémolo más delicado sin que el tiempo varié ni un ápice»[652].

Paco quiso ilustrar la frase de su querido bajista, tocando por bulerías y haciendo eso que Benavent dice. Pero eso hay que verlo, no contarlo.[653]

651 *La guitarra iluminada*. J. M. Caballero Bonald. *Paco de Lucía. La búsqueda*, libreto del documental, Ziggurat films, varios autores, 2015.
652 Vídeo nº 213, documental *Paco de Lucía. La búsqueda*, 00:29:30 a 00:29:48 y entrevista personal.
653 No dejar de ver el vídeo nº 150, «Paco de Lucia Buleria alla Paco!», desde 00:07:30 a 00:08:30

Acordes y escalas imposibles que un guitarrista experto tarda días en poder tocar limpio, él los localizaba en su cabeza, o los improvisaba, implementando lo que estaba tocando en ese momento en pleno escenario y los colocaba en su sitio durante un micro fotograma de tiempo, para dar una nota casi imperceptible, que le obligaba a viajar desde el segundo traste al octavo y vuelta al primero, en un movimiento relámpago que duraba la décima parte de un segundo en una pieza de doce minutos. Esa precisa nota sutil, fugaz, y dada limpia como un cristal y *perfectamente a compás*, era la diferencia entre la vulgaridad y lo genial. Entre escuchar a Paco u oír a otro. No lo duden ni un instante. Si quieren un ejemplo, busquen en internet algún video donde se vea a Paco de Lucía tocando «Montiño» y comprobarán que la mano de Paco va más rápido que su vista, sin perder por ello ni un segundo el compás.

Paco de Lucía volvía locos a sus colegas, como decía Manolo Sanlúcar, saltando en el sofá ante la televisión.[654] El guitarrista Emilio de Diego, que también tocó con él, lo plasmó más castizamente:

> «Paco me hacía cosas maquiavélicas muchas veces, el cabrón. Es que era un monstruo, pero de verdad. Empezaba a hacer cosas que están prohibidas anatómicamente, guitarrísticamente, musicalmente; prohibidas para todos, menos para él»[655].

Pero todas esas acrobacias no tendrían mérito alguno si no estuviesen tocadas perfectamente a compás. La armonía saltaría por los aires.

> «El fraseo nítido de Paco de Lucía es en realidad una interpretación muy personal y rítmicamente compleja de esquemas melódicos sencillos y pegadizos. Sus melodías, fácilmente memorizables y tarareables, resultan mucho más difíciles a la hora de ejecutarlas. Dar la apariencia de lo fácilmente cantable y a la vez mantener un complejo dinamismo rítmico o "aire"

654 Referido en *Sevilla Flamenca*, nº 77
655 *El País*, Miguel Mora. 2014 cit. (22)

para sostenerlas, son quizá las dificultades que suelen encontrar los guitarristas a la hora de interpretarlas».[656]

Y esos complejos ritmos flamencos, Paco de Lucía los asimiló a los ocho años. Cuando empezó a tocar, su metrónomo biológico inconsciente, estaba ya perfectamente ajustado y Paco tocaba a compás o cazaba al que se había ido de compás, de modo instintivo, como el que nota un olor. Dentro del aprendizaje o la asimilación musical de la guitarra, lo más difícil de aprender es llevar compás. Los acordes pueden trabajarse y toda la técnica de pulsar cuerdas, es cuestión de entrenamiento poderla realizar. Pero el compás es un automatismo inconsciente. Si leemos fijándonos en cada letra no podemos. Si al montar en bicicleta, piensas de modo consciente en el equilibrio y miras la rueda delantera te caes. Debes mirar al frente y no pensar, que es tanto como fiarlo todo a los movimientos involuntarios que realizamos de modo automático. Si pensamos al tocar, en cada golpe de ritmo, también perdemos el compás. Debemos dejar que el ritmo nos invada y que nuestro subconsciente nos guíe. Todos sabemos que estas destrezas automáticas se asimilan mejor en la infancia.

Por eso Carles Benavent, su bajista catalán, se maravillaba de su destreza. Paco de Lucía al nacer en un ambiente familiar donde siempre hubo flamencos cantando y tocando en el patio de su casa, se impregnó de compás, igual entre sueños desde su habitación. Le sobrevino en la infancia, como a esos gitanitos que a veces vemos bailando por bulerías con un ritmo de cronómetro de precisión a los cinco años. Los compases flamencos eran los sonidos de su niñez, tan perennes de por vida en su recuerdo como el aroma de su madre, y esa escuela de patio de casa, se da menos en Cataluña que en Andalucía la baja.

Lo cierto es que sea técnica, duende o genio, viendo tocar a Paco te atrapa todo, desde la sensibilidad de la composición, hasta la fuerza con la que toca a compás. Demos gracias, para ir cerrando el capítulo, de que podemos retener esos videos como recuerdo ahora

---

656 *Claves para una lectura musical ...* cit. (55) Ya comentamos que «Entre dos aguas», una pieza complejísima se acompaña con seis acordes sencillos solamente.

que ya Paco no está. Cuando dispongan de unos minutos, y no sepan qué hacer, busquen uno cualquiera y vean a Paco tocando, verán que bien se quedan después de hacerlo.

A veces encontramos individuos en los que domina un rasgo negativo de la personalidad, que se sobrepone y oculta a otro u otros positivos, con tanta fuerza, que da como resultado, que la nota o valoración global del sujeto sea negativa. Otras veces sucede a la inversa, encontramos personas no muy inteligentes, que poseen, por ejemplo, una bondad natural atractiva que los hace queridos, y la nota media en este caso, resulta positiva. Podríamos citar el caso notorio de Winston Churchill, un sujeto irascible y soberbio, con un enorme talento político, que durante un tiempo no brillaba lo suficiente a causa de los defectos que lo envolvían. Su parte negativa fue la predominante. No obstante, la historia lo situó en una tesitura, en la que sus cualidades fueron virtudes y eclipsaron a sus defectos y hoy recodamos de él su parte positiva, que terminó ensombreciendo a la negativa, logrando un holgado aprobado final. De no haber estallado la Segunda Guerra Mundial, hubiese pasado a los libros, sin duda alguna, como un histrión.

Pero sucede menos veces que los planetas se alinean y los rasgos de la personalidad no son antagonistas, sino que suman en la misma dirección. Cuando eso sucede, la fuerza y la potencia se duplican y suele surgir un genio. Nuestro guitarrista tampoco responde en esta línea —y una vez más— a un patrón definido. Paco de Lucía era intuitivo, pero también metódico como un opositor y ambos valores sumaban. Estaba dotado genéticamente y vivió en el ambiente. Como interprete tenía limpieza en el fraseo y ritmo; melodía, armonía y compás. Como compositor, su cerebro destellaba como las luces de un árbol de navidad. Era la amalgama idónea. Algo había en su interior, que vencía a la indolencia, a base de disciplina y tesón, que seguían siendo las brújulas de su vida. El mismo día de su muerte, antes de irse a jugar a la playa con sus hijos, había dejado preparada la mesa de sonido, para empezar a componer y grabar al día siguiente. Iba a ser un disco de flamenco puro, de guitarra y palmas y si no lo aceptaban en la discográfica, estaba dispuesto a salirse y hacerlo por su cuenta.[657]

Paco poseía y dominaba el sagrado binomio: perseverante y constante como los técnicos, e intuitivo y genial como los artistas, para que pudiésemos disfrutar hasta de la última gota de su talento.

Y le sacó provecho, además, como ahora veremos.

3. MÉTODO DE TRABAJO

Analizadas ya las cualidades y aptitudes del artista y refiriéndonos ahora a su puesta en práctica, vamos a repasar a continuación como era su método de trabajo y permítasenos, en primer lugar, ocuparnos de su perfeccionismo.

Todos al sentirnos observados nos tensamos. Y, por supuesto, también los artistas.

El hecho de que la creación y expresión del artista vayan a quedar registradas en una grabación o que se representen ante cientos de personas en un teatro y queden expuestas a la crítica en prensa al día siguiente, cohíben —qué duda cabe— a cualquier persona por experimentada y serena que sea. Su reputación está en juego. En tales casos, o se posee una técnica depurada y una seguridad en la que apoyarse, o para un artista puede suponer que la exteriorización de su talento se inhiba en parte por ese condicionante. Como ya dijimos, la técnica se adquiere y se domina a base de reiteración, de muchas horas de práctica con el instrumento. Solo con el duende, no se llega a casi nada y menos a ser Paco de Lucía.

Los músicos que tocaban con él lo definían como un obseso de la perfección. E incluso él mismo se definía así, llevando su obsesión al paroxismo.[658] «Yo sería feliz —llegó a decir— haciendo un disco toda la vida, e ir retocando, retocando y retocando, hasta que ya no puedes más porque al final te mueres».[659]

657   Lucía Sánchez entrevista personal cit.

658   Vídeo nº 122, 00:50:40 a 00:51:32 localizable en el buscador de YouTube introduciendo «Francisco Sánchez, Paco de Lucía english subtitles» y Vídeo nº 213, documental *Paco de Lucía. La búsqueda 01:18:25*

659   Vídeo nº 122, 01:08:13 a 01:08:30, localizable en el buscador de YouTube

Que facilidad tenía el maestro para dictar sentencias aplicables a cualquier disciplina. Escribiendo un texto largo mismamente, ¿quién no vuelve continuamente atrás? Se retoca un término, se escoge un sinónimo y al releerlo al día siguiente, se vuelve a incluir lo que se había cambiado en una autocensura infinita. ¡Es el nunca acabar! La idea de que hubo algo que pudo perfeccionarse y no se hizo es atenazadora. En cada corrección que mejora el conjunto se siente una pequeña satisfacción y si salen las cosas bien, se siente el deseo de no querer nunca culminar la obra y seguir retocándola. En un proceso creativo se teme la finalización del trabajo, momento en que nos sometemos al veredicto de los demás (y al nuestro propio) y se prefiere el más placentero estado de estar retocando eternamente en la intimidad. ¿Les ha pasado algo así alguna vez?[660]

En los procesos creativos artísticos, más que en los de otro tipo, los autores sufren desazón debido a la inestabilidad emocional que produce el viraje, desde el placer de crear, al miedo de no gustar o no ser comprendido.

> «En fin, es muy difícil ser objetivo cuando es algo tan tuyo. A veces me gustaría salirme de mí para poder verme desde fuera y tener la objetividad que yo quisiera, porque uno tiene una necesidad tan fuerte de que aquello esté bien que a veces te puedes confundir».[661]

Estos estados son variables en función de la personalidad del artista. Como decía Paco de Lucía: no había droga que proporcionase más placer que esos días buenos, cuando la música fluía, lo invadía todo y las armonías encajaban, «a veces es quince segundos en una semana, a lo mejor, y te estoy poniendo un porcentaje quizás un poco alto. Eso sí, no hay nada en el mundo que dé más gusto».[662]

Nuestro músico navegaba bien por las aguas de la constancia y la perseverancia. Tenía control de sí mismo y cabeza. Su hermano

---

introduciendo «Francisco Sánchez, Paco de Lucía english subtitles».
660 ¿De dónde sacaría este hombre tanto sentido común y tanto razonamiento útil, para cualquier persona o situación? ¡Si solo era un guitarrista! Bueno, en realidad, si solo fuese eso, no estaríamos aquí escribiendo.
661 «Paco de Lucía: "He llegado a ver fantasmas …"». *ABC de Sevilla*, cit. (70)
662 *Ídem.*

Pepe decía, recordando su infancia, que se llevaban un año y nueve meses, pero que convivencia con Paco casi no tuvo entonces, porque él siempre estaba estudiando. Pepe, más relajado, le daba la lata para que saliera «pero él decía que no. Que no, "papá no me deja", decía. Él sí que era un viejo, siempre tuvo súper claro lo que quería». Pepe lo recuerda siempre con el mismo respeto reverencial hacia el flamenco y hacia su instrumento, perpetuamente arrimado a la guitarra y al magnetofón. «Paco de Lucía no tuvo infancia. Lo suyo fue solo estudiar, estudiar y estudiar, salvo en las ferias de Algeciras y cuatro o cinco escapadillas contadas».[663]

Esa disciplina suponía un nuevo modo de trabajar en el flamenco que nadie había aplicado hasta entonces hasta el nivel que él lo hizo.

Paco de Lucía no hizo un milagro, solo aplicó un método. Hizo exactamente lo que los músicos clásicos —violinistas, pianistas y otros virtuosos— llevaban aplicando toda la vida: estudiar para instruirse, practicar y trabajar las horas necesarias con el instrumento y así avanzar. Paco injertó la disciplina y la organización en un arte no académico como el flamenco que se aprendía tradicionalmente por imitación, donde la sistemática, la obligación de ensayar y el rigor, no contaban en la década de los cincuenta y sesenta[664]. Paco de Lucía fue quien sacó al flamenco de los reinos de las tascas y los tugurios y lo elevó a la dignidad de disciplina musical. Luego muchos han ayudado y han contribuido, pero él y Manolo Sanlúcar fueron los primeros que aplicaron un método de estudio riguroso.[665]

En los talleres de la Fundación Casa de Medina Sidonia, en Sanlúcar de Barrameda, se editó en 2007 un librito que incluía fac-

663 *El Correo de Andalucía*. 14 de mayo de 2026: «Paco de Lucía no tuvo infancia», cit.

664 Exactamente lo mismo sino mejor, hizo Manolo Sanlúcar y también en su caso el resultado salta a la vista.

665 Rosa Montero publicó una entrevista bajo el expresivo título de «Paco de Lucía, contra el flamenco de bufones», pero no la hemos localizado. Sabemos de ella por un artículo reciente de Téllez: «50 años de Fuente y Caudal». J. J. Téllez. Campo de Gibraltar 2023, cit. (67) En cuanto a la aplicación de método riguroso no podemos olvidar a Manolo Sanlúcar, que en este aspecto avanzó mucho más si cabe.

símiles de documentos sobre las almadrabas de la costa, recopilados por la *Duquesa* de su vasto archivo histórico[666]. Se muestran en él, pinturas rupestres neolíticas de hace tres mil años, que hablaban ya de las almadrabas, un arte de pesca cuyo uso, desde siempre, se acompasaba a las estaciones climatológicas. Incluso hay una cueva en la costa de Zahara de los Atunes, la «Cueva de la Orca», con una hendidura labrada en la piedra: «El visor de la Orca». Y se afirma en el libro que antaño, cuando el sol a su puesta coincidía con esa ranura en los solsticios primordiales, era el momento idóneo para botar las almadrabas. Se sincronizaba así la cala de la red, con el reloj biológico de los atunes rojos que van a desovar en primavera y que, como todas las migraciones animales, pasaban en época fija, en este caso por el estrecho de Gibraltar, hacia el Mediterráneo. Cierto párroco, tal vez cargado de buena voluntad, a finales del siglo XVI, logró influir de algún modo en la población y consiguió retrasar la fecha para que las almadrabas se calasen el día del Corpus, con el fin de que Dios contribuyese a obtener una buena pesca. Como Dios no está para pescar atunes, lo único que pescó el párroco con su método fue ruina: los atunes no entienden de festividades sino de estaciones climáticas y para esa fecha, ya habían pasado a desovar. Hubo que volver a la grieta de la cueva, sin que tal vez se supiese a ciencia cierta por qué un método sí funcionaba y el otro no. Sirva la anécdota jocosa para ilustrar esta tendencia que a veces invade a los pueblos y que no es más que superstición e ignorancia o cierta inclinación a pensar que las cosas suceden por misterio divino. Y no. No todo es un misterio divino si se estudia y se analiza con rigor.

El triunfo en el toreo, en el flamenco o en la doma de los caballos, por poner algunos ejemplos muy identificados con nuestra tierra, se consideraba tradicionalmente como un don. Quien llegaba a la cima y conseguía el éxito, era porque estaba tocado por los dioses o lo llevaba en la sangre. Eran místicamente únicos. Con esta forma de entender las cosas lo que se hace en realidad es tapar carencias:

---

666 «Las almadrabas de los Guzmanes, con reproducción de dibujos documentos y fotos». Luisa Isabel Álvarez de Toledo. Fundación Casa de Medina Sidonia, Impreso en los talleres de la casa, 2007. Cit.

la falta de esfuerzo, de disciplina y de rigor. Y aunque algo haya de cierto en que hay quien «nace dotado», no todo es el don.

Afortunadamente las nuevas generaciones van cambiando y aunque queden aún rescoldos de aquellos fuegos, hoy en cualquier disciplina deportiva o artística todo se profesionaliza más, se valora la técnica y quien estudia y persevera, generalmente logra resultados. No se nace cantando por seguiriyas; se puede —si se tienen condiciones vocales y auditivas— aprender a cantar por seguiriyas, mejor o peor, ya se verá. De hecho, hoy hay guitarristas flamencos equiparables en técnica de ejecución a Paco de Lucía y hace cuarenta años no había nadie más que él y en otro estilo, Manolo Sanlúcar, y en su época, de inmediato se les consideró dioses. Hoy los hay, porque han hecho lo mismo que ellos hicieron: trabajar con disciplina. Basta escuchar Grisha Goyashev tocando «Montiño» y verán como un guitarrista ruso toca por Huelva, a un nivel tan sobresaliente que podría compararse con el propio Paco. Es claro que los duendes onubenses no volaban por San Petersburgo para ungirlo, cuando el ruso nació allí, de modo que su virtuosismo se debe al trabajo metódico.[667]

Lamentablemente, la Andalucía indolente ha visto muchas veces cómo han llegado personas de otros países a «enseñarnos nuestra cultura». Extranjeros doctos que a fuerza de tesón y de trabajo «nos han descubierto» lo que aquí teníamos al alcance de nuestra mano y por indiferencia hemos dejado de lado sin darle valor. Desde el siglo XVIII, hispanistas europeos enamorados de sus raíces,[668] han trotado por nuestra tierra y han potenciado y puesto orden en nuestros valores naturales. Nuestros más recónditos y bellos paisajes (como la Alpujarra granadina) no emergieron a la superficie o se consideraron maravillas hasta que voces y plumas extranjeras como Gerald Brenan u otros tantos los describieron ¡en pleno siglo XX! Los vinos de Jerez, seña identitaria y marca comercial de

---

667   Se puede consultar en internet señalando en el buscador «Grisha Goyashev Montiño YouTube».

668   De esa época del siglo XVIII, John Lynch, por ejemplo. Insistimos en que hubo otros como Serranito y Manolo Sanlúcar que también aportaron, pero esta obra estudia a una persona no a una época, por tanto, permítasenos que nos centremos en él a quien consideramos el máximo exponente a este respecto.

una potencia enorme fueron obra inglesa en el siglo XIX, antes no había nada.

Compañías ya citadas patrocinadas por alemanes como Lippmann y Rau, llevaron a nuestros artistas más allá de nuestras fronteras a divulgar nuestro patrimonio flamenco en los años sesenta, cosa que en manos andaluzas difícilmente hubiese sucedido. Estos dos alemanes sabían que su país estaba lleno de emigrantes españoles que suspiraban por oír una solea o unas alegrías de su tierra y lo vieron claro: Vamos a llevárselas. ¿Acaso no sabían esto los empresarios artísticos españoles? Americanos como Don Pohren han escrito obras monumentales y han contribuido enormemente —con su propio dinero— a que el flamenco obtuviera reconocimiento internacional en los años ochenta. Por no hablar de japoneses de la *Japan Arts* y otras, fascinados por nuestro arte y que contrataban a nuestros flamencos para actuar en Japón.

Fundaciones como la de la norteamericana Cristina Heeren se dedican hoy a la enseñanza del flamenco invirtiendo su propio capital privado, buscando patrocinios y consiguiendo que primeras figuras como Rafael Riqueni, impartan clases magistrales asiduamente a los futuros guitarristas, en su academia de la calle Pureza de Sevilla, contando entre su alumnado con un gran número de personas no españolas.

> «La Ilustración —decía Kant— significa el abandono del hombre de una infancia mental de la que él mismo es culpable. «Infancia» es la incapacidad de usar la propia razón sin la guía de otra persona. Esta puericia es culpable cuando su causa no es la falta de inteligencia, sino la falta de decisión o de valor para pensar sin ayuda ajena. *Sapere aude* (Atrévete a saber). He aquí la divisa de la Ilustración».[669]

Paco de Lucía fue el primero que puso orden, técnica y método en el flamenco. Se atrevió a saber. La verdadera revolución de Paco de Lucía, al menos a nuestro juicio, fue la de implantar un cam-

---

[669] *¿Qué es la Ilustración?* Immanuel Kant. Ensayo editado por Friedrich Gedike y Johann Erich Biester. 1784

bio de paradigma en el estudio de la guitarra flamenca y que el pasado, como el «Titanic», hiciese aguas y empezara a escorarse poco a poco.

La Ilustración fue un movimiento cultural e intelectual que surgió para buscar la verdad. Los ilustrados se lamentaban del retroceso que supuso pasar de épocas luminosas como la República o el Imperio romano, por ejemplo —donde la ingeniería, la arquitectura, las leyes y las artes eran excelsas—, a la triste Edad Media donde esas mismas disciplinas eran oscuras y toscas. La comparación entre un templo romano y una iglesia románica o la ingeniería de ambas épocas, es deprimente. La finalidad de la ilustración era alumbrar las tinieblas de la ignorancia humana con las luces del conocimiento y la razón. El Siglo de las Luces impulsó descubrimientos científicos y estimuló la fe en el progreso mediante la razón y los sentidos como fuentes de aprendizaje, valores que nacieron durante esa época.

Los ilustrados afirmaban que el conocimiento humano elimina la ignorancia y la superstición, y hace avanzar el progreso, orientando la búsqueda de un mundo mejor. El Siglo de las Luces concluyó con la Revolución Francesa de 1789, pero es incuestionable que los que buscaban ese mundo mejor crearon escuela y la Ilustración dejó una herencia perdurable en los siglos XIX y XX.

Hoy todos los guitarristas reconocen que Paco de Lucía, con su búsqueda, supuso una revolución y que su influencia perdura en las siguientes generaciones de guitarristas. A este respecto, decía Tomatito: «Hoy todos sonamos a Paco, pero entre todos los que estamos, no hacemos un Paco de Lucía. Paco de Lucía tampoco lo era [gitano] y tocaba mejor que todos los gitanos, todos los payos, todos los moros y todos los indios».

Un cantaor —decía Paco en el documental de *su* «Búsqueda»— *pegaba un grito y si hay suerte y le sale, hace una genialidad, pero con eso no se hace nada.* Hay que entrenar la voz, dormir bien y estar a punto, para que eso no sea solo flor de un día. Y estudiar, estudiar muchas horas. Paco alababa a Camarón y se maravillaba de sus facultades, pero destacaba siempre, que de vez en cuando le gustaba investigar. Irse con su cochecito a buscar a una vieja que cantaba en un pueblo perdido y grabar su cante para después hacerlo a su manera. Eso al menos, aunque primario, era un embrión de método científico: captaba el material virgen y hacía una adaptación personal, y Paco valoraba sobremanera esa faceta de Camarón porque él también hacia eso: tratar de aportar algo nuevo y sorprender en cada trabajo. Ya desde la tierna edad tiene vocación de aportar su impronta personal.[670] Paco de Lucía aprendía de su hermano Ramón las falsetas de Ricardo con once años, cuando no poseía potencial alguno todavía, y las modificaba, enfureciendo a Ramón que idolatraba a Ricardo, aunque después, hasta el mismo Ramón reconocía que el talento de Paco mejoraba la falseta.

Por otra parte, en nuestra tierra hay genios colosales, artistas únicos cuya obra se ha perdido —al menos en parte— debido a la disparatada vida que estos temperamentos bohemios llevaban. Rafael el Gallo, Curro Romero, Niño Miguel, Camarón, Paco Toronjo, Jesús Quintero y tantos otros, dueños de un talento excepcional que los hacía singulares, solo nos han legado una parte de su capital artístico por falta de disciplina o de formalidad en su comportamiento. Era un riesgo contar con ellos. Si estaban bien lo reventaban, pero si no era el día elegido, ¡ay, amigo! [...] Los empresarios temían invertir su dinero por miedo a sus «espantás» inesperadas. En Paco de Lucía en cambio, se daba la más absoluta genialidad y además era formal: nunca faltó a un compromiso, ni «pegó un petardo». Todos podían contar con él y confiar en él. Empresarios, compañeros, músicos de su grupo y por supuesto el público: si en una ocasión, por imponderables, no podía cumplir con un concierto programado, cuando volvía a esa ciudad daba orden al grupo, de dar el doscientos por cien para compensar.

De ambas cosas había algo en «Entre dos aguas» que al final, se convirtió en su mayor éxito. Se ha difundido que fue una rumba improvisada en el estudio —como si hubiese caído allí mismo del cielo— para rellenar la última pista que faltaba del disco de *Fuente y Caudal*.[671] Nada de eso. Aunque para alimentar la leyenda

---

670   Pohren. Op. cit., pág. 30
671   Él mismo lo decía, pero no era así. El público entonces compraba muy bien esa figura del fenómeno sobre natural. En el toreo, en el futbol y hasta en la medicina, a los españoles nos gusta mucho consagrar «eminencias», «chamanes» que con *su sola presencia* obtienen resultados. Estaba la rumba más avanzada de lo

de genio superdotado que Paco dejaba fluir, así se divulgó como reclamo para el público. [672]

La rumba estaba más avanzada de lo que se cuenta, pero no terminada. Hay constancia de que la toca en su casa, antes de grabarla en el estudio, en versión diferente a la final, pero ya completamente reconocible. Por tanto, *Entre dos aguas* fue producto de mucho trabajo y de un remate improvisado —eso sí, tal vez—, fruto de un día genial que tuvo nuestro hombre, sobre todo en la ejecución, limpia como una patena, en un tiempo en que las grabaciones eran de principio a fin, sin montaje de fragmentos.

Sí que improvisaba continuamente —y la improvisación también se aprende— practicando escalas tonales y armonías más jazzísticas con Al Di Meola y con Maclaughlin, con la diferencia de que sus improvisaciones —frente a las de los americanos— además de ser más complejas, también daban lugar a melodías bellas. Los músicos de jazz —y por desgracia algunos guitarristas flamencos jóvenes solo centrados en técnicas acrobáticas— pueden tocar como bicharracos, pero sus melodías no pueden retenerse. Lo genial de Paco es que sus improvisaciones eran armónicas y melódicamente muy bonitas, «pegadizas» como hemos dicho. Innovó, pero no hizo locuras extravagantes. Y hubo flamencos en esa época rupturista que sí perdieron la cabeza y se pasaron de frenada con el exotismo, haciendo cosas, como Morente en el disco *Omega*, que no se sabe ni lo que son.[673]

---

que se cuenta normalmente, pero no terminada. En el Vídeo 115, la toca en su minuto 00:23:30 a 00:27:42 en su casa antes de grabarla en el estudio en versión diferente a la final, pero ya reconocible; localizable en el buscador de YouTube introduciendo «evf2yxhvlma».

672   Por aquella época también el mismo llegó a decir en una entrevista en TVE en el programa «Cantares» que él no practicaba, que tocaba solo para entretenerse, cosa que evidentemente no era así, nos hemos cansado de repetir las horas que dedicaba. Vídeo nº 38 localizable en el buscador de YouTube introduciendo «pequeña entrevista a paco de lucía». 00:00:30.

673   Disco grabado por Enrique Morente y «Lagartija Nick». Extraña que Morente y Paco de Lucía siendo coetáneos no coincidiesen artísticamente. Tal vez sea porque Paco respetaba los moldes del flamenco y jugaba con las formas y Morente desvarió tanto que hizo algo, que no se sabe bien como encajarlo.

Él no. Él decía que «siempre hay mucho miedo de decepcionar a toda esa gente que me ha seguido y de equivocar con ideas que no sean apropiadas a gente que tiene fe ciega en lo que yo hago».[674]

Al no leer música, Paco no se ceñía a un patrón exacto y reproducía con el paso del tiempo versiones matizadas de sus propias creaciones, adaptándolas eternamente. El tema central siempre sigue ahí, pero los matices que en cada ocasión introduce son nuevos. La misma rumba de su éxito, «Entre dos aguas», la varió constantemente. Llegó a ser con el tiempo «Altamar» incluida en *One summer night* en 1984; y después fue «Vámonos» en su disco de *Conciertos en vivo del año 2010*, por no hablar de los cientos de versiones habidas en actuaciones en directo no grabadas. Y aunque el tema principal seguía estando siempre, la improvisación en el propio escenario, dejándose llevar sin saber dónde acabaría la cosa, ofrecía miles de variantes fantásticas. Si alguna le gustaba, la rebautizaba con otro nombre.

Un inciso final. No es lo mismo oír a un buen guitarrista en un escenario, que a metro y medio de uno mismo. Nada que ver. Haría falta un «enólogo» de la guitarra para describir la cantidad enorme de olores, sonidos, vibraciones, gestos, respiraciones... infinidad de matices que se captan teniéndolo enfrente. Habría que escuchar a Paco, cabe pensar, tocando a gusto en su casa, solo o con dos amigos escogidos con los que se sintiese cómodo. Con ganas y una copita. Sin presión. En fin, era solo un inciso, que hubiese sido un placer, digo. ¿No les parece?

---

674   Paco de Lucía. «He llegado a ver fantasmas por las esquinas mientras componía», *ABC de Sevilla*, Cultura. 2003 cit. (70)

10. DOCENCIA.
RECIBIDA E IMPARTIDA

Yo ya conocía a Paco por mi padre y habíamos coincidido, pero ¡uuufff...! Era llegar al estudio y verle, y yo no podía tocar. Y me dijo: [...] venga anda estate tranquilo, relájate toca un poco tu solo, que hasta que no te relajes no vamos a hacer nada, no hay prisa... Después de eso me centraba y él me daba tanta tranquilidad que nos pasábamos ya horas y horas tocando, me daba libertad, para tocar como yo quisiera. Tocar con ese maestro es vida[675].

Josemi Carmona, guitarrista de Ketama, de la familia de los Habichuela, cuando colaboró con Paco en el disco Luzía.

Se ha dicho que cuando su padre llegó al límite de su docencia, Paco de Lucía progresaba solo y que nunca enseñó a nadie.

Ninguna de estas dos afirmaciones es cierta del todo.

La primera, porque es sabido que cuando lo necesitaba, acudía, bien expresamente como en el caso de José María Gallardo a pedir apoyo, o bien tácitamente, fijándose en alguna falseta o en el toque de algún guitarrista que le gustase como fue el caso de Diego del Morao.

La segunda la difunden personas que lo comparan con Manolo Sanlúcar y ahí llevan parte de razón. Manolo Sanlúcar —al con-

---

675   *Contra las cuerdas.* Pablo San Nicasio, Ed. Oscar Herrero, 2014. Vol. 2 pág. 185

trario que Paco de Lucía— sí sabía leer y escribir música. Y sí fue un docente entregado. Defendió la necesidad de una enseñanza reglada y tutelada de la guitarra y la llevó a la práctica en Sanlúcar de Barrameda, apadrinando a ilustres discípulos, como Vicente Amigo, sin ir más lejos. Publicó obras académicas, *La guitarra flamenca o Teorías y sistemas* y al final de su vida, ya retirado, publicó una enciclopedia audiovisual sobre el flamenco que finalmente vio la luz en noviembre de 2021. Nada de esto se le pasó por la imaginación a Paco de Lucía. Pero no todos los docentes son ortodoxos, ni sirven para tomar la lección al alumno sentado en el pupitre todos los días. Quien escribe recibió docencia jurídica de un maestro que solía impartirla donde le pillase: desde el asiento de detrás de una *Vespa*, que uno conducía camino de los tribunales; de camino en coche a alguna parte; o hasta en una sauna o en la barra de un bar. Cuando buenamente tenía tiempo. Y por ello, la calidad de lo enseñado no bajaba un ápice. Y esta era la forma de enseñar de Paco de Lucía.

1. PACO DE LUCÍA ALUMNO

Paco de Lucía no nació sabiendo. Nació sabiendo aprender. Acudía ocasionalmente al asesoramiento de otros artistas sin discriminación, a quien pudiera servirle, si bien se cuidaba de no divulgarlo, entendemos que para preservar el trono[676]. Hasta Ricardo Pachón le sirvió a su manera de *sparring*[677]. Paco no se cortaba a la hora de buscar lo que le interesaba y acudía a quien lo poseía, fuese payo, gitano, músico o marinero. O como nos contó Jorge Pardo, un tipo que tocase un acordeón en una esquina.

A Paco de Lucía le gustaba mucho cómo su amigo de la infancia José Luis Marín tocaba por rumbas el tema «Fly me to the moon» de Frank Sinatra y —según aseguraba Téllez— algunos de sus acordes están detrás de la que fue su pieza más popular, «Entre dos

---

676 En una entrevista en 1979 a José María Iñigo, es una de las escasas veces que sí reconoce su admiración por guitarristas de la época.
677 Ver notas al pie nº 5 y 66

aguas», «solo que el punteado es doble. Porque Paco "deconstruía", como se diría ahora, las falsetas».[678]

En cierta ocasión, muchos años después, se conoce que acudió a José María Gallardo del Rey, un guitarrista clásico, para preparar el Concierto de Aranjuez. Félix Grande, poeta amante del flamenco y amigo de ambos, pudo ser con bastante probabilidad (no lo he podido contrastar con exactitud) quien les pusiera en contacto. No he localizado tampoco ninguna cita en la que Paco de Lucía hable de su contacto con Gallardo, pero este sí lo refiere cada vez que lo entrevistan, como una etiqueta de su carrera, atribuyéndose el honor de haber sido el «maestro» en clásico de Paco de Lucía. Félix Grande afirma que tuvieron contacto, y contacto estrecho, en torno a la preparación del concierto[679].

Gallardo sí tiene estudios musicales y decía que, si Paco hubiera sabido música, hubiese sido Paco de Lucía mejorado. Sin duda, tiene lógica. El saber no ocupa y aprendiendo música, no iba a malograr cualidades que poseía ya. En todo caso, Gallardo sentía una admiración enorme por Paco de Lucía y siempre relata que su primera reacción fue ¿qué puedo yo enseñarle a este hombre?

Otras referencias de nuestro hombre eran la familia Habichuela. Antonio y Josemi Carmona tocaron cajón y mandolas en el disco *Luzía*. Josemi Carmona podía ser como hemos visto un alumno impresionado por su presencia, pero eso no endiosaba a Paco y no le impedía valorar lo que un profesional como él podía aportarte. En su página oficial en Facebook cuenta que él y su padre, Pepe Habichuela, estuvieron con Paco escuchando el máster del disco de conciertos en directo del maestro, el disco que sucedió a *Cositas Buenas*,[680] antes de su publicación, de modo que no era raro que pidiese consejos o que se auxiliase de otros músicos cuando sentía necesidad de hacerlo. Pero lo hacía a su estilo, suavemente. A veces lo hacía pegando el oído y «robando» con la vista. Él comentaba, que Stravinski decía, *que la gente normal aprende, pero que los genios directamente robamos.*[681] Y aunque lo decía por tercero

678   *Paco de Lucía, el hijo de la portuguesa.* Juan José Téllez. Planeta 2017 cit.
679   Félix Grande. *Paco de Lucía y Camarón de la Isla.* Lunwerg. Cit.
680   Web aireflamenco.com. Jueves 26 Mayo, 2011 05:59
681   Vídeo nº 122. Documental *Paco de Lucía. Francisco Sánchez* (año 2003)

interpuesto, él aprendía robando como Stravinski. Y —dicho sea, *iocandi causa*— como nos contó Ricardo Pachón, «robaba» tela.

Diego del Morao colaboró en el disco *Tú ven a mí,* que Paco de Lucía y Javier Limón produjeron para «la Tana». En el disco aparece Paco haciendo coros y tocando, bajo el seudónimo de «Barriga Blanca de Ohio». «La Tana» contaba: «Un día, en la gira, estaba sentado [Paco] en un sofá con Limón y a los dos se les veía la tripa, esas tripas... Y les dije: «¡Qué barrigas tan blancas, ohú!». Y Paco respondió: «¡Pues no es mal nombre!»». Y con Barriga blanca de Ohio se firmó su aparición, dejando a cargo de Diego del Morao la titularidad de guitarrista del disco. [682]

En su camerino antes de una actuación en Sevilla, Diego me contaba como era la forma sutil de «robar» de Paco. Diego decía que, durante la grabación, Paco, gran admirador de su padre y su tío abuelo Manuel[683], iba persiguiendo una falseta del genial Moraíto Chico y le decía: «Quillo, Diego. Me encanta una falseta que tu padre tocaba mucho; por soleá…», a lo que Diego, celoso y socarrón, le respondía que su padre tenía falsetas geniales sin duda. Al rato, Paco volvía al ataque: «Sabes qué falseta te digo ¿no…?», y el otro —que se veía venir el atraco— decía que sí, que lo imaginaba, pero no la tocaba, porque como Paco la pillase y la tocase alguna vez, él perdía la patente para toda la vida. Y así pasaban los días de trabajo del disco y cuando Paco no miraba, Diego —con toda la guasa— hacía la falseta. El otro volvía al ataque y le preguntaba de nuevo: «Es la falseta que tocaste hace un momento, … ¿sabes?» Pero Diego seguía sin hacerla de frente a él, sabiendo que el maestro estaba de cacería. Hasta que al final, cuando Diego la tocó de nuevo sin que el otro la viese, Paco no pudo más y le soltó:

---

localizable en el buscador de YouTube introduciendo «Francisco Sánchez, Paco de Lucía english subtitles».

682   "la Tana" debuta bajo el Paraguas de Paco de Lucía. EL PAÍS, 10 de marzo de 2005.cit. Lo que diría «la Tana» pudo ser: «oju ío» — *ojú hijo*— (tal vez el articulista pudo no transcribirlo con exactitud) y de ahí Paco tradujo «Ohio».

683   Manuel Morao formó parte del jurado en el concurso del Villamarta donde Paco ganó un premio con catorce años expresamente creado para él tocándole a su hermano Pepe.

«¿Quillo qué, me vas a tocar la falseta ya de una puta vez, o te vas a pasar todo el disco vacilándome?».[684]

2. PACO DOCENTE. MAESTRO

No es objeto principal de este ensayo estudiar a Paco de Lucía como guitarrista, aunque insertemos facetas de su oficio. Por eso no solo veremos a continuación la docencia que pudo ejercer en materia musical, sino también el magisterio en todos los órdenes de la vida, que una figura patriarcal ejerce sobre los demás.

Como los toreros, los flamencos lo son dentro y fuera de la plaza o del escenario. Ser flamenco es una forma de ir por la vida. En tiempos antiguos lucían derechos y bien «plantaos», con chaqueta sin corbata, camisa blanca y pañuelo en el cuello o en el bolsillo del pecho. Ahora sus atuendos son bien distintos.

Como a los tenistas y a los toreros, a los flamencos les gusta tener un número uno. Un patriarca de las esencias que marca el camino o la tendencia como un Moisés del arte. Lo convierten en semidiós, como a Camarón, llevándole niños recién nacidos para que los bendijese. Lo sitúan en el vértice superior de la jerarquía, le ceden el cetro y le llaman maestro. Cuando Paco hablaba y fijaba límites o los rompía, los demás decían «amen», «palabra de Paco» y callaban. Él que temió ser un excluido del flamenco se convirtió en su monarca absoluto al fallecer Camarón. Y no solo en asuntos de guitarra.[685]

En una magnífica película que les recomiendo vivamente —*Master & Commander*—. Russell Crowe encarna al capitán Aubrey, de la fragata de guerra «Surprise»: un líder nato. Esta película la han proyectado a directivos de alguna empresa que conozco, como ejemplo de lo que debe ser el liderazgo.

---

684 Diego del Morao, entrevista personal cit. Al final acabaron tirados de risa con el asunto, pero no me dijo si le dio la falseta o no.

685 En cierta discoteca de la calle Serrano de Madrid, se cruzó con dos bailaores —uno de ellos archiconocido— que se estaban morreando en un pasillo. Al ver a Paco y en aquellos tiempos de los años noventa, ¡le pidieron disculpas!, a lo que el maestro, siguiendo su camino respondió: «Vosotros a lo vuestro».

Para dejar patente la veneración a la pareja, en Casa
Manteca en Cádiz, los tienen colocados entre las Vírgenes
y los Cristos, en todo el medio. Foto MAE.

Lograr que un equipo funcione, sea la tripulación de un navío
de guerra, un ejército, o una orquesta sinfónica, no se consigue con
la autoridad que emana del nombramiento de capitán o de director
del grupo. Para que las personas obedezcan o actúen al unísono,
deben *querer hacerlo*. Conseguir *que quieran* y que sigan al jefe, no
es fácil. Ni todos los jefes lo consiguen. Los rebaños humanos no
solo siguen al que manda, siguen a quien les gusta.

Conseguir eso, crear un estrecho vínculo entre el líder y los seguidores, como conseguía por ejemplo Felipe González en sus buenos
tiempos, no es frecuente. No es necesario siquiera que el líder sea
ejemplar, eso no importa; Napoleón, Cesar o el propio Felipe no lo
eran ni de lejos, pero sus miserias incluso les humanizaban, los ase-
mejaban a su plebe y les hacían más magnéticos e influyentes.

José María Bandera estuvo tocando con su tío Paco una década
en el sexteto y en el trío que formaban con Juan Manuel Cañizares,
y cuando le preguntaron si diez años de gira con Paco de Lucía,
pueden resumirse de alguna manera, afirmó lo siguiente:

«Fue una escuela, lo mejor que me ha pasado en la vida, con el sexteto y, sobre todo, con el trío que hicimos con Juan Manuel Cañizares. Paco te enseñaba todo, a estar en el escenario, a concentrarte. Era una escuela de exigencia que nunca era férrea, siempre trabajaba con las bromas. Pero con las risas era también capaz de exigir mucho. Estoy eternamente agradecido por haber podido compartir ese tiempo con él. Lo cierto es que Paco lo hacía todo muy llevadero. Eso sí, te pedía a tope, pero con mucha mano izquierda. Paco —afirmaba de nuevo José María— valoraba enormemente como los mejores públicos los espectadores de Alemania y Argentina. Pero él no te enseña nada. Lo que yo he aprendido es de la forma de estar de Paco, lo profesional que es. Por ejemplo, llegamos una vez a un sitio, a un teatro que tenía mucho rebote, que no escuchas nada o escuchas tres notas a la vez, de los teatros de decir de aquí nos vamos rápido y, sin embargo —decía él— aquí es donde hay que tocar mejor. Todos los días se partía la boca para tocar bien».[686]

Y no era pasión de sobrino, porque Juan Manuel Cañizares coincidía:

«La vivencia con Paco durante diez años fue un *Master Class* constante. Un día estando en un teatro de Méjico, justo antes la función, me comentó: "Mira Juan, esta noche este teatro estará lleno. Pero cuando vine aquí la primera vez hace ya tiempo, solo había cuatro filas de butacas ocupadas. Me entregué todo, todo lo que podía dar de mí. Al año siguiente este mismo teatro se llenó hasta la mitad y en el tercer año se llenó completamente, y así hasta el día de hoy». Tengo de Paco un montón de recuerdos bonitos y millones de cosas que aprendí. Esas palabras se quedaron grabadas fuertemente en mi mente. Y con ellas aprendí lo importante que es dar siempre lo mejor de ti».[687]

686 José María Bandera. «Cantar bien copla». Entrevista en *El Correo*, 2018 (35)
687 «Promesa cumplida». Juan Manuel Cañizares. Cultura. *EL PAIS*, 2014 cit. (61)

Paco de Lucía podía ser inseguro para sí, porque era muy crítico, pero proyectaba hacia los demás una aplastante seguridad en sus decisiones. Él no gastaba energías estériles[688]. Era un hombre práctico de ideas claras. Analizaba una situación y la asimilaba al instante. Daba oportunidades y ofrecía ayuda. Abría puertas e incluso daba consejos, pero no era persona de quedarse a contemplar si el otro los había seguido. Si lo quieres lo tomas y si no, allá tú. Si quieres venir conmigo, súbete que yo me voy. Y yo camino deprisa.

Paco no se tapaba cuando tocaba[689], pero tampoco dedicaba tiempo a enseñar, ni a organizar el conocimiento que él mismo poseía; dudamos que tuviese un buen archivo musical de su propia obra. No fundó una escuela ni una academia de guitarra. Era la antítesis de su compadre Sanlúcar, que culminó una obra como compositor e intérprete de primer nivel, pero además dedicó la otra mitad de su vida a la docencia y a la formación de forma organizada.

La docencia, o los consejos que daba Paco, los ofrecía sobre la marcha, donde podía y no en un aula ni en horas fijas. ¿Cómo se le puede pedir a un genio —además neurótico, obsesivo e indolente, como él mismo se definía— que se adapte a impartir una enseñanza reglada? Quien lo pretendiese acababa frustrado. Los que quisieran, debían saber que, con contemplarlo, tocar con él o acompañarle, ya era suficiente y no habría más que rascar. Además, con él había que aprender rápido, muy rápido, no había relax. A dos de sus escoltas, Juan Manuel Cañizares y Niño Josele, los fichó años después, porque de chavales sus padres los llevaron un día al camerino después de un concierto a que los oyese tocar: así hacia los castings para buscar acompañantes. Al ritmo que él giraba; siempre tenía prisa.

Jorge Pardo nos contaba que en los años ochenta, en un teatro en Bruselas —mientras el público aplaudía entre dos temas—,

---

688 Colaboró con el Gobierno Balear para promocionar la isla, pero cuando vio los tejemanejes políticos, descolgó un teléfono y les dijo que no seguía prestando su imagen.

689 Los guitarristas llaman taparse (llamaban los antiguos) a no tocar frente al otro para que no le copien las falsetas. «[...] algunos se volvían de lado para que los oyeran y los envidiaran, pero no pudieran verles las manos y copiarles la música». «Querido Paco». Luis Landero. *Paco de Lucía. La búsqueda*, libreto del documental, Ziggurat films, varios autores, 2015. Cit. (60)

Paco, que no solía agradecer demasiado las ovaciones, más bien las ignoraba, limitándose a esperar que terminasen, le hablaba aprovechando el barullo y le decía que la flauta había sonado muy bien. Y que debería pensar en hacer un solo de flauta al principio de algún tema porque era muy cálido y metía muy bien al público en ambiente. «Sí, dijo Jorge, claro, lo haremos. Cuando quieras». «Ahora —dijo el otro—. Dale, vámonos». El pobre Jorge, que no había ensayado ni preparado nada, tuvo que abordar lo que le venía cuando terminaron los aplausos, buscando aire para tocar. «Estas eran las cosas de Paco, un cabronazo encantador».[690]

En el Lope de Vega de Sevilla, en la Bienal de hace años, se oye a Paco consultar con sus dos escoltas si hacer un bis, «¿Tocamos la rumba? ¿La tocamos?», les dice a Bandera y Cañizares. Y sobre la marcha cambia de idea: «¿Hacemos ésta?» —decía apuntando una melodía que su sobrino tenía que pillar al vuelo pegando el oído. Aunque lo hubiesen ensayado todo, no me negarán que la cosa da un poco de vértigo, planteada con esa inmediatez cuando Paco de Lucía duda qué hacer mientras el público aplaude entre dos temas[691].

El Viejín también sufrió la docencia del maestro, a ritmo exprés. Paco le contactó como segunda guitarra y cuando iba de camino a tomar posesión del nombramiento, le preguntó por el programa de conciertos. Paco le respondió muerto de risa que tocaban la semana siguiente, así que «apréndete Zyryab en el autobús porque esto está aquí ya». Zyryab puede tener ocho millones y medio de notas a un ritmo vertiginoso. Y el pobre Viejín solo tenía un radiocasete, con una cinta para oírla.[692]

Y así marchaba nuestro amigo. Ese era su ritmo si querías seguirlo. Hay docentes que se sientan con los discípulos de cinco a siete todos los días y le toman la lección como un preparador de oposiciones, anotando los progresos. Y en cambio, hay otros que solo les dicen «tu vente conmigo, mira y coge lo que puedas». Yo personalmente (en mi profesión, como he dicho) tuve uno de los

---

690 Jorge Pardo entrevista personal cit.
691 Vídeo nº 27, 00:09:18, localizable en el buscador de YouTube introduciendo «Ziryab Live in Sevilla». Podía haberles salido por cualquier sitio, era muy suyo eso de liarlos para que se tensaran.
692 Contado por el propio Viejín en el Simposio de septiembre de 2014 en Sevilla

del segundo grupo y puedo decir que me desesperaba a veces, porque así era, pero no puedo decir que aprendiese poco, o menos que si hubiese tenido un metódico por maestro. Los del primer grupo enseñan; los del segundo, te enseñan a aprender. Dan la caña de pescar, en lugar de darte el pescado. Eso era lo que más valoraba Paco, «aprender a aprender», como dijo en su discurso al recibir el doctorado honoris causa por la Universidad de Cádiz[693].

Pero dicho lo anterior, como decía Bandera, no era un tirano, era muy cercano. Lo hacía con elegancia, con tacto, con humor y hasta con una cierta humildad para hacerse querer. En un ensayo en París en 2004, probando sonido, el maestro notó, con su oído de felino, que algo distorsionaba y lo hace saber a su equipo y a los técnicos, sin atreverse a imponer su criterio, aunque pudiese perfectamente hacerlo: «Yo como "ciempre"…, el bajo está "fuertícimo"…, pero yo no digo «ná», que luego me decís…»[694].

Son innumerables los ejemplos y animamos al lector, si tiene tiempo y ganas, a escuchar y ver con atención los vídeos que vamos citando de los ensayos y pruebas antes de los conciertos. En uno de estos ensayos —puede ser en el teatro Maestranza de Sevilla— alecciona con rigor y disciplina —y con tacto y a la vez— a Poti Trujillo cuando preparan el tema «Luzía», dedicado a la madre de Paco: «[…] en la siguiriya —le dice—, ahí te caes. Tan, tan, tata tan, […] ahí es donde te caes, ¿lo ves? Sígueme a mí, aunque yo vaya por detrás, tu sígueme…», y le marcaba el ritmo con el índice señalándole el momento justo donde el percusionista perdía el compás.[695] «Aunque yo vaya por detrás». El ritmo de Paco de Lucía está lleno de contratiempos y síncopas musicales complejísimas aprendidas en Brasil. Adelanta o atrasa acordes, medio tiempo del acento fuerte, como sucede en esta seguiriya, para conseguir cambios de acentuación acortando compases, una fórmula que se consideraba exótica, pero que ya el maestro empleaba en los años ochenta, en los

---

693   Localizable en el buscador de YouTube introduciendo «Paco de Lucía Honoris Causa por la UCA».

694   Vídeo nº 94 00:14:26, localizable en el buscador de YouTube introduciendo «paco de lucia paris part 1 pruebas de sonido».

695   Vídeo nº 213, documental *Paco de Lucía, la Búsqueda*. *00:28:30*.

tangos «Sólo quiero caminar», cuando nadie las hacía.[696] El resultado es una música muy viva, con variaciones sutiles, disonancias que crean tensión y que se sienten más que se escuchan conscientemente. Pero, sin desviarse del compás y manteniendo siempre la coherencia y fluidez propias de su música. Por tanto, no es extraño que el joven estuviese algo perdido.

Metrónomo, decía el gitano.

Y no se puede decir mejor. «Se me metió en la cabeza la palabra metrónomo, porque Paco me corrigió una vez y me dijo que para bailar bien y a compás, tenía que ensayar con un metrónomo». Y al Farru se le metió en la cabeza la palabra, que igual no la había oído nunca. «Metrónomo, metrónomo, metrónomo… y empecé a ensayar con metrónomo». Y resultó que cuando volvieron a verse la temporada del año siguiente, Paco se dio cuenta, por el compás del Farru, que había ensayado con metrónomo. «Y es que Paco —decía Farru— enseñaba a los guitarristas, a los percusionistas, a los bailaores y a todo el mundo».[697]

En 1984, cuando, Paco de Lucía formó parte del jurado del concurso del Giraldillo del Toque de la Bienal de ese año, lamentó mucho que Rafael Riqueni no hubiese podido alcanzarlo y en un gesto no muy frecuente en él, le dijo que quería compensarle, que fuese a verlo a Madrid. Riqueni se fue a verlo y le pidió aprender bien el trémolo de la taranta y allí, en el apartamento que Paco y Casilda tenían en la calle Orense, pasó unos cuantos días enseñándoselo, en una de las raras veces y con una de las pocas personas, con las que el maestro ha ejercido como profesor. Casilda destacaba, que a Paco le encantaba enseñarle y estar con Rafael, sobre todo por lo educado que era y ambos le querían mucho.[698]

Paco no era de muchas palabras, pero cuando prometía una cosa la cumplía. Y nos apetece completar este capítulo con la hermosa anécdota vivida por Juan Manuel Cañizares en su adolescencia.

---

696   Este aspecto lo desarrolla muy sólidamente su transcriptor oficial. «Análisis musical de PDL». David de Leiva, *Revista Alborea*, 2012 cit. (54): «Hoy los guitarristas de la era después de Paco, parece que vienen al mundo ya con un acorde de 9ª bajo el brazo, pero entonces solo lo hacía Paco de Lucía».

697   Vídeo nº 213, documental *Paco de Lucía, la Búsqueda*. 00:29:48

698   Rafael Riqueni y Casilda Varela entrevistas personales cit.

«Cuando conocí al maestro Paco de Lucía yo tenía trece años. Fue después de su concierto en Barcelona, le visité en su camerino y tuve la suerte de tocar mis temas delante de él. Me dijo: "Sigue estudiando mucho la guitarra, cuando seas grande, te llamaré para que me acompañes».

»Y Paco cumplió su palabra. Diez años después sonó el teléfono de mi casa. Paco de Lucía no olvidó su promesa y me llamó para invitarme a entrar en su Trío de Guitarras con José María Bandera. Esa llamada me cambió la vida. Le dio un giro radical».[699]

Cuando Juan acudió al camerino no le puso una falseta, pero a los diez años le regaló una vida.

De acuerdo, no fundó academia y no fue un escolástico, pero con esa docencia en plena marcha que iba impartiendo —incluso en pleno escenario o en un avión como relata el guitarrista Antonio Rey—[700] nadie puede negar que construyó artistas. Además, al que le sonaba el teléfono y era Paco el que llamaba para que le acompañase de gira, le había bendecido la fortuna. Se montaba en un cohete. Solo con mencionar que estuvo en el grupo de Paco, su caché subía.[701] Hasta los que solo pueden contar una anécdota con él, no desaprovechan ocasión de hacerlo cada vez que suben a un escenario o hacen una entrevista. Alguno incluso (muy destacado, de primer nivel y que pide que silenciemos su nombre) le guarda inmensa gratitud en el terreno personal, porque a causa de los consejos que Paco le daba, encauzó su propia vida privada, que hasta entonces había sido un caos completo. Así que no solo fue un genio; también fue hombre, maestro y con buen corazón.[702]

---

699   «Promesa cumplida...» Juan Manuel Cañizares cit. (63)

700   Vídeo nº163, 00:31:10 a 00:37:00, localizable en el buscador de YouTube introduciendo «paco de lucía masterclass avión».

701   Antonio Rey en su biografía para la Bienal de 2022, señala como hito, que fue invitado un vez a tocar con Paco de Lucía en un concierto... ¡en 2004!

702   Así rezaba la hermosa dedicatoria que los alumnos de la Universidad de Santiago de Compostela dispensaron a D. Juan Jordano, mi maestro y catedrático de Derecho Civil. «A Xordano: Home, mestre, bon corazón».

11. SU *LEIT MOTIV.* BUSCABA, PERO ¿QUÉ BUSCABA?

> *El mayor peligro para la mayoría de nosotros no es*
> *que nuestra meta sea demasiado alta y no la alcancemos,*
> *sino que sea demasiado baja y la consigamos. Señor, haz*
> *que yo siempre pueda desear más de lo que puedo lograr.*
> Miguel Ángel

¿Qué mueve a una persona a hacer lo que hace? ¿Qué la espolea más que otros estímulos? Buenas preguntas. Sobre estas cuestiones podrían argumentarse varias cosas. Pero siempre sobresale una. En algunos casos es el dinero o el poder, en otros una idea o un ideal, el amor, la rebeldía, el honor, etc. Los estímulos además cambian según la edad o los momentos de la vida en los que nos hallemos: en la juventud puede ser el sexo; en la madurez y en el terreno profesional, tal vez el ego; o en lo espiritual o ya de mayores, la salvación, si se es creyente, o la familia, o la memoria que dejemos en este mundo al partir. Casilda Sánchez hace decir al *alter ego* de Paco de Lucía en su novela, una frase que puede ser perfectamente de su padre: «¿Sabes qué es lo que de verdad me gustaría? Que hubiese que estudiarme en la escuela».[703]

    Este último capítulo que abordamos ahora es el más comprometido y, por tanto, el más difícil. Hemos transitado por este ensayo, aportando siempre cierta valoración crítica y emitiendo opinión en

---

703   Casilda Sánchez: *Te espero...* cit., pág. 109.

ocasiones. Esto genera adhesión o rechazo, según cada cual coincida o discrepe de lo expuesto y el mundo del flamenco no es muy tolerante con según qué opiniones.

En este último apartado, yendo a más —partiendo de datos contrastados— nos atrevemos incluso a aventurar lo que creemos que buscaba Francisco Sánchez, después de haberse paseado ya por su mundo siendo Dios, sirviéndose de Paco de Lucía. Osaremos exponer lo que suponemos que era su *norte* y su objetivo. La médula central de sus intenciones y lo que le motivaba más que otra cosa. Y si nos *caemos*, no pasa nada, lo único que duele cuando «te caes» es tu ego, como decía Maclaughlin.

Inicialmente, al joven Paco pudiera moverle la rabia, porque antaño —con una despensa no muy llena— pasó necesidad y contempló el maltrato a los de su clase: vivió el desprecio a los guitarristas flamencos.

Dentro de su propio género, el guitarrista flamenco estaba menospreciado por los cantaores y bailaores, las verdaderas estrellas del espectáculo; y fuera del flamenco, por los guitarristas clásicos, que los consideraban plebeyos e inferiores.

Los que hemos tocado acompañando, sabemos lo que es ser un segundón o no ser nada, directamente. Ya puedes tocar de fábula y el tío cantar de pena, que lo que queda es el cante y el toque no se retiene. Frecuente era el desdén de los cantaores y hasta de los aficionados con la labor de la guitarra. *Niño ponla al seis por medio que verás la que voy a liar yo.* Yo, no tú; ni siquiera nosotros. *Y florea poco para no taparme.* Y se levantaban al final del cante y después de recibir sus aplausos, señalaban con la mano al guitarrista para mostrar que existía. Durante el cante, a veces los jaleaban con desgana, sin mirarlos y con frases impersonales y hechas —¡*Bieeen!* *Así se toca*—, mientras pensaban «deja ya las falsetitas». Hasta el propio Fosforito se refería a Ramón de Algeciras diciendo que «no molestaba al cantaor». Y Pepe el de la Matrona le soltó al pobre Luis Landero tras una falseta de lucimiento: «No te encumbres muchacho que toda afectación es mala».[704]

---

704   Luis Landero cit. (60)

El premio gordo, no obstante, se lo llevaba Manuel Vallejo, según contaba el propio Paco. «Vallejo —cantaor de la primera mitad del siglo XX fallecido en 1960— ataba una cuerda de guitarra en la mano del guitarrista. Si a Vallejo no le gustaba algo que tocaba el guitarrista, le daba un tirón y le quitaba la mano de la guitarra. Esa era para este buen hombre, la estatura del guitarrista.»[705]

Comparsa total del cantaor. Yo lo he vivido. Sustantivo y adjetivo. Nadie decía, estuve en una fiesta y que bien tocó fulano, solo se recuerda el cante. Solo se manda a callar para el cante: «¡Vamos a escuchar, señores!». Cuando se canta nadie tose. Pero cuando el cantaor se alivia entre dos tercios y el guitarrista sigue tocando, se aprovecha para rellenar la copa o comentar el cante. Se puede hacer ruido, se le presta menos atención.[706]

Paco de Lucía no quería «humillar» a los cantaores. No era algo tan simple como tú más o yo menos, pero creyó que era hora de nivelar o incluso —si había posibilidad— poner a la guitarra por encima. ¿Qué es eso de bajar al otro para destacar uno, porque está escrito?[707] ¿Por qué no estudias más y subes conmigo y así elevamos el conjunto entre los dos? Que sean los méritos de cada uno los que determinen la posición.

Paco nunca se denominó *tocaor*, un término servil al cante: se dice que «fulano le toca a…, nunca fulano le canta a…». Él siempre

---

705   «Paco de Lucía a new tradition...»

706   Si quieren ver un ejemplo clamoroso de cómo el tocaor es una cosa que se pone al lado del cantaor, y se enciende y se apaga cuando conviene, vean el Vídeo nº 46 localizable en el buscador de YouTube introduciendo «camarón en blanco y negro Manuel Torre» 00:49:30. Es indignante ver tratar así a un artista de la talla de Ramón de Algeciras por parte de un supuesto flamencólogo reconocido, por algo Paco les llamaba «flamencólicos». En el vídeo nº 35, localizable en el buscador de YouTube introduciendo «la saga de los lucia», en el minuto 00:26:10 se relata la discografía de Ramón de Algeciras y van sucediéndose portadas de discos donde solo aparece el cantaor y el guitarrista es inexistente. Y es profundamente injusto, porque en las troupes de flamencos antiguos, el guitarrista solía ser el más ilustrado y dentro de su formación ínfima solía saber cuatro letras y tres números. Tocar implica cierta elaboración intelectual para aprender a manejar el instrumento, que no poseían ni precisaban los cantaores, cuyo instrumento era la voz tal cual salía. Normalmente en las compañías de flamencos antiguos, el guitarrista solía ser el contable y apañaba las cuentas de todos en el escritorio de la espalda de su guitarra.

707   Eso, lamentablemente, es nuestra cultura general como país. Y no digamos la flamenca.

se tituló *guitarrista*, una acepción mucho más propia e independiente del cantaor. Como pianistas, violinistas o percusionistas. Guitarristas independientes, aunque estuviesen todos locos como él decía, pero guitarristas, nunca tocaores.[708]

Paco consiguió a base de técnica, esfuerzo y estudio dotar de una calidad excelsa a la guitarra flamenca. Hizo que le acompañasen cantaores a él, situándose en el centro del grupo con la guitarra y desplazando al cantaor a una esquina del escenario, después de todos los músicos. Eso no se había visto jamás. Eso era volcar el mundo del flamenco. Volverlo del revés. Llegó a sentir incluso vergüenza, al estar junto a un cantaor, después de una actuación, y que la gente le pidiera autógrafos solo a él, cuando le habían educado en la creencia de que el guitarrista debía estar relegado al cantaor.[709]

«Ni soñando podía imaginar donde iba a llegar yo con la guitarra», decía él. Puede que no, pero a mitad de camino ya sí lo sabía, porque su salto de nivel fue de tal dimensión que su fino olfato se lo avisó, seguro. Si no su ser consciente, su subconsciente sí lo sabía. Y en tal caso, alcanzar la meta se aseguraba más aún, porque como dice Félix Grande, la impresión mental de lo que aprendemos con el inconsciente es más sólida que lo que se aprende conscientemente. Igual lo interiorizó de modo automático, cuando su padre volvió del «Pasaje Andaluz» con la guitarra rota, el instrumento al que él mismo dedicaba entonces su vida: ocho o diez horas y horas de niño, que es mucho tiempo. El tiempo en la infancia pasa mucho más lento. Un día es una eternidad para un niño y una hora castigado en un sofá, es cadena perpetua para un chiquillo travieso.

«Yo aspiraba —decía Paco, recordando su juventud y el papel secundario que veía en sus compañeros— a que en un conjunto me dejasen hacer una falseta mientras la bailaora se cambiaba»[710]. Y resultó que cuando el joven artista se convirtió en Paco de Lucía, el cantaor era quien aspiraba a que después de llevar una hora tocando lo que le placía, Paco le dejase hacer un tercio al final de la pieza. Sus obras grabadas y en directo —con el sexteto y con el

---

708   Vídeo 213, *La Búsqueda*, 01:14:30; vídeo n° 7, 00.00.23 localizable en el buscador de YouTube introduciendo «Paco de Lucia Bies Bratislava».
709   «Paco de Lucía a new tradition...»
710   Casilda Sánchez entrevista *Telva* cit. (18)

septeto— no están lideradas por el cante, sino que insertan una frasecita del cantaor, en una pieza larga de guitarra. Y con el trío de Banderas y Cañizares, las actuaciones —en las que tocan bulerías, tangos y otros palos cantables— son todas sin cantaor. Hizo saltar por los aires las reglas de la posición jerárquica de la guitarra flamenca.

Cuando dejó de acompañar a Camarón, ya nunca le tocó a un cantaor. Aunque le encantaba hacerlo el privado. A mitad de carrera le preguntaron a Paco si echaba de menos los días de tocar al cante. «No, no añoro esos días, porque, aunque no acompaño profesionalmente, sí acompaño a la gente. Estoy en una fiesta dos de cada tres días, y me harto tocando para cantar, que es lo que me gusta, el cante lo disfruto más que nada, y no lo pierdo, porque siempre que quiero salgo por Madrid, o donde esté, y siempre hay alguien con ganas de cantar y montar una fiesta.»[711] En la primera película de Saura[712], *Flamenco,* ya va con su grupo y él está en el centro, con Ramón a su lado. Su hermano Pepe canta —y solo unos tercios por tangos— sentado en el suelo (gráfica imagen donde las haya). En la segunda de Saura, *Flamenco, flamenco,* toca con «la Tana» y la soleá dura siete minutos. Él toca solo, hasta el minuto cinco y diecisiete segundos. Además, él lleva la batuta, los palmeros le hacen los coros a la guitarra y cuando él cree conveniente, mira a «la Tana», para indicarle que cante y «la Tana» canta. Él le da la entrada, indicándole cuándo puede cantar. En la tercera película que Saura dedica a las sevillanas, no le toca a nadie que canta. Toca sevillanas instrumentales «cantadas» a dos guitarras, con Manolo Sanlúcar.

Por eso —creemos— llevaba siempre en su grupo a cantaores que no eran primeras figuras. Solo se casaba con Camarón, porque era diferente y muy aficionado a la guitarra.

A Camarón sí lo cuidaba, ordenando a los demás guitarristas que no lo atosigasen con el ritmo. «Despacito, despacito…», se le oye decir a Paco, en una fiesta en el Rocío, en la que Camarón canta

---

711   «Paco de Lucia a new tradition...» cit.
712   Carlos Saura hizo un trilogía de películas, dos dedicadas al flamenco y una a las sevillanas que son tres obras maestras de culto. Obligado verlas.

un soberbio tercio por bulerías terminando con uno de esos finales agónicos, casi sin aliento, pero de perfecta afinación. Pero ni en esa misma fiesta, ni con Camarón siquiera, hace de «tocaor» al uso. Incluso en ese ambiente distendido de romería, cuando ya Camarón ha terminado (el respeto, siempre), no se priva de dejar su firma con una falseta genial, que atrae a la cámara como un imán, mientras el Niño Miguel y otro guitarrista, solo tocan acompañamiento. Mientras esté yo aquí -parece comunicar- de segundo, nada. Como poco dos primeros, el cante y yo al mismo nivel.[713]

Esa fue su rebeldía. Le gustaba mucho el cante, pero pensamos que no más el cante que la guitarra. Eso era un cliché que adoptaba como respeto a la tradición, en la que el cantaor era el monarca, para no abandonar del todo lo ortodoxo. Él quería demostrar que se podía cantar con la guitarra, mejor que muchos otros con la voz.[714] Todo lo que él tocaba se podía cantar. Creo que tanto alabar rendidamente al cante —como ciertamente hacía— y ponerlo tan alto, era un recurso hábil. Elevaba mucho al cante, para que la guitarra superase a algo colosal y su victoria fuese frente a un titán.

Llevaba en su grupo cantaores medios no consagrados, para que no le tapasen. Los ponía por las nubes, aunque sabía que lo que alguno hacía era gritar más que cantar, pero así, rebajando el nivel de cante, la atención se centraba en la guitarra que era la que destacaba. Y volvemos a tirar de documento gráfico: en su disco *El mundo del flamenco*, siendo un disco de cante, el subtítulo es *Paco de Lucía presenta a Raúl, bailaor, y a Pepe de Lucía, cantaor.*

Las guitarras, la imagen de Ramón y la suya, aparecen en primer plano, después el bailaor y Pepe es una sombra al final, pese a que canta en todos los temas menos uno. Guitarras, baile y cante, en ese orden. Pueden localizar si les interesa, la portada del disco en Internet.

¿Puede ser exagerada la conclusión? No lo parece a la vista de estas declaraciones:

---

713   Vídeo nº 22 localizable en el buscador de YouTube introduciendo "Camarón Paco Niño Miguel Rocio Huelva 1973"

714   Busquen las sevillanas a dos guitarras con Manolo Sanlúcar en la película de Saura. Una voz ahí, estropearía el conjunto.

«Desafortunadamente, el guitarrista aquí se limita acompañar al cantaor con acordes simples y fáciles. Esto es debido a una antigua tradición de los viejos flamencos, que no admiten que el guitarrista sobresalga. El guitarrista debe acompañar simplemente y ayudar todo lo que pueda al cantaor, pero entre cante y cante puede tocar lo que quiera... Yo pretendo hacer un flamenco puro, moderno según mi propia expresión y en el cual haya armonía, técnica y hasta intelectualidad».[715]

Y para eso se bastaba solo, no necesitaba cantaores para *hacer un flamenco puro, moderno* según su propia expresión ya comentada:

«Camarón —deslizaba Paco, que era un maestro sintetizando una idea en una frase— no era el típico cantaor de la época, que respondía a un perfil bastante cerrado: los que se sabían cuatro o cinco cantes y siempre hacían lo mismo. Y no tenían esa intuición musical. Camarón era un músico, tenía la mentalidad abierta de un guitarrista, porque no se limitaba a hacer el cante de Triana, de Alcalá, de Jerez o de Cádiz, o el cante grande o el cante chico; eso lo dominaba, pero también tocaba la guitarra y eso le daba una apertura de mente fundamental».

Queda claro por qué era grande Camarón, cuál era la causa de su apertura de mente y qué cosa le hacía destacar: *tenía la mentalidad abierta de un guitarrista.* Fin de la cita.

Ante esa realidad del flamenco tradicional, que relegaba la guitarra a un segundo plano tras el cantaor (cuando no a un tercero, si contamos el baile) cabían dos posturas, quejarse eternamente o rebelarse. La inercia trágica del flamenco —tocaores incluidos— tendía a la queja. ¡Qué propio de estos mundos es el quejío eterno y quedarse clavado ahí sin hacer nada más! Qué propio y qué cómodo también. Como decía Jorge Pardo, donde mejor se está es en el sofá de tu casa, pero ahí seguro que no va a venir a buscarte

---

715   *50 años de Fuente y Caudal.* J. J. Téllez. Campo de Gibraltar 2023, cit. (67)

nadie[716]. Así que Paco no se quejaba, dejaba el sofá —venciendo su propia indolencia, que la padecía— y salía a luchar. Se arremangó y se puso a trabajar, antes que nada, y cuando ya se encontraba preparado, tras mucho tocar para el cante y para el baile, no antes, cuando tenía las armas técnicas necesarias para ofrecer una calidad superlativa con su instrumento y, repetimos, no antes, entonces se rebeló y combatió. Dejando así constancia del nuevo amanecer, el nuevo orden de prelación que quería comenzar a implantar. Como compuso Pedro Rivera para que lo cantase Lole:

> *Me levanté, me levanté y me levanté,*
> *oliendo a yerbabuena del amanecer...*

Paco de Lucía era de todo menos un flamenco trágico o un acomodado. De joven era un chico tímido, pero jovial, y según crecía, añadió a su equipaje la entrega disciplinada al trabajo, la rebeldía y la dignidad a partes iguales. Jamás fue por la vida explotando la pena y la miseria. Así no se va a ninguna parte. Él era de barbilla alta y cuerpo derecho. Menos llorar, menos sofá y más trabajar, parecía ser el lema de Paco de Lucía y su aviso a navegantes para el flamenco. Paco no quería ese cliché pedigüeño y se dedicó en cuerpo y alma a elevar el nivel y la dignidad; a diferenciarse a base de técnica e innovación. Y vaya sí lo hizo. Creó jurisprudencia y su línea la siguieron muchos guitarristas jóvenes después de él, surgiendo un conjunto de guitarristas flamencos de un nivel enorme —Tomatito, Vicente Amigo, Riqueni, Antonio Sánchez, Dani de Morón, o Diego del Morao, por citar algunos— que han seguido su dictado, de modo que no había predicado en el desierto.

En el camerino, haciendo manos en los minutos anteriores a una actuación en Huelva, escuché a Diego del Morao dirigirse a otros guitarristas más jóvenes que él, acompañantes de otras figuras que actuaban esa noche. Con veneración hacia su figura, le pre-

---

716   Vídeo nº 213, documental *Paco de Lucía, la Búsqueda*, 01:10:40

guntaban cosas a Diego y se quejaban de que en el flamenco «la cosa estaba «mu mala»». Diego fue acogedor con ellos, pero también muy claro:

> «Señores, menos quejarse y a tocar. Pero no a tocar en un banco en el parque, con cuatro colegas junto a un quiosco de cerveza, con porritos y litronas; eso no es trabajar. En tu casa. En tu cuarto y tocando, horas y horas. ¿Estamos? Veréis como así tocáis mejor y os llaman más».

Diego, uno de los guitarristas más apreciados por Paco de Lucía,[717] no echó en saco roto esas mismas indicaciones del maestro cuando las recibió.

Cuando el joven de Algeciras ya hubo demostrado lo que sabía, lo que valía y el nivel que atesoraba, tocando en los mejores teatros del mundo, ahora sí. Ahora —cabe pensar que se dijo a sí mismo un buen día— me voy a sentar con la pierna cruzada, sin chaqueta, con pelo largo y además me voy a hartar de decir que soy flamenco y todos *vais a mamar,* como se dice por el sur. Y no soy cantaor, soy lo que vosotros llamabais un acompañante. ¡Niño toca ahí! ¿No? Pues ahora mando yo. Y soy yo quien digo en mi grupo, cuándo toco y cuándo no; y cuándo tú vas a cantar y cuándo no. Proporcionó una coraza de respeto a los guitarristas, los armó con ella y los puso en su sitio. Si valían, podían estar «alante» y el cantaor atrás, o incluso en el centro, sin dejar de ser guitarristas flamencos por ello. Y lo consiguió. «Si antes la guitarra era un medio, ahora la guitarra es un fin», sintetizó Félix Grande.[718]

Pero, conseguida la jerarquía y la justa posición de cada cual, nuestro hombre no se saciaba y seguía. ¿Qué le seguía moviendo? ¿Qué buscaba?

Le hemos dado muchas vueltas al título del documental de Curro Sánchez: *La búsqueda.* Si el documental está dirigido por su hijo, trabajado por sus hijas y coproducido por Casilda madre, ese título es mucho título para no ser «el título que lo clava» tratándose

---

717   Casilda Varela entrevista cit.
718   «El músico de la Isla Verde», *El País,* cit.

de Paco de Lucía. Pero ¿qué buscaba Paco de Lucía? Él mismo lo decía, como referimos al principio de este trabajo:

> «[…] siento que tengo que sorprender y me espolean y me estimulan los flamencos. Mi gente son los flamencos, los guitarristas. Sé que están esperando a ver con qué sorprende Paco y Paco ya no sabe dónde buscar, en la chistera o debajo de la manga. Se han criado oyendo mi música. Cada vez cuesta más sorprender a estos niños, lo saben todo ya. Me vuelve loco, pero a la vez me hace sentir vivo, veo que aún tengo cosas que decir. De muy jovencito ya pensaba que el día que no tienes nada que decir, te mueres y sigues viviendo como un vegetal.
>
> »Siento miedo a repetirme, me pregunto si estoy haciendo algo nuevo, pero me entra alegría cuando sale algo bonito. Pero cuando sacas algo que te gusta, aunque solo sean diez segundos de música, te emocionas y hasta te das un olé».[719]

Una primera respuesta a la pregunta podría ser, que en su juventud no sabía en principio qué buscaba, y, sin embargo, sabía que el flamenco tradicional se le quedaba ya corto. Quiere buscar, explorar y abrir nuevos caminos, sin saber muy bien a donde le llevarían. *Solo quiero caminar,* [720] puso como título al disco de aquella época. Necesitaba aire fresco, salir de un círculo vicioso. Y *nacían los flamencos nuevos —decía él—, pero eran como los padres y como los abuelos, todo el mundo igual. Empecé a ahogarme y me salí para buscar otro tipo de música.*[721] No aguantaba más los mismos tópicos flamencos de *arsa y toma,* los mismos valores, los mismos recursos fracasados que se revelaban estériles e inservibles, las mismas gracias manidas como único consuelo.

Pero según pasaban los años, ya Paco de Lucía no quería caminar sin ton ni son. Tampoco quería salirse tanto que acabase siendo un apátrida, que los flamencos, «mi gente», la suya, le excluyesen y

---

719   "«Los guitarristas somos muy metiítos pa dentro». Entrevista en *El Mundo,* reeditada en 2020 cit. (17).
720   Tal vez sin saber hacia dónde.
721   Entrevista de Sol Alameda, cit. (11)

le diesen de lado a causa de tanto desvío en ese caminar. Por eso, nadaba y guardaba la ropa. Navegaba perfectamente en los dos mundos. Salvo por la opinión de cuatro talibanes desorientados, el flamenco siempre le consideró uno de los suyos. Basta leer cualquier libro de flamenco puro y ortodoxo y comprobar que entre los flamencos profundos y rancios, los Antonio Mairena, su hermano Curro, Tío Borrico, la Paquera, Juan el Africano, Manolo de Huelva, o Fernanda y Bernarda, Paco de Lucía no es un extraño, pertenece a ellos, es una referencia absoluta para todos, y considerado el mejor guitarrista flamenco, bien porque los haya acompañado o porque le admiren. Llegó a ser el «Toro Sentado» del flamenco, trono que, hasta entonces, siempre había ocupado un cantaor.

Paco era pues, y conviene dejarlo resuelto de modo claro (con recado especial a puristas y *flamencólicos*) un flamenco, desde los pies, hasta la punta del pelo y hasta el fondo mismo de su alma. Y en este punto, queremos incluir un curioso paralelismo que hemos localizado y le une a otro revolucionario, que a finales del s. XIX, alteró radicalmente la forma de cantar el flamenco: Don Antonio Chacón, considerado hoy un sumo sacerdote de la disciplina *jonda*.

Chacón era payo y veneraba especialmente el cante gitano, como Paco, pero su voz se adaptaba mejor al flamenco no gitano y fue a esos palos a los que dotó de una grandiosidad y musicalidad nunca escuchada y distinta del cante antiguo. Chacón había ido ascendiendo y aprendiendo en tabernas de toda Andalucía a una edad muy temprana, cantando en grupos para el baile en los cafés, y, siendo aún un adolescente, irrumpió en el estrellato como solista en los cafés cantantes de Sevilla, la meca de aquellos tiempos. Don Antonio, llevó el cante desde las tascas, a las casas de la nobleza, los palacios de los reyes y los teatros de las principales ciudades de España y América. Sus discos acercaron el flamenco a un público nuevo y más amplio, un público que no frecuentaba los establecimientos flamencos.

A la estela de ese éxito surgieron imitadores. Pero los que vinieron después de Chacón, no siempre respetaron las raíces ni la tradición, ni se prepararon técnicamente como él, a través de un duro aprendizaje. Querían ser famosos como Chacón, pero sin su esfuerzo, y se lanzaron lo más rápido posible a la actuación en solitario. Abandonaron la posición sentada tradicional y plantaron en el escenario tras el micrófono recién inventado. Cantaron con acompañamiento orquestal y se entregaron a exhibiciones de virtuosismo vocal y trinos interminables; fusionaron el flamenco con la canción latinoamericana e incorporaron otros elementos foráneos, abandonando las estructuras tradicionales del cante e incluso intercalando poesía recitada entre tercios de cante. El resultado fue treinta años de decadencia flamenca y la pérdida de muchos palos flamencos antiguos. Al final, Chacón no pudo seguir el ritmo de los jóvenes y murió desconsolado y entristecido al ver en qué había quedado su amado cante flamenco.

La guitarra flamenca se encuentra hoy, después de Paco de Lucía, en una posición similar a la del cante de los años veinte. Los jóvenes solistas hacen lo que sea necesario para competir, para ser diferentes, para encontrar el éxito comercial. A veces con sólo un trasfondo flamenco superficial, estos artistas incorporan toda la instrumentación imaginable y la influencia extranjera en su música, y tocan con el único propósito de mostrar una técnica prodigiosa que se distancia de sus raíces. Si creen que con ello están imitando a Paco de Lucía se equivocan. Eso es lo contrario de Paco de Lucía. Por eso Paco —tal vez conociendo la historia de Chacón o coincidiendo con él por pura condición de genio— recomendaba siempre tocar para acompañar.

Hay una cita muy conocida de Sabicas que decía que «un guitarrista flamenco debe pasar veinte años acompañando el baile y veinte años acompañando el cante antes de estar listo para tocar solo». Cuando se le preguntó a Paco de Lucía si es imprescindible ser acompañante antes de intentar ser solista de concierto, respondió:

«Claro. Ahora, todos los jóvenes me ven e intentan ir directamente a dar conciertos. Es decir, salen de casa y enseguida dan conciertos. No creo que deba ser así. El guitarrista debe tocar para cantar y bailar primero, durante años. Ahí está el fundamento, la inspiración del flamenco, sobre todo en el cante y el baile. Hay que acompañar el baile también para coger ritmo y aprender a rasguear bien. Hay jóvenes que tocan muy bien, pero si los metes en una fiesta, no saben por dónde empezar. No saben acompañar. Esto no se aprende en una escuela. Es algo que aprendes durante años, viendo a este y aquel. Poco a poco vas recogiendo pequeños detalles sin darte cuenta. Se aprende a fuerza de noches de borrachera, de noches enteras de fiesta con flamencos».[722]

Exactamente, como lo hizo él.

Podía pues nuestro hombre, tocar con Maclaughlin y Corell y hacerse fotos con gorras modernas o vestirse de hippy, pero su aire era reconociblemente flamenco. Al principio, para los modernos jazzistas, él, que era un evolucionado en el flamenco, les resultaba primitivo, pero en tres días, ya había asimilado esa dimensión y se ponía por encima de los americanos y los ingleses: tocando, floreando y haciendo picados acrobáticos y, además, melódica y amónicamente mejores que los de los demás. Por otro lado, también sabía que no se pueden romper los moldes, las formas sí, pero no los moldes: había que hacerlo selectiva y parcialmente.[723] En el Festival de la Lámpara Minera de La Unión, con Antonio Mairena, o en el Potaje de Utrera, con la Fernanda y la Bernarda sueltas por ahí, no cabían florituras ni modernismos. Y no los hacía. Así que consiguió la armonía. En ambos universos era reconocido y venerado, a excepción de la opinión de cuatro despistados (o resentidos). *Flamencólicos* como él los llamaba, críticos más papistas que el papa, que se permitían censurar la labor de un guitarrista en un recital, sin saber siquiera como duelen los dedos al tocar. Un hábitat, el de estos sablistas *sobre-cogedores*, donde incluso existe el canibalismo.[724] Hace poco en *El Correo de Andalucía* publicaba un crítico de flamenco un artículo, señalando a otros críticos que impúdicamente colgaban sus columnas antes de que el espectáculo terminase. U otro, que hemos localizado, más osado aún, que anticipándose envió al periódico la crónica de un concierto de Camarón en el Generalife de Granada, antes del evento, que finalmente no se dio por espantada del gran gitano. Un regalito de criaturas, que nadie llama a ningún sitio, pero están en todas partes

---

722   «Paco de Lucía a new tradition…» cit.

723   Vídeo nº 115, *Rito y geografía del cante. Paco de Lucía,* localizable en el buscador de YouTube introduciendo «evf2yxhvlma» 00:22:45 a 00:23:30

724   En todas las profesiones (en la propia ni les cuento, la que más) existe de todo, buenos y malos, feos y guapos. No es una alusión a nadie ni una generalización a un colectivo. El término se usa como recurso literario y con absoluta falta de animadversión.

estorbando sin aportar: «Con lo buen mecánico que era, y se hizo flamencólogo», decía Morente de uno de ellos.[725]

Pega, pues, el salto y empieza su ruta. Solo quiso caminar, señores, no molestar a la tradición. Citando de nuevo al profesor Torres:

> «La sombra de Paco está tan alargada que es casi imposible hoy tocar guitarra flamenca sin que aparezcan detalles "lucistas". De ser la vanguardia del género, se ha convertido en uno de sus grandes clásicos, a la vez que lo ha situado en las corrientes musicales transnacionales. ¿Se puede ser moderno y a la vez sonar al flamenco de toda la vida? ¿Se puede ser del territorio de origen, con raíces, y a la vez llegar a todas partes? La llave para ello la tiene la obra musical de Paco».[726]

Y visto ahora que el objetivo se logró, parece que fue fácil, pero no lo fue para nada. No nació siendo estrella, ni hijo de estrella; él no era nadie y se hizo a sí mismo.

De acuerdo que tenía unas facultades naturales increíbles y mucha *baraka*, y que el salto fue sideral, pero Paco, antes de todo eso pisó mucho tablao, mucha compañía flamenca como guitarrista de atrás, con Greco y con la Singla; trató con mánager mafiosos y borrachos[727] y habitó muchos camerinos roñosos. Con su hermano Pepe cantando, llegó a tocar de niño en comedores y restaurantes cuando emigraron desde el sur a la capital, para sacar cuatro perras y pagar la pensión. Trabajó como una abeja estudiando en una casa pequeña y sencilla, en Algeciras y en Madrid, con sofás de escay, sin economía propia, entregando lo que ganaba a su padre, sin comodidades y recluido en un cuarto pequeño, caluroso en verano y frío en invierno, mientras sus amigos estaban divirtiéndose. Y jamás, cabe decirlo, se le oyó quejarse de penurias, antes, al contrario, recordaba con felicidad sus principios.

Pero debemos seguir, porque aún no lo hemos resuelto. ¿Qué le motivaba? Situémonos cuando era ya número uno y estaba en el

---

725 «Hay motivos para cabrearse, pero no para tirar la toalla». Entrevista a José Manuel Gamboa. Chalaura, accesible en internet
726 Claves para una lectura..., cit. (55)
727 «Hasta siempre, maestro». Casilda Sánchez Varela. *Telva*. 2010, cit. (18)

pedestal. ¿Qué buscaba? Era entonces, ¿dinero? No, eso no le motivaba ya. Porque tenía el suficiente y se consideraba saciado. «Cada vez que cojo la guitarra es como si supiera que por las cuerdas salen billetes de mil»[728]. No le interesaba como primer objetivo. «Media España me debe dinero y no hago por cobrarlo», le soltó tan tranquilo a Jorge Pardo en una ocasión de sinceridad, y su amigo flautista veía como se le seguían acercando los moscones, que alguna vez le pegaron palos fuertes con fincas o con préstamos que no eran «de Huelva» y Paco se daba cuenta, pero seguía dando.[729]

Era capaz de dejar un Jeep Cherokee nuevo a estrenar al cuidado de una señora de Playa del Carmen en Méjico, cuando se ausentaba de allí por más de nueve meses, porque ella «le había jurado por sus muertos» que lo iba a cuidar.[730] O de tocar con artistas noveles, si le placía, a cambio de nada o por seis melones. O rechazar sumas enormes por intervenir en un disco con los Rolling Stones: «Estos son unos chuzos y unos majaras, yo con esta gente no hago nada, no me gusta lo que hacen».[731] En fin, muchos hombres que son ricos y que no necesitan más dinero —y él era ambas cosas— siguen motivándose aún, porque hay algo más. La barriga se llena pronto, pero el intelecto nunca, decía él, en frase que hizo fortuna. «No llevo cuarenta años por ahí dejándome el culo en los aeropuertos solo por dinero, ni por fama, porque yo con tener tres chándal colgados en mi armario no necesito más».[732] Y no era una frase hecha. Cuando Paco falleció y tocó ocuparse de sus cosas más personales, quedaron sorprendidos. En su ropero había exactamente eso: tres camisas, dos o tres pantalones cómodos y algún que otro chándal. Un reloj barato, y uno o dos pares de zapatillas de deporte.[733]

728   «El músico de la Isla Verde. Félix Grande». *El País*, cit.
729   Jorge Pardo. entrevista cit. Cuando se da dinero y se espera su devolución se suele decir: «Oye que este dinero es de Huelva», que lo devuelvas
730   Manolo Nieto entrevista cit. Cuando volvimos al año siguiente, el Jeep no aparecía y la señora, cada año que pasaba al cuidado de la casa de Paco, tenía más dinero y mejoraba la suya propia.
731   «El hijo de Paco de Lucía reivindica su «alegría vital» y su «sentido del humor»». *Europa Press*, 2014, cit. (68)
732   «Paco de Lucía: "He llegado a ver fantasmas…"». *ABC de Sevilla*, cit. (70)
733   Entrevista Lucía Sánchez cit

Un astronauta, por ejemplo, no va a la luna por dinero; si el cohete explota y eso suele pasar, adiós dinero. Va por otra cosa que valora más. Por ser el primero en ver qué hay allí, por experimentar una sensación singular, física si se quiere, por pasar a la historia tal vez. A sus sesenta y tres años Paco lo tenía claro: «A mí ya solo me mueve del sofá algo que sea importante para el flamenco».[734]

Resolvamos, pues. A Paco musicalmente hablando le *ponía bien* una cosa concreta, porque lo decía mucho:

> «Si de pronto tienes ese día mágico en el escenario y sacas una improvisación que ni tú mismo te la crees y al mismo tiempo tienes una absoluta seguridad de que no te vas a perder en la armonía…, ese día te enganchará para siempre. Ya siempre esperarás que llegue otra vez. Y llega, pero muy de vez en cuando. Aunque cuando lo has descubierto, ya no dejas de buscarlo. No hay droga o sensación que se le parezca y cuando sientes eso no hay manera de dejarlo». [735]

Ese era su *prozac*, tal vez. Buscaba *la última armonía*, como buscaba el sublime Andreii Filipov, director de la Orquesta del Bolshói, destituido por Brezhnev —que lo relegó cruelmente a barrer su propio teatro— por defender a los músicos judíos.[736] Pero aunque la última armonía es una utopía —o en el mejor de los casos, solo dura quince segundos en una semana, como él decía— podemos afirmar que en gran medida la alcanzó; si no a la última, sí a una prima muy cercana suya, de tantas como fue regalándonos a lo largo de su vida. Porque en realidad, a «la última» no quería ni verla. «Mi música es emocional —decía— Por eso disfruto tanto improvisando. Lo que ya está grabado me aburre. Me gustan las sorpresas... No tengo metas. Trabajo cada día con el único fin de disfrutar tocando. Lo único que intento es divertirme. En ese sentido, soy bastante egoísta. No pienso en el futuro. Si vives el presente con coherencia, el futuro llega solo. Por eso no tengo metas:

---

734   Bárbara Celis Boston - 08 Mayo 2010 *El País*, cit.
735   Entrevista de Sol Alameda, cit. (11) y Casilda Sánchez, *Telva*, cit. (18)
736   *El concierto* (película) cit.

si alcanzara la meta, estaría frustrado»[737]. Por eso todavía seguía inquieto y buscando.

Lo que en realidad suponemos que buscaba, que necesitaba más bien y por eso lo perseguía y le movía a levantarse del sillón y subirse a un escenario ya mayor, era saciar al lobo. A la inquietud infinita inscrita en sus cromosomas, desde que su madre lo alojó en su vientre y lo trajo al mundo.

Jorge Pardo me contó que, en cierta ocasión, yendo de gira, acabaron en un chiringuito de una playa perdida comiendo, y allí había un negro que tocaba el güiro. Paco se fijó en él y se enamoró de aquello. Se apartó del grupo y se juntó con el fulano a ver cómo se tocaba eso. Se fueron todos cuando terminaron el almuerzo y las copas y Paco seguía allí dale que te pego y apareció a las tantas en el hotel, con el instrumento que le había comprado al negro de la playa.

Curiosear. Encontrar. Desentrañar. Ese impulso antropológico, atávico, reptiliano, ese que poseen las mentes críticas inteligentes como la suya, que hizo que el hombre bajara del árbol, descubriese el fuego, lo montase en una rueda que lo llevó a la ciencia, que lo sacó del planeta y lo posó en la Luna.

Él buscaba ese viaje. El viaje de encontrar sensaciones, que apasiona a los inquietos y no interesa nada a los anestesiados. Y esto era una constante en nuestro hombre. Su curiosidad era insaciable. No solo le compró el güiro al negro de la playa, también en cierta ocasión conoció en una fiesta, en la embajada de España en Lima —a la que le invitaron con su grupo—, a Caitro, otro negro fantástico. Este tocaba el cajón peruano. Paco quedó tan prendado del sonido que aquel instrumento producía, que le pidió dinero a Rubem Dantas y se lo compró a Caitro. Lo incorporó a su grupo y de ahí paso a todo el flamenco, convirtiéndose el cajón, en la percusión identitaria por antonomasia de nuestro arte, desde que Paco lo importó.[738]

---

737   «Paco de Lucía a new tradition...» cit
738   La historia la relata el propio Paco de Lucía y la pueden oír de su voz buscando en YouTube «paco de lucía y el origen del cajón peruano en el flamenco».

Año 1983 Chichén Itzá (Yucatán) Méjico. Paco de Lucía, Carlos Rebato y Manolo Ramírez. Foto Manuel Nieto Zaldívar.

Díganme si esta expresión de Paco, en la foto de Manolo Nieto, no es la de un interesado en saber. La de un escrutador curioso de todo lo que pasaba por delante suya. Mientras Carlos mira a cámara, él esta absorto con la contemplación de lo que ve. ¿Encaja con el «tipo» de un flamenco sin formación ni estudios como era Paco, una expresión hipnótica, casi boquiabierta, de auténtica fascinación ante la contemplación de la arqueología precolombina? Digamos que más bien no.

Y, se daba la circunstancia azarosa de que, en el ambiente adecuado, cuando no había presión, ni colgajos de la fama, ni tensión y con la compañía adecuada... a este *homo indagator*, le encantaba tocar la guitarra[739] y cuando les ordenaba a los nueve soldados cantar sus ideas, estos cumplían la misión prestos al primer toque de corneta. Le gustaba aquello que tenía que hacer y le llenaba.

A las tres de la noche cerraban los tablaos en Madrid. Pero los artistas —según costumbre inveterada en el flamenco— tal vez por inercia, por desquite o porque sí, gustaban de continuar la fiesta cantando y tocando, ahora para ellos mismos o para los aficiona-

---

739   Es imposible estar quince horas concentrado en algo que no te guste, como decía Alejandro Sanz que podía estar Paco de Lucía con la guitarra.

dos que les acompañasen. Los únicos lugares disponibles —dada la rigidez de horarios de la España de los setenta— eran las ventas de carretera, y una de las más populares, «La Venta del Palomar.» Allá recalaron Emilio de Diego y Paco a hora aún temprana cierto día, por ver si saludaban a alguien o simplemente porque les apeteció. Les alumbraba, también hay que decirlo, el escaso peculio de doscientas pesetas entre los dos, y como eran asiduos, sabían que allí al menos les servirían apiadándose de ellos, un plato de pollo guisado, algo más generoso que lo que su capital podía pagar. A la hora usual, aparecieron por allí Manolo Sanlúcar, Cepero, José Mercé y otros artistas que habían terminado en sus tablaos, acompañados de algún comisario de policía, dos o tres peces gordos de dinero, directores de banco y similares. Saludaron a Paco y a Emilio en su mesita, y se fueron a un cuartito reservado. Cepero salió y le acercó a Paco una guitarra y le dijo quien la había construido, alabando lo bien que sonaba. Paco la tocó, y quedó prendado del instrumento. Enseguida entraron los tres al reservado y Paco tocó aquella guitarra, solo por el placer de disfrutar de lo bien que sonaba. Las ganas de tocar iban parejas a la calidad de lo que tocaba, y al poco tiempo, a la puerta del reservado se concentró todo el público de la venta y el personal del establecimiento. Parecía que allí regalaban billetes de mil. Pero regalaban algo más preciado aun que los billetes: oír a Paco de Lucía con veinticinco o veintiséis años, tocando a gusto hasta hartarse. No se cantaba. No se hablaba. Solo se escuchaba. Cuando Paco tocó por rondeñas, hubo quien tuvo que sacar el pañuelo para secarse las lágrimas. Contándomelo en su casa, Emilio tuvo que sacar el suyo, cincuenta años después de aquel episodio, porque yo lo vi, acordándose de su amigo Paco. Manolo Nieto fue testigo de lo que digo[740].

Antonio Carmona cuenta que muchos años después, después del funeral de Enrique Morente, se fueron a su casa, Paco de Lucía, Alejandro Sanz, Tomatito y otros y allí les dieron las tantas, pasándose la guitarra unos a otros, recordando a Morente, cantando, comiendo jamón y tocando sin que nadie les obligase a ello.[741]

740   Emilio de Diego entrevista personal, cit.
741   Antonio Carmona. *El País* 2022 (36)

Nada hay más potente, ni garantiza mejor resultado, que hacer las cosas porque *queremos* hacerlas. Si las hacemos con ganas, con deseo de hacerlo, todo sale bien, el sistema racional y límbico suman sus capacidades en pos del objetivo. Paco de Lucía tenía las ganas, la sensibilidad, la técnica y el vehículo de expresión. Y sentía satisfacción con el resultado. «Intentar llegar a ese momento en que me guste algo de lo que hago» [742]. *Placer, se llama eso. Placer. Sentir placer tocando.*

Yuval Harari en su obra Sapiens alude a personas que siempre están contentas y otras que siempre están agriadas, con independencia de lo que les ocurra y acaba concluyendo que «a la gente le hace feliz una cosa y solo una: sentir sensaciones fisiológicamente agradables en su cuerpo». [743] El hombre, y más uno como Paco de Lucía, con tanto vivido, inteligente, rico, crítico y por tanto muy exigente consigo mismo; que había conocido las miserias humanas, hasta la calumnia y también el éxito; desengañado y de vuelta de todo lo banal, al final, cuando se mira intensamente hacia adentro, solo busca una especie de equilibrio bioquímico que, si en lugar de pasajero como el placer, se torna estable, hemos dado en llamarle felicidad. Esa sensación emocional que cuando se alcanza, todo lo demás pierde sentido para el sujeto y ya no le interesa nada más, porque esta saciado.

Musicalmente, el placer podía ser ese instante al que tantas veces aludía, ese día mágico en el escenario, cuando sacaba una improvisación que ni él mismo se la creía, sin perderse en la armonía: «[...] esa droga que te enganchará para siempre».

En lo personal, la felicidad podría ser la serenidad que sucede a esos momentos de clímax musical o intelectual.

La felicidad —y sobre todo ya a cierta edad— se parece más a la serenidad que a la euforia del éxito. Cuando un tío del sur, de Cádiz como él, está *a gusto*, sin mirar el reloj, a gusto de verdad: ¡que a gusto estoy, *pisha!* ¿Ese?, ese no se cambia por nadie, porque no hay dinero que compre ese momento. Paco finaliza uno de los documentales que se hicieron sobre su figura en 2003, diciendo:

742   Sol Alameda, cit. (11)
743   Yuval Noah Harari, pág. 422 op. cit.

«A mí lo que realmente me gusta es estar echado, echado en una hamaca»[744]. Y era verdad. Le gustaban, ya pasados los sesenta, la serenidad y la sencillez, porque en lo personal llevaba también bastante ajetreo y necesitaba asentarse también.

Había vivido en Algeciras, montó casa en Madrid, en Méjico (en varios sitios), en Cuba, en Toledo (que fue un error), un lugar sin mar, que no le pegaba, aunque tal vez lo hizo por acercarse a los hijos mayores que vivían en Madrid. Finalmente se fue a Mallorca, donde afirmó haber encontrado su lugar definitivo donde disfrutar de cosas sencillas: una matanza con amigos, frutas, playa, familia, embutidos y un tintito al día, o dos, cosas que están al alcance de cualquiera.[745]

Un hombre con tantos recursos propios, tan autosuficiente y con tanta vida dentro, que ya ha aprendido que todo es mentira, como decía su amigo Quintero,[746] no quiere ya relámpagos del exterior: no le atraen. Quiere serenidad para disfrutarse. Quiere paz. Como lo describía el pescador del cuento de Coelho.

Para quien no lo conozca lo resumimos:

> Un hombre muy rico, durante sus vacaciones, paseaba por una playa, cuando se encontró con un modesto pescador.
>
> —Veo que tiene una gran habilidad para pescar —le dijo el hombre rico—. Usted solo y con esa pequeña barca ha conseguido un cubo de peces. ¿Cuánto tiempo le dedica a la pesca?
>
> El pescador respondió:
>
> —Me levanto tarde. Desayuno con mis hijos y mi mujer, acompaño a los niños al colegio, a mi mujer al trabajo, vuelvo a casa, leo el periódico y después preparo mi barca. Pesco una hora u hora y media, me gusta pescar. Después preparo la comida. Algunas tardes las

---

744 Vídeo nº 122. «Paco de Lucía Francisco Sánchez» (año 2003), localizable en el buscador de YouTube introduciendo «Francisco Sánchez, Paco de Lucía english subtitles» (documental, 2003) al final.

745 Vídeo nº 71, localizable en el buscador de YouTube introduciendo «una vida entre dues aigües».

746 Vídeo del testamento de Jesús Quintero, accesible por todo internet.

paso con mis amigos jugando a las cartas o tocando la guitarra.

—Si invierte más tiempo en pescar, ocho horas, por ejemplo —dijo el rico— usted multiplicaría por ocho la cantidad de peces ¡y ganaría mucho más dinero!

—¿Para qué? —respondió el sencillo pescador.

El rico lo miró extrañado:

—¡Podría reinvertirlo en una barca más grande, e inclusive contratar a pescadores para que trabajen para usted!

—¿Para qué?

—Con este incremento de facturación, ¡su beneficio neto sería impresionante! Daría para adquirir una pequeña flota de barcos y crecer hasta crear una empresa pesquera que lo haría muy rico.

—¿Para qué?

—Pero... ¿no entiende? —se esforzaba el rico en explicar— Solo tendría que preocuparse por dirigir la empresa y dispondría de todo el tiempo del mundo para hacer lo que le viniera en gana.

Eso si atrajo al pescador que le respondió:

—¿Podría desayunar cada día con mi familia, jugar con ellos por la tarde y tocar la guitarra con mis amigos...?

—¡Sin duda! —respondió el hombre rico— ¡¡Por descontado!!

—Ya lo hago —respondió el pescador—. ¡Hasta la próxima!

Paco de Lucía había coronado ya todas las cimas del éxito y sabía, con lo listo que era, que detrás no había nada más y que el acertado era el pescador, no el hombre rico.

¿Alcanzaría Paco algo de esa paz serena? No sabemos en qué momento lo logró, o siquiera si llegó a conseguirlo plenamente, pero creemos —estamos convencidos— que esa era su verdadera búsqueda, sentir placer al descubrir algo nuevo tocando y gustarse, superando la propia auto exigencia. Y según su propia filosofía, en segunda derivada, gustándote a ti, gustar a los demás[747] y a ser posible, obtener afecto a cambio.

Después de haber estudiado a un hombre que nació pobre y perdió su infancia, pero no guardaba rencores de entonces, un hombre que no criticaba a nadie, que no era un santo, pero sí era inmensamente querido y admirado, que no despertaba envidias, que revelaba candorosamente sus debilidades; amado por sus hijos, por sus dos esposas, por sus compañeros, por sus amigos; un hombre generoso que se abatía ante la maldad en lugar de devolver el golpe, que ayudaba a la gente sencilla, y que iba derecho por la vida, tenemos la sensación final de haber estudiado a un buen hombre. A un hombre bueno.

Él deseaba el cariño de la gente. «Si trato de pasarme tantas horas en el estudio, dándole vueltas a un disco para que lo disfrute la gente —dijo— es porque busco cariño».[748]

Como todos los artistas, necesitaba percibir, notar qué sensación producía en los demás, el producto de su esfuerzo y que aquello retornase a él, en forma de reconocimiento y aceptación. Esa forma de comunicación, crear algo para provocar sensaciones emocionales en uno mismo y en los demás, es el arte en sí.

FIN

---

747 A su hijo Curro, que se interrogaba mientras filmaban sobre si gustaría el documental, le contestó: «Siempre habrá un tío en la quinta fila de butacas al que no le guste. Como te mires en eso te vuelves loco. Tú haz como yo. Me pongo un foco en la cara para no ver a nadie en el teatro y yo toco para que me guste a mí. Y así te aseguro que le gustará a los demás». Curro Sánchez, conversación en la jornada de clausura del simposio de 2014, cit.

748 «Última entrevista de Paco de Lucía». *El Comercio*. Perú, 2014, cit. (16).

EPÍLOGO

La sensación que queda después de culminar la labor es de saciedad.

Ya tuvimos Concha y yo los hijos, planté el árbol (un limonero concretamente) y escribí el libro.

Pero también de osadía e inseguridad.

Paré de buscar fuentes cuando ya las personas a las que entrevistaba aportaban cada vez menos, a causa de lo que yo había avanzado ya con mis investigaciones. Me sorprendía relatando anécdotas, en lugar de oírlas. Y paré de escribir cuando mis amigos Julián Aguilar y Carlos León me dijeron que alguna vez habría que darlo a una editorial. Si no es por ellos, todavía estoy corrigiendo giros. Leonardo da Vinci decía —aunque nos venga grande la cita— que «una obra de arte nunca se termina, solo se abandona».

Igual he ido demasiado lejos o sido pretencioso o reiterativo —esto me horroriza— o supuesto demasiadas cosas. Igual no lo lee nadie, o lo leen y no gusta porque no vale nada.

¿Me estaré volviendo loco como Demócrito en el Ágora cuando vio que nadie le comprendía? O como le pasaba al protagonista, que componía una cosa que le encantaba, y al día siguiente al oírla, también pensaba que no valía nada.

Pero esta sensación no la tenía cuando nació la idea de escribir y me fui a hablar con Casilda Varela a Cádiz para decírselo; ni cuando terminé la última entrevista, la de su hija Lucía. Y la verdad es que también he disfrutado con cada renglón escrito. La impresión la tengo ahora que he puesto el punto final.

Paco siempre se quedaba con la primera sensación.[749]

Poco habría aprendido yo, si no hiciese lo mismo. De modo que eso haré. Porque estudiar a Paco de Lucía, a mis cincuenta y nueve años, largos ya, me ha enseñado bastantes cosas.

Rota, Cádiz, 20 de junio de 2020.
Sevilla, 1 de septiembre de 2023.

---

749   Vídeo nº 213, documental *Paco de Lucía, la Búsqueda*, *01:18:26*.

BIBLIOGRAFÍA

ENTREVISTAS PERSONALES DEL AUTOR CON DISTINTAS PERSONAS POR ORDEN CRONOLÓGICO.

Entrevistas breves en el Simposio.

— Carles Benavent

— Tomatito

— Ramón Sánchez (hijo)

— Dani de Morón

— Juan Manuel Cañizares

— Victoriano Mera

Entrevistas personales largas segun el orden en que fueron realizadas.

— Casilda Varela Ampuero.

— Jorge Pardo.

— Matilde Coral.

— Ricardo Pachón.

— Rafael Riqueni.

— Diego del Morao.

— Paco Cepero.

— Gómez de Jerez.

— José María Bandera.

— Lucía Sánchez Varela.

— Pepe de Lucía (única entrevista larga —dos horas— realizada por teléfono, en dos sesiones por razones de salud)

— Alberto García Reyes

— Máximo Moreno Hurtado.

— Manuel Nieto Zaldívar.

— Emilio de Diego

VIDEOS

Los vídeos citados, pueden localizarlos en internet según las indicaciones ofrecidas en las notas al pie. Si alguno fuese ilocalizable, pueden solicitarlo a altamar64@gmail.com

ENTREVISTAS, TEXTOS, MONOGRAFÍAS Y ARTÍCULOS PRENSA

Pueden localizarlos en internet según sus propios títulos. Si alguno fuese ilocalizable, pueden solicitarlo a altamar64@gmail.com

1. «Memoria de una ausencia». *El País Semanal*, 2015. cit.

2. «Tenemos que quitarnos de encima el hechizo de los tópicos de siempre»» Felipe Benjumea en *ABC de Sevilla*, 26 de junio de 2010 cit.

3. «Paco de Lucía, un ejemplo para los alumnos de La Bajadilla». Diario Europa Sur, cit.

4. SIMPOSIO *PACO DE LUCÍA, FUENTE Y CAUDAL*. Comisario: Juan José Téllez Lugar: Palacio de Exposiciones y Congresos (FIBES) Fecha: del 22 al 26 de septiembre de 2014 ACTIVIDADES PARALELAS DE LA XVIII BIENAL DE FLAMENCO SEVILLA 2014.

5. «Paco de Lucía no actuó junto a Plácido Domingo y Julio Iglesias porque «sentí ofendida mi cultura»». Ignacio Sáenz de Tejada. *El País*, Cultura, 14 de octubre 1989.

6. «Papá». Casilda Sánchez. *Paco de Lucía. La búsqueda*, libreto del documental, Ziggurat films, varios autores, 2015.

7. *Reflexiones para la elaboración de un perfil psicológico de Santo Domingo de la calzada*. Enrique B. Arranz Freijo, Logroño, 2009.

8. «El músico de La Isla Verde». Félix Grande, *El País Semanal*, 1979.

9. «Cuando Paco de Lucía boxeaba con Camarón». *El Mundo*, 2 marzo 2014.

10. «Me encantaría vivir sin la música». *El País*. Bárbara Cellis, Boston 2010.

11. «El duende civilizado». Sol Alameda. *EL PAÍS*, 1994

12. «Paco de Lucía, mi padre», Curro Sánchez Varela. *XL Semanal*. 2015.

13. «Paco de Lucía, el genio que extendió el duende flamenco por el mundo». *El País*, febrero 2014. Miguel Mora.

14. «Paco de Lucía: "A ver si este premio Príncipe de Asturias llena la nevera de los flamencos, que ya es hora"». *ABC*, 2004.

15. «Paco de Lucía en World Travel Market». *La Vanguardia*, 2014.

16. «Última entrevista de Paco de Lucía». *El Comercio*. Perú 2014.

17. «Los guitarristas somos muy "metiítos" para dentro». *El Mundo*, 2020.

18. «Hasta siempre, maestro». Casilda Sánchez Varela. *Telva*. 2010.

19. «Las confesiones de Paco de Lucía». Juan Toro. *Revista Sevilla Flamenca* nº 77.

20. «Relación PREMIOS HIDALGO». Asociación Presencia Gitana.

21. «El regreso del maestro». *El País*. 2003.

22. «Ya no quiero velocidad». *El País*. Miguel Mora, 2004.

23. «Paco de Lucía, entre dos amores». *El Mundo*.

24. «Cinco años de muerte de Paco de Lucía». *Libertad Digital*, 2019.

25. «El motivo que me empujó a la música». Alejandro Sanz. *Cultura El País*, 2014.

26. «Paco de Lucía y sus amigos de Mallorca, la huella de un recuerdo imborrable». *Entrevista Última hora*. 2019.

27. «Si Camarón estuviera vivo, le arrancaría la cabeza a más de uno». *Interviú*, 1993.

28. «Paco de Lucía, fíjate, de telonero», José Luis Ortiz Nuevo. *Sevilla Flamenca* nº 64.

29. «Él nos enseñó a hacer el camino solos». *El diario.es*. 2022.

30. «El uruguayo que toca con Paco de Lucía». Artículo de *El Observador*, 2013.

31. «"La Tana" debuta bajo el paraguas de Paco de Lucía». *El PaísS*.

32. «Manuel Domínguez 'el Rubio'». Manuel Bohórquez, *El Correo de Andalucía*.

33. «Pepe de Lucía: "Reivindico la entrega de mi Grammy por televisión"». *ABC* 2003.

34. Entierro General Varela (27.03.1951) https://plazoletalosmelones.wordpress.com/el-entierro-del-general-varela/

35. «Cantar bien copla». José María Bandera *El Correo*, 2018.

36. Antonio Carmona. *El País*, 2022.

37. «Fallecimiento Paco de Lucía». *El Mundo*, 2014.

38. «Paco y los Grammys comprados». *Andalucía Información*.

39. «Me ha pasado la vida pensando que no sabía tocar». *Diario de Sevilla*, 2014.

40. «Paco visto por Félix Grande» en 1991, *Revista Flamenco*.

41. «Paco de Lucía no tuvo infancia». *El Correo de Andalucía*. 2016.

42. «El refugio de Paco de Lucía en Durango». *El Correo*. 2014.

43. «Si Camarón estuviera vivo le arrancaría la cabeza a más de uno». *Interviú*. Entrevista, 1998.

44. «Chalaura». Entrevista a Jorge Pardo, 2015.

45. «Chalaura». Entrevista a José María Bandera 2015.

46. Juan Estrada - CIENxCIEN 2020.

47. «La casa blanca donde Paco componía...» 2014. www.durangon.com

48. Manolo Sanlúcar Sanlúcar: "No podemos hablar del flamenco solo a través de los versos"», en *EL País* 2014.

49. «Manolo Sanlúcar, dice que coincide con Paco de Lucía en la conciencia». *Europa s*ur 2008

50. «Desde que era un crio quería tocar como Paco de Lucía». Alejandro Sanz, Aguilar 2018. www.megustaleer.com

51. «No me quito a Paco de la cabeza» Entrevista J. J. Téllez. *Diario de Cádiz*, 2015.

52. «Paco de Lucía sufre un corte en una mano». *El País* 1994.

53. «Muere Paco de Lucía». *Revista Alboreá* 2014.

54. «Análisis musical de PDL». David de Leiva, *Revista Alboreá* 2012.

55. «Claves para una lectura musical de Paco de Lucía», Dr. Norberto Torres, 2015.

56. «Estudio armónico Paco de Lucía». *Revista Sinfonía virtual.* José Antonio Rico, guitarrista flamenco, 2018.

57. «La guitarra iluminada». J. M. Caballero Bonald. «Paco de Lucía. La búsqueda», libreto del documental, Ziggurat films, varios autores, 2015.

58. «La libertad conquistada» Carlos Saura «Paco de Lucía La búsqueda», libreto del documental, Ziggurat films, varios autores, 2015.

59. «Uno, dos, tres cuatro...» Alejandro Sanz. «Paco de Lucía La búsqueda», libreto del documental, Ziggurat films, varios autores, 2015.

60. «Querido Paco». Luis Landero. «Paco de Lucía La búsqueda», libreto del documental, Ziggurat films, varios autores, 2015.

61. «Promesa cumplida», *Cultura El País.* Juan Manuel Cañizares 2014.

62. «El día que Bryan Adams fue a buscar a Paco de Lucía». LOS40 Classic, 2020.

63. «Concurso internacional de arte popular andaluz 1962. Notas de prensa» https://ia800703.us.archive.org/25/items/I_CONCURSO_INTERNACIONAL_DE_ARTE_POPULAR_ANDALUZ-JEREZ-1962/I_CONCURSO_INTERNACIONAL_DE_ARTE_POPULAR_ANDALUZ-1962-PRENSA.pdf

64. «Paco de Lucía» *Andalupedia*. Juan José Téllez.

65. Antonio Sánchez, Necrológica. *El País*, 1994.

66. Test psicológico 16PF5.

67. «Casilda Sánchez Varela: una entrevista con la autora de la temporada», *Telva* Libros, 2017.

68. «Hay motivos para cabrearse, pero no para tirar la toalla» Entrevista a José Manuel Gamboa. Chalaura, accesible en internet.

69. Juan Jesús Armas Marcelo, «Paco de Lucía: juerga, guitarra y amistad». 29/3/15. *Prensa.com*.

70. «Paco de Lucía: "He llegado a ver fantasmas por las esquinas mientras componía"», *ABC de Sevilla*, Cultura. 24 de noviembre de 2003.

71. «La herencia de un príncipe» Ignacio Sáenz de Tejada. *El País*, agosto 1992.

LIBROS

— *Paco de Lucía en vivo*. J. J. Téllez Rubio. Manuscrito cedido.

— *Teoría del Ensayo*. Pedro Aullón de Haro, Ed. Verbum, Madrid 1992.

— *El mono desnudo*. Desmond Morris; Plaza & Janes, Edición 1984.

— *Sangre en el foro. Los asesinatos de la antigua Roma*. Southon, Emma Editorial: Pasado Y Presente. 2020.

— *Te espero en la última esquina del otoño*. Casilda Sánchez Varela. Espasa, 2017.

— *Paco de Lucía y familia: El plan maestro*. Donn E. Pohren. Sociedad de Estudios españoles, 1992.

— *Paco de Lucía, retrato de familia con guitarra*. J. J. Téllez. Qüasyeditorial, 1994.

— *Paco de Lucía el hijo de la portuguesa*. J. J. Téllez, Planeta, 2015.

— *Paco de Lucía y Camarón de la Isla*. Félix Grande. Dibujos de David González Zaafra. Lunwerg Editores, 1998.

— *Inteligencia emocional*, Goleman Daniel, 1996, Kairos.

— *Favoritos de la fortuna* (Planeta, 1993). Mc Cullogh, Coleen.

— *Elucubraciones sobre un fondo Darwinista*, José Bovis Bermúdez.

— *Vida de Rafael el Gallo*, de Enrique Vila, (Sevilla, 1943), propiedad del autor distribuido por la Librería Sanz de Sevilla.

— *Camarón, la révolution du flamenco*. Jean-Pierre Filiu.

— *SAPIENS (de animales a dioses)*, Yuval Noah Harari. DEBATE.

— *#Vive*, Óscar García Blesa. Ed. Aguilar (2017).

— *La guerra civil española* (edición estuche), 2 libros. Hugh Thomas 1200 valoraciones, Ediciones Destino, 2011.

— *Comportamiento organizacional*. Stephen P. Robbins, Timothy A. Judge. 17ª edición. Pearson, 2017.

— *Como funciona el cerebro*, Francisco Mora, Alianza Editorial, 2007.

— *¿Qué es la Ilustración?* Immanuel Kant, 1784. Ensayo editado por Friedrich Gedike y Johann Erich Biester.

— *Las almadrabas de los Guzmanes, con reproducción de dibujos documentos y fotos.* Luisa Isabel Álvarez de Toledo. Fundación Casa de Medina Sidonia. Impreso en los talleres de la casa, 2007.

— *Genio y locura.* K. Jaspers, Alianza Editorial, Madrid, 1961.

— *Contra las cuerdas.* Pablo San Nicasio, Ed. Oscar Herrero, 2014. Vol. 1.

— *Contra las cuerdas.* Pablo San Nicasio, Ed. Oscar Herrero, 2014. Vol. 2.

PELÍCULAS

— *Rebelión a Bordo (Mutiny on the Bounty).* Lewis Milestone, año 1962.

— *Master and Commander (The Far Side of the World).* Peter Weir, año 2003.

— *El concierto.* Radu Mihaileanu, 2009.

Este libro se terminó de imprimir, por encargo de la editorial Almuzara, el 18 de noviembre de 2023. Ese mismo día del año 1962 nacía Kirk Hammett, guitarrista americano del grupo de heavy metal Metallica.